本书是 2011 年国家社科基金青年项目"民族地区城镇化建设与农民工就地就近就业问题研究"（项目编号 11CMZ036）结题成果

中南民族大学民族学文库

武陵山区城镇化建设与农民工返乡就业研究

唐胡浩 著

中国社会科学出版社

图书在版编目(CIP)数据

武陵山区城镇化建设与农民工返乡就业研究 / 唐胡浩著. —北京：中国社会科学出版社，2021.3

（中南民族大学民族学文库）

ISBN 978-7-5203-7793-5

Ⅰ.①武… Ⅱ.①唐… Ⅲ.①山区—城市化—建设—关系—民工—劳动就业—研究—中国 Ⅳ.①D669.2

中国版本图书馆 CIP 数据核字（2021）第 018331 号

出 版 人	赵剑英
责任编辑	宫京蕾
特约编辑	李晓丽
责任校对	郝阳洋
责任印制	郝美娜

出　　版	中国社会科学出版社
社　　址	北京鼓楼西大街甲 158 号
邮　　编	100720
网　　址	http：//www.csspw.cn
发 行 部	010-84083685
门 市 部	010-84029450
经　　销	新华书店及其他书店

印刷装订	北京君升印刷有限公司
版　　次	2021 年 3 月第 1 版
印　　次	2021 年 3 月第 1 次印刷

开　　本	710×1000　1/16
印　　张	25.75
插　　页	2
字　　数	438 千字
定　　价	148.00 元

凡购买中国社会科学出版社图书，如有质量问题请与本社营销中心联系调换
电话：010-84083683
版权所有　侵权必究

《中南民族大学民族学文库》编委会

编委会主任　段　超

编委会成员　段　超　李俊杰　田　敏　许宪隆
　　　　　　李吉和　柏贵喜　康翠萍　向柏松
　　　　　　潘弘祥

主　　　编　田　敏

总　序

民族学是中南民族大学的特色学科、优势学科，曾先后被评为国家民委重点学科、湖北省重点学科、湖北省优势学科。中南民族大学民族学学科形成了从预科、本科到硕士、博士、博士后完整的人才培养链条。民族学本科专业是教育部特色品牌专业、湖北省特色优势专业，马克思主义民族理论与政策是国家级精品课程、国家精品资源共享课程。拥有民族学一级学科博士点、一级学科硕士点。其中，一级学科博士点下设民族学、马克思主义民族理论与政策、中国少数民族史、中国少数民族经济、中国少数民族艺术、民族教育、民族法学和少数民族语言文学8个二级学科博士点，一级学科硕士点下设民族学等5个二级学科硕士点，还设有民族学专业博士后科研流动站。在2013年教育部公布的学科评估中，中南民族大学民族学在全国同类学科中排名第四，保持了在该学科中的领先水平。

中南民族大学民族学历史悠久，底蕴深厚。早在1951年，由我国著名民族学家岑家梧教授领衔，学校创建了民族研究室。20世纪五六十年代，以岑家梧、严学窘、容观琼、刘孝瑜等先生为代表的一批学者，积极开展民族研究工作，参与了新中国成立初期的全国民族大调查，并为京族、毛南族、土家族、黎族等中南、东南地区的民族识别做出了突出贡献。1983年，著名民族学家、社会学家吴泽霖先生在中南民族学院创建了国家民委直属重点研究机构——民族研究所，由此民族学学科发展迅速。20世纪八九十年代，在吴泽霖先生的带领下，涌现了彭英明、吴永章、吴永明、答振益、李干、张雄、刘美崧、杨清震等一批具有全国影响的专家，在南方少数民族历史与文化、马克思主义民族理论与政策、少数民族经济等研究领域取得了一大批突出的成果。

近十余年来，中南民族大学大力开展民族学学科群建设，在进一步突出民族学传统学科方向和研究领域的同时，以民族学一级学科为平台，形成了民族教育、民族法学、民族语言文学、民族艺术、民族药学等多个特色交叉学科，学科覆盖面日益扩大。学科发展支撑条件优势明显，现有湖北省南方少数民族研究中心、国家民委南方少数民族非物质文化遗产研究中心、国家民委中国城市民族与宗教事务治理研究中心、国家民委少数民族教育发展研究基地、国家民委民族团结进步创建活动研究中心、湖北省中国少数民族审美文化研究中心、湖北省民族地区经济社会发展研究中心、湖北少数民族非物质文化遗产保护基地、湖北省民族立法研究中心、湖北区域历史文化研究基地和中国人类学民族学研究会散杂居民族问题研究专业委员会等十余个省部级研究中心和研究基地。2016年，获批国家民委"武陵山片区减贫与发展协同创新中心"，同时，中国武陵山减贫与发展研究院、中南民族大学与湖北恩施州共建的"恩施发展研究院"也依托该一级学科。

该学科条件优良，设施完备，团队实力雄厚。建有藏书十万余册的"民族学人类学文献资料中心"、设施完备的"民族学人类学田野调查实验室"，拥有国内第一家民族学博物馆，馆藏民族文物2万余件。学科还打造了国家民委创新团队"民族文化传承与发展创新团队"，以及南方少数民族历史文化研究、散杂居民族研究、南方少数民族非物质文化遗产、民族社会发展研究、中国边疆民族与宗教问题研究、民族地区减贫与发展等校级资助的研究团队。

学科现有专职研究人员79人，其中教授33人，副教授38人，博士生导师20余人。学科团队结构合理，具有雄厚的教学科研实力。学科带头人雷振扬、段超、许宪隆、田敏、柏贵喜、李吉和、李俊杰、李忠斌、康翠萍、哈正利、闫天灵等学者表现突出，在中国特色民族理论与民族政策、南方民族历史文化、散杂居民族问题、城市民族问题、少数民族非物质文化遗产保护、民族地区社会发展、民族地区减贫与区域发展、民族教育与管理等研究领域取得一大批最新成果，形成新的研究特色和学科优势。高层次学科专家发挥重要影响，有国务院学位委员会学科评议组专家1人、国家"万人计划"1人、国家社科基金评委2人、国家出版基金评委2人、"新世纪百千万人才工程"人才3人、享受国务院津贴专家5人、国家民委领军人才1人、国家民委突出贡献专家4人、教育部新世纪优秀人才计划支持人选4人，另有湖北省突出贡献专家、国家民委民族问题优秀青年专家、国家民委中青年英才等多人。近20余人次担任国家级学会及省部级学会的会长、副会长、秘书长和常务理事。

中南民族大学民族学学术研究成果丰硕，近5年就累计主持完成国家级和省部级科研课题140余项，承担国家社科基金重大项目、教育部哲学社科重大攻关项目5项，主持国家社科基金63项；发表核心期刊论文和出版专著230篇（部），40余项成果获教育部及省部级奖，其中教育部人文社科优秀成果奖5项，省部级一、二等奖20余项。部分成果为国家级及省部级领导批示或地方政府采纳，在服务民族地区经济社会发展方面做出了突出贡献。

当前，国家正在统筹推进以建设一流大学和一流学科为主旨的"双一流"建设，我们将以此为契机，以建设一流师资队伍、培养拔尖创新人才、取得标志性科研成果、传承创新优秀文化、切实服务民族社会为抓手，不懈努力，开拓创新，争创一流民族学学科。为及时推出中南民族大学民族学学科建设的最新成果，特编辑出版《中南民族大学民族学文库》，以期为中国民族学学科发展做出新的贡献。

前　言

笔者的老家位于武陵山区腹地，由于地理位置偏僻，交通不便，加之自然资源较为匮乏，经济发展一直缓慢，人们大多也习惯于在这片虽然贫瘠但也称得上山清水秀的地方过着安宁的生活。改革开放初期，少部分不甘于贫穷的人辗转千里见到了大山外面繁华的世界，被沿海地区快速的发展和日新月异的景象所震撼。同时，因城市发展而带来的诸多机遇也给予这些吃苦耐劳，但基本没有一技之长的山里人较为丰厚的回报。而当这批人怀揣远超一年田间地头劳作收入的"工资"回到家乡，不凡的见识和收入无疑使他们成为乡邻眼中的能人，也催动了其他人外出淘金的梦想。就这样，小小的县城每年年初都能见到一批批人提着大包小包奔赴沿海各大城市，而到年末大街小巷总能见到和听到人们眉飞色舞地述说外出的精彩。见惯了这样的场景，也只当是家乡人们寻找致富道路的必然选择。当自己成为一名科研工作者，经常在武陵山区进行田野调查，发现类似家乡的情境在各地同样上演，可能由于生于斯长于斯的缘故，对这样的社会现象只有一种自然的熟悉，而缺乏一种学术研究的敏感性，虽然也长期关注着农民工、城镇化等相关的研究成果，但并没有产生特别的研究思路。

2010年春节前夕笔者再次回到老家，除了因得益于国家政策的帮扶，县城市政建设有着巨大改变外，并没有太多让我感到陌生的情形。但是在走亲访友间，特别是碰到许多当年外出闯荡的同龄人后，听了他们口中频繁出现的"回来找点事做"[①]后，我尝试着询问了原因，大多都从国家经济发展不景气，外地就业岗位竞争激烈等宏观原因到工资待遇不高，劳动强度过大等微观原因给出了解释，我也因此产生了对农民工返乡进行深入研究的想法。随后的一年多，在与课题组员沟通交流的过程中，对相关问

---

① "回来找点事做"也就是返乡就业创业的意思。

题有了更多的理解。在组员们的积极配合和相互的促进中,我们共同查阅了许多的资料,也在田野调查中有意地与返乡农民工进行交流,对相关学术研究成果和社会现实有了更为深刻的把握。而此时,各级政府也在不断地推动返乡农民工就地就近就业的各项工作,新闻媒体常见各地不同举措,进一步坚定了我们展开研究的信心。在思考研究的具体着力点时,有感于家乡近年来在城镇化建设方面取得的明显成就,而家乡变化也是外出务工人员愿意返乡的外显因素之一,因此就有了本书的基本成型,即力图把城镇化建设与返乡农民工就地就近就业进行关联性的研究。前者是国家发展战略,是制度性设置,而后者是一个个具体行动者的理性选择所构成的社会事实,我们认为探寻二者之间内存的逻辑联系或许对更为全面理解我们身处的这个快速变迁与发展的时代有更多的帮助。

目 录

第一章 绪论 ……………………………………………………… (1)
  一 研究背景 …………………………………………………… (1)
  二 研究意义 …………………………………………………… (2)
  三 研究综述 …………………………………………………… (5)
  四 研究方法 …………………………………………………… (59)
  五 研究逻辑和解释范式 ……………………………………… (60)
  六 资料收集与整理 …………………………………………… (64)
  七 问题的呈现及基本观点 …………………………………… (66)

第二章 武陵山地区经济社会发展简述 …………………………… (67)
  第一节 武陵山区概况 ………………………………………… (70)
    一 民族分布 ………………………………………………… (70)
    二 自然资源 ………………………………………………… (73)
    三 辉煌的红色文化 ………………………………………… (74)
    四 发展机遇 ………………………………………………… (75)
  第二节 武陵山区经济社会发展特征 ………………………… (77)
    一 经济社会发展取得了一定成就 ………………………… (77)
    二 经济社会发展水平仍然较低 …………………………… (80)
  第三节 制约武陵山地区发展的因素复杂多样 ……………… (84)
    一 地理因素 ………………………………………………… (84)
    二 制度因素 ………………………………………………… (84)
    三 文化因素 ………………………………………………… (85)

第三章 武陵山区新型城镇化建设现状及存在的问题 …………… (90)
  第一节 国家新型城镇化规划的特征 ………………………… (91)
    一 新型城镇化建设的历史背景 …………………………… (91)

二　新型城镇化建设的新特征 …………………………………… (96)

第二节　武陵山区新型城镇化建设现状 …………………………… (102)
　　一　城镇建设规划科学合理 …………………………………… (102)
　　二　新型城镇化建设成就斐然 ………………………………… (104)
　　三　新型城镇化建设质量及其特征 …………………………… (113)

第三节　武陵山民族地区新型城镇化建设类型的个案呈现之一：特色村寨保护与城镇化建设发展 …………………………… (119)
　　一　特色村寨保护与发展 ……………………………………… (120)
　　二　调查点简介 ………………………………………………… (120)
　　三　特色村寨与城镇化建设同步推进举措 …………………… (121)
　　四　少数民族特色村寨保护与发展对城镇化的贡献 ………… (125)
　　五　特色村寨与城镇化建设中的问题 ………………………… (128)
　　六　推动特色村寨发展的建议 ………………………………… (129)

第四节　武陵山民族地区新型城镇化建设类型的个案呈现之二：科教示范园推动城镇化发展 ………………………………… (131)
　　一　龙凤科教示范园建设规划 ………………………………… (132)
　　二　龙凤科教示范园项目建设背景及意义 …………………… (133)
　　三　龙凤科教示范园建设意义 ………………………………… (135)
　　四　龙凤科教示范园建设现状 ………………………………… (137)
　　五　龙凤科教园建设对城镇化的推动作用 …………………… (139)
　　六　教育城镇化存在的问题 …………………………………… (141)

第五节　武陵山民族地区新型城镇化建设类型的个案呈现之三：交通发展城镇化 …………………………………………… (143)
　　一　野三关镇镇情简介 ………………………………………… (144)
　　二　经济社会发展缩影 ………………………………………… (144)
　　三　新型城镇化发展的变化 …………………………………… (146)
　　四　野三关镇城镇化建设快速发展原因 ……………………… (149)
　　五　交通发展城镇化存在的问题及解决策略 ………………… (152)

第六节　武陵山民族地区新型城镇化存在的主要问题 …………… (156)
　　一　城镇辐射能力不强 ………………………………………… (156)
　　二　产业结构固化，发展不足 ………………………………… (157)
　　三　城镇建设缺乏特色 ………………………………………… (157)

四　建设瓶颈制约突出 …………………………………… (159)
　　五　城镇社会治理水平滞后 ……………………………… (160)
余论 ………………………………………………………………… (161)
　　一　拆迁暴富后的迷失 …………………………………… (162)
　　二　现实与理想的冲突 …………………………………… (165)
　　三　农地流转过程中的争执 ……………………………… (167)
　　四　新型城镇化建设速度的反思 ………………………… (172)

第四章　武陵山区返乡农民工就业研究 ……………………… (176)
　第一节　农民工及返乡农民工群体概况 ……………………… (176)
　　一　农村劳动力转移以外出务工为主 …………………… (177)
　　二　返乡农民工数量不断增长 …………………………… (178)
　　三　农民工及返乡农民工群体特征 ……………………… (180)
　　四　返乡农民工的局限性 ………………………………… (185)
　　五　局限性的结果 ………………………………………… (188)
　第二节　返乡农民工就地就近就业路径及其意义 …………… (190)
　　一　返乡农民工就地就近就业的界定 …………………… (191)
　　二　返乡原因分析 ………………………………………… (192)
　　三　返乡农民工就地就近就业路径 ……………………… (193)
　　四　再就业资本存量 ……………………………………… (200)
　　五　农民工就地就近就业的新特点 ……………………… (202)
　　六　返乡农民工群体就地就近就业的现实意义 ………… (205)
　第三节　县域层面的返乡农民工就地就近就业案例：
　　　　　松桃县返乡农民工的企业经营 …………………… (208)
　　一　松桃苗族自治县简介 ………………………………… (208)
　　二　农民工返乡创业企业经营情况 ……………………… (208)
　　三　农民工返乡创业企业经营SWOT分析 ……………… (209)
　第四节　村庄层面的返乡农民工就地就近就业案例：
　　　　　毛坝村返乡农民工的休闲旅游开发 ……………… (220)
　　一　毛坝村及其避暑休闲旅游发展现状 ………………… (220)
　　二　毛坝村避暑休闲旅游面临的困境 …………………… (222)
　　三　优化休闲旅游促进返乡农民工就地就近就业路径 … (224)

第五节　个体层面的返乡农民工就地就近就业案例：
　　　　邓国海的创业之路 …………………………………… (227)
　　一　个案人物简介 ………………………………………… (228)
　　二　领头人带领下的村庄变化 …………………………… (229)
　　三　个案人物的心路历程分析 …………………………… (231)
第六节　武陵山区返乡就业创业存在的主要问题 …………… (238)
　　一　宏观层面的制约 ……………………………………… (239)
　　二　具体层面的制约表现 ………………………………… (241)
　　三　创业方面面临的问题 ………………………………… (243)
第七节　推拉理论的时代转换，以理性决策为根本的
　　　　返乡选择 ………………………………………………… (246)
　　一　关于推拉理论 ………………………………………… (246)
　　二　返乡农民工的推拉历程 ……………………………… (247)
　　三　以理性决策为根本的返乡选择 ……………………… (250)
第八节　关系网络的运作及困境 ……………………………… (252)
　　一　关系网络运作的基石 ………………………………… (253)
　　二　关系网络运作的途径 ………………………………… (254)
　　三　不可避免的有限理性 ………………………………… (256)
余论 ……………………………………………………………… (258)
　　一　反思政府在宏观层面推动返乡农民工就地
　　　　就近就业的努力 ……………………………………… (258)
　　二　中观层面的地区发展现状的限制 …………………… (260)
　　三　微观层面返乡农民工就地就近就业相关因素分析 …… (262)

**第五章　新型城镇化建设与返乡农民工就地就近就业的
　　　　内在关联性** …………………………………………… (266)
第一节　新型城镇化发展带来的农民工返乡发展机遇 ……… (266)
　　一　生态文明理念下的地区经济社会全面发展 ………… (267)
　　二　传统农业仍然具有一定的吸纳能力 ………………… (272)
　　三　现代农业产业化发展吸纳更多劳动力 ……………… (276)
　　四　传统农村社区的重构 ………………………………… (281)
　　五　民族关系的互嵌式发展与精神家园驻守 …………… (290)
　　六　新生代农民工创业意识不断增长 …………………… (295)

第二节　农民工返乡生存与发展面临的挑战 …………………（297）
　　　　一　城镇融入依然障碍重重 ……………………………………（298）
　　　　二　农村社区有机整合任重道远 ………………………………（303）
　　　　三　回迁子女学习生活适应性问题 ……………………………（310）
　　第三节　返乡农民工对新型城镇化建设的潜在影响 ……………（314）
　　　　一　农村人才资源开发缺失造成新型城镇化建设人力
　　　　　　资源匮乏 ……………………………………………………（314）
　　　　二　返乡人员增长造成新型城镇化建设和谐社会
　　　　　　环境受损 ……………………………………………………（320）
　　　　三　创业失败造成新型城镇化发展动力损耗 …………………（322）
　　余论 ……………………………………………………………………（325）
　　　　一　深度个案的心路历程：成功与失败的纠结 ………………（325）
　　　　二　返乡农民工的决策机制构建 ………………………………（332）
第六章　对策与建议 ………………………………………………（335）
　　　　一　提高认识，清醒把握两者协调发展基本原则 ……………（335）
　　　　二　科学规划，因地制宜进一步推进新型城镇化建设 ………（340）
　　　　三　转变职能，切实履行为民服务的政府责任 ………………（342）
　　　　四　培育力量，充分发挥社会组织的作用 ……………………（343）
　　　　五　借助外力，依托精准扶贫快速发展 ………………………（346）
　　　　六　注重传承，加强民族传统文化的保护与开发 ……………（351）
　　　　七　加强引导，促进返乡农民工自主创业健康持续发展 ……（354）
　　　　八　加强培训，进一步完善多层级教育模式和机制 …………（357）
参考文献 ……………………………………………………………（361）
后记 …………………………………………………………………（394）

第一章

绪 论

一 研究背景

改革开放以来,我们国家取得了举世瞩目的成就,使中国国力摆脱"贫弱"状态,其间,全国人民的生活水平更是得到了极大的提升,在欢庆改革开放胜利的同时,学界逐渐关注到了在这个过程中形成的"农民工"这一特殊群体,相关研究从2000年前后开始不断丰富,2003年后研究成果更是呈现跳跃式的增长。在人们还热衷于探讨农民工外出务工方方面面的情况时,时间来到了2008年,由美国次贷危机所引起的全球金融危机正通过贸易和金融等渠道给中国经济带来了挑战,中国经济增速明显放缓,出口以及固定资产投资增速回落。受到大的经济环境的影响,我国沿海地区经济发展势头同样出现拐点,特别是劳动密集型企业受到的冲击十分明显,由于企业发展遭遇波折,为了降低成本,收缩企业规模以便于集中人力、物力和财力去抵御风险,整个就业市场提供的就业岗位数量相应缩减。此前在研究农民工外出务工相关问题中少有提及的返乡农民工问题逐渐成为学者关注的焦点问题之一。

另外,从国家层面的经济社会发展整体布局来看,随着农民工外流与回流格局的变化,国家和各级政府部门也把农民工返乡作为社会集体性事件予以高度关注。一个根本的出发点在于,无论是外流还是回流,解决就业问题是关键所在。与此同时,我国的城镇化建设取得快速发展,城镇化率从2000年的36.22%至2010年突破50%的节点,意味着每年有数千万的人口脱离农村进入城镇,数量如此庞大的人口如何在城镇安居乐业成为摆在我国经济社会持续发展道路上的首要问题之一。特别是《国家新型城镇化规划(2014—2020年)》出台后,明确了新型城镇化的发展宗旨和原则是:以城乡统筹、城乡一体、产业互动、节约集约、生态宜居、和谐发展为基本特征的城镇化,是大中小城市、小城镇、新型农村社区协调发展、互促共进的城镇化。特别关注到以人为本,推进进城人口市民化。强调"要推进以人为核心的城镇化,提高城镇人口素质和居民生活质量,把促进有能力在城镇稳定就业和生活的常住人口有序实现市民化作为首要任务"①。

农民工返乡是既定的事实,且其流动规模在逐年增长,已经成为农民工群体流动的新趋势。据最新的资料显示,到2016年6月,虽然返乡农民工总体数量没有一个准确的数值,但是仅仅全国返乡创业的农民工数量累计就超过了450万人。而且近五年来,返乡创业的人数增幅一直保持在两位数左右。② 新型城镇化中以人为核心的城镇化则是国家层面的发展导向,也是从长远持续发展的角度提出的有效政策。前者是以社会个体为单位的农民工自由行动后形成的社会事实,后者是基于社会发展事实和预期治理目标形成的国家战略,二者在我国经济社会取得长足快速发展,因国内外发展环境、国家发展理念和发展策略变化在21世纪初发生了紧密的联系。本书也正是基于上述时代背景而开展的。

二 研究意义

我们知道,随着新型城镇化的全面展开,我国城镇化发展方向有了巨大的转变,在新的理念指导下,"人"这一核心因素得以凸显。那些脱离传统农业从农民身份转变为城镇居民身份的人群,那些以非农业收入为经济来源依然是农业户口的人群,或者是那些往返于城镇与农村的半农半工人群,都成为是否体现"以人为本"的新型城镇化成败关键所在。在衡量城镇化发展状况的系列指标中,城镇化率无疑有着举足轻重的地位,正如大家所知道的,在城镇化率的数字里,有超过2亿名的农民工包含其中,随着经济社会发展的不断推进和完善,农民工群体中返乡就业创业的人数也在逐年增加,从某种意义上来说,这种增加有可能成为我国农民工的群体特征之一。实质上,新型城镇化的发展是一项综合性的宏伟工程,其涉及的面基本囊括了城镇发展的所有维度。本书的意义就在于,从新型城镇化的诸多发展维度中,选取返乡农民工就业这一问题,把人的发展与国家政策有效地关联起来,通过二者之间的关联性研究,一方面检视了新

---

① 杨佩卿:《新型城镇化的内涵与发展路径》,《光明日报》2015年8月19日第15版。
② 《图解:农民工返乡创业人数累计已超过450万》,中国政府网(http://www.gov.cn/xinwen),2016年6月24日。

型城镇化建设的得失，另一方面为破解返乡农民工生存发展难题寻求道路，也就更进一步为解决"三农"问题提供了思路。正如《国家新型城镇化规划（2014—2020年）》中所说："城镇化是解决农业农村农民问题的重要途径。我国农村人口过多、农业水土资源紧缺，在城乡二元体制下，土地规模经营难以推行，传统生产方式难以改变，这是'三农'问题的根源。我国人均耕地仅0.1公顷，农户户均土地经营规模约0.6公顷，远远达不到农业规模化经营的门槛。城镇化总体上有利于集约节约利用土地，为发展现代农业腾出宝贵空间。随着农村人口逐步向城镇转移，农民人均资源占有量相应增加，可以促进农业生产规模化和机械化，提高农业现代化水平和农民生活水平。城镇经济实力提升，会进一步增强以工促农、以城带乡能力，加快农村经济社会发展。"[1]

当然，无论是新型城镇化建设，还是返乡农民工就业创业都普遍存在于国内各地区。而且，各地在上述问题上所呈现的状况，地方政府所采取的应对策略，以及不同地区人们所采取的具体行动千差万别，要想对这些问题有整体性的把握并不是一件容易的事。我们认为限定一定区域范围，对一个区域的研究拓展到对国家层面整体性宏观研究具有可行性，即借助人类学民族学传统的社区研究方法对本书的核心议题进行深入的剖析是可行之策。正如费孝通先生所说："以全盘社会结构的格式作为研究对象，这对象并不能是概然性的，必须是具体的社区，因为联系着各个社会制度的是人们的生活，人们的生活有空间的坐落，这就是社区。每一个社区都有它的一套社会结构，各制度配合的方式。因之，现代社会学的一个趋势就是社区研究，也称作社区分析。"[2] 当然，这里所指的社区其实暗含了两个维度：一是研究方法意义上的社区，是一种具体的地域社会，有明确的时空坐标，有自己的地理位置、地域范围以及可资观察的社会制度和结构；二是社会现象意义上的社区，指的是社会成员由于群居的本性而形成的一种地域性社会，突出的是其中随历史发展而形成的人际关系，范围可大可小，社区规模可以是乡村、城市，甚至是民族国家等。[3] 我们的研究也正是依据上述两个维度，一方

---

[1] 《国家新型城镇化规划（2014—2020年）》，人民出版社2014年版。
[2] 费孝通：《乡土中国》，江苏文艺出版社2007年版，第100页。
[3] 高永久、朱军：《试析民族社区的内涵》，《北方民族大学学报》（哲学社会科学版）2010年第1期。

面是从研究方法意义上的社区研究维度来探讨新型城镇化建设与返乡农民工就地就近就业问题，另一方面是从社会现象意义上的社区维度选择了武陵山区作为限定的研究区域。

其原因在于：一是一直以来研究者都习惯于把农民工视为一个具有共性的群体，而较少关注其民族身份的特殊性，自然也就缺少对民族地区农民工和新型城镇化建设作专门分析。但事实上，我国少数民族发展历程的特殊性，决定了其与汉族地区无论是自然条件还是人文环境都有较大的差异，而这些差异会在新型城镇化道路的选择上和返乡农民工就业创业的途径上体现出来，所以特别选定少数民族地区作为研究区域，正是希望从中发现民族地区与汉族地区的差异性，使得相关研究更为丰富和细致。二是我国民族地区所涵盖的范围广阔，自身的差异性也较大，笼统地以民族地区为研究对象也不利于研究的深入，同时也可能会因民族地区太过庞大而在研究中力有不逮。所以为了使本书更具针对性和可操作性，特别选定武陵民族地区作为调查范围。因为在这一地区居住着土家、苗、侗、瑶等30多个少数民族，自然地理条件和自然资源相似，历史文化背景相同，经济社会发展水平接近。研究意义具体体现如下。

（一）为地方政府决策提供依据

武陵山区是我国内陆中西结合部最大的少数民族聚居区，是中国区域经济的分水岭，是西部大开发和中部崛起的交会地带。虽然受惠于西部大开发政策、中部崛起政策、民族政策、老区政策的支持，但由于该地区处于湖北、湖南、贵州、四川、重庆五省市的边缘地带，并不是政策扶持的重点对象，如近年来在重庆城乡统筹试验区、长株潭城市群、武汉城市圈两型社会改革实验区等发展建设过程中，各种优惠政策都难以惠及此区域，所以仍属于典型的"老、少、边、山、穷"地区。因此，对武陵山区城镇化建设与农民工就地就近就业问题的综合研究，可以提出当地推进城镇化建设和促进农民工就地就近就业的策略，为当地各级政府决策者提供解决相关问题的现实依据。为减轻社会压力，缓解社会矛盾，维护社会整体和谐发展做出贡献。

（二）推动地区经济社会发展

武陵山区是全国11个集中连片特困地区中先行先试的先锋，承载着为国家扶贫攻坚重大战略决策实施积累经验和探索道路的责任。近年来，国家和地方政府投入巨大力量以解决该地区的贫困问题，社会上各种力量也积极参与其中,特别是精准扶贫工作的有序展开,扶贫攻坚取得良好成效,极大地改善了当地人民群众生存发展状况。虽然本书不以减贫脱贫为核心,但研究所关注的两个核心点城镇化和返乡农民工就业问题,与其有着深层次的关联,相互之间也是一种互为因果或者说是相互促进的关系。通过我们的研究,从另外一个侧面回应精准扶贫工作,也可作为检验其成效的评估素材之一,也能够为精准扶贫工作提供一些可供参考的资料和方法,从而最终统一到促进地区经济社会发展事业上。

(三) 丰富和完善相关理论

研究过程中凸显民族地区的特殊性能够丰富我国城镇化建设和农民工研究领域的理论体系,对现有的各种理论进行检验并修正,以增大相关理论的解释力度和适用面。因为现有研究在一定程度上存在对地区特殊性观照不够的薄弱环节,有些情况是近年来出现的新的问题,特别是农民工就地就近就业问题之前关注较少或者研究不足,这些都是在我国社会发展过程中逐步显现出来的,必然要求我们以经验性的研究来完善现有的理论。再者,由于我国幅员辽阔,各地在自然条件、文化传统、发展程度等方面都具有较大的差异性,通过具体区域的实证研究,能够为我国其他地区的相关研究提供参考。

三 研究综述

对本书涉及的两大主题,即城镇化建设和农民工返乡创业就业展开文献回顾,我们发现现有的研究成果极为丰富。既有国外相关理论的介绍和本土化运用,也有对国外理论的补充、完善和反思,还有借助个案深入研究力图以小见大去完整呈现我国城镇化建设和返乡农民工所具有的时代特征和社会现象背后所隐含的社会因素,同时也有通过统计分析探讨研究主题中各变量之间的相互关联性。除此之外,还包括对研究主题纵向的历时性研究和横向的共时性比较。总之,无论是借他山之石以为己用,还是结合实际以不断创新,无论是定量的数据分析,还是定性的资料挖掘,学术研究的先行者们留给我们极为丰富且十分宝贵的成果,值得我们认真借鉴和吸收。在进行文献综述时,考虑到本书涉及的两个主题在很大程度上有自己的独立性,而我们所关注的焦点,即探寻二者之间的关联性则属于需要我们进一步去研究的内容,所以综述基本上分为三大块,先分别对新型城镇化、返乡农民工进行资料回顾,在此基础上再对二者的内存关联性进行评述。以这样的方式来进行文献综述，也是为了更清晰地把两大主题目前的研究整体状况做一个完整的描述。

(一) 全面细致的城镇化研究

1980年，刚刚改革开放之初，我国百万人口以上的特大城市仅有15个，1990年达到31个，2012年则达到65个，成为世界上特大城市、超大城市最多的国家。[①] 这充分说明了我国城镇化建设速度之快，涉及面之广。伴随城镇化的发展，学术界对该领域的研究也呈逐渐繁荣之势。在此，我们用全面细致来形容城镇化既有研究，是因为这方面的研究成果极为丰富，无论是微观的个体解剖式分析，还是宏观的数据统计分析，无论是国外理论的引进，还是本土理论的建构，无论是城镇化建设的历史回顾，还是城镇化建设未来的设想，在我们收集的文献资料里面全都有精妙的论述。对于较早时间的研究，因涉及文献资料十分丰富，我们在此不做全面的回顾，相应的综述性资料可参见赵涛[②]、姜爱林[③]、郭荣朝[④]、张贡生[⑤]、熊吉峰[⑥]、颜廷平[⑦]、杨万江[⑧]、陈明[⑨]、曹俊杰[⑩]等人的文章。从研究的需要出发，在回顾我国城镇化建设历史过程，城市化建设道路争论、国外城镇化建设经验等几个方面的基础上，我们拟对近十年来的文献资料进行较为详细的论述，具体如下。

[①] 段进军、姚士谋等：《中国城镇化研究报告》，苏州大学出版社2013年版，第35页。

[②] 赵涛：《我国新时期农村城镇化研究的回顾与前瞻》，《中州学刊》2001年第4期。

[③] 姜爱林：《近年来中国城镇化研究的回顾与展望》，《攀登》2002年第3期；《中国城镇化理论研究述评》，《哈尔滨市委党校学报》2002年第5期。

[④] 郭荣朝：《城镇化研究综述》，《绥化师专学报》2004年第1期。

[⑤] 张贡生：《中国特色的城镇化：文献综述》，《兰州商学院学报》2004年第6期；《学界关于城镇化问题研究的综述》，《兰州商学院学报》2003年第2期。

[⑥] 熊吉峰：《我国农村城镇化实现策略研究观点综述》，《经济纵横》2007年第3期。

[⑦] 颜廷平：《近十年来我国农村城镇化若干问题研究综述》，《理论与当代》2011年第1期。

[⑧] 杨万江、蔡红辉：《近十年来国内城镇化动力机制研究述评》，《经济论坛》2010年第6期。

[⑨] 陈明：《中国城镇化发展质量研究评述》，《规划师》2012年第7期。

[⑩] 曹俊杰：《工业化、城镇化与农业现代化互动关系研究综述》，《山东理工大学学报》(社会科学版) 2012年第4期。

1. 中国城镇化发展的历史沿革[①]

新中国成立后，我们国家的城镇化发展道路走过了一条曲折的道路，其间有许多波折，这个历史发展过程大致可以分为以下三个阶段。

第一阶段主要是在新中国成立后的几年间，时间范围为1949—1957年。这一阶段的城镇化建设主要任务是恢复城市功能，尽快完成战后重建。特别是借助"一五"计划重点工程的建设实施推动城市快速发展，以强化城市在经济领域的引领作用，同时强化城市对农村的领导地位，全国的城镇化水平从10.6%提升到16.25%，平均年增长0.63个百分点。[②] 因此，研究也就围绕经济工作重心定位于城市、城市旧有面貌改造升级、城市就业与城市工业化发展等议题。

第二阶段主要是从"大跃进"到"文化大革命"结束，时间范围为1958—1977年。这一时期的城镇化发展的特点是波浪起伏，出现了数次非正常的情况，全国城镇化水平从16.25%提高到17.86%，平均每年只增长0.08个百分点。[③] 一是"大跃进"开始后的城镇化飞速发展，到1961年，城镇人口达13073万人，新设城市33座，城市出现过度膨胀现象；二是1960年开始的国民经济调整，导致城镇人口大量压缩，加上职工精减，近5000万人卷入其中，成为我国城镇化建设历史中的第一次逆城镇化。随之而来的第二次逆城镇化则发生在1966年"文化大革命"爆发后的十年间，大批知识青年上山下乡，干部下放，使城镇人口再次缩减。因而，这一时期受政治环境的影响，城镇化的研究也就是顺应政治需求关注如何动员城市相关人员下乡，以及限制大城市发展等方面。

有研究者认为在1957—1961年，我国就经历了一次规模空前的城镇化高潮，随后又如潮水般倒退，并且在较长一段时间内，这次波折的后遗症导致城镇化发展停滞不前。所以后来的学者如李若建认为应当从大跃进失败的事实吸取教训：因为中小城市，特别是经济结构单一的资源型中小城市，抵御经济波动的能力低，在经济大起大落时期由于对资源需求的变化和产业结构调整，中小城市容易衰败，因此盲目发展中小城市的后果是

[①] 这一节参考了姜爱林《中国城镇化理论研究——回顾与述评》，《资料通讯》2002年第7、8期刊发的系列文章，以及陈映《中国农村城镇化的发展历程及现状分析》，《西南民族大学学报》（人文社会科学版）2005年第6期。

[②] 叶耀先：《新中国的城镇化历程和经验教训》，《小城镇建设》2005年第7期。

[③] 同上。

危险的。①

第三个阶段是从改革开放后到新型城镇化建设的提出,时间为1978年至今。以党的十一届三中全会胜利召开,党和国家做出把工作重心转移到社会主义现代化建设上的决策为起点。这一时期的重要事件包括1984年《中共中央关于1984年农村工作的通知》和《国务院关于农民进集镇落户的通知》等文件的出台,奠定了小城镇发展在我国城镇化建设中的重要地位,一直到2000年《中共中央国务院关于促进小城镇健康发展的通知》出台,"小城镇大战略"的定位得到进一步的巩固。这一时期不仅仅城镇化发展持续推进,在学术界也对城镇化发展所涉及的人口流动、经济发展、制度设置、政策调整、可持续发展、产业化、产权制度改革、城镇规划、城镇化与工业化等诸多方面进行了深入研究。特别是20世纪80年代,费孝通先生开展的以江苏小城镇为代表的研究,对推动我国城镇化研究起到了重要作用。②但研究者也认为,"中国城镇化进程出现了由政府主体依靠行政集权强制推行的自上而下式城镇化和以农民主体在市场力量诱导下自发创造、自行组织和自我实行的自下而上式城镇化两种基本模式。前者使中国城镇化长期滞后,后者把中国城镇化引入了快速推进的轨道"③。但是总体来看,依然没有改变我国城镇化严重滞后于工业化的局面。朱守银也认为中国农村城镇化的主要矛盾已由开始的"低度城镇化",即缺乏城镇化支持的工业化转向"过度城镇化",即缺乏工业化和规模人口支持的城镇化。④对此阶段十余年快速城镇化发展的担忧还来自陆大道等人,他们认为:第一,快速城镇化给资源、环境带来的负面影响;第二,冒进式城镇化给城镇就业问题的巨大压力;第三,区域空间失控带来的问题等。根本原因在于经济发展动力与城乡二元化的土地管理制度的不协调,城市规划不科学,地方政府对政绩的盲目追求等。⑤ 2011年

---

① 李若建:《大跃进时期的城镇化高潮与衰退》,《人口与经济》1999年第5期。
② 费孝通:《小城镇 大问题(之二)——从小城镇的兴衰看商品经济的作用》,《瞭望周刊》1984年第3期;《小城镇 大问题(之三)——社队工业的发展与小城镇的兴盛》,《瞭望周刊》1984年第4期;《小城镇 大问题(续完)》,《瞭望周刊》1984年第5期。
③ 李保江:《中国城镇化的制度变迁模式及绩效分析》,《山东社会科学》2000年第2期。
④ 朱守银:《中国农村城镇化进程中的改革问题研究》,《中国农村观察》2000年第6期。
⑤ 陆大道、姚士谋等:《基于我国国情的城镇化过程综合分析》,《经济地理》2007年第6期。再比如两位作者的文章《中国城镇化进程的科学思辨》,《人文地理》2007年第4期。类似观点还可以参见顾文选等《中国城镇化发展30年》,《城市》2008年第11期。

陆大道与姚士谋再次撰文表达了同样的忧虑，强调我国的城镇化发展没有遵守循序渐进的规则，是一种"急速城镇化"，因此造成了人口城镇化率虚高，生态环境破坏、土地过度占用等后果，所以必须要以一种综合性的科学思维来对待我国城镇化建设事业。[1]

对于上述三阶段的划分，一般学者都比较认同，可能存在关注侧重点不同的情况，比如说曹钢就把阶段划分为城市瓦解农村模式，时间为20世纪50年代前；城市馈补农村模式，时间为20世纪50—80年代；农村转变城市模式，20世纪80年代以后三个阶段和三种模式，并认为"城镇化的实质在于解决城乡之间诸多方面的对接和均等化问题，即实现城乡'经济社会整体素质'少差别或无差别"[2]。也有研究者进一步对改革开放后我国城镇化的发展划分阶段，主要是结合了我国经济社会发展的一系列重大决策的出台而划分（见表1-1）。

表1-1　　　　　　　　　改革开放以来的城镇化阶段

城镇化阶段	特征
第一阶段	改革开放初期到1990年前后，城镇化（推力、拉力）
第二阶段	1990年到2000年，城镇化（推力、拉力）+沿海发展战略
第三阶段	2000年到2007年，城镇化（推力、拉力）+沿海发展战略+区域协调发展阶段
第四阶段	2007年至今，城镇化（推力、拉力）+以城市群为中心的扩大内需政策+产业升级战略
第五阶段	未来发展，城镇化（推力、拉力）+以城市群为中心的扩大内需政策+产业升级战略+新型沿海发展战略

资料来源：周民良：《城镇化、农民工就业与经济政策选择》，《创新》2009年第5期。

当然，从2014年国家第一批新型城镇化综合试点名单正式公布开始，应当说我们国家的城镇化建设又迈入新的高度。从各地的实践来说，城镇化建设有了全新理论的指导，不断纠正和调整以往发展中的失误，城镇化进入了新的高潮时期。同时，理论界的研究也有了较为明显的转向，围绕新型城镇化建设"城乡统筹、城乡一体、产业互动、节约集约、生态宜居、和谐发展"的核心理念展开了全方位的研究，而且建设实践和理论研究也还正处于一个不断深入的过程之中。

---

[1] 姚士谋、陆大道等：《中国城镇化需要综合性的科学思维——探索适应中国国情的城镇化方式》，《地理研究》2011年第11期。

[2] 曹钢：《中国城镇化模式举证及其本质差异》，《改革》2010年第4期。

2. 小城镇化建设中的弊与利

本小节总结小城镇建设中的得失主要是因为，在 20 世纪 80 年代，我国小城镇建设开展得如火如荼，这一发展路径在较长一段时间里极大地促进了我国农村地区城镇化的发展，受到学术界和政府的高度关注，因此有必要在此进行较为细致的讨论，因为这一阶段的影响可以说延续至今，其得失的经验对新型城镇化建设依然具有启发性。

温铁军依托多方力量，借助大量翔实的材料对小城镇建设进行了研究，认为中国农村小城镇建设在人口压力大而资源严重短缺的基本国情矛盾制约之下，主要目的并不在于建设一批现代化的城镇，而是通过城镇发展过程中资本的集聚和人口的集中，同步调整产业结构、就业结构和城乡关系，逐步解决"三农问题"。但是实际上的小城镇建设造成的结果是现行城镇用地制度不仅不能维护农村经济体的财产权益，而且无力制止滥占农地、引起农民反抗的新圈地运动。[1] 在之后的 2001 年，温铁军撰文再次讨论了小城镇建设中的问题，并对我国城镇化道路选择问题研究进行了综合论述，认为关于我国城市化发展具体采取什么样的方式，其实一直以来都存在着较大的争论，综合起来看，比较具有代表性的观点分为五大类型[2]：一是"大都市圈战略"，以国家发展计划委员会中国宏观经济学会王健研究员为代表。二是以王小舟、夏小林为代表人物的发展大城市观点，他们认为更多发展规模在 100 万—400 万人范围的城市将会大大提高经济效益，提高经济增长的速度与质量。这一区间的城市可以称为最佳规模的城市。[3] 三是强调首先发展中小城市，因为 600 多个中小城市普遍存在人口不规模化的问题。其主要代表是国家发展计划委员会长期规划与产业政策司的研究人员。四是以张红宇、黄延信等为代表的支持发展县级城镇的观点，他们认为城市化的重点应当放在县级城关镇，全国 2000 多个县的经济中心功能并没有得到较好的发挥，而以县城为重点的城镇化则能起到强大的辐射作用。[4] 五是指出中国城市化的主要方向是县以下小城镇，其主要代表是中国小城镇改革发展中心。当然，也有部分人认为我国

---

[1] 温铁军：《农村城镇化进程中的陷阱》，《战略与管理》1998 年第 6 期。

[2] 温铁军：《城乡二元体制矛盾的形成与城镇化发展战略探讨》，《山东省农业管理干部学院学报》2001 年第 1 期。

[3] 王小舟、夏小林：《优化城市规模推动经济增长》，《经济研究》1999 年第 9 期。

[4] 黄延信：《县城镇：实施小城镇大战略的重点》，《财经界》2000 年第 5 期。

地域辽阔，人口众多，而且各地经济社会发展极不均衡，特别是市场经济发展程度差异显著，所以在城镇化建设上不能同一而论，应当走一条多元模式的发展道路。

刘学敏对于我国早期的城镇化道路选择也持不赞成态度，他区分了城镇化与城市化，前者是指以建制镇为单位的小城镇建设，后者是指如同国外许多高度城市化国家那样，伴随工业化发展而出现的社会历史进程。虽然小城镇建设在一定程度上吸纳的农村剩余劳动力，促进了经济的发展和农村经济关系的商品货币化等。但是在环境污染、土地浪费、公共设施的低层次重复建设、无法产生城市的聚焦效应等方面都存在弊端，特别是小城镇的发展没有使农业社会完成向城市社会的转型，大城市与小城镇的二元分割依然存在是最大的不足。因此，我们只能把小城镇建设当作历史阶段的特殊产物，如今应当回归到城市化建设中。① 辜胜阻等人把我国20世纪80年代以来，伴随着乡镇企业的迅速兴起，民间发动型的城镇化发展称为"自下而上的城镇化发展模式"，虽然肯定了这一阶段城镇化的贡献，但也关注到了诸如上述学者所指出的各种问题。② 同样，贾绍风也认为人口城镇化是现代社会的发展趋势，而农村工业化和乡村城镇化只适用于部分条件较为优越的地区，大部分现有的农村是不可能工业化、也不可能城镇化的，③ 这其实也是否定了之前的小城镇化建设道路。蓝万炼则直接指出人们对城市和城市化认识上存在偏差，高估了小城镇在城市化进程中的作用，特别是在"认为农村小城镇是城市；认为只有靠发展农村小城镇才能解决农村剩余劳动力的出路问题；认为农村小城镇的发展可促进农业规模经营的实现；认为农村第二、三产业的发展应依托农村小城镇；认为农民渴望进入农村小城镇创业和生活；认为'城市病'限制了大城市的发展"④ 六个方面有认识误区。持相同观点的李辉认为，小城镇的发展虽然促进了农村经济发展，但是一种被称为"泛小城镇化"的现象值得反思，因为以此为指导思想的城镇化片面地夸大了小城镇对农村人口就

---

① 刘学敏：《对中国城镇化道路的理论探讨》，《财经问题研究》2000年第12期。
② 辜胜阻、刘传江等：《中国自下而上的城镇化发展研究》，《中国人口科学》1998年第3期。
③ 贾绍风：《人口城镇化不是农村工业化、乡村城镇化》，《人文地理》1998年第2期。
④ 蓝万炼：《农村小城镇化战略的六大误区》，《湖南农业大学学报》（社会科学版）2001年第1期。

业结构改变的作用，焦点放在了小城镇外延扩张上，而忽略了城市化建设应有的内涵。①

也有研究者认为发展小城镇是我国城镇化建设的有效途径，樊杰通过对七个建制镇的实证研究，从农村工业化在就业结构变化、人口迁移、小城镇建设和资金来源、小城镇工业布局等方面产生了重要作用的角度，认为发展小城镇是合理的选择。② 孙雅静认为城镇化建设通常包含城镇化、城市化和城市现代化三个阶段，学界与政界观点的差别源于对三个阶段的直接推动力及载体认识不清。正确的观点应当是注意到我国小城镇发展是自下而上的一种行为，其功能主要在于服务广大农村，也就是说大、中、小城市和小城镇有各自的服务功能，且不能相互替代。③ 冯尚春则是从产业结构调整的角度论述了相关问题，他认为从产业及其对人口的带动作用来讲，我国农村城镇化的逻辑起点是小城镇，小城镇的产业依托是农村工业；中小城市的产业依托是现代工业；大城市的产业依托是建立在现代工业基础上的第三产业。所谓中国特色城镇化道路就是将人口城镇化和产业结构优化升级结合起来的新型城镇化道路。④ 梁德阔则从土地、人口、经济的"三集中"出发，论证农村城镇化的合理性和有效性，并认为"人地矛盾是其初始动力，农业发展是其内部推力，乡镇企业发展是其后续动力"。⑤

3. 劳动力转移相关研究

应当说城镇化本身就涉及城市空间扩展和劳动力转移两个核心指标，所以说论及城镇化的研究，或多或少对劳动力转移都有所关注。劳动力转移中，有很大一部分的研究关注到农民市民化的问题，主要讨论了在市民化过程中所面临的制度障碍、权益受损、保障低下、经济困难等诸多问

---

① 李辉：《论我国城市化进程中的"泛小城镇化"现象、问题及其对策》，《人口学刊》2002年第132期。

② 樊杰：《中国农村工业发展在城镇化过程中的作用——对我国7个建制镇的实证研究》，《地理科学》1998年第2期。

③ 孙雅静：《"城镇化"与中国特色的"城市化"道路》，《中共中央党校学报》2004年第2期。

④ 冯尚春：《中国特色城镇化道路与产业结构升级》，《吉林大学社会科学学报》2005年第5期。也可参见其著作《中国农村城镇化动力研究》，经济科学出版社2004年版。

⑤ 梁德阔：《内生型农村城镇化的运行机制分析》，《安徽大学学报》（哲学社会科学版）2006年第3期。

题,也大多呼吁要破除城乡二元结构的束缚,要加强社会保障,加强职业教育等来化解各类问题。在这一类的研究中有学者以人的城镇化为核心,运用2011年流动人口动态监测数据,以"乡—城"流动人口为研究对象,以市民化意愿、市民化能力、市民化行为、居住市民化、基本社会公共服务市民化水平等指标体系为研究点,认为城镇化水平明显低于以现行城镇化率衡量的城镇化水平,原因是城镇化率将产业转移人口作为固定性城镇人口导致的,从而高估城镇化发展的真实水平。[1]

下面的文献资料综述我们拟把更为具体,或是具有创新性的观点予以总结。

早期有研究通过对个体迁移和家庭迁移的比较,认为家庭迁移在城市化进程中越来越多,而且这样的迁移比个体迁移更有利于农民工在城市稳定的生活和工作。[2] 比较深入进行国际比较的研究是朱宇在《城镇化的新形式与中国的人口城镇化政策》一文中所完成的那样,通过对发达国家城镇化经历及其相关理论的讨论,结合中国自身的特点,认为我国的城镇化不应当,实质上也不同于国外的城镇化过程,所以需要超越城市与乡村、大城市与小城镇的概念框架,关注中国人口流动的特殊性,结合一些发展中国家的实际状况,应当看到这种类似循环的人口流动合理性,因为"通过这一策略,循环流动者不仅可使收入来源多元化,而且可以充分利用其家乡的土地、房屋等资源,减小在流入地的开支,从而达到迁移成本最小化,家庭收入最大化的目的"[3]。其实,通过我们的研究发现,虽然这一观点不缺乏支持者,但是其重要性在实际的研究中常常被忽略掉,或者说较少对这种观点进行实证研究,做到"跳出'非城即乡'的框框,既促进有条件的迁移者在城市定居,也顺应大量流动人口城乡两栖、流动就业的需要,使中国的城镇化政策更加适应国情和民情"[4]。与此类似,有学者认为"在市场经济条件下,城镇化的实质是人口和生产要素的集中过程。要增强城市化的动力和农民进城的动力,政府只能尊重要素所有者对更高收益的追求,进行制度创新,放松对市场主体流动的限制,建立

---

[1] 王晓丽:《从市民化角度修正中国城镇化水平》,《中国人口科学》2013年第5期。
[2] 张玉洁、唐震等:《个人迁移和家庭迁移——城镇化进程中农民迁移模式的比较分析》,《农村经济》2006年第10期。
[3] 朱宇:《城镇化的新形式与中国的人口城镇化政策》,《人文地理》2006年第2期。
[4] 同上。

生产要素在城乡间自由流动的制度,增强城镇对行为主体的引力。政府要发挥作用,应以不影响农民自主权和不损害市场机制为前提,只起引导作用"①。这表明关注到了劳动力自身的意愿。

石忆邵等人则是以异地城镇化为名,从城镇人口增长的角度宏观地观察我国人口迁移特征,指出了中国城镇化进入21世纪后的新动向。② 对此,黄亚平等人在强调适度的异地城镇化有益于社会稳定的基础上,认为异地城镇化再本地化将会是一种必然趋势③(即本书所指的返乡农民工就地就近就业趋势)。也有学者关注到在劳动力转移过程中会造成城镇贫困人口的增加,并建议对此要进行分类引导,有序促进人口的迁移。④ 对劳动力进一步从性别细分的研究有结论指出,在很大程度上"失地女性的失业问题不是因为她们不想工作,也不是家庭在市场力量作用下自主分工的结果,而很可能是城镇化政策的'副产品'之一",⑤ 其原因在于农村女性没有条件或是自身素质的限制,使得该群体无法成功进入城镇劳动力市场,解决的办法还是要落实到职业培训上。

吴业苗在分析劳动力转移"就地转移论""城市转移论"和"三集中论"的不足后,认为应当走一条"居村农民市民化"的道路,该道路依托的基础,或者说前进的线路是——农村城镇化、农民居住集中化与农民非农化。完成这"三化一体"的系统工程,则能以较快的速度,较低的成本实现农村人口的转移。⑥ 安培培的研究将侧重点放在了劳动就业政策方面,认为正是因为就业政策的不合理造成了人口城镇化发展缓慢,而不断反复的就业制度改革发挥了副作用,甚至认为宏观的户籍制度

---

① 卫龙宝:《城镇化过程中相关行为主体迁移意愿的分析》,《中国社会科学》2003年第5期。
② 石忆邵、王云才:《异地城镇化:新时期中国城镇化的主旋律》,《同济大学学报》(社会科学版)2006年第4期。
③ 黄亚平、陈瞻等:《新型城镇化背景下异地城镇化的特征及趋势》,《城镇化》2011年第8期。
④ 骆祚炎:《城镇化进程中的人口流动与城镇新增贫困人口问题分析》,《人口与经济》2007年第4期。
⑤ 孙良媛、李琴等:《城镇化进程中失地农村妇女就业及其影响因素——以广东省为基础的研究》,《管理世界》2007年第1期。
⑥ 吴业苗:《农村城镇化、农民居住集中化与农民非农化——居村农民市民化路径探析》,《中州学刊》2010年第4期。

是本末倒置。① 更为宏观的研究来自 2010 年农业部重大调研课题"城镇化进程中农村劳动力转移问题研究"课题组，该课题组在调研的基础上认为需要"通过制度创新和政策调整深入推进城镇化和农村劳动力转移；以提高经济发展质量和扩大就业为目标，提升产业发展层次，提高城镇的人口和产业密度；以农业为侧重点实施非均衡发展战略，加快推进农业现代化，从城乡两个渠道为农村劳动力转移就业提供出路；以转变经济发展方式为契机，调整城镇发展模式和发展路径，优化城镇区域布局；深化体制机制创新，逐步消化城镇化成本，增强城镇公共服务供给能力"②。

对劳动力在城镇中生存发展状况的研究比较一致地表明，该群体在城镇中的状态不容乐观，有制度性的原因，也有个体自身的原因。比如说滞后城镇化和城市偏向就导致农民工难以融入城市，而具体来分析，则发现非正规就业、心理和待遇上的差距、组织化程度低、自发性大所造成的在城市缺乏利益代表等都构成了融入障碍，特别是从人力资本存量的角度来看，就业之前的在校正规化教育、就业过程中的培训教育、经验的吸收，也即所说的"干中学"（learning by doing）三个方面都不利于农民工在城市中的融入。③ 辜胜阻等人的研究也表明了农民工存在上述问题，并进一步指出，农民工群体还存在新老两代的内部分化，为此，应当"增强中小城市的吸引力，加强城乡劳动力市场一体化建设，为进城农民工提供必要的公共服务和社会保障，加强职业技能培训，合理引导农民工'返航'潮流，帮助新生代农民工融入城市，防止'拉美陷阱'的出现"④。何宇鹏等人的研究还指出"对于跨省人口流动而言，这些问题更为突出。对于人口流出省而言，实际上是将本省农村的相对贫困人口转移到了其他省市；对于人口流入省而言，面临着这些流动人口的生活与就业服务保障等

---

① 安培培：《劳动就业政策对我国人口城镇化障碍性影响研究》，《经济问题》2011 年第 10 期。
② "城镇化进程中农村劳动力转移问题研究"课题组，张红宇：《城镇化进程中农村劳动力转移：战略抉择和政策思路》，《中国农村经济》2011 年第 6 期。
③ 易善策：《当前城镇化过程中农民工融入城镇的障碍分析》，《经济问题探索》2007 年第 2 期。
④ 辜胜阻、郑凌云等：《新时期城镇化进程中的农民工问题与对策》，《中国人口·资源与环境》2007 年第 1 期。

诸多问题"①。还有基于问卷调查的研究表明，农民对待城镇化时表现出既期待又忧虑的状态，期待的原因是希望能享受到城镇化带来的诸如子女教育、自身发展、交通便利、生活质量提升、收入增加等利益，而忧虑的则是城市消费水平、生活成本、住房成本、就业压力、治安与环境安全等不利影响。② 这种对农民主体性的关注还有来自杨叶忠、周蕾、谢勇等人的研究。③ 都较为一致地表明虽然农民工的城镇生活消费能力已经基本具备，但是依然存在着许多制约因素，而其中最主要的是"长久的生活能力与城镇住房消费能力。这种能力的不足导致农民工的城镇化预期随着城镇层级的上升而递减"④。

实质上，对于农民工劳动力转移的情况，现实中还存在许多的问题，妨碍着我国城镇化的质量与稳定，比如说长期得不到基本公共服务的公平保障就能很明显地体现问题的实质（见表1-2）。

表1-2　　　　　　农民工在城镇享受基本公共服务情况

基本公共服务项目	农民工和本地居民之间的差异
义务教育	在流入地不能完全享受
职业教育	部分符合条件的农民工可以享受
就业服务	基本实现均等享受
养老保险	不能在流入地参加城镇社会养老保险
医疗保险	不能在流入地参加城镇居民医疗保险和新农合
最低生活保障	不能在流入地享受
保障住房	有条件城市对农民工放开保障性住房

资料来源：冯奎：《突出农民工问题提升城镇化质量》，《中国发展观察》2012年第1期。

在国家新型城镇化建设规划颁布后，李琬和孙斌栋撰文表示，应当抛

---

① 何宇鹏、张同升：《人口流动和中国城镇化的空间分布》，《中国劳动经济学》2007年第2期。

② 殷红敏、班永飞：《农民城镇化意愿与响应能力及其影响因素——基于贵州1796名农民的调研数据》，《湖南农业大学学报》（社会科学版）2012年第3期。

③ 杨叶忠：《农民的城镇化意愿及其主体参与机制建构：苏浙沪调查》，《重庆社会科学》2012年第2期。

④ 周蕾、谢勇等：《农民工城镇化的分层路径：基于意愿与能力匹配的研究》，《中国农村经济》2012年第9期。

弃传统的讨论发展哪一类型城市规模更有利于城镇化的思想，而应当从农村居民自身的意愿入手，确定"十三五"期间的新型城镇化道路的战略重点。这一观点再次回归到了城镇化中人的主体性上，对于如何走好新型城镇化建设的道路，或者说得具体点关注新型城镇化建设哪些方面具有重要的参考价值。通过抽样出全国12000人的总样本进行统计分析，他们认为"大部分农民倾向迁移到小城市（小城镇、县或县级市），其次是大城市，居于中间的中等城市对农民城市化吸引力最低；女性、家庭人均土地少尤其是有过外出经验的农村居民更偏好高等级城市；社会资本无论是内向还是外向均有利于农民向中等城市迁移，且有可能使得农民在大城市和小城市的选择中倾向小城市迁移；经济发展、就业机会、基础设施和对外联系等因素的区域差异是影响农村居民迁移偏好的重要原因，并且偏好中等城市的农村居民相对更重视公共服务，而偏好大城市的农村居民更注重就业机会"①。与此类似，2014年有研究表明在我国经济发达地区，"在新的历史时期，计生政策、户籍政策等对迁移意愿的影响逐渐减弱，而教育政策、住房政策、工作政策、城乡社区环境因素作用更为凸显"②。

4. 国外城镇化建设经验介绍

总体来看，对国外城镇化的关注主要集中在美国、日本、巴西、韩国、印度、拉美等国家和地区，还有不少研究我国台湾省的城镇化。这些研究从其主要内容来看可以分成两大类。

一类是以国外发展经历中的成功措施作为我国城镇化建设的正面参考，以期在借鉴和模仿的基础上，改进现有发展策略。较早关注国外城镇化建设经验的有辜胜阻等人，通过对美国城镇化特点的分析，总结归纳了建立人才高地和土地产权"洼地"，调整西部城镇发展的畸形结构，实施以大都市的扩展和县城的提升为核心的二元城镇化发展战略；依托长江和陆桥两大东西"通道"，建设西部开发的两大引擎——长江城镇带和大陆桥城市轴，依托中心城市发展都市圈；把城市作为一个资源聚合体，强化经营城镇观念，加强交通和通信基础设施的建设，维护城镇的可持续性发展；实施竞争优势导向的跨越式产业发展战略，发挥"蛙跳"效应，用

---

① 李琬、孙斌栋：《"十三五"期间中国新型城镇化道路的战略重点——基于农村居民城镇化意愿的实证分析与政策建议》，《城市规划》2015年第2期。

② 卫龙宝、储德平等：《农村城镇化进程中经济较发达地区农民迁移意愿分析——基于浙江省的实证研究》，《农业技术经济》2014年第1期。

高新技术和适用技术改造传统产业，发展西部的优势产业，把城镇化建立在坚实的产业基础上提出四条可供借鉴学习的经验。① 也有研究从美国、日本等国家的农地制度出发，建议我国农地制度改革应达到建立国家所有农民永佃的制度目标。② 再比如说孟祥林通过对韩国、法国、日本等国家城镇化政策的分析，总结出政府发挥主体作用、强化农业基础地位、夯实农业基础设施、适度进行农民培训等经验。③ 国家发展和改革委员会国土开发与地区经济研究所课题组的研究成果也表明世界典型的城镇化模式大致如表 1-3 所示。

表 1-3　　　　　　　　　世界典型城镇化模式

发展模式	代表国家
城市发展与乡村现代化同步推进	英国
低密度蔓延式扩展	美国
缺乏产业支撑的过度城镇化	拉美国家
政府主导	苏联
城乡交错发展	亚洲新兴工业化国家

资料来源：国家发展和改革委员会国土开发与地区经济研究所课题组：《改革开放以来中国特色城镇化的发展路径》，《改革》2008 年第 7 期。

在上述研究基础上总结出一些规律性的东西，如城乡关系始终是城镇化进程中的主要矛盾、制度创新是城镇化发展的重要保障、可持续发展成为未来城镇化的重大主题等，并以此为基础探讨了我国城镇化的相关问题。④

一类是以国外发展经历中的失误或缺陷作为我国城镇化建设的反面案例，以期校正我国的发展策略。孙鸿志对拉美城镇化的研究也为我们提供了参考意见，即城市化要以农村的协调发展为基础、要尽力与工业化同步

---

① 辜胜阻、徐进等：《美国西部开发中的人口迁移与城镇化及其借鉴》，《中国人口科学》2002 年第 1 期。同时可参考辜胜阻等《人口流动与农村城镇化的战略管理》，华中理工大学出版社 2000 年版。

② 贾静：《借鉴美国、日本经验完善中国城镇化进程中农地制度》，《世界农业》2009 年第 12 期。

③ 孟祥林：《农村城镇化：国外实践与我国新型城乡形态发展设想》，《广州大学学报》（社会科学版）2011 年第 10 期。

④ 史育龙：《中国特色城镇化道路的内涵和发展模式》，《贵州社会科学》2008 年第 10 期。

进行、要以第三产业的良性发展为前提、要加强规划和管理、要建立相应的社会保障措施体系等。[①] 温铁军认为"中国应该借鉴国际经验,避免其他人口过亿的大型发展中国家大城市盲目扩张导致的大量贫民窟、黑社会犯罪等造成现代化进程中的不稳定问题。当前城镇化发展的关键在于改革农村社区土地和乡镇企业产权关系,优先发展中心镇,同时改革地方治理结构,理顺建制镇与村自治的关系"[②]。张占仓认为我国快速城镇化进程中,存在科学研究积累有限、面临"中等收入陷阱"的威胁、人口资源环境发展不协调、城镇规划建设缺乏地域文化特色等突出问题,未来新型城镇化要坚持质量提升的正确方向,坚持以人为本的核心理念,坚持城乡一体的政策目标,坚持绿色发展的国际趋势。[③] 在该文中,作者特别关注到以英国为代表的西方发达国家在经历农业现代化—工业化—城镇化的进程中,社会矛盾不断积累与显现,根本原因在于资本对政府权力的绑架,这也为我国的社会发展提供了前车之鉴。仇保兴的"C模式"则是在充分考察国外发展模式基础上提出的创新性构想,他从资本的本质属性出发论述了以美国为首的发达国家的以城市低密度蔓延、私人轿车为主导的机动化、以化石燃料为基础、一次性产品泛滥等为其主要特征的"A模式"和以"反增长计划"为代表的采取消极的城镇化、消极的机动化、消极的工业化,取消对资本运动的一切限制,以资本选择来替代民主活动的"B模式"都存在着种种弊端。应当建立一种在坚持"发展"的前提下,既充分利用市场机制的高效,又能低成本地补偿其负面影响的新型城镇化"C模式"。[④]

此外,还有不少以国外城镇化理论为讨论对象,结合我国城镇化建设实践进行理论适用性的分析。如对"诺瑟姆曲线"的讨论,该曲线1979年由美国城市地理学家诺瑟姆(Ray M. Northam)提出,他总结了英、美等西方国家工业化进程中城镇化率变化的趋势,认为城镇化发展存在一个

---

① 孙鸿志:《拉美城镇化及其对我国的启示》,《财贸经济》2007年第12期。
② 温铁军、温厉:《中国的"城镇化"与发展中国家城市化的教训》,《中国软科学》2007年第7期。
③ 张占仓、王学峰:《从皮克迪新论看我国新型城镇化的政策走向》,《河南科学》2014年第6期。
④ 仇保兴:《中国特色的城镇化模式之辨——"C模式":超越"A模式"的诱惑和"B模式"的泥淖》,《城市发展研究》2009年第1期。

普遍性的规律，即一个国家或地区城镇化从整体的角度来看，其发展轨迹将呈现为一条稍被拉平的"S"形曲线。规律性具体体现在，工业化初期，城镇化率在30%以下，以轻工业为龙头带动城镇化缓慢发展。工业化中期，城镇化率将会增长至70%左右，由钢铁、机械等重工业为龙头带动城镇化快速发展。工业化后期，城镇化率超过70%，由第三产业的繁荣带来城镇化缓慢增长。最后，城市将会向农村深入扩张，人口转而进入农村和小城镇，大城市人口规模降低，出现所谓"逆城市化"现象。对此，有研究认为该规律符合我国城镇化建设的实际，应当按照这一规律来谋划未来的城镇化发展策略。当然，也有学者认为"诺瑟姆曲线是对西方国家城镇化的一种实证分析，不具有普遍性。我国的城镇化不能走西方的老路。要在反思西方城镇化道路的基础上，结合中国国情，走中国特色的城镇化道路；要以农村城镇化为重心，走城乡协调发展之路；要以科学发展观为指导，以新型工业化为动力，走新型城镇化道路"[①]。

5. 城镇化建设的类型

其实我们在前面总结了我国城镇化的发展历程，也归纳了城镇化建设的不同观点，但是无论是小城镇建设、以县为单位的城镇化重点发展策略，还是以大城市为核心的发展道路，这些观点都是较为宏观层面的城镇化建设路径。在本小节里，我们将总结和归纳研究者们提出的更为具体的城镇化建设路径。从较早时间段的城镇化建设类型来看，比较成功的主要有三种模式：浙江模式、苏南模式、珠三角模式。浙江模式是指以温州模式为典型的农村城镇化模式，主要是通过发动区内独特的人文资源，克服地缘劣势和资源劣势，大力发展民营经济来推动农村城镇化。[②] 其发展模式可以解释为这样一条路径，即产业集群—农村工业化—工业园区培育和发展—经济结构与产业空间调整—就业结构变化—城市空间结构演进—规模效应—地方城镇化发展。[③] 苏南模式则主要是依借与南京上海两大城市联结的交通便利，通过人才的借用来促进乡镇工业发展，进一步聚集农村人口，推动城镇化发展。珠三角模式则是借改革开放前哨的天然优势，通

---

① 段学慧、侯为波：《不能照搬"诺瑟姆曲线"来研究中国的城镇化问题》，《河北经贸大学学报》2012年第4期。

② 祝怀刚：《农村城镇化研究述评》，《山地农业生物学报》2005年第5期。

③ 徐维祥、唐根年等：《产业集群与工业化、城镇化互动发展模式研究》，《经济地理》2005年第6期。

过政策优惠充分吸纳外来资金推动农村城镇化发展。主要原因在于这一地区紧靠香港、澳门、深圳，不仅交通便利，而且劳动力、土地资源都十分丰富，而且有华侨的力量可借用。这些发展模式或多或少都与地区的区位优势相关，而从一般的层面来看，李强等学者总结了常见的一些城镇化模型（或者说是一些路径），基本可以概括当前的主流观点，或者说是各地正在实践的主要道路。

表1-4　　　　　　　中国多元城镇化推进模式比较

		建立开发区	建设新区新城	城市扩展	旧城改造	建设CBD	乡镇产业化	村庄产业化
动力机制	主导力量	国务院、省、市级政府	国务院、市级政府	市级政府	市、区级政府	市级政府	市级、县级、乡级政府	村委会与村庄精英合一
	动作方式	政府主导、市场运作、企业参与	政府主导、企业参与	政府主导、市场运作、企业参与	政府主导、企业参与	政府主导、市场运作、企业参与	政府主导、企业参与	村干部带动、村集体经济发展；政府推动、村民参与
	土地供给	中央划拨、大规模征用农地等	大规模征用农地等	征用农村土地	城市用地	城市用地、征用农地	农村集体土地	农村集体土地
	推进方式	自上而下	自上而下	自上而下与自下而上相结合	自上而下	自上而下	自下而上与自上而下相结合	自上而下与自下而上两种
空间模式	发生区位	城市近郊、远郊	城市近郊、远郊	城市内部	城市内部	城市内部、新区新城或开发区内部	乡镇、村	村
	增长方式	跳跃发展、连续发展	跳跃发展、连续发展	连续发展	内部重组	内部重组、连续发展、跳跃发展	就地发展	就地发展
	规模特征	整体	整体	整体、碎片	整体	整体	整体、碎片	整体、碎片

资料来源：李强、陈宇琳等：《中国城镇化"推进模式"研究》，《中国社会科学》2012年第7期。

除此之外，下面的一些发展途径虽然在一定程度上不是城镇化发展的主流模式和类型，但依然值得我们关注。

第一类是生态移民城镇化。认为"只有把生态移民和地区城镇化有机地结合起来,通过产业的支撑,融生态建设于产业发展之中,实现生态建设产业化,西北地区的经济社会发展才是可持续的"。① 而且还有研究者认为,西部民族地区城镇化必须借助政府力量主导才能获得推动力,特别是在基础设施建设、城镇管理体制、公共事业等方面。② 对于这类的城镇化建设,也有研究表明还存在着诸如基础设施建设缓慢、产业发展不协调、政策执行异化等问题。③ 有学者还提出应当把生态移民城镇化当成继家族承包、民工潮后的第三次发明,从而创造出第三次奇迹——农民大规模城镇化。④

第二类可归纳为集约型城镇化,即从区域、产业、人口、经营、资源、风格等方面形成集约发展,以解决以外延扩张的粗放式发展向内涵增长的集约发展转变问题。⑤ 类似还有借用蜂窝原理提出创建农村城镇产业集群和制定农村城镇规划的研究,⑥ 也给我们提供了新的思路。

第三类称为异国城镇化,即"在中国政府的鼓励支持下,通过剩余劳动力的输出,实现劳动力在它国或地区的城镇就业来达到"⑦。这一类型的城镇化是特指西部地区农村人口在特定的历史条件和环境下得以实现。与这一观点有点类似的是一种被称作"去乡村化"的城镇化道路,即通过农村人口外流,降低本地城镇化率统计时的分母,从而提高产生的所谓分母效应。⑧ 这两者的基本条件都是一样的,即本地农村人口基数的减少。

第四类称为"飞地"型城镇化,这一主张是基于"增长极""飞地"及"飞地"经济理论而提出的,认为在西部贫困落后地区的"飞地"区

---

① 刘学敏、陈静:《生态移民、城镇化与产业发展——对西北地区城镇化的调查与思考》,《中国特色社会主义研究》2002 年第 2 期。

② 黎明:《城镇化:西部民族地区农村经济发展的战略选择》,《农村经济》2004 年第 9 期。

③ 拜琦瑞、马文静:《生态移民与西北地区城镇化的经济学分析》,《西北人口》2004 年第 1 期。

④ 刘定胜:《关于结合生态移民促进西部城镇化的思考》,《甘肃农业》2006 年第 8 期。

⑤ 康就升:《集约型城镇化道路:中国农村城镇化的内涵选择》,《生产力研究》2004 年第 1 期。

⑥ 陈鸿彬:《蜂窝原理对提高农村城镇化质量的启示》,《农业经济问题》2006 年第 2 期。

⑦ 杨勇:《西部地区应大力推进异国城镇化战略》,《财经科学》2004 年第 4 期。

⑧ 陈波、何子顺:《第三条路径——"去乡村化"——以甘肃省为例》,《见解》2011 年第 11 期。

域里，通过加大基础设施的力度，培育推动型的旅游企业，增加政府的合理引导，就可以在克服西部地区农村工业化发展不足的前提下，形成"增长极"和推动型产业，并带动其他相关创新型产业和旅游名城名镇的发展，加快城乡一体化进程。① 与此呼应的还有以九寨沟旅游业发展为考察对象的民族地区候鸟型"飞地"性旅游推进城镇化模式，该模式认为城镇人口增长具有明显的季节性，是一种规律性的潮汐变化，但其所推进发展的作为增长极的城镇同样具有聚集扩散效应。②

第五类称为乡村就地城镇化，即因乡村高人口密度对乡村聚落模式有塑造作用，加上交通条件的改善，使得城乡二元边界被淡化。同时，乡村社区自身还拥有创始力，三者相结合，为乡村就地城镇化提供了可能。因此，应当正视我国现阶段人口流动现象，跳出"非城即乡"的思维禁锢，才能对中国城镇化有更为清晰的认识。③ 南京大学的研究者胡小武也提出了自己的类似"就近城镇化"理念，即针对中西部人口少、经济条件差的地区，可以通过加快县城建设，提升县城的城市化水平，推动内生城市化动力增长，从而形成"集约化"发展。④ 祁新华等对东南沿海地区的研究也表明，乡村和城镇都对劳动力产生吸引力，也就是存在所谓的"双拉力"。在此模型框架内，可以发现就业机会、收入水平（预期收入）、社会保障与乡土情结是乡村拉力的主要体现，而就业机会与收入水平、居住环境、子女教育等则是城市拉力的主要体现。通过数据分析进一步发现，乡村拉力作用强度远大于城市拉力。在这个来源于乡村的动力机制的作用下，当地居民出于个人比较利益最大化的考虑更倾向于选择就地转型，由此导致了与西方传统城市化模式迥异的就地城镇化现象。进一步论证了就地城镇化产生与发展的本地性与客观必然性。⑤ 李强教授在论及新型城镇化时，从以人为本的城镇化角度出发，在充分考虑农民迁居城镇意

---

① 王竹林：《"飞地"型城镇建设与西部地区农村城镇化的跨越式发展》，《甘肃社会科学》2005年第5期。
② 刘晓鹰、杨建翠：《欠发达地区旅游推进型城镇化对增长极理论的贡献——民族地区候鸟型"飞地"性旅游推进型城镇化模式探索》，《西南民族大学学报》（人文社会科学版）2005年第4期。
③ 朱宇：《城镇化的新形式与中国的人口城镇化政策》，《人文地理》2006年第2期。
④ 胡小武：《人口"就近城镇化"：人口迁移新方向》，《西北人口》2011年第1期。
⑤ 祁新华、朱宇等：《乡村劳动力迁移的"双拉力"模型及其就地城镇化效应——基于中国东南沿海三个地区的实证研究》，《地理科学》2012年第1期。

愿的基础上，提出了"就近城镇化"和"就地城镇化"，认为这两种类型是真正的主动城镇化，能够使资源不至于过度集中在少数地区，体现出资源配置的社会公平，也利于社会稳定的实现。[1] 其实当前很多地区推进的新型农村社区建设就是一种典型的就地城镇化，目的在于推动"农民在原住地一定空间半径内，依托中心村和小城镇，就地就近实现非农就业化和市民化"。[2]

第六类称为多层次城镇化。这一模式强调的是借助"血缘、地缘和商缘关系，经济落差、中心城区规模效应、县城吸引力，以及多种'自下而上'的力量，构建一种被称为多层次城镇化的发展格局"。[3] 陆益龙的观点与此类似，他在分析了城镇化的实质是职业结构、社会结构、文化观念结构和生活方式结构的转变后，提出从全国九大区域本身的差异入手，走多元城镇化道路。或者是乡村生活方式的城市化道路、乡村集镇化道路、城乡一体化道路等都是可行之策。[4]

第七类称为教育城镇化。提出这一观点的研究者认为我国农村的学校布点分散，而且办学条件和办学成效都不好，因此可以"集中财力、物力在县城、集镇修建教育园区、寄宿制学校，把全县的高中和大部分初中办在县城或条件较好的集镇"，一方面让学生享受较高水平的教育资源，另一方面达到人口集中。[5]

第八类称为旅游城镇化。对这一发展模式的研究其实是比较多的，既有针对具体城镇和地区的建议对策型成果，也有沿着发现问题，提出问题，解决问题思路的一般性研究，还有综合型的比较研究。[6] 其中李柏文比较全面地总结和归纳了旅游城镇化的类型，他认为因经济实力、地理条

---

[1] 李强：《主动城镇化与被动城镇化》，《西北师大学报》（社会科学版）2013年第6期。

[2] 马庆斌：《就地城镇化的模式值得研究与推广》，《宏观经济管理》2011年第11期。

[3] 冯健、刘玉：《多层次城镇化：城乡发展的综合视角及实证分析》，《地理研究》2007年第6期。

[4] 陆益龙：《多元城镇化道路与中国农村发展》，《创新》2010年第1期。

[5] 李期、吕达：《关于农村教育城镇化的可行性探讨》，《延安大学学报》（社会科学版）2010年第1期。还可以参见胡俊生《农村教育城镇化：动因、目标及策略探讨》，《教育研究》2010年第2期。胡俊生：《教育城镇化与农村社区化——"延安样本"及其示范意义》，《延安大学学报》2012第1期。以延安为例讨论了实质上为教育县城化，农村社区化构想的意义。

[6] 相关研究可参见郑鹏的综述性文章《2000年以来中国旅游城镇化研究进展》，《旅游论坛》2014年第11期。

件的差异,民族地区内部各地区的差异也很大,也不可能实施统一的城镇化发展模式。因而,以资源(自然资源和文化资源)、资本(经济)、市场三个主要因素作为讨论对象,认为这三者为旅游城镇化提供原生性的动力。并以这三个初始条件作为三个维度,详细分析了八个不同类型的旅游城镇化初始发展空间。[①]

第九类称为城镇网络化。这一模式指以网络的方式,把各个城市链接起来,形成相互协作、产业分工和功能互补的格局,以达成相互扶持、依赖的关系,从而实现区域经济的整合。并特别针对我国西部地区,提出了"依据走廊型和城市群城镇网络化发展模式,重点围绕侧'M'型战略支点网络骨架,加大力度建设'四大经济走廊、三大城市群'城镇网络体系,带动整个西部地区城镇群体的网络化发展"。[②]

6. 城镇化建设中各类型问题

其实在前面各点的文献回顾中,也包含了对城镇化建设中各种问题的论述,有的较为综合和宏观,有人认为"中国城镇化在不少地区出现'冒进'的现象",造成中国许多城市只追求外表繁荣的现象,城市人民的生活质量、环境质量、建筑质量都存在不少问题。也有人认为我们应当进一步加快城镇化建设,以解决现实中存在的诸多问题。[③] 不同观点相互争锋,出发点都是基于解决现实问题的初衷,值得我们认真思考。在这一个小节里,我们拟把一些较为具体的问题单独列举出来。

一是有关城镇化进程中农民劳动力职业方面的研究。如黄建新认为农村劳动力具有职业流动普遍性、职业分化多层次性、职业地位低位性等几个特点,其原因在于城乡户籍制度的割裂、城乡就业体制的分割、城乡社会保障的差别三个方面。[④] 还有研究指出农村成人教育在思想认识、管理体制、经费投入、师资队伍等方面存在问题。[⑤] 为解决类似问题,朱小蔓

[①] 李柏文:《中国旅游城镇化模式与发展战略研究》,《小城镇建设》2012年第1期。

[②] 蒋秋丽、王发曾:《城镇网络化:我国西部地区城镇化的新途径》,《河南大学学报》(自然科学版)2014年第1期。

[③] 陆大道、姚士谋等:《2006中国区域发展报告:城镇化进程及空间扩张》,商务印书馆2007年版,第115页。

[④] 黄建新:《城镇化进程中的农村劳动力职业流动分析》,《厦门理工学院学报》2009年第1期。

[⑤] 苗培周、赵冬云:《城镇化背景下我国农村成人教育:问题与对策》,《继续教育研究》2010年第3期。

等认为首先政府要落实培训责任,其次构建政府、培训机构和企业三位联运机制,再次培训内容要安排合理,最后要鼓励多元主体合作办学,以形成多样化的模式。[1] 当然,还有新的观念认为,应当加强流动人口的再城镇化,即从非正式性社会支持和正式性社会支持两方入手,整合血缘、地缘、业缘,政府、用人单位、社会组织、社区等多个层面的资源以支持农村流动人口真正融入城镇。[2]

二是有关城市化进程中社会稳定的研究。如秦建建认为信访总量的攀升、征地与失地矛盾的突出、群体性事件的增加都表明了我国在城镇化建设的大背景下淤积了不少社会矛盾,对社会稳定产生负面影响。需要通过调整维稳的指导思想,坚持正确的价值观念和完善相应制度来予以解决。[3] 张晓忠则是关注到"逆城市化"问题,他认为因城市病[4]而导致的人们逃离大城市,回归小城镇甚至农村,对于新型城镇化来说具有积极的影响,也体现了新型城镇化以人为本的宗旨。但是还有一种被他称为"伪逆城市化"的现象,对社会来说具有消极影响,比如说农民工及其子弟因无法融入城市而被迫回归农村,或是部分发达地区的公务员与城镇居民为利益所驱使有意选择农村户口的现象,其实是抢夺农村在征地拆迁等方面的利益,从而可能导致矛盾的激化和城镇化的停滞与倒退。[5]

三是关于农民工教育培训和儿童教育问题的研究。董文军的区域教育梯度开发战略值得参考,他认为在城镇化背景下,区域教育发展应当借鉴梯度发展理论,围绕区域主导产业和特色产业,依托不同层级城镇教育结构,构建梯度教育体系,即在中心城市高校培养高层次应用人才,建立技术和产品开发研究机构;在县城办好职教中心;在乡镇办好农民成人教育。实现教育与区域经济互动,普通教育与职业技术教育互补,中心城

---

[1] 朱小蔓、郭静:《城镇化背景下我国农村劳动力转移培训的经验与挑战》,《教育与职业》2010年第30期。

[2] 刘玉侠、陈翠萍:《农村流动人口再城镇化的社会支持探析》,《江汉论坛》2014年第6期。

[3] 秦建建:《城镇化进程中的社会稳定问题探析》,《湖北工业大学学报》2009年第6期。

[4] 新玉言:《新型城镇化——理论发展与前景透析》,国家行政学院出版社2013年版,第9—11页。城市病主要是指随着城市不断地发展,市区内的人口密度极大,同时还伴随着就业困难、环境恶化、地价和房租不断攀高,从而使得城市生活的整体质量下降。

[5] 张晓忠:《"逆城市化"对新型城镇化建设的影响及对策》,《中共福建省委党校学报》2014年第2期。

市、县城、乡镇三级教育梯度推进与逆向推进的体系与机制。[1] 任聪敏等人的研究也认为"为推动实现中国特色的新型城镇化进程，农村职业教育应不断丰富其内涵，实现农村劳动力素质的提升和城乡职业教育的统筹发展。针对新型城镇化发展的特点，农村职业教育应实施教育内容多样化、教学对象分类化、投资主体多元化等新的发展策略"[2]。另有学者关注到农村职业教育的转变，认为"农村职业教育出现了由农业化向城镇化演进的趋势，主要表现在：教育目标由培养适应固农的守土人才向劳动力转移人才转变；教育内容由传授农业化技术向传授城镇化技能转变；教育方式由借助传统教育方式向应用现代教育技术手段转变"[3]。

关于儿童教育，辜胜阻等人认为留守儿童面临学习滞后、心理失衡、行为失范和安全等多方面问题，因此提出应把"农民工就地就近转移与鼓励农民工回乡创业结合起来，改善城市农民工子女就学条件并降低入学门槛，加大对农村教育的支持，大力发展职业教育，创新留守儿童的管理模式，发挥学校和社区在农村留守儿童管理工作中的重要作用"[4]。这一理念刚好与本书所持观点一致，后续研究将有部分围绕此观点展开。

四是有关城镇化与农村居民消费的关联性研究。这些研究大部分侧重于城镇化对农民消费的影响，如消费方式的转变。[5] 也有农村居民消费启动对城镇化作用方面的研究，认为农民消费启动有利于第二、第三产业发展，从而为更多农村剩余劳动力提供就业机会，促进城镇化。[6] 廖进中等则通过实证研究表明：从对城镇化速率正向效应的作用幅度来看，农村居民消费要大于城镇居民消费；从对城镇化速率的动态影响效果看，发展农村居民消费较城镇居民消费更有利于城乡统筹发展；从长

---

[1] 董文军：《城镇化与区域教育的梯度开发战略》，《教育研究与实验》2009年第3期。

[2] 任聪敏、石伟平：《新型定位与发展策略》，《城镇化进程中农村职业教育的新型定位与发展策略》2013年第23期。

[3] 李梦卿、张欢：《我国农村职业教育发展：从农业化走向城镇化》，《教育发展研究》2014年第13期。

[4] 辜胜阻、易善策等：《城镇化进程中农村留守儿童问题及对策》，《教育研究》2011年第9期。

[5] 李永周：《农村城镇化与城乡居民消费启动》，《消费经济》2004年第1期。

[6] 卢嘉瑞：《应着力提高农民消费率》，《当代经济研究》2008年第4期。

期看，城镇化推进有利于农村居民消费率持续性提高。[①] 蒋南平等人则以1978—2009年的数据再次检验了上述假设，并得出结论认为从长期来看，我国城镇化水平提高1个百分点，会使农村居民消费增长0.59%；城镇化过程中农村居民收入增长1%，会拉动农村消费增长0.92%。[②] 稍晚一点的研究选择1989—2010年29个省份的动态面板数据，经过分析认为城镇化水平提高1%，居民消费率上升0.04%。虽然数据有差异，但都认可城镇化水平与居民消费率之间的正向关系，同时，"城镇化通过提升居民消费能力、改变居民消费习惯和扩展消费领域等途径间接地提高了总体消费水平，这一正向作用还会增强"[③]。以1985—2011年湖南省相关经济数据为基础的实证研究也支持这一观点，还强调了城镇化率对农村居民消费的影响有一年的滞后效应。[④]

不得不说的一个整体性不乐观的局面是孔祥利等人的研究，他们认为农村居民其实存在二元的收入结构，即一方面为在城务工的工资性收入，另一方面为在农村从事农业的收入，但是无论一个家庭收入结构如何构成（即不管是工资性收入高于或是低于农业收入），消费都处于较低层次。具体来说，当工资性收入高于农村收入，由于工资性收入弹性小，所以在城市里的消费动力是不足的。反之，当农村收入高于工资性收入时，但由于农村收入本身处于低档次，也使得消费并不高。[⑤]

五是有关城镇化发展区域失衡和二元分割的研究。一般认为我国城镇化发展东、中、西及东北地区差距显著，究其原因主要是改革推进度执行进度不一，落后地区发展滞后；对外开放度差异大，导致欠发达地区外部

[①] 廖进中、韩峰等：《湖南农村消费启动与城镇化关系的实证研究》，《消费经济》2009年第1期。

[②] 蒋南平、朱琛等：《中国城镇化与农村消费启动——基于1978—2009年数据的实证检验》，《消费经济》2011年第1期。

[③] 付波航、方齐云等：《城镇化、人口年龄结构与居民消费——基于省际动态面板的实证研究》，《中国人口·资源与环境》2013年第11期。

[④] 刘艺容、陈阵：《湖南省城镇化对农村居民消费的影响研究》，《湖南社会科学》2013年第5期。

[⑤] 孔祥利、张欣丽：《城镇化进程中农民工二元性收入及差距对其消费的影响》，《财政研究》2014年第12期。

发展环境缺失；政府支持倾斜方向有别，贫困地区缺乏支持。① 从另一个角度来看，如果把城乡看成两个层级的区域，对于这样的分割有太多的研究表明"二元"结构所产生的弊端。申明锐特别从我国城乡土地二元制度研究，即城市土地归国家，可以进入市场，而农村土地归集体，只限于耕种、集体内农民自建房等，由此导致产生了二元住房体系，阻碍了城镇化健康发展，这也是一种区域失衡的表现。② 项继权的研究也表明在二元体制背景下的城镇化发展，具有明显的"中国问题"特征，表现出在政府主导和控制下，在相当程度上依赖于农民土地贡献支撑，既不经济、不公平，同时也不具备可持续性。③ 还有研究指出当前城镇化中人口城镇化的量与质是不平稳的，由此导致"半城镇化"现象普遍，而且城镇经济发展的房地产化现象也不见衰减，产业发展不足。④ 二元分割的现象还具体体现在收入差异上，有研究表明"城市内部不同户籍人口的收入差距是整个社会收入差距结构中的一个，这种收入差距有悖于以人为本的城镇化原则。虽然同在城市劳动力市场上，外来居民拥有相较于城市居民更差的劳动力市场结果"⑤。

六是关于城镇化与社会保障的研究。仇晓洁等利用 23 个省份的面板数据，分析了城镇化和工业化水平对提高我国农村社会保障水平的影响，认为前者促进保障水平的提升，而后者则抑制保障水平的提高。⑥ 还有研究者在综合研究的基础上提出了建立如图 1-1 所示的保障体系。

七是城镇化重要性的研究。城镇化发展的重要性毋庸置疑，我们这里所强调的主要是指 2008 年金融危机后，学者们对其重要性从解决新问题

---

① 谢京辉：《中国城镇化的区域差距：新制度分析框架和政策含义》，《社会科学》2009 年第 6 期。

② 申明锐：《城乡二元住房制度：透视中国城镇化健康发展的困局》，《城市规划》2011 年第 11 期。

③ 项继权：《城镇化的"中国问题"及其解决之道》，《华中师范大学学报》（人文社会科学版）2011 年第 1 期。

④ 赵峥、倪鹏飞：《当前我国城镇化发展的特征、问题及政策建议》，《中国国情国力》2012 年第 2 期。

⑤ 温兴祥：《城镇化进程中外来居民和本地居民的收入差距问题》，《人口研究》2014 年第 2 期。

⑥ 仇晓洁、温振华：《我国农村社会保障水平与工业化、城镇化水平关系的研究——基于中国 23 个省份面板数据的实证研究》，《经济问题》2009 年第 8 期。

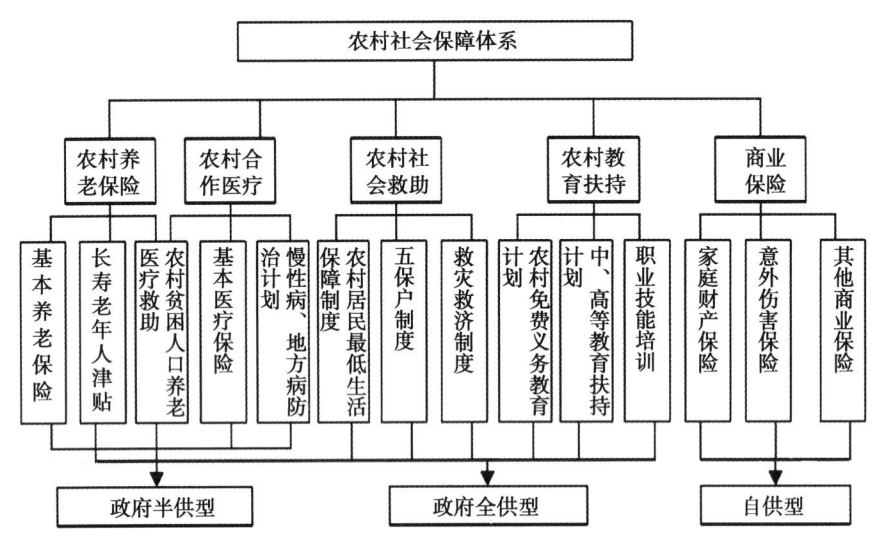

图 1-1 农村社会保障体系图

资料来源：冯尚春、丁晓春：《中国特色城镇化道路与城乡社会保障制度的链接》，《思想理论教育导刊》2009年第2期。

的角度再次强调。如辜胜阻等在2010年撰文强调当前中国经济发展进入了"后危机"时代，发展的主题转向于调整产业结构，培育经济增长内生动力等方面。因此，城镇化的重要性再次被凸显，因为城镇化发展"既能刺激投资，又能拉动消费；既能推动城乡协调发展，又能促进产业结构优化，是扩大内需实现经济可持续发展的引擎，是支撑未来中国经济发展的强大动力"。[①] 在当年的另一篇文章中，他还强调要关注大都市与小城市的均衡发展，让大都市、小城市和县城，甚至是集镇的集聚效应、规模效应和经济中心功能得以发挥，以免区域发展失调。[②] 同样，万广华也认为只有推进城镇化才能解决收入差异、就业压力等问题，特别是"多年来围绕'农'字解决'三农'问题的政策思路在理论上和实践中都是行不通的。中国必须跨出'农'字（即加速城镇化）才能解决'三

[①] 辜胜阻、李华等：《城镇化是扩大内需实现经济可持续发展的引擎》，《中国人口科学》2010年第3期。

[②] 辜胜阻、李华等：《均衡城镇化：大都市与中小城市协调共进》，《人口研究》2010年第5期。

农'问题,进而解决不平等问题"①。

当新型城镇化理念提出后,有学者进一步指出新型城镇化是顺应世界潮流和现代化普遍规律的必然选择,对于加快我国现代化建设、经济发展、跨越中等收入陷阱、解决城镇化自身问题和社会经济问题有着不可替代的作用。②

八是城镇化背景下的传统变迁问题。这种变迁主要涉及传统文化、村落格局、乡村人际关系格局等方面。如认为城镇化的发展不仅仅造成传统文化传承人的流失,还使得传统文化赖以生存的经济基础、传承方式被破坏掉,甚至使得原本传统文化得以存在的村落都消失了。③ 更严重的情况是有学者认为"目前建立在物质文明发展基础之上的先进与落后的判断,使得农村成为被抛弃的生存空间,如果没有土地价值的支撑,农村几乎是一无是处,乡土文化保护的呼吁不过是一种怀旧情绪的宣泄"④。因此,建议要追求一种生活在传统与未来之间的和谐,要从传统文化的要素中反省我们的城镇化,从而通过乡村社会的发展去回归中国文化传统正途。

九是城镇化建设中政府职能问题研究。这方面的研究主要是体现政府如何进行职能定位方面,也就是说城镇化的发展本就是国家城乡统筹发展的战略决策,政府在其中起关键性的作用,但是政府到底如何影响和引导城镇化发展,就必须基于公共设施和公共产品缺乏、农民应有主体地位缺失等现实问题作出正确的自我定位。为此,有学者认为政府应当适度调控,以利于城镇规划和区域统筹协调、改革财税体制,以利于公共产品的有效供给、准确把握和应用土地级差收入理论,以利于落实土地流转制度、确定选择发展路径,以利于城镇化建设可持续和顺应客观要求。⑤ 熊柴等人则从财政分权的视角分析了地方政府在城镇化建设中的不同政策的实施导致人口城镇化与空间城镇化的不协调,其核心因素在于财政分权使地方政府为了经济竞争而出现工业用地优惠出让和压低劳动力价格。同

---

① 万广华:《2030年:中国城镇化率达到80%》,《国际经济评论》2011年第6期。
② 张占斌:《新型城镇化的战略意义和改革难题》,《国家行政学院学报》2013年第1期。
③ 董素云:《城镇化对三峡民族地区传统文化的影响》,《三峡大学学报》(人文社会科学版)2012年第4期。
④ 李松:《城镇化进程中乡村文化的保护与变迁》,《民俗研究》2014年第1期。
⑤ 于志勇:《对农村城镇化与政府职能定位的聚焦与探究》,《农村经济》2012年第3期。

时，为了补充地方财力，又依赖于土地财政。① 从新型农村社区建设的角度来看，大部分的农村社区不适宜，至少在当下的条件下不具备大规模建设新型社区的条件。因此，政府应当转变思维，建议转变政府主导的新型农村社区建设思路，给农民自由，让市场解决；形成政府规划与奖补引导、农民主导与市场参与的新建设机制。② 还有学者针对西部地区城镇化建设中政府职能的重要性指出，目前来看，现实中西部民族地方政府职能的履行存在经济、政治、文化、社会、生态五个方面的缺失。并提出了"五位一体"的系统化职能转变建议。③

十是关于城镇化质量的研究。这一点主要集中在两方面，一是关于城镇化质量指标体系制定应当遵循的原则，主要包括应当充分考虑我国现阶段发展特点、省域和城市当有不同的衡量尺度、指标体系应当在全面简洁清晰的基础上充分结合地方政府事权。二是关于具体指标的确定，主要包括省域层面的经济发展（包含综合实力、能源利用、资源利用、研发投入等）、城乡统筹（包含城乡医疗、文化、基础设施等）、区域协调（包含财力平稳）、环境保护（包含国土保护、水环境、垃圾指标等）。城市层面的主要是居住环境（包含住房与社区、市场基础设施、交通出行、公共服务等）、生态环境（包含城市生态、城市绿化、环境质量等）、社会和谐（包含社会保障、老龄事业、残疾人事业、外来务工人员保障、公众参与等）、公共安全（包含社会安全、预防灾害、城市应急等）、经济发展（包含收入与消费、就业水平、资金投入、经济结构等）、资源节约（包含节约能源、节约水资源、节约土地等）。④ 郭叶波也认为从构成要素看，城镇化质量又可分为人口城镇化质量、经济城镇化质量、社会城镇化质量和空间城镇化质量。因此，遵循代表性、系统性、可操作性原则，可从城市发展质量、城镇化推进效率、城乡协调程度三个维度，构建城镇化质量评价指标体系，选择合适的评价方法，对中国城镇化质量进行

---

① 熊柴、高宏：《人口城镇化与空间城镇化的不协调问题——基于财政分权的视角》，《财经科学》2012年第11期。

② 张颖举：《农村城镇化中传统农村社区建设问题的调查——基于典型个案的讨论》，《毛泽东邓小平理论研究》2014年第4期。

③ 孔祥利：《西部民族地区新型城镇化进程中地方政府职能的转变》，《陕西师范大学学报》（哲学社会科学版）2014年第1期。

④ 陈明、张云峰：《城镇化发展质量的评价指标体系研究》，《中国名城》2013年第2期。

科学评价。①

7. 新型城镇化研究中的创新性成果

虽然国家提出了新型城镇化建设,很多新的理念在实践中得到推行,对于城镇化的研究也有了一些新的转向,本节所关注的主要是除上述各方面研究成果外的,被冠以"新型城镇化"研究的创新性成果,既包括研究视角、研究思路,也包括对策建议等。当然这方面的研究也分很多类型,包括很多方面,我们仅从中挑选部分涉及本研究中重点关注的内容。不过阎东彬等学者提出的对新型城镇化的观点具有警示作用,应当作为相关研究的参考点,他们认为"新型城镇化不是万能的,它不能解决我们在改革中遇到的所有问题。新型城镇化正能量的释放和持续推进,还有赖于改革的进一步深入,还有赖于各种制度、体制障碍的破除,还有赖于官员、学者、社会力量和公众的客观对待。片面解读新型城镇化、盲目跟风地搞新型城镇化建设、冒进式地推行新型城镇化运动,不仅不能实现城镇化,还会让新型城镇化成为改革的绊脚石"。②

一是郑杭生先生在2013年撰文,把"以人为本"作为研究出发点,从正义的价值性和理想性,正义的工具性和可兑现性出发,强调本地农民、本地市民和外来流动人口三类群体在新型城镇化中应当享受到公平合理的各项权益。认为应当"根据城乡一体化建设的理念,对同城居民的社会权益指标体系进行统筹设计;同时,对农村户籍和土地制度产生的利益驱力采取弱化措施,柔化或消除同城居民的经济权益、政治权益、文化权益、社会权益、环境权益的实际差别"③。从而构建起"身份—权利—待遇"的同城化,以推动包容、公平、共享的新型城镇化建设。

二是社会管理方面的研究。北京师范大学的汪大海等人提出的观点比较具有代表性,他们认为"从价值层面和工具层面看,新型城镇化与社会转型升级具有耦合关系,'不出事'逻辑下的碎片化社会管理深陷管理成本高、风险大、绩效低的窘境,已不能有效释放新型城镇化的改革红

---

① 郭叶波:《城镇化质量的本质内涵与评价指标体系》,《学习与实践》2013年第3期。
② 阎东彬、张明艳:《新型城镇化转型若干思考》,《人民论坛》2013年第35期。与此类似,南京大学教授张鸿雁也在当年提出了中国新型城镇化面临的十大难题,以警示参与新型城镇化的各类人群。
③ 郑杭生、杨敏:《走向包容、公平、共享的新型城镇化——城乡社会变迁视野下中国城镇化道路的现实考量》,《宜春学院学报》2013年第10期。

利,急需转型升级。而新型城镇化背景下社会管理转型升级就是要实现'不出事'逻辑下的碎片化社会管理向'人的管理与服务'逻辑下的整体性社会管理的转变,需要进行宏观层面的社会管理体系构建、中观层面的社会管理机制整合和微观层面的社会管理路径选择三位一体的系统性组合创新"①。具体到社区层面的研究,则有研究者认为应当界定好乡镇政府、村委会、经济组织的职责,营造一个参与主体多元,相互协作流畅的民主和谐管理局面,这样才能形成重心下移、服务突出的新型农村社会管理体制。② 更为具体地说,则如陈浩天所主张的城乡一体化背景下的村际治理应当在下述四维架构上寻求拓展,即"社会管理由单向度向社会整合迈进,通过民主治理达成公共精神与政府责任的型塑。在社区建设中实现治理转型与共同体重构,在服务下乡过程中构建城乡公共服务一体化的服务圈"。③

三是户籍改革问题。一直以来,学术界较多地论述了因户籍制度所限而造成的本地人口与外来人口在福利水平上的差异,这些研究通常是简单的二元对比,得出差异性结论。中国人民大学的邹一南则进一步指出,差异不仅仅是因户籍造成的本地人口与外来人口之间的同城差异,还应当看到,"由于城市中存在许多不依赖于户籍身份的福利,在不同城市发展水平存在巨大差距的条件下,大城市中即使是非户籍居民的福利水平也高于小城市户籍居民的福利水平"。④ 这就表明还存在不同城市之间实际福利水平的巨大差异,也就是说除了城市内部二元比较外,还应当有一个全国范围内的不同城市之间的纵向对比,才能深刻理解户籍改革的最终走向。忽略这一点的话,只走简单地剥离城市户籍福利含义的单一改革路线,福利水平高的大城市将会造成人口的进一步集中,使改革政策具有无效性。因此,他建议"应当改变单一地消除城市内部户籍与非户籍居民享受城市福利失衡的改革政策取向,转而致力于缩小不同规模城市经济社会发展

---

① 汪大海、南锐:《新型城镇化背景下的社会管理转型升级——从碎片化社会管理走向整体性社会管理》,《学术界》2013年第12期。
② 李柯柯:《城镇化背景下的新型农村社区管理体制构建》,《农业展望》2014年第6期。
③ 陈浩天:《城镇化布局下的村际治理论域潜变与构架前瞻》,《湖北社会科学》2014年第3期。
④ 邹一南:《城镇化的双重失衡与户籍制度改革》,《经济理论与经济管理》2014年第2期。

水平的失衡"①。

四是关于民族地区城镇化的研究。学者在讨论少数民族城镇化存在的问题基础上,结合新型城镇化的指导思想,指出新型城镇化要求在提升少数民族城镇化水平的同时加强城镇化质量,需要培育和扶持特色产业,以民族文化生态为基础进行城镇规划、促进民族流动人口的城市融入……即特色产业驱动型城镇化、民族融合型城镇化以及文化城镇战略。②

五是关于城镇化路径选择问题。这一问题我们前面论述较多,也指出了实践中所采用路径的各自优劣。童星教授细致地划分了不同类型的路径,认为路径相同、功能一致、千城"一面孔"、管理"一刀切"一直是我国城镇化过程中的顽症。当前全国范围内推进的新型城镇化,必须正确处理好多样性与统一性的关系。从城市发展机制理论来看,有"需求指向"型与"供给基础"型;从城市发展功能定位来看,有"综合全能型"与"人居人文型";从城市与人口供养关系来看,有"人养型"与"养人型";从城市发展路径来看,有"土地扩张型"与"人口吸纳型";从城市人口规模来看,有"建制镇和小城市""中等城市""大城市"与"特大城市"。并认为上述各类城市均有自身的长短优劣以及适合自身发展的前提条件。因此,各地应当因地制宜地选择城镇化发展道路,最后殊途同归:推动大中小城市和小城镇协调发展、产业和城镇融合发展。③南京大学的张鸿雁教授则提出了"零失误城镇化战略",即通过物联技术和大数据技术等科技手段,构建出四大类型的战略构想:以县域空间为主体的多元复合型城乡一体化战略、以土地利用为核心的适度紧缩型城镇化战略、以充分就业为核心的区域网络型城镇化战略、以人的现代化为核心的文化自觉型城镇化战略。可以说全面关注到了人、自然与文化各个方面。④

8. 武陵山区城镇化专题研究

对于民族地区城镇化的研究,青觉教授在 2015 的文章中⑤比较全面

---

① 邹一南:《城镇化的双重失衡与户籍制度改革》,《经济理论与经济管理》2014 年第 2 期。

② 柳建文:《新型城镇化背景下少数民族城镇化问题探索》,《西南民族大学学报》(人文社会科学版) 2013 年第 11 期。

③ 童星:《论新型城镇化的多样性与统一性》,《南京社会科学》2014 年第 12 期。

④ 张鸿雁:《论中国新型城镇化的优先战略选择——"零失误城镇化战略"的理想类型与模式》,《山东社会科学》2014 年第 1 期。

⑤ 青觉:《我国民族地区新型城镇化建设的思考》,《黑龙江民族丛刊》2015 年第 2 期。

地提出了要正确处理民族地区新型城镇化的十二个关系,这十二个关系包括民族地区新型城镇的现代元素与民族地方元素的关系、民族地区城镇布局和形态与西部经济支撑带和重要交通干线规划建设的关系、外部支援与民族地区内生发展的关系等,这些论述对研究武陵民族地区的城镇化依然具有很强的指导性意义。曹大明、黄柏权等也对武陵民族地区的城镇化进行过较为宏观的研究,认为虽然取得了长足进步,基础设施建设、人均生活水平、区域经济总量等都有不同程度的提升,但是还存在着区域不平衡、总体城镇率不高、产业支撑不够、城镇辐射能力不强、城镇特色不明显等一系列问题。认为武陵民族地区的特殊性决定了该区域的城镇化不同于东部地区,必须走差异化和特色化发展道路。[①] 下述各研究成果主要是以武陵民族地区为具体调研点的成果。

较早的研究有 2002 年何燕子对湖南湘西城镇化的关注,主要涉及湘西城镇化存在的问题,发展的优势和潜力,并提出了诸如"大力实施中等城市的扩容提质战略,形成以中等城市为骨干的城镇体系,大幅度提高地区城镇化水平"的一系列建设。[②] 2011 年有研究者通过对湘西、湖南及全国城镇化率和非农人口等数据的对比,指出了该地区城镇化发展的差距与不足,提出了诸如加强区域合作、培养增长极、完善交通网络等建议。[③] 还有研究者通过论述城镇化对于解决贫困山区"三农"问题的重要性入手,分析了湘西城镇化存在的诸如城镇化水平低、分化断裂严重、城镇缺乏人口聚焦能力、建设用地匮乏、半城市化普遍等问题。[④] 对于恩施州的城镇化建设,也有研究者提出了优先发展中心城市、积极发展小城市、择优培育重点镇、引导一般镇和中心村的发展这样一个体系,对于促进当地城镇化建设具有一定的指导意义。[⑤] 同时也还有对土地利用的担忧,认为城镇用地过快,闲置与粗放利用严重,而且土地污染现象也较为

[①] 曹大明、黄柏权等:《武陵民族地区城镇化问题调查研究》,《三峡大学学报》(人文社会科学版) 2014 年第 1 期。

[②] 何燕子:《湖南湘西城镇化发展研究》,《株洲工学院学报》2002 年第 16 卷增刊。

[③] 龙兴昌:《湘西自治州新型城镇化建设的问题与对策思考》,《三峡论坛》2011 年第 4 期。

[④] 吕娟萍、黄吉武:《贫困山区农村人口城镇化问题与对策研究》,《山西大同大学学报》(社会科学版) 2012 年第 4 期。

[⑤] 关树华:《浅析武陵山区城镇化之路——以湖北省恩施州为例》,《小城镇建设》2005 年第 10 期。

普遍等。[①] 在产业化方面，学者认为"恩施州城镇化进程与产业结构演进有着长期稳定的关系，第三产业对城镇化发展的推动作用最明显。在发展过程中，存在着城镇化相对滞后于工业化，产业结构的变化与城镇化进程不匹配等问题。在今后发展中需要调整产业结构，转变工业化路线；加强县域优势产业发展，形成产业集群化；大力发展第三产业，打造现代服务业"[②]。刘纯玺在《永顺：民族贫困山区城镇化建设应突出三个重点》一文中一个重要的观点值得关注，他认为对于民族贫困山区来说，在城镇化建设中一定要定好位，树立精品意识，围绕民族特色和地区文化特色来打造个性小城镇。[③] 对于渝东南武陵民族地区城镇化的研究，较早有刘柃好所提出的类似发展特色小镇的建议，同时强调了产业发展、制度改革和城乡平衡发展等方面的重要性。[④] 对铜仁地区城镇化的研究则有学者倾向于首先从思想观点和实践上正视过去的缺失，在此基础之上，认清新的发展局面，才能取得更大成就。[⑤] 还有强调从规划入手，通过构建层级合理的城镇体系来强化中心城市的带动作用，并以产业集聚为基础，为城镇化提供保障。[⑥]

总体来看，对该地区城镇化的研究大多是在列举了一些新的措施以促进城镇化发展有较大提升的基础上，重点讨论了诸如城镇化建设有利于武陵民族地区城镇化量的增长、质的优化[⑦]，有利于农村市场的繁荣、农民收入的增加、龙头企业发展等优势。[⑧] 以及城镇化水平较低导致人口大量外流、城镇数量较少且城镇密度稀疏导致城市辐射面有限、城镇规模较小

[①] 马德华：《恩施州城镇化进程中的土地利用研究》，《清江论坛》2013年第4期。

[②] 段敏芳、王红玲：《恩施州城镇化与产业结构关系的实证研究》，《中南民族大学学报》（自然科学版）2013年第4期。

[③] 刘纯玺：《永顺：民族贫困山区城镇化建设应突出三个重点》，《民族论坛》2006年第2期。

[④] 刘柃好：《渝东南民族地区城镇化存在的问题及对策研究》，《世纪桥》2007年第9期。

[⑤] 麻金权、唐锋：《城镇化背后的缺失——以铜仁地区为视角》，《中共铜仁地委党校学报》2010年第3期。

[⑥] 侯定琴：《铜仁地区推进城镇化带动战略的思考》，《中共铜仁地委党校学报》2011年第2期。

[⑦] 邓正琦：《武陵山民族地区城镇化特征及发展趋势探讨》，《湖北社会科学》2009年第3期。

[⑧] 贾玉娥：《湘西民族地区农业产业化与农村城镇化的协调发展研究》，《经济研究导刊》2009年第24期。

难以带动周围腹地经济发展、城镇体系发育不完善、吸纳剩余劳动力的能力有限、城镇化可持续发展隐患较多、低水平的城镇发展与建设局面等问题,① 为解决这些问题则必须从城镇规划、制度保障、产业聚集、城乡统筹、教育培训等方面入手。比如黄忠彩等人基于对湘西六县的深入调查后认为,生态环境脆弱、产业结构固化、城市管理制度缺位、民族文化纷杂等都是当前必须面对的现实问题,并从以人为本的视角提出必须进行如下战略选择,即"生态环境保护战略、'人性化'管理战略、文化立城战略、多元推进战略、产业带动战略"②。

(二) 喜忧参半的返乡农民工研究

关注到农民工的研究,我们能明显地看到研究成果在 2008 年前后有了一个大的转折,"返乡"二字渐渐地被作为"农民工"的定语不断涌现,当人们还在感叹数以亿计的农民进入城镇之时,学者们已敏锐地观察到农民工开始往回走了,开始去调查研究"外出"之后为什么会选择"返乡"。之所以用"喜忧参半"来概括返乡农民工的研究,是因为从一开始,学术界对农民工返乡就抱有这样一种态度,即农民工返乡这一社会事实背后既有其合理性,但同时又会因此而产生新的社会问题,从而研究者们以饱含人文关怀的分析不断证明,"返乡"利弊兼有,需要深入持续性的研究,以期有效解决不断衍生的新问题。

1. 国外对于流动人口研究的相关理论

农民工群体这一特殊身份的社会群体是我国特有的一个社会阶层,因而,国外基本没有专门针对农民工群体及返乡农民工就业问题的研究,但其作为农村劳动力转移大方向的研究,国外起步较早,形成了一些经典解释劳动力转移的理论。

刘易斯的二元经济理论认为发展中国家经济的特点是二元的,即现代工业部门与传统农业部门并存。工业的劳动边际生产率显著高于农业,按照工资最高水平等于劳动边际产品的原理,工业工资显著高于农业,使得农业部门对工业部门的劳动力供给具有完全弹性。"此模型认为劳动力从

---

① 游涛:《浅谈西部民族地区城镇化》,《贵州民族研究》2008 年第 1 期。
② 方清云、黄忠彩:《"以人为本"与民族地区城镇化发展战略选择——以湖南武陵山六县为例》,《西南民族大学学报》(人文社会科学版) 2014 年第 1 期。类似文章还可参见黄忠彩、田长栋等《武陵山民族地区新型城镇化问题调研报告》,《民族论坛》2014 年第 3 期。

农村向城市转移唯一取决于城乡收入差异。只要城市工业部门的一般工资水平高于乡村农业部门且达到一定比例，农民就愿意离开土地转移到城市。"① 以此逻辑推论，当城市不再具有这种工资福利优势时，农民就会返乡。

克服了二元经济理论某些缺陷的托达罗城乡劳动力转移模型认为，促使农民向城市流动是预期收入而不是现实收入的差异，而预期收入是由城乡实际收入差别和获得城市工作的可能性来衡量的。"农民工向城市的流动，在城乡预期收益差距很大的前提下基本呈现正向流动状态，但在预期收益差距缩小的情况下，这种流向则可能出现逆转。'民工荒'现象恰恰从反面验证了托达罗模型的合理性。因此，在从事农业生产的预期收益不断提高，而外出打工的收益常年得不到改善的情况下，农民工必然选择回乡务农。"②

舒尔茨的人力资本理论认为人力资本是体现在劳动力身上的一种资本类型，以劳动者的数量和质量来表示，因此对人力资本的投资就显得十分重要。个体迁移作为一种人力投资会为迁移者带来好处，只有在迁移的收益大于成本时，迁移才成为可能，迁移本身就成为一种人力的投资行动。当然，除了以上主要理论之外，还有其他可以解释劳动力转移的理论，如理性选择理论、需求层次理论、生命历程理论。

2. 国内相关研究

从 2008 年开始，关注返乡农民工的研究就不断出现，表明了学界研究对社会现状的高度敏感性。需要指出的是，我们关注的是返乡农民工而不是农民工返乡，这是不同的两个概念，所以借用学者的表达在金融危机发生前导致农民工返乡的原因主要有：一是政策方面的户籍管理制度、社会保障体系、企业用工制度、子女受教育制度、国家对返乡农民工的优惠政策等；二是经济状况方面的，如收入与支出水平、在城市的住房状况等；三是心理方面的，如城市关系的认知及自我定位、市民歧视等；四是职业能力、家庭因素等个人因素。③ 也就是说，在 2008 年金融危机之前，

---

① 李德洗：《农村劳动力转移的经济学分析》，硕士学位论文，河南农业大学，2004 年。

② 刘铮：《劳动力无限供给的现实悖论——"农民工回流"的成因及效应分析》，《清华大学学报》（哲学社会科学版）2006 年第 3 期。

③ 陈明、黎东丽等：《金融危机下农民工返乡原因实证分析》，《广东农业科学》2009 年第 8 期。

对农民工返乡也有相应的研究，而且上述总结中的各种原因我们也能够在返乡农民工身上发现，但他们之间还是存在诸多差异，是不同的两个问题。对于农民工返乡，我们认为这是一个伴随农民工外出同时出现的社会现象，正如对农民工候鸟式生活的描述那样，进城—返乡—进城这是一个不断往复的过程，也不是本研究关注所在，所以我们只关注返乡农民工（这是指代一个群体，而农民工返乡是指代一种行为）。通过我们的梳理，可以把研究成果细分为以下几个类别。

（1）返乡意愿研究

返乡意愿是指农民工在个人主观意愿上返回流出地的程度。如有研究表明农民工务工期间所处的行业、职务状况是影响其作出创业决定的重要因素，那些在进入门槛相对较低的行业里务工的，以及处于负责人和专业技术人员等有利于积累创业知识与能力岗位上的农民工其创业意愿最为强烈。同时发现显著影响农民工创业意愿的因素并非主要来自当地基础设施状况等"硬"环境，而更可能来自当地政府的重视与支持，以及当地的创业文化等"软"环境。研究也发现，返乡农民工的创业意愿并未随时间的变化呈现出持续增强的趋势，仅仅在部分年份受时效性宏观政策的强刺激而显著增强。[1]

其实对这一问题的研究大多数把研究的焦点放在新生代农民工身上。一方面，以学者贺雪峰为代表认为新生代农民工返乡是一个必然选择，因为大城市中的生活是不具备可持续性的[2]。通过实证分析支持这种观点的学者如郑文杰和李忠旭认为北京市的新生代农民工返乡意愿比较强烈，性别、平均月收入、劳动合同签订情况对其意愿存在显著负影响，归属感和是否有对象或配偶对于其意愿有显著正影响，家乡就业机会和居住满意度等因素影响不显著。[3] 类似研究还有孙小龙等人对上海、南京和苏州地区的实证研究，认为多数农民工有返乡定居意愿，其中老一代农民工返乡意愿更为强烈一些，而且务工地是否有住房、家庭人均收入、对农业政策了解程度、回乡便利性等对农民工返乡定居意愿的影响为负，年龄和工作经

---

[1] 胡俊波：《职业经历、区域环境与农民工返乡创业意愿——基于四川省的混合横截面数据》，《农村经济》2015年第7期。

[2] 贺雪峰：《农民工返乡研究》，山东人民出版社2010年版。

[3] 郑文杰、李忠旭：《大城市新生代农民工返乡意愿更强烈吗？——基于北京市的实证分析》，《农业经济》2015年第7期。

历等对农民工返乡定居意愿的影响为正,但对老一代农民工和新一代农民工返乡定居意愿的影响存在差异。大城市不是农民工的未来定居地,不少农民工对定居农村还是城市持不确定态度。① 持相同观点的学者还包括赵翌②等。虽然没有明确区分代际差异,但甘宇的研究还是显示了年龄因素的重要性,他的研究表明"与回户口所在地村定居相比较,收入水平越高的家庭和主事者年龄越大的家庭,越不愿意在大城市定居;而社会资本越多和对家庭历史自评等级越高的农民工家庭,则越期望在县城以上城市定居"。③

而更多的学者则关注新生代农民工城市融入问题,认为他们具有强烈的留城意愿。④ 支持这一观点的研究如徐家鹏对陕西 389 位新生代农民工的调查,显示他们大多数不愿返乡,而愿意留城务工。并且指出:新生代农民工的家庭农业收入、家乡的社会风气、家乡政府农业支持力度对其返乡务农意愿有着显著正向影响;新生代农民工对子女教育态度、家乡消费观念对其返乡务农意愿有着显著负向影响;而新生代农民工外出务工后体质变化、对务农技能掌握情况、家庭中农业劳动力人数、老人医药费负担情况、回家频率、所学技能对回乡务农帮助等因素对其返乡务农意愿无显著影响。⑤ 张献奇的研究则指出自主性和成就特征才是新生代农民工形成返乡创业意向的根本所在。⑥ 更为宏观的分析则有盛亦男等人的研究,他们以托达罗模型作为分析手段,认为农民工返乡背后的劳动力供应受城乡预期收入差距、城市实际工资、政策参数、金融危机等变量影响。劳动力

---

① 孙小龙等:《农民工返乡定居意愿及其影响因素分析——基于上海、南京、苏州等地农民工的调研数据》,《农村经济》2015 年第 10 期。

② 赵翌:《农民工返乡意愿影响因素分析——基于代际的视角》,《兰州学刊》2015 年第 10 期。

③ 甘宇:《农民工家庭的返乡定居意愿——来自 574 个家庭的经验证据》,《人口与经济》2015 年第 3 期。

④ 王春光:《新生代农村流动人口的社会认同与城乡融合的关系》,《社会学研究》2001 年第 3 期。

⑤ 徐家鹏:《新生代农民工返乡务农意愿及其影响因素分析——基于陕西 389 位新生代农民工的调查》,《广东农业科学》2014 年第 22 期。

⑥ 张献奇:《农民工返乡创业意向实证研究》,《改革与战略》2015 年第 8 期。

供求平衡,是农民工返乡的原因所在。①

对于农民工随迁子女的意愿关注并不多,刘庆和冯兰通过对武汉市农民工随迁子女的问卷调查,借用多分类的 Logistic 回归分析,认为农民工随迁子女表现出对城市生活的向往和留恋,留城意愿较强烈,但又掣肘于各种条件的约束,使其呈现出一种模糊的心理状态。相对于人力资本因素而言,家庭因素和社会交往因素对于农民工随迁子女的留城意愿影响更加明显。②

(2)返乡原因分析

因为关注的是外出农民工返乡这一带有集体性的社会现象,从最初的报刊电视高呼大量农民工返乡开始,学者们通过深入调查研究,有理有据地分析了农民工返乡的各种原因。这时,很多学者都把矛头指向了金融危机,如在金融危机的冲击下,大多数外向型的企业受到影响,绩效下降甚至破产,从而导致了大量农民工在 2009 年春节前提前返乡,③ 并认为"金融风暴是农民工返乡的导火线,这一问题产生的根本是我国对农民工的管理政策、体制上的问题,以及农民工自身的心理和经济等其他因素的影响"④。也有学者借助理论视角结合经验材料分析认为城市存在金融风暴、住房条件、缺乏社会保障、产业结构调整等推力,而农村存在市场不断扩张、农村发展和福利提升、政府惠农政策、社会网络资源等拉力。⑤ 刘永生等基于内生式农村发展模式是新农村建设必由之路的观点,从经济角度、制度性歧视角度、情感因素三个方面分析了农民工返乡的原因。⑥ 持有类似观点的研究学者还包括范雨轩⑦、霍明贤⑧、胡春晓⑨等。

---

① 参见盛亦男、孙猛《农民工返乡的经济学分析——以托达罗模型为视角》,《人口研究》2009 年第 11 期。

② 刘庆、冯兰:《留城,还是返乡——武汉市农民工随迁子女留城意愿实证分析》,《青年研究》2014 年第 2 期。

③ 同上。

④ 同上。

⑤ 李小:《从人口迁移理论看"农民工返乡潮"成因》,《法制与社会》2009 年第 10 期。

⑥ 刘永生、代洪宝:《内生式农村发展模式中农民工返乡原因分析》,《新西部》(理论版)2015 年第 10 期。

⑦ 范雨轩:《农民工返乡现象学浅析》,《山西青年》2016 年第 8 期。

⑧ 霍明贤:《以人口迁移视角看待农民工返乡潮》,《知识经济》2015 年第 19 期。

⑨ 胡春晓:《新形势下农民工返乡回流问题研究》,《求知导刊》2015 年第 23 期。

关于返乡的研究，经宏伟的研究独辟蹊径，通过对外出务工收支和在家务农业收支的细致核算，指出包括外出务工往返交通费用、回乡礼品费用、孩子教育费用三种可以用数字衡量的因素，以及家族成员身心健康照顾这一无法用金钱衡量的因素是导致农民工返乡的隐性原因所在。[1] 类似的研究还有曹咏萍的，认为"农民工返乡问题是由经济、政治、文化等多种因素造成的，其中源远流长的中国传统文化因素是造成农民工返乡的内在因素。这个因素主要体现在中国儒家文化核心的礼所形成的有序安稳的生活范式、血缘孝亲的人际关系以及中国传统文化的乡土特质上"[2]。

有学者认为第一代农民工返乡可以说受金融危机的影响很大，但是第二代农民工受其影响已经淡化，但还是存在返乡的现象，就不能简单归诸如历史社会事件，而应当关注个体的差异性与能动性（这一观点也是我们在后面研究中关注个案的原因之一），认为新生代农民工返乡的原因主要有四点：家族生活事件，主要是家中老年人生老病死等；家族生命周期，主要是婚嫁生子等家族生命周期中的拐点出现；逃离城市的主动选择；遭遇工伤事故引发就业歧视。[3] 对这一问题的关注还有罗兴奇对农民工返乡的代际差异研究，通过对江苏省一个村庄的观察，他认为：农民工返乡的代际差异主要体现为由收入本位向家庭本位、由回归乡土向扎根城市、由追求幸福向身份诉求的转变，这种差异源自于宏观制度结构、家庭生命周期、文化代际传递等因素的影响，其背后折射出不同代际农民工对于物质生活和主体价值的差异诉求。[4] 对此，还有研究表明劳动强度与新生代农民的流动决策有重要关联，即劳动强度越大，他们越可能回流。再者，参加了社保的新生代农民工也有更强的回流倾向。[5]

值得关注的研究结论是当金融风暴过去近 10 年的今天，有研究表明"在各级政府积极促进农民工返乡创业的大背景下……总体上农民工的就

---

[1] 经宏伟：《隐性收支视角下的农民工返乡务农原因解读》，《赤峰学院学报》2015 年第 4 期。

[2] 曹咏萍：《中国传统文化引导下的农民工返乡问题》，《社会科学家》2014 年第 4 期。

[3] 陈锋、徐娜：《新生代农民工的返乡动因及其社会适应》，《中国青年研究》2015 年第 2 期。

[4] 罗兴奇：《农民工返乡的代际差异及生成机制研究——基于江苏省 N 村的实证分析》，《北京社会科学》2016 年第 7 期。

[5] 董延芳、刘传江等：《新生代农民工市民化与城镇化发展》，《人口研究》2011 年第 1 期。

业意愿仍以外流为主,返乡回流农民工呈现出以女性、低教育水平、低技能的较高年龄组劳动力被动回流为主体的基本特征"①。

(3) 返乡就业情况研究

赵巧峰等用 Probit 回归模型,以贵州省为例实证分析了资本禀赋对两代返乡农民工就业满意度的影响。认为经济资本中的工资水平和资源资本中的交通条件对两代返乡农民工就业满意度都有显著影响;人力资本中的健康状况,社会资本中的就业途径和对亲友的信任程度,以及资源资本中的居住地距最近工业园的距离对返乡农民工就业满意度有显著影响,但存在代际差异。② 申鹏等则认为返乡农民工就近就业信息来源以"强关系"型社会资本为主,这将影响返乡农民工就近就业及其就业质量;社会资本通过就业信息获取能力和就业过程支持能力等指标作用于返乡农民工就业能力及稳定就近就业过程,它们之间存在一种不可逆的单向过程。③ 马男等人基于 825 名返乡农民工的研究则表明返乡农民工就业质量总体不容乐观,工资福利待遇低,工作环境没有改善,就业质量没有保障,工作的稳定性也较差,职业地位低。④ 他们还认为:"自身支持对返乡农民工再就业质量和工作满意度有正向影响;社会支持中的服务支持影响最大,货币支持和周围人支持影响较大,政策支持影响较小;求职意向分别在自身支持与再就业质量、工作满意度和求职强度之间起到部分和完全中介作用。"⑤ 任洲与刘爱军的研究表明,虽然返乡农民工通过创办企业或是进驻创业园的方式促进了地方经济发展并解决了部分就业问题,但因返乡创业培训、融资渠道等问题的存在,整体并不乐观。⑥

以生计风险约束概念作为分析工具,对返乡农民工成败比较研究得出

---

① 韩文丽:《返乡农民工结构、回流动因及其政策影响》,《观察思考》2016 年第 1 期。

② 赵巧峰、申鹏:《代际差异视角下资本禀赋对返乡农民工就业满意度的影响研究》,《新疆农垦经济》2015 年第 7 期。

③ 申鹏、李明昊:《社会资本对返乡农民工稳定就近就业的作用机制与对策建议》,《广东农业科学》2015 年第 23 期。

④ 马男、魏凤:《返乡农民工就业质量及其影响因素分析:以陕西省 3 市 6 县为例》,《贵州农业科学》2014 年第 1 期。

⑤ 马男、魏凤:《多元支持网络对返乡农民工再就业的影响》,《中国农业大学学报》2014 年第 6 期。

⑥ 任洲、刘爱军:《外出农民工返乡创业现状及政策建议——以安徽省蚌埠市为例》,《湖南农业科学》2015 年第 3 期。

的结论为我们更好理解返乡农民工的创业实践提供了新思路,研究者认为"返乡农民工创业后会再生产出宏观、中观和微观三个层面上的生计风险。再生产出的生计风险具有更大的风险性,形成资金、经营和技术三个方面相互勾连的强生计风险约束。恰当的区位选择、多元化经营和人力资本投资是软化生计风险约束和降低生计风险的主要策略,此时,返乡农民工家庭行为遵循风险规避的理性逻辑"①。

从"互联网+"的角度来看,有研究者认为鼓励农民工返乡就近就业创业,通过互联网平台和政策资金支持,农民工在家就可以实现就业创业,获得理想的收入和经济能力,无须再进城打工颠沛流离了。②为了弥补官方统计的不完善,朱华晟等借助对百度指数的分析,讨论了农民工返乡创业关注度的变化趋势,分析农民工返乡创业关注度在三大经济地带、各省区市、典型省份内部等不同地域尺度的地区差异。③同样,具有新意的研究是以结构化理论为指导,从获得机会、积累、资源整合、角色定位四个过程,讨论了农民工返乡创业的动态建构。④

(4) 农民工返乡意义阐述

农民工返乡的意义是由这一群体所能产生的社会价值来衡量的,如果是被动接收政府安排而丧失自己能动性的发挥,则"意义"会被消减。再加上,返乡农民工单纯地就地就近就业涉及政府宏观层面的政策引导,很多方面的改善可能不是一朝一夕能够完成的。所以,关注农民工返乡意义大多从这一群体所能带来的回流地经济社会变化入手,也就是说更多关注的是返乡创业。特别是李克强总理提出要"推动大众创业、万众创新"以后⑤,对创业问题的关注更是骤然上升。

湖北省劳动就业管理局的皮广洲曾提供一组数据用来表明返乡农民工所创造的价值,他说:"2009年至2014年,全省返乡创业农民工24万余

---

① 郑永君:《生计风险约束下的返乡农民工创业实践——基于川北返乡农民工创业案例的比较》,《南京农业大学学报》(社会科学版) 2016年第3期。

② 任荣亮:《"互联网+"背景下我国返乡农民工创业可行性研究》,《商》2016年第9期。

③ 朱华晟、丁玥等:《我国农民工返乡创业关注度的空间格局——基于2011—2014年百度指数的分析》,《改革与战略》2016年第4期。

④ 黄建新:《农民工返乡创业行动研究——结构化理论的视角》,《华中农业大学学报》(社会科学版) 2008年第5期。

⑤ 李克强:《政府工作报告(2015)》,第十二届全国人民代表大会第三次会议,2015年3月5日。

人，共创办企业 6 万余家，投资总规模 1500 多亿元，年产值 5000 多亿元，带动就业 165 万余人。"① 从研究的角度来看，张明林等人认为农民工返乡的价值体现应当是鼓励他们创业，从而以创业带动就业。② 河北省社科院研究人员汪洋认为返乡农民工有助于解决农村社区建设人员不足、加强农村民主政治建设、解决农业新技术推广、提高农村文化教育卫生水平等正向积极功能。③ 孙海荣也从政治、精神和物质文明三个层面讨论了农民工返乡的意义。④ 曹广忠等则通过 1982—2008 年省区数据的分析，指出外出务工人员的回流与创业成为人口流动的新特征，带动中西部地区对全国城镇化的贡献迅速提升。⑤ 而杨群红则更为详细地从农民工返乡有利于促进农村产业集群的发展、有利于促进农村产业的合理分工、有利于解决农村富余劳动力的就业问题、对乡亲的思想观念起到一定的启迪作用、对乡亲的卫生习惯和社交礼仪起到一定的示范、对"村容整洁"目标的实现起到一定的促进作用、解决新农村建设中领导人才匮乏的问题、为农村民主政治的发展提供人才支持八个方面表达了自己的观点。⑥ 持有类似观点的还有黄璜⑦、温敏⑧等。

其他研究如认为农民工返乡创业不仅是让自身的价值得以体现，完成了自我提升，也利于带动当地农村剩余劳动力就地就近就业，同时还能推动地方城镇化发展，缩小区域、城乡之间的差异。⑨ "返乡创业与新生代农民工市民化在空间、时间、速度上实现了三维协调，同时，返乡创业还与新生代农民工市民化对职业身份转变、提高自身素质，改变传统不科学

---

① 皮广洲：《24 万农民工返乡创业带动城乡 165 万人就业》，《专家声音》2016 年第 1 期。
② 张明林、喻林等：《金融危机和产业转移背景下农民工返乡创业对策研究》，《求实》2009 年第 5 期。
③ 汪洋：《返乡农民工是新农村建设的积极力量》，《乡镇论坛》2009 年第 4 期。
④ 孙海荣、李智水：《新农村建设背景下返乡农民工创业的思考》，《产业与科技论坛》2015 年第 4 期。
⑤ 广忠、刘涛：《中国城镇化地区贡献的内陆化演变与解释——基于 1982—2008 年省区数据的分析》，《地理学报》2011 年第 12 期。
⑥ 杨群红：《新农村建设背景下农民工返乡创业问题研究》，《南都学坛》2008 年第 6 期。
⑦ 黄璜：《农民工返乡创业助力新农村建设的积极意义探析》，《城乡建设》2016 年第 19 期。
⑧ 温敏：《新形势下农民工返乡创业的意义、问题及对策探析》，《农业考古》2014 年第 1 期。
⑨ 梁欣：《返乡创业——农民工的理性选择》，《凯里学院学报》2009 年第 2 期。

生活方式和行为方式的需求相契合,对市民化建设起到了推进作用。"① 也有学者认为我国农村老年人多,人力资源队伍的不足导致农村的老年服务事业发展受阻,而返乡农民工群体刚好是一个解决问题的契机。② 在所有的研究中孟菊香和向定杰的研究思考我们认为很有价值,即"让农村人回乡比城里人进村更重要,假如农村人都不爱乡村,假如对土地的感情没有了,那新农村运动的发起者又在为谁忧愁为谁忙呢?因此,积极尝试将美好的生活方式设想付诸实践,引导相当一部分的新生代农民工返回乡村,进而转化为新型农民,未来乡村才会有明天"③。通过对返乡农民工的调研,杨华和刘芝艳也对此持乐观态度,认为土地制度确保了农民工候鸟式迁移的自由,提供了返乡后的基本保障,而农民工自身的柔性角色定位提供社会心理基础,加之原有的关系网络、家族结构、乡村环境及其治理等,统一构成了农村吸纳金融危机负面影响的机制。④ 当然,也有研究人员认为返乡农民工对农村社会的和谐会造成一定影响,杨术从农村稳定的角度认为犯罪现象凸显、思想首先迷惘、家庭经济困难等现象会随着农民工返乡部分显现。⑤ 支持这一观点的还包括沈新坤和张必春⑥。

(5)返乡农民工创业影响因素分析

农民工返乡创业所受到的影响因素是比较复杂的,正如前面不少研究在讨论农民工返乡意愿时一样,学者们关注的是各种内在和外在因素对返乡创业到底产生多大程度和什么样的影响。相关研究既有以具体案例为基础的讨论,也有以统计数据所做的分析。如张克荣以安徽省农民工为例,认为农民工创业的动机与原因、文化个体差异、家庭特征、外出务工经历的差异、经济环境和经济支持、扶持政策、管理知识和经营知识等对于创

---

① 张秀娥、孙中博:《返乡创业对新生代农民工市民化的推进作用》,《东北师大学报》(哲学社会科学版)2014年第2期。

② 官翃:《返乡农民工:农村老年服务事业发展的契机》,《湘潮月刊》2009年第5期。

③ 孟菊香、向定杰:《新生代农民工返乡参与农村建设的动力初探》,《湖北经济学院学报》(人文社会科学版)2015年第3期。

④ 杨华、刘芝艳:《农村吸纳金融危机负面影响的机制——对返乡农民工的一项调查》,《东岳论丛》2009年第7期。

⑤ 杨术:《农村稳定视域下的农民工返乡问题研究》,《山西农业大学学报》(社会科学版)2014年第7期。

⑥ 沈新坤、张必春:《农民工"返乡潮"背景下的农村基层治理困境及其对策》,《安徽农业科学》2009年第28期。

业都有不同程度的影响。① 具体一点说,研究者认为返乡农民工创业就业观念落后、自身素质不高、缺乏服务于返乡农民工创业就业高起点平台、融资渠道不畅、经济发展环境不完善等因素影响了该群体的就业创业。② 也有学者以广西民族贫困地区为例,认为"农民工年龄、对返乡创业政策了解程度、参加创业培训意愿、技能掌握状况、对待创业风险的态度和创业动机强度等内外因素才是影响农民工返乡创业的主要因素"③。持相同观点的学者还包括谢恒④、甄月桥⑤、雷育胜⑥、胡俊波⑦。

抛开主观因素不说,有学者认为从大的外部政策来看,诸如产业政策、财税政策和金融政策对返乡农民工创业明显的制约作用。⑧ 而在促进返乡农民工创业的时候,有学者认为应当把握住一些基本特点,如新生代农民工非农化意识强烈、发展目的非常明确、创业诉求多样化等。⑨

(6) 返乡农民工面临的问题

应当说在当前我国社会转型和经济转轨的关键时期,全方位的社会保障制度还不够完善,返乡农民工面临诸多亟待解决的实际问题。前面所述的返乡创业影响因素其实也包含了返乡农民工所面临的各种问题,这一小节里面我们从更具体的角度来综述不同的问题。

返乡农民工首先面对的是如何重新融入原有的社会生活中,有研究表明返乡农民工的社会适应主要发生在村庄生活场域之中,且是一个从个人角色到家庭角色再到社区角色不断递进的适应过程,对个体的农民工和村

---

① 张克荣:《安徽省农民工返乡创业能力影响因素探析》,《吉林省教育学院学报》2016年第1期。
② 柯健:《返乡农民工创业就业的现状及对策研究》,《求实》2009年第6期。
③ 陈志强、李国群:《广西民族贫困山区农民工返乡创业行为影响因素分析》,《广西财经学院学报》2014年第3期。
④ 谢恒:《欠发达地区农民工返乡创业问题思考》,《中国市场》2014年第51期。
⑤ 甄月桥、朱茹华等:《返乡农民工就业的社会支持》,《浙江经济》2015年第7期。
⑥ 雷育胜、王坤钟:《关于返乡农民工创业问题的实证研究》,《广东农业科学》2009年第10期。
⑦ 胡俊波:《困境与突破:扶持农民工返乡创业的理论分析框架》,《农村经济》2009年第6期。
⑧ 林翰雄:《返乡农民工创业政策研究》,《农业经济》2014年第12期。
⑨ 王东强、田书芹等:《新生代农民工返乡创业能力提升探析》,《重庆第二师范学院学报》2014年第2期。

庄来说二者都相互有需要和意愿。① 江立华与卢飞则从消费的视角讨论了返乡农民工如何完成乡村社会关系的修复与重建，他们认为在农民工流动的过程中，乡村社会的"缺场"，导致原有的社会关系网络出现了短暂的断裂。因而这一群体通过利用城、乡不同地域经济发展水平和收入差距，更多地在家乡实行面子、代理、人情以及互惠等不同形式的消费实践活动来完成乡村社会关系的修复与重建。②

也有人认为农村的乡土本色与城市生活的差异，自身对农村生活的排斥，以及返乡后身份认同的迷惑等原因使得新生代返乡农民工存在着经济层面、社会层面和心理层面的不适应。③ 这种情况严重的表现就是"青年农民工返乡之后将会处于一个低度组织化的环境，即'组织真空'的状态。这种趋势会为乡村'灰恶化'组织提供滋长的空间，因此返乡青年农民工将处于高度'灰恶化'风险之中"④。其后果就是基层社会的秩序被破坏，同时导致农村青年的群体性事件增多。王明杰等也对这样的问题有所关注。⑤ 田先红则从代际差异入手，研究发现"返乡的中老年农民工比青年农民工能够更快更好地适应村庄社会生活。青年农民工返乡后在村庄农业生产和社会生活之中表现出较强的不适应性。这恶化了青年农民工的生存处境"⑥。还有学者从角色认知的角度提出返乡农民工在角色认知上表现出模糊性，其角色选择呈现出多样性。因此，要引导返乡农民工的思想观念由"应然受动"转向"自主自立"，尽快完成角色认知选择。并期待返乡农民工完成"传统农民"到"新式农民"、"打工者"到"创业

---

① 卢云龙子、张世勇：《毕生发展视角下的返乡农民工社会适应》，《当代青年研究》2006年第3期。
② 江立华、卢飞：《农民工返乡消费与乡村社会关系再嵌入》，《学术研究》2015年第3期。
③ 刘佳：《新生代农民工返乡后的社会适应研究》，《北京农业职业学院学报》2015年第1期。
④ 徐晓军、孙奥：《论返乡青年农民工的乡村"灰恶化"风险》，《人文杂志》2009年第3期。
⑤ 王明杰、戴锦枝：《农民工返乡带来的社会治安问题剖析》，《社会科学家》2009年第5期。
⑥ 田先红：《返乡农民工村庄适应的代际差异》，《东岳论丛》2009年第7期。

者"、"农民工"到"准市民"的三个转向。①

其次就是子女学业、生活和心理等方面的问题。张烨等认为农民工返乡子女在人数上呈现不断增长的趋势,但是在就学过程中存在着他乡与故乡、流动与留守、出离和融入等文化适应及冲突问题。而且,问题的关键在于近年来针对这一群体的政策措施总体上却呈现出"维稳"的政策取向和较低的政策效能,具体体现为政策周期衰减过短、政策目标执行表浅、政策执行动力不足等。并提出了从推动返乡子女就学的顶层制度设计,消除返乡子女就学的户籍制度障碍,完善基层政策执行主体的监督—激励机制以及优化"四维一体"的农民工返乡子女支持网络等方面入手,切实推动农民工返乡子女就学政策的重构。② 全国妇联儿童工作部在2009年所做的一次调查表明,随着农民工返乡,因学习生活环境的改变,子女在学习、生活和思想动态方面都表现出新的问题,值得关注。③ 穆建亚在《返乡农民工子女农村社会融入问题研究》一文中也指出这些返乡的子女面临社会资本、学校教育、文化和心理多方面的融入问题。④ 而另外一个基于2625份调查问卷,借助同伴依恋分量表和在校行为子量表对返乡农民工子女和留守农民子女的研究结果表明:返乡农民工子女与留守农民子女的同伴依恋和学校适应存在显著差异,返乡农民工子女的同伴信任、同伴沟通以及学校适应得分均显著低于留守农民子女,而同伴疏远得分则显著高于后者;返乡农民工子女的同伴信任、同伴沟通与学校适应各维度存在显著正相关,同伴疏远与学校适应各维度存在显著负相关。⑤ 而对于农民工本人来说,其实也存在经济来源不稳定、社会支持系统缺乏、子女教育问题、文化娱乐方式单一等诸多需要一个解决过程的社会适应困境。⑥

---

① 吴孔军、疏仁华:《返乡农民工的角色认知选择与生存走向》,《南通大学学报》(社会科学版)2015年第3期。

② 张烨、叶翔:《消除农民工返乡子女就学的文化及政策障碍》,《中国教育学刊》2016年第5期。

③ 全国妇联儿童工作部:《部分省份农民工返乡对农村留守流动儿童的影响及对策研究》,《中国妇运》2009年第6期。

④ 穆建亚:《返乡农民工子女农村社会融入问题研究》,《农业经济》2015年第8期。

⑤ 谭千保、张英等:《返乡农民工子女同伴依恋和学校适应行为研究——基于2625份调查问卷》,《湖南农业大学学报》(社会科学版)2014年第1期。

⑥ 卢云龙子、张世勇:《返乡农民工社会适应困境及其社会工作介入初探》,《社会工作与管理》2016年第1期。

最后包括返乡农民工就业创业时面临着资金上的巨大压力。如早在2009年贵州省中国人民银行六盘水市中心支行的调研显示创业者资金缺口在50%以上的占比达79%。同年，另一份来自南充60户返乡农民工创业的问卷显示金融需求具有普遍性，金融需求品种上具有层次性，而在金融需求实现困难上则具有多面性。[①] 与此类似，袁云也认为农民工在自主创业过程中面临金融支持的困境包括网点少、信贷风险保障机制滞后、金融产品和服务单一等诸多问题。[②] 再比如说刘志斌等在确认返乡农民工创业有借贷需求的基础上，通过实证分析进一步阐明了返乡农民工的借贷数量和借贷时间直接影响借贷途径，创业计划直接或间接影响借贷数量、借贷时间和借贷途径，社会资本、对融资渠道的认知与评价直接影响借贷途径，经济资本直接或间接影响借贷数量，打工经历、人力资本间接影响借贷途径、借贷数量和借贷时间。认为应加大正规信贷资金供给，推出差异化借贷产品，提高金融扶持的需求针对性，提升农民工的认知水平和其贷款可得性。[③]

基于上述各种因素，有学者认为应当从财政投资、税收优惠、财政补贴、财政投融资四个方面来带动和扶持返乡农民工创业。[④] 比较全面系统的实证研究来自石涛，他对中部地区782户返乡农民工调查数据的统计分析显示：女性、年龄偏大的返乡农民工偏向于从正式金融组织处获得创业融资；男性、年龄偏小的返乡农民工偏向于从非正式金融组织处获得创业融资；金融产品审批及金融服务便捷化、主动化，机制健全的创业奖励性金融政策使得返乡农民工偏好于正式金融组织。财政奖励性资金的评价及评审机制不健全等导致的寻租问题，均干扰着农民工创业融资渠道的选择。因此，他建议应当简化贷款审批程序，多样化金融产品和服务，建立返乡农民工创业国家金融支持及创业资金与奖励性体制机制，有利于满足

---

① 唐明刚：《关于返乡农民工创业典型金融需求情况的调查——南充市60户返乡农民工创业典型问卷》，《西南金融》2009年第8期。

② 袁云：《新生代农民工返乡创业的新特点及金融支持研究》，《理论与现代化》2014年第6期。

③ 刘志斌、周月书：《基于路径分析法的江苏省返乡农民工创业性借贷需求及其影响因素分析》，《江苏农业学报》2015年第1期。

④ 史桂芬、刘欢等：《以财税政策助推农民工返乡创业》，《税务研究》2015年第10期。

返乡农民工创业融资的需求,提高创业效率。①

还包括返乡农民工的职业培养问题。有研究表明,因政府角色定位不清晰、培训经费无法确保,而返乡农民工自身文化基础又较为薄弱,所以说职业技能培训的困境体现在政府、企业以及返乡农民工自身三个方面。② 为此,胡重庆提出建议要强化政府和培训机构的责任机制,从而逐步构建起有利于返乡农民工再就业培训的有效运行体系、宏观政策和教育培训体系。③

(7) 返乡农民工就业创业具体路径研究

研究返乡农民工就业创业较为成功的路径具有一定的导向作用,能够给予农民工一定的启发,王思思认为创业成功者的创业模式大致可分为农民专业合作社模式、朋辈创业模式、电商创业模式、大学生村官创业模式、自主创业模式五种。④ 对于解决返乡农民工生存发展问题,有学者借用"脆弱性—生计资本"理论框架,通过个案的深入调查,揭示出返乡农民工家族其实在初期面临较大脆弱性,但是"作为行动主体的返乡农民工通过回乡创业的方式减小脆弱性,提升人力资本、积累金融资本、增加物质资本、加强社会资本,从而构成了一个平衡、流动、充满活力的生计资本系统,不仅解决基本生计,更达到良好的经济效益,实现较好的生计输出"。⑤ 邓俊淼认为应当基于农民专业合作社与农民工创业的结合,探寻绿色创业模式,因为绿色创业融合了可持续发展和商业创业的基本内涵,反映了环境与创业行为的互动过程,倡导和推动绿色创业有助于推动创新型国家建设和实现可持续发展,通过绿色创业实现社会、经济和环境方面的可持续性。⑥

(8) 解决返乡农民工就业创业的思路

在这部分的研究中,依然是以解决返乡农民工创业为主。有学者认为

---

① 石涛:《影响返乡农民工创业融资渠道选择的金融供给因素分析——基于中部地区 782 户返乡农民工的调查数据》,《金融理论与实践》2016 年第 3 期。

② 刘瑞波、李琳:《返乡农民工职业技能培训论析》,《继续教育研究》2016 年第 3 期。

③ 胡重庆:《金融危机背景下返乡农民工再就业的有效需求与培训策略》,《农业考古》2009 年第 3 期。

④ 王思思:《新生代农民工返乡创业调研报告》,《农业经济与科技》2015 年第 8 期。

⑤ 吴昊:《返乡农民工家庭的贫困风险与策略应对——基于"脆弱性—生计资本"框架的分析》,《湖北师范学院学报》(哲学社会科学版) 2016 年第 1 期。

⑥ 邓俊淼:《供应链视角下农民工返乡绿色创业模式探讨》,《农业经济》2014 年第 3 期。

解决这一系列问题的主要职责还是应当由政府来承担,因为农民工返乡创业还受到很多条件的制约和环境限制,各级政府应承担起重要职责,加大对农民工创业的扶持,提高他们的创业能力,开创新型工业化、城镇化和新农村建设协同发展新局面。① 如魏钰烨在分析创业过程中的影响因子的基础上,提出建构一个以返乡创业农民工为主体,由政府主导、社会参与、企业扶持和亲友支持的囊括了政策支持、教育支持、资金支持、服务支持和情感支持五个子系统的农民工返乡创业支持体系。② 袁华萍的研究认为要解决好返乡农民工创业中遇到的系列问题,应当通过嵌入社会网络和产业网络为农民工创业提供多元支持。③ 研究视角比较新颖的是韩江风凭借治理理论提出的建立多元联动就业帮扶体系观点,认为整合政府、企业、社会、个人于一体,形成政府角色定位正确,政企协作平台稳定,社会支持网络完善,资源配置优化的良好局面有助于解决相关问题。④ 向丽从培育新型农业经营主体的角度探讨了返乡农民工创业的新路径,认为返乡农民工参与其中能够进一步推动特色农产品品牌的培育,提升交易效率。⑤

比较新的研究视角还包括孙丽丽和李富忠运用 FAB 模型对返乡农民工创业的特点、优势和益处所进行的分析。⑥

其实综合这一类观点来看,研究者都关注到金融支持、政策环境、人力资本、社会力量等几方面。正如田书芹等人所说需要关注到政府、农民工、培训机构、社会组织等不同主体,并且建立起整合政策扶持机制、人力资本投入机制、立体化培训机制、资源整合机制、制度设计五个方面为一体的多中心治理模式,以利于提升新生代农民工返乡创业能力。⑦

---

① 郭鑫、胡刃锋:《农民工返乡创业中的政府责任研究》,《价值工程》2016 年第 12 期。

② 魏钰烨:《新形势下农民工返乡创业支持体系的构建研究——基于海南省的实证分析》,《学术论坛》2016 年第 3 期。

③ 袁华萍:《网络嵌入视角下农民工返乡创业支持研究》,《政策研究》2015 年第 8 期。

④ 韩江风:《治理理论视角下的返乡农民工就业问题——以信阳市为例》,《管理工程师》2016 年第 2 期。

⑤ 向丽:《基于新型农业经营主体培育的广西农民工返乡创业思路》,《对外经贸》2015 年第 4 期。

⑥ 孙丽丽、李富忠:《基于 FAB 模型的农民工返乡创业分析》,《科技信息》2009 年第 21 期。

⑦ 田书芹等:《新生代农民工返乡创业能力的多中心治理模式研究》,《济南大学学报》(社会科学版) 2014 年第 2 期。

(9) 女性返乡农民工研究

对于这个特殊的群体,张杰和胡同娟认为作为返乡者的女性新生代农民工在面对乡村意义系统生产时,由于其可以运用的资源有限,其建构的双重意义系统的生活世界是不稳定的,从而陷入身份认同的困境。① 李玫则通过对贵州、广西、内蒙古等地女性返乡农民工的调研,分析了这一群体的创业态度和创业预期。认为还是需要通过完善国家和地方多级创业政策和机制,拓展社会网络,提供小额信贷等方式支持女性农民工就业创业。② 赵莉和鲁文静把研究的着力点放在了女性返乡农民工小城镇迁移问题上,最后提出的正确引导女性返乡青年农民工流动、合理安置土地,突破以户籍变动为主的城镇化等意见与建议有助于该群体返乡后的生存与发展。③ 也有学者以尝试访谈的资料论证了因城市婚姻的困难、女性特殊的人生归属与意义世界、女性特殊的道德选择等多种因素的影响,年龄接近婚嫁后女性农民工选择返乡,其背后是现实与历史力量的规制。④

对于这一群体较为全面宏观的调查研究来自江苏省妇联和该省妇女研究所,描述了该省女性返乡农民工生活、就业、思想状况等情况,并揭示了该群体发展需求及其所遭遇的困难。并从加强宣传、建立人才数据库、加强创业培训和扶持力度、鼓励参与基层组织等多方面提出了应对策略。⑤

(10) 具体到武陵山区返乡农民工的研究

本小节主要是对具体研究武陵民族地区返乡农民工的研究成果进行综合论述,以此启迪我们自己的研究。2009年胡晓登等就通过计算预估贵州有返乡农民工130万—150万人,并对这一群体的特征进行了较为详细的描述,重点在于提出了在引导就业领域必须让以贵州新增中央预算内投

---

① 张杰、胡同娟:《从陌生人到返乡者——女性新生代农民工择偶过程中的生活世界重构》,《中国青年研究》2013年第5期。

② 李玫:《民族地区返乡女性农民工的创业态度及心理预期分析》,《山东女子学院学报》2014年第2期。

③ 赵莉、鲁文静:《新型城镇化背景下返乡女性青年农民工小城镇迁移状况研究》,《中国青年研究》2014年第7期。

④ 刘霞:《选择与规制之间:新生代女性农民工的返乡调查》,《青年探索》2014年第2期。

⑤ 江苏省妇联宣传部、江苏省妇女研究所:《发挥返乡妇女独特作用,引领农村妇女全面发展》,《中国妇女》2009年第11期。

资的保障性安居工程和铁路、公路、机场等重大基础设施项目作为重点，通过行政性规定等强制性措施，全力促进失业返乡农民工就业，新增中央预算内投资项目中的农村民生工程、农村基础设施投资、生态建设工程必须吸纳相当比例的返乡农民工；在引导创业领域必须对吸纳返乡农民工的企业实施鼓励优惠政策，加强培训等对策建议。该研究应当是较为全面而又具体的根据区域特点而提出的解决问题的方案，不仅仅便于解决燃眉之急，同时也有持续政策建议。[1] 另有研究者以长阳土家族自治县为例，提出了构建再就业县域中心模式，文章通过302份问卷的研究讨论了农民工返乡有内外因素、再就业的困难等问题，并提出一系列的建议，但对于构建预设中的模式研究不够透彻。[2] 袁明达等人通过对湘西400位返乡农民工的调查，从个体、政府及社会三个层面对创业意愿进行了分析，认为男性返乡农民工比女性有更高的创业意愿，而且除文化程度外，家庭年收入、成就需要及自我效能感等其他个体因素都与返乡农民工的创业意愿正相关；城乡发展差距负向影响返乡农民工的创业意愿，金融税收支持力度和基础设施完善程度等正向影响其创业意愿，创业教育培训的影响不显著；社会文化因素方面，亲朋鼓励创业、创业典型被广泛宣传及包容创业失败等都与返乡农民工的创业意愿呈正相关。[3] 赵奇钊和郑玲则从信息服务的角度关注到武陵民族地区虽然对创业信息需求度大，但是存在信息借给量较少、获取渠道狭窄、信息服务体系不完善、信源不对称、信道不通畅、信宿能力弱等问题。这些因素都将影响返乡农民工创业的成败。[4] 还有一部分研究则是政府部门所做的调查研究，一定程度反映了该区域内返乡农民工的各种情况，如刘道远的《恩施市返乡农民工创业情况的调查》等。

3. 新型城镇化建设与返乡农民工关联性研究

早期对于二者关联性的研究主要集中关注在城镇化建设进程中因

---

[1] 胡晓登、王冠男：《金融危机影响下贵州农民工返乡的影响及对策研究》，《理论与当代》2009年第1期。

[2] 苏姝燕等：《初探农民工返乡热潮构建再就业县域中心模式——基于对长阳土家族自治县返乡农民工情况的调查》，《企业导报》2009年第8期。

[3] 袁明达、朱敏：《民族地区返乡农民工创业意愿影响因素分析——基于湖南西部的调查数据》，《劳动经济》2015年第12期。

[4] 赵奇钊、郑玲：《武陵山区农民工返乡创业信息服务对策研究》，《高校图书馆工作》2015年第2期。

"推拉"力量的影响,农民如何选择外出务工成为农民工,农民工在城镇化建设中的重要作用,农民工如何转化为市民等方面。体现出的特点是研究者在农民工群体逐渐扩大的背景下,结合城镇化发展阶段的特殊性,主要考虑农民工被动或主动接受迁移过程中的利益得失问题。

对于二者关联性的研究,一般学者认为农民工返乡后的就业创业,实现非农化的转移直接社会效应就是推动了城镇化的发展。同样,城镇化的推进也必然会创造新的就业机会来吸纳农民工实现非农化转移,二者相辅相成。孙远太就把农民工返乡创业当成一个双向建构的过程,他认为农民工返乡创业是城乡一体化发展的一种现实路径。从打工者到创业者的身份转变是乡土网络与回归政策建构的结果,体现了情感与理性的交织。农民工返乡创业所改变的不仅是自身的身份,也对当地产生了一系列实践性后果,即他们的创业行为建构着当地的发展。[①] 王展祥认为金融危机下的农民工返乡创业并不是逆城镇化趋势,只是我国现阶段的一种调整。这种调整的结果是非农就业机会被创造出来,增加了农民收入,并把城市和农村市场联结起来了,推动国内消费市场的发展,从而进一步推动城镇化的发展。[②] 张秀娥和张梦琪通过研究从嵌入的视角观察,认为新生代农民工返乡创业不是一个单纯的经济行为,其直接或间接地影响着社会系统。因此,返乡农民工的创业与新型城镇化的建设产生了联结,相互影响和促进,并形成了"耦合关系"。进一步来看,新型城镇化提供了创业机会,刺激了创业意愿并形成创业行为,同时也为城镇化建设提供了内生力量,有效地建立起了互动的机制。[③]

综上所述,从现有的研究成果来看,城镇化建设与农民工问题是近年来我国学术研究领域内的两大热点,相关研究成果十分丰富。对于前者,以费孝通先生为代表的专家学者们通过对我国城镇化建设历史与现状的透彻分析,归纳和总结了多种发展模式,认为虽然我国城镇化建设取得了巨大成就,在促进城市和农村社会发展、拉动内需、全面实现小康社会等诸多方面发挥了重要作用,但整体上仍处在加速发展时期,其潜力并没有完

[①] 孙远太:《回归与发展:农民工返乡创业的双向建构》,《前沿》2009年第5期。
[②] 王展祥:《金融危机背景下农民工返乡创业与中国城镇化发展研究》,《现代经济探讨》2009年第9期。
[③] 张秀娥、张梦琪《新型城镇化与新生代农民工返乡创业互动机制探析》,《内蒙古大学学报》(哲学社会科学版) 2015年第1期。

全释放，并就未来发展途径的选择提出了多元发展论、充分发展小城镇论、重点发展大城市论等一系列观点。在此基础上，研究者还依据各自实地调查的资料指出我国城镇化发展的动力主要包括农村工业化的推动、比较利益驱动、政策导向和政府支持、土地使用制度改革与剩余劳动力转移、城乡一体化进程推进等方面。同时，面对城镇化进程中的主要困难与障碍，大家认为诸如政府领导思想认识不够、户籍管理制度限制、发展资金不足、人口素质普遍不高、社会保障能力有限等方面都是亟待解决的问题。对于后者，以李培林、李强、陆学艺、周大鸣等为代表的一大批学者或从流出地的角度，或从流入地的角度，或从整个社会宏观变迁的角度围绕农民工生存与发展等相关问题，揭示了我国城市与乡村在社会、政治、经济与文化等各方面所产生的深刻变化。

上述两方面的研究并不是截然分开的，因为我国独具特色的城镇化建设与农民工问题有着极其紧密的联系，对任何一个问题的研究总离不开对另外一个问题的讨论。正如学者所说"中国特色城镇化之所以特色，说到底就在于它始终和解决中国的三农问题紧密联系在一起。如何把亿万农民工逐步转化为市民，是中国特色城镇化所面临的重大课题"。[①] 因而，围绕城镇化与农民工之间关系的讨论就渗透于学者们的研究之中，相互联结而不可分离。最为突出的几个方面分别为：一是强调农民工市民化对于城镇化建设的重要性；二是挖掘阻碍这一进程的主客观因素；三是探寻如何从户籍制度、土地制度、教育及社会保障制度等方面取得突破，使农民工真正成为脱离农村的市民；四是对我国特色城镇化建设与农民工走向进行预测。

但是当我们把研究区域限定在民族地区，研究问题锁定为新型城镇化建设与农民工就地就近就业关系时，我们可以看到相关的研究亟待进一步丰富。其原因有四个主要方面。

一是在研究民族地区城镇化建设问题时，侧重于讨论民族地区城镇化起步晚、水平低、城市规模小、生态环境脆弱、自然条件恶劣、人口素质低等棘手问题，对如何解决这些问题也各自提出了真知灼见。不过总体来说，从研究者研究的初衷来看，都是抱有一种检验理论假设式的论证方式，即认定了民族地区新型城镇化建设处于一个与发达地区不对等的地

[①] 黄爱东：《中国特色城镇化与农民工的终结》，《学习论坛》2009年第8期。

位，而且是落后并充满了问题，并从民族地区收集资料来验证这个假设，让读者们看后觉得，果然民族地区城镇化建设很落后，原因也一目了然，这是一个毋庸置疑的事实。当然，我们认为这也是学术研究的必要方式之一，民族地区新型城镇化建设的确存在着大量问题，对这些问题背后的原因进行深层次的挖掘十分有必要，也是解决问题的一个必须过程。但是这样的研究从一开始就缺乏一种建设性的视角，忽略了民族地区在城镇化建设过程中所拥有的某些优势和特质。或者从另一个角度来看，这样的研究缺乏对民族地区城镇化建设内在动力的关注和讨论。因此，对民族地区城镇化建设的研究应当以一种更为全面、更为生动的方式来进行。即一方面承认民族地区城镇化建设进程中问题层出不穷，需要予以高度的重视，并力图探寻背后的深层次原因；另一方面还应当历史、积极、建设性地看待民族地区城镇化建设，从横向和纵向两个角度来分析问题、预测未来，并关注民族地区内在发展动力，而动力的来源无疑是生活于当地的各族人民。

二是现有研究多是把新型城镇化建设作为一个独立的社会现象来考察，有种就事论事的嫌疑。但社会问题从来就不是单纯地出现在世人面前的，总是牵涉到其他诸多社会事项，如果能够进行较为全面的关联性研究，对于我们理解问题和寻找解决问题的办法都能够提供足够广阔的空间。因此，我们认为民族地区新型城镇化建设研究较少与民族地区农民工就业问题进行关联是现有研究不足的地方之一。新型城镇化问题、农民工问题是民族地区面临的两大时代问题，他们之间存在千丝万缕的关系，城镇化建设依赖于人的能动性，而人的生活质量改善也依赖于外部环境的改善，即依赖于新型城镇化按预期目标的有序推进。所以对二者进行关联性的研究，不仅仅能够让我们以更为开阔的视野来分析两大问题，同时也能把阻隔在解决两大时代问题中的共性和关联性因素给挖掘出来，予以针对性解决。

三是一直以来研究者都习惯于把农民工视为一个具有共性的群体，而较少关注其民族身份的特殊性，自然也就缺少对民族地区农民工作专门分析。有不少人错误地认为武陵山民族地区在经过几十年的发展后，特别是随着我国社会整体性流动的增加，不同民族之间的交流融合不断深入，这些地区的少数民族群众与汉族群众一样，不存在所谓的民族特性。我们认为这一观点不太正确，虽然从表现上来看，武陵山民族地区许多少数民族群众在服饰、日常生活习惯,甚至是语言等方面表现出与汉族高度的同质性,但是对于长期生活在这些地方的各族群众来说,依赖于历史而代代传承的文化习俗仍然潜移默化着他们,塑造着他们独特的民族特性,体现在日常的行为之中。也就是说,既有的研究在讨论诸如返乡原因、创业原因和适应困难等诸多问题时,虽然提及了乡村传统,但较少有研究明确地表明文化的因素在上述各种问题中到底产生一种什么样的影响。武陵民族地区是民族文化浓郁的多民族聚居区,传统文化在长期的积淀中会不断塑造人的性格,影响人的社会价值观念,进而影响人的行为方式和思维方式。甚至是上升到政府层面的决策,我们也能观察到地方传统文化熏陶下的独特性决策。或者说,在既有的研究中因对文化的关注不够,所以我们必须对少数民族群众的特性予以把握,由此去观察和了解他们在面对同样问题时如何采取决策并付诸实际行动,才能更合理地得出分析结论,也才能更透彻地了解当地返乡农民工的行动逻辑。

四是因为对农民工就地就近就业问题的关注主要是从 2008 年金融危机爆发后才逐渐展开的,这类研究主要集中于对造成大量农民工返乡就业的原因进行梳理、对农民工就地就近就业所面临的困境进行阐述、对促进农民工就地就近就业提出对策与建议三个方面,相关研究的广度与深度薄弱一些。特别是通过个案访谈的方法,深入返乡农民工的内心世界,从研究中"自我"的视角来呈现行动者思考逻辑,并结合在此过程中与研究对象关联的"他者"观点,由此上升到对研究对象集体行为的理解还十分不够,这也将是本研究努力的方向之一。

总而言之,现有研究对农民工就地就近就业对民族地区社会发展带来的新的挑战与机遇分析不充分,特别是对民族地区城镇化建设与农民工就地就近就业问题之间深层次的联系探讨不够。所以,我们认为对这些尚不够充分重视的问题进行深入细致的研究,将会对我国城镇化建设以及农民工相关问题的整体研究提供有益的补充。

四 研究方法

本研究采用的研究方法主要是文献检索、文献分析、实地调查和访谈、问卷调查、数据分析等。

其中实地调查和访谈主要是通过在武陵民族地区选取数个较有代表性的区域,与一定数量的农民工、地方政府工作人员以及城乡村民等群体的接触，以结构式、非结构式访谈获取资料。了解新型城镇化建设决策者、参与者和被动接受者，以及返乡就地就近就业者对研究主题所持有的观点。

文献检索和文献分析主要是针对以往的研究，在文献综述的基础上结合现有的对社会问题特别是对农民工群体研究的解释范式的讨论，力争在研究过程中进行解释范式的更新。既延续传统解释范式所具有的分析力度，同时弥补其存在的不足，这方面重点在于关注返乡农民工群体主体实践的能动性，在现有的城乡二元结构条件下，他们从农村流入城市，然后又选择从城市返流回农村，除了整体性社会因素的影响外，返乡农民工群体自主性的体现是使研究更完善的必要组成部分。

问卷调查和数据分析则主要呈现更具一般性的社会现象背后的潜在因素。鉴于武陵民族地区新型城镇化建设的多样性，以及由于农民工流动的无规律性，因而无法从整体上完全把握住返乡农民工群体的总量，研究中的问卷及数据分析主要是集中在选定的数个较少研究点的资料收集和分析上。当然，因为在武陵民族地区文化、经济和社会发展的相对一致性基础上，这些分析对于把握总体性特征也有较强的可靠性。

研究过程中注重定性分析和定量分析相结合。定性分析具有较强的归纳性和逻辑推理性，定量分析则具有较强的科学性和准确性。比如说类似农民工就业的行业分布、年龄结构、教育程度、收入水平等问题适合通过问卷进行定量的分析。而农民工就业意愿等则适合通过访谈等形式收集资料进行定性分析。

需要说明的一点是：在收集整理所有的访谈资料后，在正文中有部分是直接引用访谈对象的语言，为便于查询和处理，在引用完访谈对话后，我们都以如下格式标注："ZZK20130715THH"，这表示，被访谈的对象为"ZZK"（对应的名字即为报告人的姓名——张志魁），中间的数字则表示访谈时间为2013年7月15日，最后的三个字母则表示参与访谈记录整理的研究者姓名。

五　研究逻辑和解释范式

（一）本研究的逻辑框架图

所谓的研究逻辑，其实是课题研究者在多次讨论的基础上，搭建起来的一个研究框架，想以此把一个比较清晰的研究流程呈现出来，从而有利于开展实际的研究工作。从课题申报前的准备到最后的研究成果提交，我们把流程大致设计如下，这个过程中其实是得到了来自各方面的支持与帮助，比如说专家意见，既有同行研究者们提供的意见建议，也有的来自地方上熟悉研究领域内事项的当地报告人。再比如说田野调查，得益于课题组成员的精心准备，同时在田野过程中也得到了许多无私的帮助，研究的最后我们将一并感谢。图1-2即为研究逻辑框架。

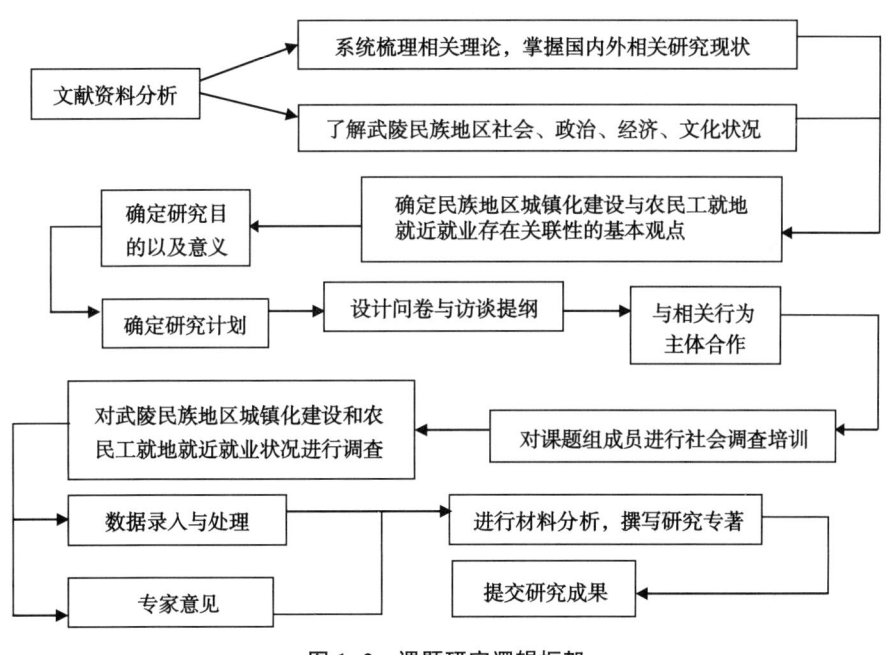

图 1-2 课题研究逻辑框架

（二）研究范式的讨论与选择

对社会现象的分析一般来说有这样的两种方式，一种是社会结构分析范式，另一种是社会网络分析范式。前者注重的是在个体的社会行动之外去寻找社会现象产生的根源，把结构置于个体能动性之上。因结构的实际存在，无论是显现的或是潜在的，都决定结构体系中具有不同的结点，以及固化在这些结点上的不同的功能。后者则把研究的重点放在"关系"和"网络"之上，认为关系是产生社会行动的土壤，而网络则是由不同行动构建起来的集合。一般来说，身处网络中的人会因面临类似于涂尔干所说的"社会事实"，采取符合网络规范的行动，或是强制性以维持网络存在需要的各种规范性行为。

我们在检索和回顾以往研究成果时，也能清晰地感觉到上述两种研究范式实质上占据了主流，学者们研究时所经常是二选一。但是在本研究中，受潘泽泉教授等学者的影响，我对研究范式进行了重新梳理。潘泽泉教授在《社会学的研究范式：解释社会的可能性及其效度》一文中通过对农民工研究范式的回顾指出：社会结构观点倾向于认为，农民工的社会处境，与其说是社会实践活动的产物，不如说是"社会结构"，尤其是城乡二元结构本身的结构和功能造成的。社会结构范式由于过分强调"结构的整体"和这种整体的决定作用，忽视了"过程"和具体经验的复杂性，忽视了人的主观能动性和不同实践的相对自主性。社会关系网络研究大多把关系作为一种生产的资源（生产者模式），强调社会关系网络在解释人们行为上的有效性。在农民工研究中，人们往往将把农民工凝聚在一起的非正式网络看成是理解其行为的"基本建筑材料"，忽视了其在社会实践过程中所遭受的外在结构性的社会排斥和社会隔离以及关系存在的日常生活实践的特征。[①]

正是通过对农民工研究范式的全面回顾，让我们也清晰地认识到，正如作者所说："以往的研究，大都把农民工作为中国社会结构上的一个整体性的社会事实进行研究，把中国传统社会血缘、地缘关系作为个人内在行为逻辑，或把农民工作为急剧社会变迁、城市化过程中具有同质性特点的行为主体，把农民工作为一个具有同质性的社会群体，体现在社会结构的分析范式、社会网络分析范式以及社会文化变迁分析范式等。"[②] 如此一来就真的是这类研究的"理论谬误在于把实践的理论看作与实践的实践关系，更确切地说，是把人们为解释实践而构建的模型当作实践的根由"[③]。以此为据，潘泽泉教授认为"主体—实践范式或转向对农民工的日常生活实践和其具体情境的关注是一种很好的研究策略和解释模型"[④]。回到我们的研究中来看，我们认为这三种范式其实相互并不冲突，在同一研究中，特别是较为系统性的研究中甚至是可以熔为一炉的。可以从以下

---

① 潘泽泉：《社会学的研究范式：解释社会的可能性及其效度》，《学习与实践》2009年第5期。

② 同上。

③ [法]皮埃尔·布迪厄：《实践感》，蒋梓骅译，译林出版社2003年版，第125页。

④ 潘泽泉：《社会学的研究范式：解释社会的可能性及其效度》，《学习与实践》2009年第5期。

三个方面给予分析。

第一,农民工作为一个群体来说,是在新的时代背景下产生和壮大的,而又在进入21世纪后有转向于返乡就业创业的趋势,这一社会现象背后的结构性因素不可能不产生作用和影响。同样,作为一个社会类别划分的群体,也必然有其共性存在,即我们是能观察到这一群体某些方面具有同质性的特征的。因此,社会结构分析范式不能抛弃。何况我们关注的另一个焦点——新型城镇化建设,本身也来自国家制度设置,是整个社会的结构性变迁。这种不可逆转的社会变迁对身处其中的人所产生的影响是极为深远的,也是不可抗拒的,所以说结构在某程度上确实有"决定"性的作用,因而这也是符合社会结构分析范式的要求的。

第二,社会关系网络的存在也是我们在田野调查中所能观察到的社会事实,无论是费孝通教授观察传统社会中而总结出来的差序格局也好(我们认为这其实也是对社会关系网络结构的一种概括),还是因社会转型由传统走向现代而导致网络结构发生变化也好,社会关系网络始终因人的存在而存在,且随着人的社会生命的变迁而变迁。以血缘、地缘、学缘、业缘等为纽带的关系构建依然是现代社会中人们个体行动最强的依靠,也是微观上个体行动集结社会资源最有效的途径。无论是构建还是解散这些关系网络,都必须蕴含着个人内在行为逻辑。因此,社会关系网络的分析范式也必须有一席之地,而且以就业为核心的返乡农民工研究,"关系网络"也肯定会是被重点关注的焦点之一。

第三,正如"主体—实践范式"所想要表达的意思那样,该范式"采用的是个体主义的理论视角,关注的是行动者主体及其日常生活实践,关注理性的主体投入及行动者在日常生活情境中的行动策略、行动目标及行动后果"。从我们的理解来看,经济学研究中的经济理性人假设虽然遭受诸多诟病,但"理性"的研究热潮却依然高涨,特别是在社会学等相关领域中,借助"有限理性""社会理性"等概念进一步对"理性人"进行修正,也使以此为假设的研究获得越来越多的认可。即人的行为确实是在综合衡量自身所处的社会环境、自身所拥有的社会资源、自身所具备的能力特质等外在和内在因素的基础上,能动性地采取行动策略以获得更大利益(这里的利益应当具有更为广泛的含义,包括金钱、权力、声誉、赞赏、同情等诸多方面)。因此,我们研究中的分析也必须借鉴这一范式的分析路径,充分考虑到返乡农民工个体在就地就近就业过程中对行动策略的选择。

综上所述，其实本书所想要达到的一个目的是在充分调研的基础上，力图通过多种研究范式的运用，使得微观层面的个体行动、中观层面的社会网络、宏观层面的制度影响能够融为一体，把返乡农民工视为行动主体，认为其所有行动策略的选择是基于上述三个层面的综合考量而最终成为行动事实。如此一来，我们能够尽最大可能地避免结构决定论的弊端，尽最大可能地展现个体行动者在社会环境中生动灵活的一面。无论是从宏观的社会结构到微观的个体行动，还是反过来从微观的个体行动到宏观的社会结构，我们都不缺少对其关联性的考察。也就使整体性的研究跳出了某一范式的固有局限而变得更具血肉和说服力。

六 资料收集与整理

从2011年7月开始正式着手具体的研究工作，几年来课题组成员以及聘请的调研队员利用节假日奔赴武陵山区各个调研点，以问卷和访谈的形式收集了大量的资料，主要包括以下几个部分。

(一) 宏观层面资料

宏观层面资料是指不涉及具体返乡农民工个体、社区和乡镇的相关资料，主要来源于政府统计口径。

1. 武陵民族地区各州、市、县的历史、经济、社会、文化等各方面的详细资料，主要是各市县2010年起的统计年鉴以及"十二五""十三五"规划等。

2. 重点收集了武陵山区各州、市、县新型城镇化建设相关资料。主要包括国家层面出台的相关指导性政策和措施，以及各地方政府的城镇规划、统计资料、年度工作总结、向上级部门汇报的材料等。

3. 重点收集了武陵山区各州、市、县与返乡农民工相关的资料。主要是政府出台的各种激励措施，比如说公益岗位提供、贷款优惠政策、就业创业培训等方面。还包括各地政府所做的有关返乡农民工基本情况的一些统计资料。

宏观层面资料的收集，其目的是从整体上把握该地区各地发展的历史脉络、发展现状以及城镇化和农民工返乡的整体性变迁情况，为深入剖析研究打下必要的基础。

(二) 中观层面资料

中观层面的资料主要是以乡镇、村或社区为单位收集的整体性资料，是课题组成员通过实地调查而获得的相关数据。这个层面的资料收集较多地运用了问卷，而且在调研点的选择上考虑到代表性和典型性。这些资料既有如上所述关于当地历史、经济、社会和文化多方面的资料，也有对城镇化建设、返乡农民工就业创业的统计数据分析。其目的是通过这样的社区层面个案的分析研究，呈现出武陵山区在研究主题上所具有的共性和个性问题，部分乡镇、村庄将作为个案在研究成果中呈现出来。

(三) 微观层面的资料

微观层面资料的收集以访谈资料为主，在整个调查研究过程中，课题组共收集了1400余人的问卷和访谈资料，有些是采用问卷调查方法收集资料，有的是采用结构式访谈，有些是非结构式访谈，也有部分人员是追踪访问（主要是返乡农民工）。这些资料提供者大致分为：国家干部（工作于不同行政层级和不同部门，人数占总体比例5%左右）、政府各职能部门工作人员（如工作于银行、农村信用社、劳动就业局、住房和城乡建设局等，人数占总体比例5%左右）、村干部（人数占总体比例5%左右，其中很多也是返乡的农民工）、村民（主要是没有外出务工经历的人，人数占总体比例5%左右）、外出务工人员（人数占总体比例10%左右）、返乡农民工（人数占总体比例70%左右，这里面既包括就地就近就业的，同时还区分了创业者）。对于返乡农民工同时通过问卷进行了资料的收集，以便于掌握和了解该群体某些总体性特征。具体情况如表1-5所示。

表1-5　　　　　　　　调研对象基本情况统计表

调研对象	人数	调研方法
国家干部	72	无结构访谈
职能部门工作人员	75	无结构访谈
村干部	77	无结构访谈
村民	70	无结构访谈
外出务工人员	148	问卷、结构式访谈
返乡农民工（就地就近就业）	606	问卷、结构式访谈、追踪访问
返乡农民工（创业）	410	问卷、结构式访谈、追踪访问

总体来看，就本书所关心的研究主题，其中新型城镇化方面各级政府有较为详细的统计数据。而涉及返乡农民工的资料，由于统计难度较大，所以较少能提供精确的数据，主要依靠课题组成员在田野调查中搜寻，难以达到量化分析的要求。

七 问题的呈现及基本观点

（一）主要研究内容

我们拟定本书的主要内容如下。

一是调查武陵山区城镇化建设和农民工就地就近就业的现状；二是分析武陵山区城镇化建设得失原因及其面临的有利和不利条件；三是分析武陵山区农民工就地就近就业所发挥的正负效用及其面临的有利和不利因素；四是剖析武陵山区城镇化建设与农民工就地就近就业之间的关系，对二者间可能出现的冲突和不协调提出应对策略；五是在上述分析的基础上总结和归纳出同步推进城镇化建设和促进农民工就地就近就业的新路径，使二者有效结合。

（二）基本观点

民族地区城镇化建设与农民工就地就近就业是当前我国民族地区面临的两个重大问题，与民族地区社会整体和谐发展息息相关。在现实的发展进程中，我们不能把二者隔离开来分析，因为完善地解决这两个问题，不仅是解决民族地区"三农问题"的有效途径，更是推进我国民族地区社会整体发展的突破口。我们认为从深层次来看，这两个问题有其内在的联系，民族地区城镇化建设最终是落实在把农村人口转化为城镇人口，不仅是户籍身份上的变化，更是生产生活的全方位融入，这必然涉及农民工脱离农业生产，进入城镇有效就业这一根本问题。反之，农民工就地就近就业，逐渐摆脱在农村与城市间来回迁徙的困境，一方面能够解决民族地区许多由大量人口流动造成的现实问题，另一方面也能为民族地区社会发展提供人力资源保障，实质性地促进民族地区城镇化建设。所以把这两个问题有机地结合起来进行整体性分析，就能够在不断变化的外部条件下寻找到同步推进城镇化建设和促进农民工就地就近就业的可行之策，为我国社会整体和谐发展，特别是民族地区的发展做出贡献。

第二章

武陵山地区经济社会发展简述

根据资料显示，武陵山区是指：湖北、湖南、贵州、重庆三省一市边境交会之处，是我国土家族的最大聚居地，俗称"武陵山少数民族地区"。该地区涵盖50余县（市、区），土地总面积约为15万平方公里，总人口约3000万人，其中，土家族、苗族、侗族等30多个少数民族人口占地区总人口的48.9%，是我国内陆跨省交界地区面积最大、人口最多的少数民族聚居区，是国家西部大开发和中部崛起战略交会地带。[①] 其具体县市分布如表2-1所示。

表2-1　　　　　武陵山区少数民族州县分布表

地/市/自治州	下辖县/市/区	少数民族县/市/区
恩施土家族苗族自治州	8个：恩施市、利川市、巴东县、建始县、宣恩县、咸丰县、来凤县、鹤峰县	10个
宜昌市	2个：长阳土家族自治县、五峰土家族自治县	
湘西土家族苗族自治州	8个：吉首市、泸溪县、凤凰县、花垣县、保靖县、古丈县、永顺县、龙山县	8个
怀化市	13个：鹤城区、洪江区、洪江市、沅陵县、辰溪县、溆浦县、中方县、会同县、麻阳苗族自治县、新晃侗族自治县、芷江侗族自治县、靖州苗族侗族自治县、通道侗族自治县	5个
张家界市	4个：永定区、武陵源区、慈利县、桑植县	2个
铜仁地区	10个：铜仁市、江口县、石阡县、思南县、德江县、玉屏侗族自治县、印江土家族苗族自治县、沿河土家族自治县、松桃苗族自治县、万山特区	4个

---

① 详见介绍武陵山少数民族地区简介，2015年6月5日，湖北省民族宗教事务委员会网站（http://www.hbmzw.gov.cn/mcgz/mczs/27388.htm）。

续表

地/市/自治州	下辖县/市/区	少数民族县/市/区
遵义市	2个：道真仡佬族苗族自治县、务川仡佬族苗族自治县	2个
黔江地区	6个：黔江区、石柱土家族自治县、彭水苗族土家族自治县、酉阳土家苗族自治县、秀山土家苗族自治县、武隆县	5个
合计	53个	36个

数据来源：根据《中华人民共和国行政区划简册2006》整理并考虑行政区划沿革。黔江地区即现在的黔江区加石柱土家族自治县、彭水苗族土家族自治县、酉阳土家苗族自治县、秀山土家苗族自治县。黔江区原为四川省黔江土家苗族自治县，2000年6月设立重庆市黔江区，是重庆市唯一的一个少数民族区。桑植县和大庸县1988年5月18日前属湘西土家族苗族自治州。此表比国家发改办西部〔2010〕448号文件多2个自治县，即湖北省长阳土家族自治县和五峰土家族自治县，原因有二，一是这两县处于武陵山余脉，二是比照实施西部大开发政策。

国务院于2011年10月22日下发了《关于武陵山片区区域发展与扶贫攻坚规划（2011—2020年）的批复》。紧接着的10月31日，国开办〔2011〕95号文件——《国务院扶贫办、国家发展改革委关于印发武山片区区域发展与扶贫攻坚规划的通知》下发到湖北省、湖南省、重庆市、贵州省人民政府，国务院有关部门和直属机构。如此一来，"武陵山片区"这一名称就有了取代"武陵山少数民族地区"的趋势，成为社会各界最为关心的地区。从地域上来看，武陵山片区所指包含县市区要多于武陵山少数民族地区，达到71个。具体情况如下。

武陵山片区跨湖北、湖南、重庆、贵州四省市（见表2-2），集革命老区、民族地区和贫困地区于一体，是跨省交界面大、少数民族聚集多、贫困人口分布广的连片特困地区，也是重要的经济协作区，同时也是我国内陆跨省交界地区面积最大、人口最多的少数民族聚居区，处于西部大开发和中部崛起战略交会地带。

表2-2　　　　　　　武陵山片区所覆盖的县分布一览表

省（市）	地（市、州）	县（市、区）
湖北（11）	宜昌市	秭归县、长阳土家族自治县、五峰土家族自治县
	恩施土家族苗族自治州	恩施市、利川市、建始县、巴东县、宣恩县、咸丰县、来凤县、鹤峰县

续表

省（市）	地（市、州）	县（市、区）
湖南（31）	邵阳市	新邵县、邵阳县、隆回县、洞口县、绥宁县、新宁县、城步苗族自治县、武冈市
	常德市	石门县
	张家界市	慈利县、桑植县
	益阳市	安化县
	怀化市	中方县、沅陵县、辰溪县、溆浦县、会同县、麻阳苗族自治县、新晃侗族自治县、芷江侗族自治县、靖州苗族侗族自治县、通道侗族自治县
	娄底市	新化县、涟源市
	湘西土家族苗族自治州	泸溪县、凤凰县、保靖县、古丈县、永顺县、龙山县、花垣县
重庆（7）		丰都县、石柱土家族自治县、秀山土家族苗族自治县、酉阳土家族苗族自治县、彭水苗族土家族自治县、黔江区、武隆县
贵州（15）	遵义市	正安县、道真仡佬族苗族自治县、务川仡佬族苗族自治县、凤冈县、湄潭县
	铜仁地区	铜仁市、江口县、玉屏侗族自治县、石阡县、思南县、印江土家族苗族自治县、德江县、沿河土家族自治县、松桃苗族自治县、万山特区

行政区域包括湖南省湘西土家族苗族自治州、湖北恩施土家族苗族自治州、怀化市、张家界市、重庆市黔江区和贵州省铜仁地区等6个地州市，包括71个县（市、区），其中有42个国家扶贫开发工作重点县、13个省级重点县，有11303个村纳入国家扶贫重点村，占全国的7.64%。71个县有1376个乡镇，其中民族乡122个，占8.9%。截至2010年年末，总人口3645万人，其中乡村人口2792万人，占总人口的76.6%。全区国土总面积17.18万平方公里，居住着土家族、苗族、侗族等30多个少数民族，片区少数民族人口占全国少数民族总人口的1/8。[①] 其中民族自治地方少数民族人口1234.9万人。境内有土家族、苗族、侗族、白族、回族和仡佬族等9个世居少数民族。

---

① 青觉、孔晗：《武陵山片区扶贫开发问题与对策研究》，《中央民族大学学报》（哲学社会科学版）2014年第2期。

综合上面的资料来看，其实武陵山片区包含了武陵山少数民族地区，但是二者名称关注的侧重点也是很明显的，武陵山片区的命名主要是国家从扶贫攻坚大局出发，按照中央把集中连片特殊困难地区作为新阶段扶贫攻坚主战场的战略部署和国家区域发展的总体要求来确定行政区划范围，从中央决定率先启动武陵山片区区域发展与扶贫攻坚试点工作，为全国其他连片特困地区提供示范这一举措也能看出来。而武陵山少数民族地区则是在国家政策出台之前，国家民委、地方政府和相关学者在为该地区经济社会文化发展出谋划策时，依据一定标准而确立的行政区划范围。作如上述资料收集和对比的目的在于说明，本课题在实际执行研究过程中，主要还是关注于武陵山少数民族地区这一区域内的各县市区，较少涉及武陵山片区所包含的20余个县市。

第一节　武陵山区概况

一　民族分布

武陵山区指以武陵山脉为中心的湖北、湖南、贵州、重庆三省一市边境交会之处，境内共有55个少数民族，呈大杂居、小聚居的分布状态。该区域地处著名的"土家苗瑶民族走廊"，土家族、苗族、侗族、瑶族、白族等民族世居于此，有2个民族自治州、34个民族自治县，少数民族人口超过1400万人，约占全国少数民族总人口的1/8，约占区域总人口的40%。这里是中原地区与西南地区的过渡地带，是汉族和少数民族交错杂居程度很深的区域，在漫长的历史过程中，孕育了以土家族、苗族文化为主体、多民族文化交相辉映的地域文化。各地区少数民族分布情况如下。

（一）湖南省武陵山区少数民族分布

湖南省武陵山少数民族主要分布在湘西土家族苗族自治州、怀化市、张家界市及邵阳市的新邵县、邵阳县、隆回县、洞口县、绥宁县、新宁县、城步苗族自治县、武冈市，常德市的石门县，益阳市的桃江、资阳、南县和大通湖区，娄底市的新化县、涟源市、冷水江市。

湘西土家族苗族自治州2014年年末户籍总人口293.99万人，有43

个少数民族,其中少数民族人口231.52万人,占总人口的78.75%。其中,土家族126.58万人,苗族102.89万人。

怀化市2015年年末户籍总人口525.85万人,有48个少数民族,占总人口的40%。怀化有通道、新晃、芷江、靖州、麻阳5个少数民族自治县,有会同和沅陵两个少数民族人口过半、享受自治县待遇的县,21个民族乡。

张家界市2015年年底共有169.97万人,有18个少数民族,以土家族、白族、苗族和回族为主,少数民族人口占全市总人口的77.19%。张家界市共有15个民族乡。其中,有慈利县高峰、甘堰、阳和、许家坊、金岩、赵家岗、三官寺和武陵源区索溪峪8个土家族乡。有桑植县芙蓉桥、刘家坪、马合口、走马坪、淋溪河、麦地坪和洪家关7个白族乡。

邵阳市2015年年底共有人口821.37万人,有39个少数民族,少数民族人口占全市总人口的5.94%。其中人口在万人以上的少数民族有苗族、瑶族、回族、侗族4个少数民族。邵阳市有1个自治县,即城步苗族自治县;有21个民族乡,其中,有隆回县虎形山,洞口县长塘、罗溪、大屋,新宁县黄金、麻林6个瑶族乡;有隆回县山界1个回族乡;有绥宁县东山、朝仪、寨市3个侗族乡;有鹅公岭、乐安铺、枫木团3个侗族苗族乡;有绥宁县在市、黄桑坪、关峡、长铺子、党坪、麻塘、河口、竹舟江8个苗族乡。

益阳市有回、土家、苗、维吾尔等45个少数民族,其中回族约占少数民族人口的75%以上。全市有1个民族乡,桃江鲊埠回族乡。娄底市有23个少数民族。

(二) 湖北省武陵山区少数民族分布

湖北省武陵山少数民族主要分布在恩施土家族苗族自治州,宜昌市的长阳、五峰土家族自治县。

恩施土家族苗族自治州是一个多民族聚居地,2015年末全州总人口402.61万人,有土家族、苗族、侗族、回族、蒙古族、彝族、纳西族、壮族等28个少数民族,少数民族人口占总人口的54%。土家族主要分布在清江以南,历史上属湖广土司域内,即来凤、鹤峰、咸丰、宣恩和利川5县市,巴东、建始和恩施3县市的土家族人口占其总人口的25%—30%。苗族主要分布在利川、来凤、宣恩、咸丰,在其他各县市均有分布。侗族主要分布在宣恩、恩施、咸丰等县市交界的山区里。长阳土家族自治县境内居住有土家等 22 个少数民族，土家族、汉族是主体民族，2015 年年末总人口 39.9 万人，其中少数民族人口约占总人口的 50%。五峰土家族自治县境内居住有土家等 12 个少数民族，土家族、汉族是主体民族，2015 年年末总人口 18.82 万人，其中少数民族人口约占总人口的 84.77%。湖北省散居少数民族聚居区有 12 个民族乡镇，即钟祥市九里回族乡、洪湖市老湾回族乡、仙桃市沔城回族镇、郧西县湖北口回族乡、松滋市卸甲坪土家族乡、宜都市潘家湾土家族乡、神农架下谷坪土家族乡等。

（三）重庆市武陵山区少数民族分布

重庆市 2015 年全市常住人口 3017 万人，共有土家族和苗族等 55 个少数民族的人口 200 万人，占全市总人口的 6.6%。全市有 4 个民族自治县，1 个享受民族自治地方优惠政策的区——黔江区，14 个民族乡，有万州区恒合、地宝，忠县磨子，云阳县清水，奉节县云雾、龙桥、长安、太和，巫山县红椿、邓家 10 个土家族乡，武隆县石桥、文复、后坪 3 个苗族土家族乡，以及武隆县浩口苗族仡佬族乡。石柱土家族自治县境内居住有 28 个少数民族，土家族是主体民族，2015 年年末全县以土家族为主的少数民族占 79.3%。秀山土家族苗族自治县境内居住有 17 个少数民族，以土家族、苗族为主，少数民族人口占全县人口的 52%。酉阳土家族苗族自治县境内居住有 17 个少数民族，以土家族、苗族为主，少数民族人口占全县总人口的 91.86%，其中土家族占总人口的 80.54%。彭水苗族土家族自治县境内居住有 11 个少数民族，以苗族、土家族为主，少数民族人口占全县总人口的 63.9%。

（四）贵州铜仁地区少数民族分布情况

贵州铜仁地区 2015 年年底总人口 436.78 万人，包括土家、苗、侗、仡佬等 28 个少数民族，少数民族人口占全区总人口的 70%。全市有四个少数民族自治县，即松桃苗族自治县、玉屏侗族自治县、印江土家族苗族自治县、沿河土家族自治县。有 56 个民族乡，民族乡占全区乡镇总数的 58.9%，其中铜仁市 7 个，万山特区 4 个，江口县 7 个，思南县 14 个，德江县 15 个，石阡县 9 个。

松桃苗族自治县 2015 年年末全县总人口 48.98 万人，其中以苗族为主的少数民族人口占全县总人口的 68.1%。玉屏侗族自治县 2015 年年末全县总人口 12.03 万人，其中以侗族为主的少数民族人口占全县总人口的

68%。印江土家族苗族自治县 2015 年年末全县总人口 44.97 万人，境内居住着土家族、苗族、蒙古族、回族等 25 个少数民族，占全县总人口的 71.15%。沿河土家族自治县 2015 年年末全县总人口 67.67 万人，境内以土家族为主体的少数民族人口占总人口的 61.2%。

长期以来，武陵山区的各族人民形成了和睦相处、团结友爱的优良传统。各民族在这块土地上繁衍生息、休戚与共，共同维护民族团结，共同推动中华民族发展进步。在历史上，武陵民族地区各民族之间交往、交流频繁，民族团结和睦一直是主流。"武陵"之"武"，取自"止戈"之意，就表明各民族向往和平的意愿。新中国成立后，武陵山区内平等、团结、互助、和谐的新型社会主义民族关系得以建立，在这里，涌现大量的民族团结进步先进个人与模范集体，武陵山的发展，生动诠释了各民族共同团结奋斗、共同繁荣发展的主题。

二 自然资源

武陵山区是我国地形三大阶梯中的第一级阶梯向第二级阶梯的过渡带，平均海拔高度在 1000 米左右，海拔在 800 米以上的地方占全境面积约 70%，具有丰富的生物资源、矿产资源、能源资源等。

动植物资源。武陵山民族地区处于微生物发酵带、土壤富硒带、植物亚麻酸带"三带"区域，加之复杂的地形地貌，因而为生物多样性提供了优越的生长环境。该地区空气清新，物种繁盛，森林覆盖率高，是全国重要的生态功能区和资源富集区，形成了一批世界级的典型生态系统。该地区有高等植物总数约 5000 种，包括特有属 82 个，占中国特有属总数的 33.74%。武陵山区天然药用植物达 2000 余种，有"华中药库"之称。其中，黄柏、党参、灵芝、当归、天麻等名贵中药材资源久负盛名；青蒿、金银花、白术、黄姜、银杏等天然药源植物资源也极富发展前景，是重要的特色产业开发项目之一。兽类、鸟类、两栖和爬行类国家重点保护动物有 80 种，其中中国特有物种有 22 种，如熊、猴、云豹、苏门羚、灵猫、林麝、獐、麂及红腹角雉、黄腹角雉、画眉、锦鸡等。

矿产资源。武陵山民族地区现已探明矿种 70 多种，矿产资源品种多样，锰、锑、汞、石膏、铝等矿产储量居全国前列。武陵山民族地区还有多种独特的矿产，如湖北鹤峰县的百鹤玉，是世界上罕见的名贵大理石品种。湖北省恩施州有世界上唯一的独立硒矿床和中国第一个高硒区，而且是全国四大磷矿之一,菊花石则是世上罕有的岩石资源,目前世上仅在我国几处地方有所发现。湘西州锰工业储量位居全国第二,汞、铝和紫砂陶土矿居于湖南之首,怀化市金、铜、磷、金刚石等位居湖南省前列,张家界的煤、铁、镍、钼等矿产资源也相当丰富。铜仁地区的汞矿和锰矿资源十分丰富,其中万山汞矿属国内外罕见。地处湘、黔、渝三省市边区的花垣县、松桃县、秀山县被称为中国"锰三角",储量位居世界第二,是我国最大、最密集的电解锰生产基地,锰矿保有储量在1.5亿吨以上。

水能资源。武陵山民族地区属亚热带向暖温带过渡类型气候。境内有乌江、清江、澧水、沅江、资水等主要河流,水能资源蕴藏量大,水头落差大,水量充沛,河道狭窄,地质条件好,淹没损失小。据调查,"武陵山少数民族地区境内水能理论蕴藏量约有4100万千瓦,可开发量约达3230万千瓦,人均水资源占有量约8000立方米,超出全国人均水量的3倍多"[①]。其中,"湘西州内就有大小溪流1000多条,水资源蕴藏量为168万千瓦,可供开发104万千瓦;黔江区内大小溪流密布全境,流域面积在50平方公里的河流86条,50—100平方公里的河流40条,100—500平方公里的河流27条,大于500平方公里的河流19条,平均过境流量458.43亿方,水能资源可开发量300万千瓦;铜仁地区有乌江、锦江、印江等过境,水能资源理论蕴藏量为203.74万千瓦,可开发量150万千瓦"[②]。

三 辉煌的红色文化

武陵山区人民有优良的革命传统,为中国的解放事业做出了重要贡献。湖南省溆浦县土家族女青年向警予,1922年在上海加入中国共产党,是我国妇女运动的先驱。早在1926年12月,在毛泽东同志指导下的湖南省第一次农民代表大会,就通过了《解放苗瑶决议案》,动员苗族等少数民族群众积极参加了农会的活动。1929年,贺龙率兵攻占鹤峰县,建立湘鄂西革命根据地。在党领导的鄂西南长阳西湾起义中诞生的中国工农革命军第六军,土家族指战员占50%以上。1934年5月,贺龙领导红三军

[①] 赵蓓:《武陵山区生态文明建设的基本思路研究》,硕士学位论文,吉首大学,2015年。
[②] 上述资料来源于2009年由湖北省民族事务委员会牵头,联合中南民族大学、湖南省民族事务委员会、贵州省民族事务委员会、重庆市民族事务委员会五家单位,并由中南民族大学经济学院负责具体调研工作,专程赴湘、鄂、渝、黔三省一市武陵山少数民族地区进行了学习调研,并在此基础上形成的《武陵山少数民族地区现状调研报告》之中。

在黔东收编了当地土家族、苗族武装"神兵",在创建黔东革命根据地时发挥了积极作用。1934年11月,红二六军团攻占大庸县城后,成立了以任弼时为书记、以贺龙为司令员的湘鄂川黔省军区和以贺龙任主席的中华苏维埃共和国湘鄂川黔省革命委员会。今天,张家界至桑植至永顺至吉首至铜仁被列入全国30条"红色旅游精品线路"之一,贺龙故居和湘鄂川黔革命根据地旧址被列入全国100个"红色旅游经典景区"。

四 发展机遇

改革开放进入新阶段以来,党中央、国务院高度重视区域协调发展,就西部大开发、扶贫开发作出了一系列战略部署,为武陵山区区域发展提供了难得的机遇。

(一)《武陵山片区区域发展与扶贫攻坚规划(2011—2020)》

2011年,国务院扶贫开发办和国家发改委联合编制《武陵山片区区域发展与扶贫攻坚规划(2011—2020)》,率先启动了武陵山片区区域发展与扶贫攻坚试点工作。该规划按照"区域发展带动扶贫开发,扶贫开发促进区域发展"基本思路,把集中连片扶贫攻坚和跨省合作协同发展有机结合起来,明确了片区区域发展与扶贫攻坚的总体要求、空间布局、重点任务和政策措施,是指导片区区域发展和扶贫攻坚的重要文件,也为武陵山区经济社会发展提供了重要指导。

(二)武陵山经济协作区

2009年1月,国务院《关于推进重庆市统筹城乡改革和发展的若干意见》明确提出:"协调渝鄂湘黔四省市毗邻地区成立'武陵山经济协作区',组织编制区域发展规划,促进经济协作和功能互补,加快老少边穷地区经济社会发展。"2009年9月,国家发改委和国家民委就筹建武陵山经济协作区,促进武陵山区经济社会发展进行调研。2010年,国家新一轮西部大开发战略又将武陵山区确定为六个重点区域之一。党和国家领导人在新华社国内动态清样等材料和报告上先后作出一系列批示,明确要求:国家发改委牵头编制规划,国家民委会同国家发改委和财政部征求规划意见。2010年8月,国家民族与宗教事务委员会领导又在湖北恩施州主持召开鄂湘黔渝四省市民委主任座谈会,就编制武陵山少数民族经济协作区规划的命名、区域范围、政策支持方式、经济社会发展定位、民族工作部门如何发挥作用等问题征求意见。这些政策的出台与实施,将给武陵山区实现跨越式发展带来前所未有的重大机遇。武陵山经济协作区是西南地区重要的区域性合作组织之一。协作区成员间相互实施合作项目、技术项目，推进接边地区公路、铁路建设及解决各类纠纷争议，增进了民族团结和边界稳定。

（三）生态文化旅游圈

目前，武陵山各民族地区正积极启动"生态文化旅游圈"项目建设。如湖北省委省政府协调组织建设"鄂西生态文化旅游圈"，制定了《鄂西生态文化旅游圈发展总体规划（2009—2020）》。其总体思路是：将内生增长方式建立在圈域生态、文化资源科学保护和合理利用的基础上，通过体制机制创新，整合生态、文化和其他产业资源，借助于旅游产业发展平台，发挥特色资源的综合效益，实践内生增长方式的全新内涵，创新管理体制、经营机制和投融资体制，形成支持内生增长方式的原动力；通过建立健全激励机制形成合作和利益机制，优化产业结构，调整和完善鄂西圈的经济空间布局，打造"生态文化旅游资源—产品—产业—营销—消费—效益"的鄂西圈经济社会发展模式。湖南省委省政府着力打造"大湘西生态文化旅游圈"，印发《大湘西生态文化旅游圈旅游发展规划（2011—2020年）》，范围涵盖湖南省西部的常德市、张家界市、湘西土家族苗族自治州、怀化市、邵阳市五个市州以及永州市江华、江永两县管辖区域，占湖南全省总面积的45.5%，总体目标是把大湘西生态文化旅游圈打造成国际知名生态文化旅游目的地。

（四）民族团结进步示范区创建

2012年，国家民委响应《武陵山片区区域发展与扶贫攻坚规划（2011—2020）》提出把武陵山片区建设成民族团结模范区的号召，发布《国家民委关于推进武陵山片区创建民族团结进步示范区的实施意见》。其总体目标是：广泛深入开展民族团结进步创建活动，建立和完善推进民族团结进步事业体制机制，丰富创建活动内容、手段和方法，着力解决影响民族团结、社会和谐、民生改善等方面存在的突出矛盾和问题，着力提高各族群众的科学文化素养、思想道德素质和法治意识，积极推动社会主义精神文明建设，夯实民族团结进步的政治基础、物质基础、制度基础、思想基础和群众基础，力争使武陵山片区民族团结进步事业的各项基础工作走在全国前列，为全国范围内加强和创新民族工作，推进民族团结进步事业作出示范。

(五)"十二五"时期扶贫攻坚主战场

武陵山区集中连片特困状况已经引起党和政府的高度重视。《中华人民共和国国民经济和社会发展第十二个五年规划纲要》提出"加大对革命老区、民族地区、边疆地区和贫困地区扶持力度",并将武陵山区作为新时期扶贫攻坚的六大集中连片特殊困难地区之一。国务院扶贫办也提出"十二五"时期将把基本消除绝对贫困现象作为首要任务,把连片特困地区作为主战场,努力打好新一轮扶贫开发攻坚战,确保全国人民同步进入小康。这些战略安排,将为武陵山区实现整体脱贫致富目标提供难得的历史机遇。

(六)西部大开发

"西部大开发"是中央政府的一项政策。2000年10月,中共十五届五中全会通过的《中共中央关于制定国民经济和社会发展第十个五年计划的建议》,把实施西部大开发、促进地区协调发展作为一项战略任务。贵州省、重庆市、湖北恩施州以及湖南湘西省均在西部大开发范围内,这为武陵山民族地区经济社会发展提供了难得的机遇。2012年,国家发改委组织编制《西部大开发"十二五"规划》,全面总结了"十一五"西部大开发取得的显著成就,深刻分析了新形势下深入实施西部大开发战略面临的新机遇新挑战。明确指出"十二五"时期,是深化改革开放和加快转变经济发展方式的攻坚时期,是深入实施西部大开发战略和全面建设小康社会的关键时期,必须深刻认识并准确把握国内外形势新变化新特点,紧紧抓住和用好重要战略机遇期,推动西部大开发再上一个新台阶。

第二节 武陵山区经济社会发展特征

一 经济社会发展取得了一定成就

近年来,在国家相关政策和发展战略的支持与引导下,武陵山民族地区经济发展较快,经济社会发展各项指标取得了较大幅度增长。

(一)经济发展稳中有进

一是经济总量获得较快增长。2013年,武陵山片区地区生产总值增长到5879.71亿元,与2003年相比增长了4.95倍,地方财政收入由2003

年的51.02亿元增长到2013年的352.32亿元,增长了6.91倍;二是产业结构趋于合理,武陵山片区第二、第三产业产值占国民收入的比重由2003年的66.51%上升到2013年的79.96%,农业产值比重有所下降;三是人民生活水平提升,武陵山片区农民人均纯收入由2003年的1690.81元增长到2013年的5915.76元,增长了3.53倍。①

表2-3　2005年和2015年(2013年)武陵山民族地区主要经济指标

	年份	湘西州	怀化市	张家界市	恩施州	铜仁地区	黔江区
地区生产总值(亿元)	2005	123.87	296.45	110.63	173	128.05	36.54
	2015	512	1273.25	447.7	670.81	770.89	202.55
地方财政收入(亿元)	2005	12.1	11.01	7.62	21.55	12.57	8.58
	2015	78.4	73.56	31.57	132.05	98.02	64.2
三次产业结构	2005	21.3:35.7:43	23.3:31.2:45.5	16.8:25.5:57.7	41.0:23.5:35.5	43.7:22.7:33.6	17.4:42.7:39.9
	2015	14.8:33.9:51.3	14.5:41.8:43.7	11.6:22.8:65.6	21.4:36.4:42.2	24.8:28.7:46.5	9.4:55.2:35.4
农民人均纯收入(元)	2005	1766	2293	2221	1643	1700	1890
	2013	4749	6000	5669	5235	5407	7200
城镇化率	2005	28.69%	28.50%	32.05%	21.30%	20.03%	27.90%
	2015	41.10%	42.75%	44.60%	39.98%	41%	46.13%

数据来源:各地区国民经济和社会发展统计公报,部分数据来源于各地区政府工作报告。

(二)社会事业全面进步

武陵山区教、科、文、卫等社会事业得到长足发展,全面实现"普九",2010年7—15岁适龄儿童的在校率达到97.65%,成人文盲率下降到2.2%;每万人科技人员的比例达到133.6人,科技攻关、科技成果转化率不断提高;卫生医疗条件逐步改善,每万人有医护人员10.18人,拥有病床12.85张,所有乡镇都设立了卫生院,77.7%的村建立了村级卫生室,新型农村合作医疗参合率达89.73%;农村低保覆盖面逐步扩大,2010年全区共有251.73万人享受低保。②

---

① 李明洙:《武陵山片区经济发展研究》,《市场论坛》2017年第2期。
② 《武陵山片区区域发展与扶贫攻坚规划(2011—2020)》。

（三）民族文化特色彰显

武陵山区历史文化悠久，民族风情浓郁，土家族、苗族、侗族等民族物质文化和非物质文化资源相当丰富。区域内民族融合和文化开放程度高，各民族团结和睦，社会和谐稳定。

区域内有中国历史文化名城 1 座，中国历史文化名镇 10 个，中国历史文化名村 15 个，这些名城、名镇和名村独居的建筑艺术和民族文化，反映了该地区一定历史时期的地方民族特色。武陵山民族地区有重大历史、民族、艺术、科学价值的国家级重点文物保护单位 74 处，其中，古建筑 34 处，古遗址 17 处，古墓葬 4 处，石窟寺及石刻 1 处，石刻及其他 1 处，近现代重要史迹及代表性建筑 17 处。武陵山片区现有享誉全国乃至世界的 5A 级景区 5 个，恩施巴东神龙溪纤夫文化旅游区，湖北省宜昌市长阳清江画廊景区，张家界（武陵源—天门山）旅游区，武隆喀斯特旅游区（天生三桥、仙女山、芙蓉洞），酉阳桃花源景区。国家级文化生态保护实验区 1 个。[①]

武陵山区各族人民在这里繁衍生息，他们在历史发展的长河中，创造了灿烂缤纷的民族文化。武陵山区是濮文化、巴文化、楚文化、苗文化、越文化的重要发源地和交汇地。武陵地区各族先民创造了奇特的民族语言、丰富的民间文学、独特的民间艺术、浓郁的民俗文化。土家织锦、花瑶挑花、苗族服饰交相辉映；转角楼、吊脚楼、鼓楼等建筑文化独树一帜，桑植县苦竹寨、利川市鱼木寨、铜仁市东山古建筑群、思南县思唐古建筑群，吉首市德夯、凤凰古城、黄丝桥古城、松桃县寨英村古建筑群，侗族建筑"三宝"鼓楼、凉亭、风雨桥，可谓是中国建筑文化的活化石；桑植民歌、民间故事、澧水船工号子、常德丝弦、土家族摆手舞、土家撒儿嗬、土家族打溜子、土家族毛古斯、傩愿戏、花灯戏、目连戏、苗族鼓舞、苗族蜡染、苗族银饰、白族扎染等 40 多项国家级民族传统文化源远流长。

如今，在现代化背景下，该地区各族人民以一种开放、自信的姿态，主动地进行文化调适，建构着自己的现代性文化。其古朴神秘、清逸艳美的传统民族风情也因而变得更具现代魅力。

---

① 谢正发：《民族文化资源开发与城镇化建设协调发展研究——以武陵山片区为例》，《贵州民族研究》2014 年第 6 期。

二 经济社会发展水平仍然较低

总体来看,武陵山区经济水平仍然较低,落后于全国平均水平。武陵山区跨四省市,拥有相当于一个中等省份的国土面积与人口。区域内山地丘陵占72.9%,耕地仅有12.8%,属大山区、深山区。有42个县是国家扶贫开发工作重点县,13个县是省级贫困县。该区交通不便,基础设施建设滞后,经济落后,贫困面大,贫困程度深,2013年片区农民人均纯收入为5517元,贫困人口543万人,贫困发生率18%,比全国高9.5个百分点,是全国14个集中连片特殊困难地区之一。公共文化事业和文化产业发展不足,学校教学条件普遍较差,师资力量薄弱,农村学龄儿童入学率普遍低于全国平均水平。医疗卫生设施落后,医疗服务网络不健全。以湘西州为例,2015年湘西州高中阶段教育毛入学率80.7%,低于全国平均水平的87%。武陵山区的经济发展在相当长一段时间内仍然是全国的短板。

(一) 贫困问题较为突出,贫困状况常态化

自国家实施新一轮扶贫攻坚以来,武陵山区扶贫开发工作取得了新的成效。但受各种因素制约,该地区贫困状况仍然严重(见表2-4)。可见,武陵山片区的经济发展水平低于全国平均水平,贫困状况仍然不容乐观。人均耕地面积仅为0.81亩,是全国平均水平的60%。武陵山片区不仅贫困规模大,还表现为层次多,绝对贫困和相对贫困并存。建档立卡数据表明,武陵山片区还有较大比例的低保户、五保户,不具备创收能力,温饱问题尚未解决,呈绝对贫困状态。比如2014年武陵山湖北分片区有五保户7363户9103人,低保户54990户141730人,户数分别占该省同类贫困状况户的10.78%和14.72%;60岁以上老龄贫困人口36万人,占全省同类贫困人口的22.52%。[①]

表2-4　　2015年武陵山区主要发展指标与全国及所在省市比较

地区	人均GDP(元)			城镇居民人均可支配收入(元)			农村居民人均可支配收入(元)			城镇化率(%)		
	数值	比全国低	比全省低	数值	比全国低	比全省低	数值	比全国低	比全省低	数值	比全国低	比全省低
恩施州	20191	29160	30617	22198	8997	4853	7969	3453	3875	39.98	16.12	16.62

---

① 数据来源:2015年全国及武陵山区各州(市、区)国民经济和社会发展统计公报,部分数据根据现有数据计算所得。

续表

地区	人均GDP（元）			城镇居民人均可支配收入（元）			农村居民人均可支配收入（元）			城镇化率（%）		
	数值	比全国低	比全省低	数值	比全国低	比全省低	数值	比全国低	比全省低	数值	比全国低	比全省低
湘西州	19488	29863	23480	19267	11928	16910	6648	4774	4345	41.10	15	9.79
张家界市	29425	19926	13543	19473	11722	17116	7094	4328	3899	44.60	11.50	6.29
怀化地区	26060	23291	16908	20693	10502	18336	7203	4219	3790	42.75	13.35	8.14
铜仁地区	24712	24639	5135	22471	8724	2108	6931	4491	455	43	13.10	0.99
黔江区	44099	5252	8231	24672	6523	2567	8855	2567	1650	46.13	9.97	14.81

数据来源：2015年全国及武陵山区各州（市、区）国民经济和社会发展统计公报，部分数据根据现有数据计算所得。

表2-5　2015年湖北武陵山区农村居民人均可支配收入与全国及所在省市比较

地区	恩施市	利川市	巴东县	建始县	宣恩县	咸丰县	来凤县	鹤峰县	长阳土家族自治县	五峰土家族自治县
农村居民人均可支配收入（元）	8274	7839	7893	7920	7805	7856	7794	8372	8148	8148
比全省低（%）	30.1	33.8	33.4	33.1	34.1	33.7	34.2	29.3	31.2	31.2
比全国低（%）	27.7	31.4	30.9	30.7	31.7	31.2	31.8	26.7	28.7	28.7

数据来源：2015年全国及武陵山区各州（市、区）国民经济和社会发展统计公报，部分数据根据现有数据计算所得。

(二) 区域发展不平衡，城乡差距大

从武陵山区与其他地区比较来看，以湖北省为例，1990年至2010年，湖北武陵山区农民人均纯收入占全省平均水平的比例分别为70.4%、60.5%、67.8%、54.9%、56.4%、59.7%。可见，近20多年来，湖北武陵山区农民人均纯收入占全省平均水平的比例呈波动趋势，从2005年开始差距有所缩小，这很有可能是《中国农村扶贫开发纲要（2001—2010)》将贫困人口集中的中西部少数民族地区、革命老区、边疆地区和特困地区作为扶贫开发重点以后，对武陵山区的扶贫初见成效，但与1990年的数据相比仍然呈现下降趋势，与全省水平存在较大差距。以湖南湘西州、湖北恩施州与贵州铜仁市贫困发生率为例，湘西州2009—2011年贫困发生率与全国水平对比，分别高出21.4%、36.9%和39.9%；

恩施州分别高出 27.8%、32.2% 和 31.8%；铜仁地区分别高出 15.3%、11.3% 和 25.7%。

表 2-6　1990—2013 年 5 个年份的武陵山区农民人均纯收入

	1990 年	1995 年	2000 年	2005 年	2010 年	2013 年
湖北武陵山区（元）	424	1129	1540	1703	3292	5297
湖北省（元）	602	1864	2269	3099	5832	8867
占全省比率（%）	70.4	60.5	67.8	54.9	56.4	59.7

表中数据参考宋志攀《湖北省武陵山区消除贫困研究》，硕士学位论文，华中师范大学 2012 年。

从武陵山区的内部比较来看，城乡发展差距大，三次产业结构不合理。2015 年，三次产业结构比恩施州为 21.4∶36.4∶42.2，湘西州为 14.8∶33.9∶51.3，张家界市为 11.6∶22.8∶65.6，怀化市为 14.5∶41.8∶43.7，铜仁地区为 24.8∶28.7∶46.5，黔江区为 9.4∶55.2∶35.4，而全国三次产业结构比为 9∶40.5∶50.5，与全国相比，武陵山少数民族地区三次产业结构比存在着明显的不合理性，第二、第三产业比重明显偏低。有研究显示，武陵山民族地区农村农业结构失衡，农作物单一，产量低，效益差，城镇地区则没有形成大的产业骨架，特色产业优势不明显，城乡产业关联度低。[①] 区域内城镇等级序列不完整，大中城市缺位，城镇辐射作用有限，对农村地区的带动能力弱，城乡发展差距大。

表 2-7　2015 年武陵山区城乡居民人均可支配收入比例（按农村为 1）

	湘西州	怀化市	张家界市	恩施州	铜仁地区	黔江区
城镇居民人均可支配收入（元）	19267	20693	19473	22198	22471	24672
农村居民人均可支配收入（元）	6648	7203	7094	7969	6931	8855
城乡比	2.89	2.87	2.74	2.79	3.24	2.79

（三）贫困形式多样化

首先表现为致贫原因的多样化。扶贫开发建档立卡数据表明，多数贫

---

① 张大维：《集中连片少数民族困难社区的灾害与贫困关联研究——基于渝鄂湘交界处 149 个村的调查》，《内蒙古社会科学》（汉文版）2011 年第 5 期。

困人口或地区是多种原因致贫，呈现复合性贫困特点。其中，因病致贫比例较高，如2014年湖北分片区有长期慢性病患者30.75万人，占分片区总贫困人口的23.39%，患大病的10.19万人，占分片区总贫困人口的7.75%，贫困人口的健康状况严重制约了贫困人口的发展，在已经识别的贫困人口中，丧失劳动力和无劳动力的贫困人口占一半。其次是缺资金，缺技术，缺劳力，因学、因残致贫等，大多数贫困都是综合原因造成的。[1]

其次是贫困表现形式的多样化。武陵山区的贫困问题最主要的是经济贫困，主要表现在自然条件恶劣，基础设施条件差，社会事业发展滞后等方面。以交通为例，截至2015年，湖北分片区仍有765个行政村未通公路，占行政村总数的25.52%。[2] 社会事业方面，教育、文化、卫生、体育等方面建设严重滞后，以贵州石阡县为例，2010年人口净流出达10.19万人，占全县户籍人口的1/4，全县人均财政预算支出3023元，其中人均教育支出仅573元，分别仅相当于全国平均水平的54.86%和64.99%。[3] 除了经济贫困外，还有其他方面的贫困，比如文化贫困，它是造成经济等方面贫困的重要原因。很多地方穷并不仅仅因为物质层面的贫困，而是因为民风、文化、伦理和乡村治理层面的问题。武陵山区少数民族人口约占片区总人口的48%，是典型的少数民族聚居区，从思想观念来说，由于片区少数民族居住环境的封闭性，少数民族地区初始制度中传承和延续的一些非正式制度，如文化、意识形态、风俗习惯、社会关系等，随着社会的发展，与现有的生产力发展水平和生产方式不相适应，发生正式制度与非正式制度的冲突，非正式制度在经济发展中可能产生制约，一些传统的思想观念、宗教文化、风俗习惯等都在潜移默化着民族地区科学技术的推广与经济的发展。

---

[1] 段超、陈全功：《武陵山片区精准扶贫报告（2015）》，中国武陵山减贫与发展研究院内部资料。
[2] 同上。
[3] 陈宣、魏媛等：《武陵山区贫困现状、成因及其发展对策——以贵州石阡县为例》，《贵州农业科学》2013年第1期。

第三节　制约武陵山地区发展的因素复杂多样

要想探讨新型城镇化建设与返乡农民就地就近就业问题，必须对当地经济社会发展中存在的问题有一个全面的把握，只有充分了解当地的实际状况，从内外两方面因素入手，全面分析制约武陵山片区发展的影响因素，才能达到解决根本问题的目的。

一　地理因素

（一）自然地理因素

自然地理因素是导致武陵山区贫困发生和返贫率高的一个重要原因。武陵山区境内雨量充沛，地形地势复杂，最高海拔3032米，最低海拔67米，海拔高度较为悬殊，气候垂直差异和小气候特征表现突出，气候变化频繁，这对于以农业为主、靠天吃饭的山区贫困人口是极为不利的，生活在海拔较高地区的居民要长期忍受低温和冻害天气，生活在山地背风坡的居民农作物产量低，生产条件相对较差。此外，武陵山片区阴雨、洪涝、干旱、滑坡、泥石流等气候灾害和地质灾害时有发生，对农民生活和区域经济发展造成不利影响，甚至威胁生命安全。

（二）经济地理因素

在现代市场经济下，经济地理因素对于贫困地区的脱贫致富尤为重要。邻近大城市对农村地区的经济发展和收入水平提高产生辐射效应。而武陵山区各县市远离城市中心，距本省和周边省会城市一般都在500—600公里，难以受到中心城市经济发展的辐射带动作用，村庄离集镇大多路途遥远，出入村庄的道路崎岖险陡。区位条件差严重制约这些地区与外界之间尤其是经济发达地区之间的人员往来、物资交流和信息沟通，无形中增加了资源配置的成本，对武陵山区发展产生了天然阻隔的负面作用。

二　制度因素

按照新制度经济学的理论，有效率的制度能够促进经济增长，反之，无效率的制度会成为生产发展的阻碍。从制度角度对武陵山少数民族地区的贫困状况进行分析，制度安排上的不合理和不平衡是形成区域经济发展不平衡的重要因素。

(一) 城乡二元结构的阻滞影响

城乡二元结构的存在，对农村经济社会发展的阻滞作用被广泛认可，在武陵山区同样有着较为显著的影响。在经济体制改革和社会转型发展中，该地区受计划经济体制惯性的束缚，在发展思路、发展实践上较为守旧，囿于传统而难以创新，致使地区经济难以快速发展，也严重影响了村民的脱贫致富。城乡二元结构的存在，特别是农村既有的产权、财政和土地等相关制度的存在，进一步束缚了农村经济次发达地区的发展。诸多结构性差异直接导致了资源配置的不合理，导致了发展支撑环境的不平等，使得该地区融入市场经济体系较为迟缓。

(二) 行政区划的分治使区域间相互协作效能低下

在武陵山片区，各行政区域处理公共事务时，以行政区划为刚性边界"各自为政、相互封锁、政策比拼"，当遇到各县市行政区划之外或彼此之间的公共性问题与共同事物时，区域各自的行政力量作为极为有限，容易导致一些区域性的事务被搁置而效力得不到发挥。"区域相同、政策不同，条件相同、待遇不同，事务相同、制度不同"现象，导致各地市州出现不平衡，造成地区发展心理浮躁，经济协作困难，"重短期、轻长期"，资源浪费严重。区域内组织架构和权力结构差异还形成了合作障碍，武陵山民族地区利益追求还缺乏共赢机制，造成市场分割和地方保护主义障碍，使得要素市场被割裂，造成各地区间相互竞争和资源与利益配置混乱。

三 文化因素

在武陵山民族地区，地理位置形成的天然屏障使该区域多年来几乎呈现与世隔绝的状态。正因为如此，所以缺乏与外来文化、价值观念的充分接触和融合，保持着相对独立发展的格局。也因此，一些传统的价值观念、行为方式、风俗习惯等与现代化和市场化趋势难以契合。比如武陵山片区一些少数民族有重视宗教消费、节庆消费的生活习惯，尤其是一些红白喜事的花销大于一般的开支，一些俗语如"穿在银上，用在鬼上，吃在酒上"是当地一些少数民族消费状况的真实写照。又如武陵山片区一些少数民族信奉"金窝银窝不如自己的稻草窝""饿死不离乡"，安于现状，思想观念具有排外性和保守性，拒绝新观念新事物在当地的推广，导致片区一些移民搬迁项目难以实施。这些因素的体现我们可以归结为以下几个方面。

（一）保守的宗法思想

武陵山区的各少数民族通常是聚族而居，以一宗一族为一个村落，或两三个宗族一个村落，历史上各宗族基本都有自己的宗族组织。传统社会里宗族组织在维护地方社会秩序，推进族内成员和睦等方面确实发挥了一定的作用。新中国成立后，宗族组织虽然一度被取缔，但是延续多年的宗族思想却并没有从人们的头脑中消失。近年来各地宗族组织不断重新建立，虽然这些组织的宗旨和功能已发生了巨大的变化，主要表现为：追根溯源，凝聚族人；树立新风，塑造族人良好品行；加强与身处外地的宗族成员联系，促进当地发展等方面。但是一些潜伏多年的腐朽思想也借助宗族组织这块土壤而死灰复燃。造成的恶劣后果一方面是容易忽视乃至侵犯非宗族或弱势家族的利益，与现代和谐社会倡导的以人为本、民主法制观念相违背；另一方面，宗族组织往往为了所谓的宗族利益而产生宗族纠纷，背离于和谐社会所要达到的安定有序的目标。近年来武陵山区因土地、林权、坟山等问题而产生的宗族纠纷时有发生就是明证。如一般的乡镇司法所，每年接受的案件在五六十起，其中50%左右与上述纠纷相关。

（二）狭隘的认同意识

当前武陵山区部分人狭隘的认同意识主要体现在利益获取中，他们在特殊的场景中强调群体认同，其目的在于更好地借助群体力量控制资源以获取利益，导致往往过分强调本民族的优先地位，忽视国家整体以及其他民族的利益，甚至视国家政策法令于不顾。现实中，许多民族成员不是考虑本民族的利益服从于国家和各民族的整体利益，而是要求国家和其他民族的整体利益服从于本民族的利益。这样就容易造成地方发展的延缓，以及发展动力的内部损耗。

（三）错误的致富观念

武陵山区无论城镇还是乡村，打麻将、玩扑克等几乎成了人们不可或缺的生活方式。当然，大部分人只是把其当作调节生活的一种方式，有助于人们之间的交流和沟通。但值得注意的是，隐藏在这些所谓"小赌怡情"背后的"大赌"。比如每年春节期间，大量外地务工人员返乡，手中都握有一年辛苦所得的积蓄，这个时期也就成了赌博的疯狂时期。乡村中甚至出现一个村一个村组织起来集体对赌的场面，一年的劳作常常在一两个通宵后化为乌有，来年子女的学费、老人的赡养费、家庭生活费等都只能靠举债维持。成人的生活方式也经常影响孩子，对下一代产生的影响更是让人担忧，因为有时候就连未成年人也拿着生活费、零用钱、压岁钱等参与进来。

无论是哪种方式的赌博，都折射出人们一种侥幸心理，想通过这种方式找到积累财富的捷径，所以赌博会潜移默化地影响人们对待生活的态度，许多人不思考如何通过积累来扩大生产和投资，从而促进生活质量的改善，反倒沉迷其中，专研所谓的赌技，想着一本万利地创造财富。更多的则是直接影响了自己的工作和生活，酿成家庭破裂、事业衰败、生活水平下降等恶劣后果。

（四）惰性思维

随着我国各项社会保障制度的不断实施，特别是低保、五保、医保等制度的完善，人们基本不用担心生存问题。尤其是农村地区，取消了农业税费，更是给农村居民提供了更大的发展空间。而事实上，在武陵山区这些惠农政策也滋生了部分人等、靠、要的思想。据长期在基层工作的干部反映，当前农村工作中最难做的就是如何调动群众的主动性和能动性参与到新农村建设中，因为在农村地区，由于国家对农村的关注和支持力度不断加大，确实有部分村民生活中生产积极性不高，只想国家多多给予，而不发挥自己的能动性。原本惠民政策的目的不是单纯地给老百姓钱财，而是想通过这些资助，让老百姓能够结合自己家庭的具体状况来加快发展，建立起合理的家庭发展规划。即国家的帮扶是提供大的环境，是帮在起点上，而不是一种单向的给予。而现实是部分村民把这一次国家资助的钱财花费掉之后，却没有从根本上解决发展的问题，又等着下一次的资助，形成恶性循环。

（五）崇巫尚鬼

武陵山区的少数民族除了信仰祖先崇拜之外，还笃信自然神灵和图腾崇拜等其他神灵，认为自然万物皆有灵气，将许多自然现象神灵化和人格化，渗透进当地民众的社会生产与生活的方方面面。在现代化进程中，这些鬼神文化依然主导着许多乡民的世界观。人们崇巫尚鬼，对各种神灵的敬仰在代与代间不断传承，缺乏对自然和社会现象进行科学认知的能力和意愿，表现出了时代的局限性和消极性，严重地制约和影响着新的历史时期和谐社会的建设。

(六) 发展急功近利

近年来,随着我国经济实力的不断提升,武陵民族地区对经济增长的要求也越来越迫切。上至政府,下至普通百姓都有加快发展的迫切愿望。而恰好是在这样的一种氛围中,人们只注重经济总量或是收入的增长,既忽略了思想文化建设的重要性,也忽略了人与自然的和谐共处,最终呈现的局面是片面的发展成为影响社会持续发展的阻碍之一。

以湖北某乡镇为例,为了追求旅游经济的快速发展,不顾软硬环境的不足,在没有经过充分论证的情况下启动境内旅游景点的改造,特别是对一处有着数百年历史的古迹进行升级改造,修建了酒店和娱乐设施等,而对该古迹的历史文化积淀弃之不顾。修建完毕,投入运营才发现,这种不合时宜的改造只是增加了景点内的人造建筑,对旅游的拉动起不到任何作用。而且,由于缺乏全局观,景点之间没有快速的通道进行连接,旅游服务的质量也无法跟上,反而招致各种批评,认为原来各种古朴的景观现在变成不伦不类的现代合成物,不仅没有给当地经济增长产生任何刺激作用,反而让政府背上一大笔债务。

从另一个角度来看,群众中也存在严重的急功近利思想。为了能挣钱,不顾发展的可持续性,破坏自然生态环境,甚至直接以牺牲他人利益为代价来谋求短期经济效益。通过各种隐秘和不合法的途径毁坏山林、污染水源、销售假冒伪劣商品等事件时有发生。这些事件的背后其实反映的都是同一种心态,即只要自己能挣上钱,不管子孙后代的生存需要,更顾不上他人的身心健康。

(七) 宴请大操大办

武陵山区各族群众历来重视婚丧嫁娶,人们参与其中的热情极高,通过请客送礼和相互交流,邻里村民间获得了情感上的交流与互动,是维持传统社会和谐稳定的重要途径。而如今,以前那种邻里友爱、互帮互助的情境依然存在,但少了许多质朴的情感,多了几分功利的意味。调查中遇到这样一个事例,某偏远乡镇总人口约6500人,一次有人为其父办寿宴,在镇上酒店共设宴席95桌,以每桌10人计算,共有约950人参加,除去在外地上学、务工人员外,差不多全乡1/5的人都参加了。据调查,无论是城镇还是乡村,每户每年用于人情往来的支出约占家庭收入的1/4,高的达1/2。宴请祝贺逐渐成为人们生活最重的负担和压力之一,由此导致家庭收入的很大一部分都用在了人情往来中，用于扩大再生产的比例就相对减少，成为提升该地区社会经济发展的瓶颈之一。

（八）轻视法律

武陵民族地区由于长期处于较封闭的地理环境之中，历史上中央王朝对这一地区的控制并不十分严格，因而该地区民间自治的程度较高，民间法在维护社会秩序方面有着较大的影响力，人们也习惯于依赖这些法则来解决社会中的各种纠纷与矛盾。这种机制解决小问题则可，遇到大的问题则难以奏效，因为其公平性和正义性难以得到法律保障。而在建设民主法治社会的今天，这种传统的思维方式和社会法则的弊端也就越来越突出。普遍存在的"轻讼"意识，导致人们对诉讼和司法的基本常识缺乏起码的认知，至于具体诉讼法律和程序更是知之甚微。而且，不少人对诉讼怀有较深的畏惧和厌恶情感，视诉讼和法律为异己的对立力量，以诉讼为耻，鄙视诉讼。在行为上，不少农民对诉讼唯恐避之而不及，把诉讼排除在自己解决矛盾和纠纷的可选方式之外。这些思想进一步影响人们公民意识的形成，人们在社会生活中的责任意识、公德意识、民主意识等发育迟缓。许多社会不公平、不公正现象得到人们的默认而继续存在。而且由于传统社会的变迁，人们的流动性加大，传统伦理道德的约束力降低并在现代化进程中被不断弱化，人们普遍觉得社会道德沦丧。传统社会向现代社会的转型过程中，人们的焦虑感不断增强。

（九）忽视家庭教育

随着九年义务教育的全面推行和国家对教育投入的不断加大，即使家庭贫困的社会成员也不会轻易让子女放弃入学受教育的机会。从和谐社会建构的全局来看，这一思想观念的转变是十分有利的，但是我们应当看到，在人们认识到知识改变命运的同时，部分人把教育当成了学校单方面的责任，而又没考虑到家庭对孩子的教育具有同等重要的作用。许多家庭想方设法把子女送入城市条件较好的学校，甚至是邻近其他县城学校就读，即使开销成倍增加也在所不惜。但是，子女入学后，家长却很少能够与学校和孩子发生互动，既不考虑学校的具体要求，也没有考虑到孩子成长心理的需要。这样的做法使部分孩子面对陌生的环境时产生思想波动，很多因缺少家庭的关爱而学业下滑。家长因此把不满发泄到学校、老师和孩子身上，进一步破坏了孩子的学习环境和积极性，得不偿失。

第三章

武陵山区新型城镇化建设现状及存在的问题

  2012年11月8日召开的党的十八大提出："坚持走中国特色新型工业化、信息化、城镇化、农业现代化道路，推动信息化和工业化深度融合、工业化和城镇化良性互动、城镇化和农业现代化相互协调，促进工业化、信息化、城镇化、农业现代化同步发展。"[①] 2013年3月17日，国务院总理李克强在答记者问时指出，我们强调的"新型城镇化，是以人为核心的城镇化"。现在大约有2.6亿名农民工，使他们中有愿望的人逐步融入城市，是一个长期复杂的过程，要有就业支撑，有服务保障。而且城镇化也不能靠摊大饼，还是要大、中、小城市协调发展，东、中、西部地区因地制宜地推进。还要注意防止城市病，不能一边是高楼林立，另一边是棚户连片。尤为重要的是，新型城镇化必须和农业现代化相辅相成，要保住耕地红线，保障粮食安全，保护农民利益。2013年8月30日，李克强总理邀请两院院士和有关专家到中南海，听取城镇化研究报告并座谈时，强调"推进新型城镇化，就是要以人为核心，以质量为关键，以改革为动力，使城镇真正成为人们的安居之处，乐业之地"。2013年11月9日至12日，党的十八届三中全会进一步提出，"完善城镇化健康发展体制机制，坚持走中国特色新型城镇化道路，推进以人为核心的城镇化，推动大中小城市和小城镇协调发展，产业和城镇融合发展，促进城镇化和新农村建设协调推进"。2014年3月，《国家新型城镇化规划（2014—2020年）》正式发布。当年12月29日，国家发改委等11个部委联合下发了《关于印发国家新型城镇化综合试点方案的通知》，国家正式公布了第一

---

  ① 胡锦涛：《坚定不移沿着中国特色社会主义道路前进　为全面建成小康社会而奋斗——在中国共产党第十八次全国代表大会上的报告》（2012年11月8日），人民出版社2012年版，第20页。

批新型城镇化综合试点名单,包括江苏、安徽两省和宁波等62个城市(镇),标志着新型城镇化由规划设想走向实际建设。

第一节　国家新型城镇化规划的特征

一　新型城镇化建设的历史背景

关于新型城镇化建设的提出,有人认为这是我们国家经济社会发展到一定程度的必然转型,是改革开放以来中国整体性的经济转轨和社会转型历史宏图中的过渡阶段,是在城镇化率超过50%这个节点之后的一种自我反省式的转向。我们认为党和国家之所以在"城镇化建设"之前加上"新型"这一限定词,其原因当然在于时代变化、国情变化,是一种新的转型和转向。但是目的更是在于突出对待"城镇化"这一全球任何国家都在实践的社会建设的观念上的变化,是一种与过往旧理念旧道路的决裂,透露着一种自信的力量,宣示着美好的愿景。

有人追溯说新型城镇化概念的提出在20世纪90年代就已经有了,近一点来说,21世纪初新型城镇化概念也早就孕育成型。但是直到21世纪走过了头十年,国家才正式提出并推进这一城镇化模式,我们认为主要还是发端于以下几点。

(一)　城镇化率数字背后市民化的尴尬

2011年我国城镇化率达51.27%,[①]从字面上来看,这标示着我国13亿多人口有超过一半的人进入到城市生活。因为从党的十六大以来,我国城镇化发展迅速,2002—2011年,我国城镇化率以平均每年提升1.35个百分点的速度发展,城镇人口平均每年增长2096万人。但是,2013年7月30日,由中国社会科学院城市发展与环境研究所发布的《城市蓝皮书No.6》认为:"当前中国城镇中农业转移人口处于快速稳定增长阶段,现

[①]　参见朱宇《51.27%的城镇化率是否高估了中国城镇化水平:国际背景下的思考》,《人口研究》2012年第2期。朱宇教授认为这个数字其实是被低估了,因为在城乡界限淡化的背景下,进行人口城镇化的统计过程中,还是沿用城乡二分的分类方法。但实质上,许多乡村地区已经在发展过程中具备了城镇化的特征,特别这些地区的人口在职业、生活方式等方面与城镇无异。

有总量约 2.4 亿人，占城镇人口的 1/3 左右。但由于成本障碍、制度障碍、能力障碍、文化障碍、社会排斥以及承载力约束等方面的影响，农业转移人口市民化进程严重滞后。综合测算表明，2011 年全国农业转移人口市民化程度仅有 40% 左右，农业转移人口在政治权利、公共服务、经济生活、文化素质等各个方面与城镇居民的差距均较大。2012 年，全国按户籍人口计算的城镇化率仅有 35.29%，若按城镇中农业转移人口市民化程度平均为 40% 推算，中国真实的完全城镇化率只有 42.2%，比国家统计局公布的常住人口城镇化率低 10.4 个百分点。这表明，按照市民化的标准，目前中国城镇化率大约高估了 10 个百分点。"[1]

这样一个对比数据表明了这样一种情况，即有上亿人口虽然是停留在城镇里，但其实他们并没有转化成真正的城镇居民，仅仅是"人在城镇"，而不是"生活在城镇"。在我国这样一个人口大国，哪怕是一个百分点的差距都关涉着上千人口的生存与发展，所以在官方数据背后的现实差距，表明原来的城镇化偏离了应当遵循的普遍性规律，因为城镇化（urbanization/urbanisation）是指随着一个国家或地区社会生产力的发展、科学技术的进步以及产业结构的调整，其社会由以农业为主的传统乡村型社会向以工业（第二产业）和服务业（第三产业）等非农产业为主的现代城市型社会逐渐转变的历史过程。这其中蕴含的意义不仅指人口向城市的迁移，更注重的是迁移人口在城市中与原有城镇居民享受同等待遇，成为真正归属于城镇的市民。

(二) 城市建设中生态文明理念的缺失

生态文明是人类文明发展的一个新的阶段，即工业文明之后的文明形态；生态文明是人类遵循人、自然、社会和谐发展这一客观规律而取得的物质与精神成果的总和；生态文明是以人与自然、人与人、人与社会和谐共生、良性循环、全面发展、持续繁荣为基本宗旨的社会形态。从人与自然和谐的角度来看，生态文明是：人类为保护和建设美好生态环境而取得的物质成果、精神成果和制度成果的总和，是贯穿于经济建设、政治建设、文化建设、社会建设全过程和各方面的系统工程，反映了一个社会的文明进步状态。

---

[1] 潘家华、魏后凯主编：《城市蓝皮书·中国城市发展报告 No.6：农业转移人口的市民化（2013 版）》，社会科学文献出版社 2013 年版。

虽然我们国家在 1992 年 6 月联合国在里约热内卢召开的"环境与发展大会"之后，根据大会通过的以可持续发展为核心的《里约环境与发展宣言》《21 世纪议程》等文件，编制了《中国 21 世纪人口、资源、环境与发展白皮书》，首次把可持续发展战略纳入我国经济和社会发展的长远规划。1997 年的党的十五大也把可持续发展战略确定为我国"现代化建设中必须实施"的战略。2002 年党的十六大更是把"可持续发展能力不断增强"作为全面建设小康社会的目标之一。[①] 但是，与生态文明理念所包含的明确而又丰富的内涵相比，"可持续"发展在城镇化建设方面的指向性不够。

单纯从人与自然的关系上来说，虽然早有可持续发展理念的支撑，可是我们国家早期的城镇化还是主要关注城市土地扩张和农业人口转移，而且这两者是截然分离开来的一种发展状态，"可持续"没有得到明显的改善，就更谈不上生态文明理念了。由此产生的弊端就是城市不断以侵吞周边土地破坏生态环境为代价向四周辐射开来，在地理范围上渐次扩展。而大量人口的涌入，又进一步加重了环境破坏程度。有研究表明"目前我国小城镇固体垃圾有效收集率仅为 15%—50%，垃圾无害化处理率为 5%—35%，生活垃圾污染问题严重"。[②] 从土地资源来看，"我国适合人类居住的面积只占国土总面积的 20%。扣除掉其中的 18 亿亩耕地、森林和湿地以后，可用于城市建设的土地不到 9%"。[③] 再比如说，"水利部统计，全国 669 座城市中有 400 座供水不足，110 座严重缺水；在 32 个百万人口以上的特大城市中，有 30 个长期受缺水困扰。在 46 个重点城市中，45.6%水质较差。14 个沿海开放城市中有 9 个严重缺水"[④]。也就是说，这种扩张的限度是十分有限的，一旦造成人与自然协调关系的损害，很难在短时间内得到改善和恢复。还不谈及人与人、人与社会之间的关系，仅就环境的承载能力来看，就谈不上和谐共生、良性循环、全面发展、持续繁荣。所以，城市建设中生态文明理念的缺失所引起的问题越来越显著，

---

① 奚洁人主编：《科学发展观百科辞典》，上海辞书出版社 2007 年版，第 152 页。
② 孔祥智、郑力文等：《城乡统筹下的小城镇公共产品供给问题与对策探讨》，《林业经济》2012 年第 1 期。
③ 王凯：《以生态文明理念走新型城镇化道路》，《建设科技》2013 年第 16 期。
④ 张孝德：《城乡两元文明共生的中国特色城镇化模式》，《国家行政学院学报》2012 年第 5 期。

也就导致城镇化发展理念必须进行调整。

(三) 城镇化建设中产业发展失调

产业发展的失调可以从多个方面来进行分析，比如说从产业布局来看可以分为两个方面，一方面是城乡布局不合理，另一方面是地区间布局不合理。如从空间看，制造业一半以上是在东部地区，中部地区又约高于西部地区。从发展模式来看，传统的"粗放扩张型"导致能源、环保等问题层出不穷，对于吸纳农业人口就业的贡献也极为有限。还有学者重点强调了原有城镇化建设中产业结构不合理，服务业推动城镇化发展的动力机制尚未形成；产业创新能力不强，城镇化质量较低；城镇建设与产业发展脱节；产业绿色发展动力不强等诸多问题。[1]

这些问题都与产业发展有着紧密的联系，而且具体体现在改革开放以来，直到 2011 年我国平均每年服务业占 GDP 比重提高率只有 0.6%，低于城镇化率每年 1% 的增长速度。产业价值链主要集中在生产和加工制造环节的中低端，而研发设计、供应链管理、营销、品牌等高附加值环节严重缺失，这种产业发展道路被概括为"代工—出口—微利化—品牌、销售终端渠道与自主创新能力缺失—价值链攀升能力缺失"的路径依赖。[2] 因此，国家急需要转向"内涵集约型"的发展路径，通过集约高效、绿色低碳的发展方式，破解诸如产业城乡和空间的"双失衡"问题，依托产业升级、产业布局优化、产业与空间的融合以及产业发展方式转变。逐渐走向东中西部地区相对均衡、大中小城市和小城镇协调发展，全面提升城镇化质量。通过产业的持续发展，不断增强城镇吸纳农业人口的能力。

(四) 城镇化发展区域严重失调

区域严重失调可以说是我国城镇化建设最明显的特征之一，中国地理学家胡焕庸（1901—1998）在 1935 年提出的划分我国人口密度的对比线，被称为胡焕庸线，其主要用以从人地关系的角度来研究我国人口问题和农业问题，数据表明，2000 年第 5 次人口普查发现，"胡焕庸线"两侧的人口分布比例，与 70 年前相差不到 2%。如果我们从城镇化率的角度来

---

[1] 黄勤、杨爽：《通过产业转型升级加快推进新开型城镇化建设》，《经济纵横》2014 年第 1 期。

[2] 刘志彪、于明超：《从 GVC 走向 NVC 长三角一体化与产业升级》，《学海》2009 年第 5 期。

看，这条线似乎也成了原有城镇化水平的界线。特别是在 2014 年 11 月底，李克强总理在国家博物馆参观人居科学研究展时，提及这条线后，围绕能否破解"胡焕庸线"的讨论广泛展开。如李培林认为"'胡焕庸线'在某种程度上也成为目前城镇化水平的分割线。这条线的东南各省区市，绝大多数城镇化水平高于全国平均水平；而这条线的西北各省区，绝大多数低于全国平均水平"。并强调说"新型城镇化是突破'胡焕庸线'的一个有利契机。新型城镇化不能把眼睛只盯着建设国际大都市、建设特大城市群，也要注重改变乡村的面貌、改变中西部地区的面貌。应顺应城镇郊区化和逆城镇化发展的趋势，因势利导，善加利用"。[①] 当然，也有人认为这条线是没办法破解的，表示"中国近 95% 人口居住在此线东南部是自然地理条件决定的，在可以预见的将来，这一人口分布规律不可能改变"[②]。

　　无论将来这条线如何变化，但我们可以观察到的一个事实就是城镇化发展东中西部的明显差距。如 2011 年，我国城镇化率达到 51.27%，但是东部地区达到了 60.75%，而西部地区只有 42.99%，两个区域相差 17.76 个百分点。再来看最为极端的对比，也就是最高与最低的差距，最高为东部地区的上海市，城镇化率达到 89.30%，最低为西部地区的西藏，城镇化率只有 22.71%，两者相差达 66.59%（可参见表 3-1）。除此之外，东中西部的经济发展同样存在明显差异，而且在同一地区内，也存在着严重的不平衡，前面的综述中我们列举了不少研究者类似的观点，在此不赘述。总之，地区之间、城乡之间的不平衡，是原有城镇化亟待改变的内在重要因素之一。

表 3-1　　　　　　　　我国不同区域城镇化率比较图　　　　　　（单位:%）

年份	东部地区	中部地区	西部地区	西部与东部差距
2006	54.12	38.00	35.72	18.40
2007	54.39	39.13	36.96	17.43
2008	55.89	40.92	38.32	17.57
2009	56.66	42.26	39.42	17.24

---

　　① 李培林：《新型城镇化与突破"胡焕庸线"》，《人民日报》2015 年 1 月 18 日第 16 版。
　　② 陈明星、李杨等：《胡焕庸线两侧的人口分布与城镇化格局趋势——尝试回答李克强总理之问》，《地理学报》2016 年第 2 期。

续表

年份	东部地区	中部地区	西部地区	西部与东部差距
2011	60.75	45.48	42.99	17.76

资料来源：胡卫东：《我国传统城镇化的特征与新型城镇化的路径探讨》，《农业现代化研究》2013年第6期。

二 新型城镇化建设的新特征

我国以往的城镇化表现在是由政府主导和调控的，倚重规模的扩张，以物为本，重城轻乡、重工轻农，产业非农化，土地非农化。尽管走一条以扩大城镇规模来提高城镇化率的城镇化之路，经历了稳定发展和快速推广阶段后取得了相当的成就，但这种以大量投资、城镇扩容为主，只重规模扩张，不重质量的低效城镇化也逐渐显现出了一系列问题。为规避延续传统粗放的城镇化模式带来的诸多风险，城镇化转型发展进入了新阶段。新型城镇化的提出，显然有别于以往的城镇化，我们认为，新型城镇化建设的"新"主要体现在以下几方面。

（一）以经济为本转向以人为本

改革开放以来，邓小平所说的"发展就是硬道理"，处在当时的社会背景、历史环境中，全国上下人们的理解，客观上都是把注意力集中在经济发展这一中心问题上，即通过工业化推进经济快速发展，进而得以推进现代化进程。因此，我国的城镇在前期发展的过程中，出现了王守智所得出的："一味地追求土地城镇化，发展大中城市，而忽视农村经济的发展和农民利益的维护"，尤其是"一味重视经济发展、'物'的增长，而忽视'人'的全面发展问题"。[1] 此理念和偏向也引发了一系列的问题，如城乡差距扩大的问题、社会不稳定的问题、生态环境破坏的问题、人民的幸福感不强等。

笔者认为，多年来，在我国经济取得巨大成就的同时，诸多问题确实接连暴露了出来，这些问题中农民工群体的尴尬处境可以说是传统城镇化建设问题的一个突出体现。从20世纪80年代到21世纪初，我国起先着力于发展乡镇企业，但在随之而来的市场化过程中，随之逐渐转向"优先发展大城市"。大中城市各方面的优越性吸引着一批批农村人口的涌

---

[1] 王守智：《国内外城镇化发展路径及启示》，《城市观察》2013年第6期。

入，农村剩余劳动力快速集中于大中城市，自然地，也成为大中城市建设和发展的主力军，这个农民工群体的数量也随时间快速增多。但我们发现，不管是在日常生活中发生在身边的事情，还是在新闻报道中听到看到的现象，总是能感觉到对农民工群体的歧视。虽然国家法律规定，①② 不论工人、农民、知识分子、军人等都是中华人民共和国的公民，一律平等，但实际上，歧视的现象却屡见不鲜。农民工群体在城市中最苦、最脏、最累的岗位上奋斗着，他们为城市的发展做出了巨大的贡献，但他们的居住条件、医疗保险、身心健康、社会保障、工资、子女的教育问题等常常得不到保障，甚至人格经常遭到歧视。这样的城镇化显然不是我们所要实现的城镇化。因而，党的十七大、十八大提出要"加快推进以改善民生为重点的社会建设"的目标，这成为目前我国推进城镇化建设的重要指导方针。在此方针下，《国家新型城镇化规划（2014—2020年）》中明确提出："以人为本，公平共享。以人的城镇化为核心，合理引导人口流动……不断提高人口素质，促进人的全面发展和社会公平正义，使全体居民共享现代化建设成果。"③ 由此强调了新型城镇化以人为本的基本价值取向。

为指导武陵山片区区域的发展和扶贫攻坚，加快武陵山少数民族地区的城镇化建设，印发了《武陵山片区区域发展与扶贫攻坚规划（2011—2020)》，其中，在基本原则及发展目标等多处，体现着民生的重要地位，例如，在基本原则中，"把保障和改善民生作为发展的出发点和落脚点"。在发展目标上，"民生改善迈上新台阶……人民生活水平和质量普遍提高"。并用第六章整章内容规划改善农村基本生产生活条件。这表明在进行经济发展和新型城镇化建设过程中，要注重人的发展，要重视人民在发展和建设过程中的感受，因为发展经济的最终目的，是为人的全面发展而服务的，换句话说，人既是城镇化的出发点，更是城镇发展的目的和归宿。因此区别于传统城镇化，新型城镇化则强调对人本身的重视，旨在提高城镇居民的生活质量，增加其幸福指数，让农村转移人口获得同样的幸福感受，在这一过程中不断提高城镇居民的素质，促进其全面发展，同时着力于解决城镇化过程中形成的城乡差别过大、社会不公平等问题，以使

---

① 《国家新型城镇化规划（2014—2020年）》，人民出版社2014年版。
② 《武陵山片区区域发展与扶贫攻坚规划（2011—2020年）》。
③ 《国家新型城镇化规划（2014—2020年）》，人民出版社2014年版。

发展成果由全民共享。因此以人为本作为城镇化建设的基本原则被提了出来，"人"作为主体的重要性得以凸显。

（二）从单一功能转向整体协调发展

单一功能体现在传统城镇化在城镇体系建设过程中，或强调优先发展中小城镇，或优先发展大城市，主要目的在于经济的发展，并未同时高度关注其他问题，如可持续发展的考虑、城镇的生态环境问题等。① 这一模式在我国走传统城镇化道路的工业化初期阶段，表现在我国城镇化进程中的问题主要有："一是城镇化与工业化发展不协调；二是城市与农村利益冲突明显；三是不平衡和不平等现象加剧；四是发展模式粗放和可持续性差。"②

基于对传统城镇化过程中各种问题的反思，为适应社会发展的新环境，党中央发布了一系列方针政策。其中，党的十八大报告，明确提出了我国新型城镇化的战略重点，"坚持走中国特色新型工业化、信息化、城镇化、农业现代化道路，促进信息化与工业化、工业化和城镇化、城镇化和农业现代化之间的融合、互动和协调发展，推进工业化、信息化、城镇化、农业现代化同步发展"。在此指导下，《国家新型城镇化规划（2014—2010年）》中提出了走新型城镇化道路要坚持"四化同步，统筹城乡"的基本原则，"推动信息化和工业化深度融合、工业化和城镇化良性互动、城镇化和农业现代化相互协调，促进城镇发展与产业支撑、就业转移和人口聚集相统一……形成以工促农、以成带乡、工农互惠、城乡一体的新型工农、城乡关系"③。同时规划中明确提出遵循统筹规划、合理布局、分工协作、以大带小的原则。优化东部地区城市群、培育和发展中西部地区城市群，形成"两横三纵"城镇化战略格局，促进各类城市协调发展，做到"优化城镇规模结构，增强中心城市辐射带动功能，加快发展中小城市，有重点地发展小城镇，促进大中小城市和小城镇协调发展"。值得注意的一点还有，规划中突出强调城镇化要体现生态文明、绿色、集约、循环等要求，"完善推动城镇化绿色循环低碳发展的体制机

---

① 参见王素斋《新型城镇化科学发展的内涵、目标与路径》，《理论月刊》2013年第4期。
② 参见王小刚、王建平《走新型城镇化道路我党社会主义建设理论的重大创新和发展》，《社会科学研究》2011年第5期。
③ 《国家新型城镇化规划（2014—2010年）》，人民出版社2014年版。

制，实行最严格的生态环境保护制度，形成节约资源和环境保护的空间格局、产业结构、生产方式和生活方式"。

由此可以看出，当前的新型城镇化是为适应社会发展的新环境，是在尊重经济发展客观规律的基础上提出来的。"通过统筹城乡发展、统筹经济社会发展、统筹区域发展，构建大中小城市和小城镇协调发展的城镇体系，促进城镇化健康发展。"① 坚持四化同步的原则，注重特色发展，充分发挥城市群的作用，加强城市群对边缘地带的带动发展，促进城镇化发展可持续化，同时突出了生态文明建设的重要地位，其强调在经济建设、政治建设、文化建设、社会建设和生态文明建设"五位一体"的总布局下全面推进城镇化、现代化进程，体现了发展过程的协调性。这将根本区别于我国传统城镇化发展的理念，将其从单一的功能转向整体的协调发展。

《武陵山片区区域发展与扶贫攻坚规划（2011—2020）》中，涉及面极广，有基础设施建设、改善农村基本生活条件、社会事业发展与公共服务、产业发展、生态建设和环境保护等五类，笔者认为，这很好地体现着致力于整体协调发展的愿景。也就是重视城市和城镇的利益、工业化、现代化、城镇化、信息化、政治、经济、文化、社会和生态之间的整体协调可持续的发展，加速向低碳、循环、绿色、生态宜居的方向发展。具体地，关于生态保护的相关方面，规划中指出应坚持的基本原则之一就是加快发展与保护生态相结合。"以资源环境承载力为前提，优化产业结构和空间布局，集约节约利用资源，严格保护生态环境……切实转变经济发展方式，促进经济发展和生态建设形成良性互动格局。"② 规划中，用一整章的篇幅详述生态建设和环境保护，由此可见其重要性。

（三）建设主体由单一转向多元

传统的城镇化在建设过程中，单一建设主体的作用体现在政府在政策决策和实施方面的主导和决定性方面，这种由政府主导和决策的模式虽然体现了一定的谨慎性，也充分体现了中国的制度创新性和独特性。但是，如何更准确地感知市场的变化，尊重客观经济发展规律，使决策反映人民的呼声以及把握人民的主观感受和愿景，等等，进而做出更好更正确的决

---

① 参见王素斋《新型城镇化科学发展的内涵、目标与路径》，《理论月刊》2013年第4期。
② 《武陵山片区区域发展与扶贫攻坚规划（2011—2020）》。

断,这就要促进政府与公众之间的良性互动,从而体现人民在国家中的主人翁地位和保证政府决策的正确性。因此,在新型城镇化过程中,完善和促进政府职能的转变显得尤为重要。

在当前的形势下,我们应倡导一种多元的建设主体。这要求我们应该坚持政府主导、群众主动、市场运作的合力推进之路,构建起政府主导统筹、政策规范引导、群众主体自愿、市场规则运作的城镇化稳健推进机制。① 新型城镇化建设要求政府、市场、公众和社会等多元主体的共同参与和联合推进。在十八届三中全会中强调要"正确处理政府与市场的关系",要充分发挥市场在资源配置中的决定性作用,更好地发挥政府作用,履行政府在制定规划政策、提供公共服务、提供良好的制度环境等方面的重要职责。此指导思想同样体现在《国家新型城镇化规划(2014—2020年)》中,强调政府职能在多年前的转变,规划中,指出要坚持"市场主导,政府引导。要正确处理政府和市场的关系,更加尊重市场规律,坚持使市场在资源配置中起决定性作用,更好发挥政府作用……使城镇化成为市场主导、自然发展的过程,成为政府引导、科学发展的过程"。同时强调中央政府统筹整体规划,地方政府因地制宜,认真落实,对基层的首创精神表示尊重,凝聚各方共识,实现重点突破,再全面推广,进而逐步推进新型城镇化进程。这表明新形势下,多元主体的协调互动的重要性日益凸显。

(四) 由城乡二元对立转向城乡一体化

多年来,由于历史和制度等多种原因致使,我国的城乡之间显现出二元对立的基本格局,并且这一现象随着城镇化、现代化和工业化的发展日益明显,大量的农村人口到城市中务工,导致农村人口大量减少,农业的地位大大降低,农村的发展慢慢地被忽视,被边缘化。这些现象和问题,使得新型城镇化要以消除这种二元对立为目标,进而实现城乡一体化、城乡统筹发展、共同富裕,让广大农民平等地享受到现代化的成果。不可否认,这是发现问题后想要"对症下药"的美好愿景,但现实中,要改变必然会涉及许多制度上的调整,例如户籍制度、农村土地制度等。这些制度成为新型城镇化建设中的巨大阻力,影响着建设的顺利均衡发展,因

---

① 徐选国、阮海燕:《试论我国适度普惠社会福利与社会工作的互构性发展》,《天府新论》2013年第1期。

此，新型城镇化在由城乡二元对立转向城乡一体化、统筹发展的路上显得举步维艰，任务异常艰巨。

在《国家新型城镇化规划（2014—2020年）》中的部分规划无疑会加速一体化的实现，规划中坚持工业反哺农业、城市支持农村和多予少取放活政策，推进城乡统一要素市场建设，推进城市规划、基础设施和公共服务一体化，加大统筹城乡发展力度，增强农村发展活力，逐步缩小城乡发展差距，促进城镇化和新农村建设协调进行。规划中还指出各类城镇要健全农业转移人口落户制度，通过向社会公示一些条件要求，引导农业转移人口向城镇落户的预期和选择，逐步使符合条件的农业转移人口落户城镇，不仅要放开小城镇落户限制，也要放宽大中城市落户条件，实行差别化落户政策。[①]

我们也可以借用下表来更具体地说明新型城镇化与原有城镇化之间的差异性。

表 3-2　　　　　　　　新旧城镇化模式的对比

	传统城镇化	新型城镇化
城镇化的目的	以物为本，产业非农化，土地非农化	以人为本，提高城镇和转移人口生活质量
城乡关系	城乡分离，重城轻乡，优先发展城镇	统筹城乡，城乡一体，基本公共服务均等化
城镇居民关系	大院经济，纵向联系为主	邻里和谐，社区建设，加强横向联系
质与量关系	重数量、重规模、重速度	重质量、重结构、重效益
资源利用	粗放，土地城镇化远远快于人口城镇化	集约使用，土地城镇化与人口城镇化速度比小于1.21
与环境关系	高污染、高排放、高碳	低污染、低排放、低碳；生态建筑，节能环保
产城关系	产城分离，力争互促	产城融合互动
城镇体系建设	或强调中小城镇优先发展，或强调优先发展大城市	大中小城市和小城镇统筹协调发展；特色发展，充分发挥城市群的作用
可持续性	不可持续	可持续

资料来源：吴殿廷、赵林等：《新型城镇化的本质特征及其评价》，《北华大学学报》（社会科学版）2013年第6期。

[①]《国家新型城镇化规划（2014—2020年）》，人民出版社2014年版。

第二节 武陵山区新型城镇化建设现状

武陵山区的城镇化建设虽然走过了一个较为漫长的发展过程，目前来看，也取得了较为可喜的成就。但由于历史上该地区经济社会发展缓慢和自然环境的局限，城镇化建设的进度一直处于一种螺旋上升的趋势，并没有出现那种在外界影响或是因国家经济实力整体飞跃发展而出现的跨越式前进。就我们的调研情况来看，该地区新型城镇化建设主要表现在以下几个方面。

一 城镇建设规划科学合理

新型城镇化建设的重要一面是城市空间布局的合理性，必须要在真正付诸实践之前，对未来地区发展有一个正确的预判，或者说留下可供调整的回旋空间，不至于使得当下的城镇化建设埋下以后不可扭转的失误。所以在经过粗放式发展阶段后，各地政府都意识到科学规划的重要性。在我们所收集的武陵山各市县住房和城乡建设局编制的各类"十二五""十三五"规划中，每个地区都会严格按照相关规定制定出相应的发展规划，并以此为指导开展实践工作，这中间的转变不仅仅是规划质量上的提升，更是一种规划理念上的重要转换。诸如：传承历史，塑造特色的原则；区域协调，城乡一体的原则；以人为本，生态优先的原则普遍出现在规划的基本原则中。正如学者所说：《城乡规划法》的颁布实施，标志着我国已经全面由城市规划转到城乡整体规划阶段，这一转变不仅仅是名字的转变，更重要的是规划编制理论、方法、内容、技术和规划管理方式的转变，从总体规划到详细规划都将进行深入的变革。城市规划应该为未来的发展留下充分的空间，城乡应该协调发展。规划法的管理范围不再局限于城市市区，法律上确立了城市与乡村的规划关系。一方面，解决城市与乡村在法律适用上的"两张皮"，制止城郊接合部建设活动的无序和混乱；另一方面，统筹安排区域内城镇体系的合理结构与布局，明确重点发展和优先发展的中心城镇和地区，以合理的开发时序来获得城乡协调发展和较好的空间开发效益。① 这样的转变还体现在如下方面。

(一) 城市科学规划体现以人为本

城市规划作为公共政策的一种，能够充分体现出政府决策者在实际城市建设中对于城市发展、人民群体生产生活的观照程度。正如 2005 年修订的《城市规划编制办法》中第四条、第五条所指出："编制城市规划，应当以科学发展观为指导，以构建社会主义和谐社会为基本目标，坚持五个统筹，坚持中国特色的城镇化道路，坚持节约和集约利用资源，保护生态环境，保护人文资源，尊重历史文化，坚持因地制宜确定城市发展目标与战略，促进城市全面协调可持续发展。编制城市规划，应当考虑人民群众需要，改善人居环境，方便群众生活，充分关注中低收入人群，扶助弱势群体，维护社会稳定和公共安全。"② 把对城市物质性空间的规划逐步减小到土地控制层面，加强对城市发展的规划政策关注，对于非物质性空间更强调城市规划与其他社会经济政策共同形成政策框架和行动。所以如下面这样的文字在各级规划中都被重点突出：坚持以人为本，以创建资源节约型和环境友好型社会为目标，适度开发资源，节约资源，建立有利于资源统一调配与合理开发的约束机制，科学合理地规划各类市政基础设施，提高资源配置效率，全面打造低碳城市，注重生态环境的保护，实现可持续发展。③

(二) 综合规划注重城乡一体化协调发展

武陵山区由于在城镇建设规划方面一直较为落后，特别是因为本身区域内缺少中心城市的辐射能力，在以往的规划中较多注重如何扩大城区面积，追求中心城区的一枝独秀，力图发挥中心城镇的带动力。虽然这种思想的出发点不错，但是这样的规划很难结合该地区的特色和发展基础，最终的规划指导效应也就不理想。在新的城镇规划中，决策者充分考虑到了地方的现实，对城市在区域空间的布局有着较为宏观的思考，结合城市发展、城乡一体化发展、新农村建设、美丽乡村建设等，把构建城乡互动、协调发展当作重要目标，有力地促进了城市基础设施向农村延伸，城市公

---

① 曾志伟等：《新型城镇化与城市规划思变》，《中外建筑》2011 年第 4 期。
② 详见《城市规划编制办法》，中华人民共和国住房和城乡建设部网站（http://www.mohurd.gov.cn/zcfg/jsbgz/200611/t20061101_ 159085.html）。
③ 来凤县住房和城乡建设局：《来凤县十三五住房和城乡建设事业规划》，2015 年。

共服务向农村覆盖，城市现代文明向农村辐射。例如在许多规划中明确表示：编制中心城区各片区控制性详细规划及镇村规划，基本实现控制性详细规划全覆盖，首次实现村镇规划全覆盖。完善了城乡规划体系，为规划管理提供充分依据。①

(三) 个性规划突出地方城市特色

目前中国正处于城镇化的加速期，各个地方在较长一段时间内为了能迎头赶上全国进度，不惜牺牲个性和特色，放弃自身文化传统和底蕴，去追求千篇一律的高楼大厦，模仿和粗制滥造使得"千城一面"成为我国城镇发展最大的负面成效之一。而科学合理的规划中则有类似这样明确的要求：彰显历史，塑造特色。充分发掘城市自然生态特色及社会历史文化特色，并在规划中加以利用，塑造具有强烈地方特色的城市。适度超前，适应发展。市政基础设施建设投资大、周期长，充分考虑城市发展。规划适度超前，既满足当前需要，又适应未来几年的发展需求，不断增强城市的承载、聚集和辐射作用，引导城市发展。②

二 新型城镇化建设成就斐然

下面我们将在分别论述武陵民族地区四省区各自城镇化建设现状的基础上，总结该地区新型城镇化建设的特征。

(一) 恩施州城镇化建设成效

恩施州围绕建设全国先进自治州，与全国同步全面建成小康社会的目标，努力走出一条符合恩施实际的"集约节约、绿色生态、低碳环保、宜居宜业"的新型城镇化道路。

1. 城乡规划完善

截至 2015 年，恩施州基本形成了 1 个中心城市、2 个副中心城市、5 个中心县城、77 个乡镇集镇、600 个中心村（社区）的城乡空间布局结构。预计到 2020 年，全州城镇化率年均增长 2 个百分点以上，达到 50%以上，城镇人口达到 180 万人以上。2014 年上半年，全州一批"新农村建设示范村""宜居村庄""美丽乡村"试点工程逐步推进。恩施市芭蕉侗族乡戽口村获得全国首批美丽宜居村庄示范称号。利川市毛坝乡夹壁

---

① 来凤县住房和城乡建设局：《来凤县十三五住房和城乡建设事业规划》，2015 年。

② 同上。

村、宣恩县高罗镇板寮村、咸丰县黄金洞乡麻柳溪村、来凤县三胡乡黄柏园村入选农业部全国"美丽乡村"创建试点村。恩施市芭蕉侗族乡戽口村、高拱桥村，利川市柏杨镇水井村、汪营镇白泥塘村，来凤县大河镇桐子园村，巴东县野三关镇庙坪村，建始县花坪镇小西湖村、村坊村，咸丰县黄金洞乡麻柳溪村，鹤峰县中营乡大路坪村、走马镇古城村，宣恩县高罗乡埃山村、板寮村，已成为"宜居村庄"。

2. 特色产业支撑强化

近年来，恩施州大力推进产城融合发展。围绕现代烟草、茶叶、畜牧、清洁能源、生态文化旅游业、信息六大产业链，积极构筑健康的产业价值链、企业链、供应链和空间链，并不断延伸、加长加粗。首先是以六大产业链建设，加快"产业兴州"步伐，打造恩施经济"升级版"。其次，近年来，恩施州大力实施"百亿投资新增行动""千亿重点项目推进行动""五千亿重大项目储备行动""万亿重大项目谋划行动"，谋划和开工一批重大项目，为稳定经济增长提供强劲动力。工业园区作为产城融合发展的主阵地，近年来，在组织保障、机制体制建设、破解资金难题、改善投资环境、加快基础设施建设等方面实现了较大突破，园区逐步成为经济增长的带动区、新型工业的集聚区、提供就业的主阵地。2014年上半年，全州经济开发区完成固定资产投资85.74亿元，实施建设项目278个，入住企业793家，出口创汇4996万美元，招商引资37.05亿元，吸纳就业9.78万人。

3. 改善民生显著

2014年上半年，全年农村常住居民人均可支配收入7194元，同比增长13.0%，人均生活消费支出5706元，同比增长11.8%，农村居民恩格尔系数40.3%。城镇常住居民人均可支配收入20245元，同比增长10.5%，人均生活消费支出13889元，同比增长9.6%，城镇居民恩格尔系数为33.5%。

就业创业成效明显。2014年全州新增城镇就业人员4.63万人，城镇登记失业率控制在3.9%以内。全年实现就业困难人员再就业4113人，城镇失业人员再就业6393人。大力推进创业带就业，发放小额担保贷款1.59亿元，扶持创业9620人，带动就业20977人。

社会保险覆盖面持续扩大。2014年各项社会保险扩面15.77万人，城乡居民社会养老保险参保人数147.89万人，参保率99.3%，养老金发放率100%。工伤保险参保人数16.01万人，其中农民工参保4.59万人；失业保险参保人数12.22万人；生育保险参保人数7.97万人。城镇职工基本医疗保险参保人数22.78万人，城镇居民基本医疗保险参保人数38.32万人。全年实际征收各项社会保险费30.59亿元。

城乡救助体系不断完善，困难群体的基本生活得到保障。最低生活保障支出3.76亿元。年末收养性社会福利单位130个，床位数14972张。农村五保供养水平不断提高，全州符合条件的五保对象18660人，其中在95所农村福利院集中供养5545人，分散供养13115人。全年共实施困难群众住院、门诊救助94787人次，支出医疗救助资金8722万元；实施临时救助31939人次，支出临时救助资金2078万元。

新建保障性住房25514套，其中，实物建房开工24309套，新增住房租赁补贴发放1205户。全年农村危房改造完成新开工11407户，竣工11122户；特色民居新开工8187户，竣工8123户。年末城市（2市区6县城）建成区绿化覆盖面积2963公顷，建成区绿化覆盖率29.64%。全州公园26个，公园面积495公顷。城市供水管道长度1195公里，全州县市城区建成自来水厂12个，日供水能力达40.3万吨，供水管网长度达1143.9公里，用水人口达90.06万人。全州77个乡镇全部建成自来水厂，日供水能力达16.54万吨，用水人口达70.34万人。年天然气供气量10917万立方米，液化石油气供气量5977吨。

4. 教育、科技事业稳步发展

据2014/2015学年初步统计，学前教育方面，2014年年末共有幼儿园458所，较上年增加41所，其中公办幼儿园增加到87所，较上年增加18所；在园幼儿数10.02万人，学前三年毛入园率78%。中等教育方面，全州共有普通中学164所，招生5.80万人，在校学生17.25万人；小学512所，招生4.31万人，在校学生24.72万人。职业教育方面，共有中等职业学校12所，招生1.06万人，在校学生2.96万人。高等教育方面，全州普通高校3所，普通高校招生1.04万人，在校生3.83万人，毕业生9240人，教职工2462人。

另外，高新技术产业和科技攻关也取得新成果。颁布了硒标准，制定了硒标识，引进和培育了一批硒产品研发生产企业，成功举办了首届中国恩施·世界硒都硒产品博览交易会。全州高新技术企业15家，2014年新认定高新技术产品25个。全年高新技术产业增加值8.92亿元，占GDP

的比重为 1.46%。科技成果和专利进一步增加。全年专利申请量 720 件，其中，发明专利 344 件，企业专利 277 件。获得专利授权 287 件。

(二) 湘西州城镇化建设成效

按照湖南省委、省政府提出的新型城镇化发展战略，湘西州坚持以科学规划为引领、以州府城市和县城建设为重点、以产业发展为支撑、以功能培育为基础、以精细管理为手段，大力推进新型城镇化建设，取得了一定成效。具体情况如下。

1. 城乡规划编制不断完善

近年来，湘西州先后投入资金 5766 万元，完成吉首、泸溪、凤凰、花垣等 7 个县的总体规划修编和批复。完成城市控制性详规 144.7 平方公里，实现近期规划建设用地控规覆盖率达 100%，规划期末（2020 年）建设用地控规覆盖率达 69.2%。完成 129 个乡镇布局规划、60 个镇总规、54 个镇控规、59 个乡规划和 991 个村庄规划。完成了部分县市的城市给排水、市政工程、停车设施、燃气等专项规划编制。完成 4 个国家级历史文化名城（镇）、1 个省级历史文化街区、2 个历史文化名村和 25 个中国传统村落的保护发展规划。同时，积极引进和培育人才，建立健全规划和城管人才队伍。严格规划执行和管控，严格实施"一书三证"管理，发证率达 100%。推进规范城乡建房和特色民居改造，深入开展"两违"清理整治，到 2014 年年底，全州立案查处违法用地、违法建筑行为 4008 宗，拆除建（构）筑物 1197 处，拆除建筑面积 12.9 万平方米，追缴土地价款等税费 1.2 亿元，基本实现了城乡管理常态化运行。

2. 产城融合，特色产业支撑强化

坚持"以园拓业"，狠抓园区基础设施建设和项目入园。2014 年，全州园区建设储备土地 1.2 万亩，启动 20 万平方米标准厂房建设，引入企业 50 多家，园区规模工业增加值占全州规模工业比重达 57.8%。目前，全州 9 家省级产业园区 259 个入园企业，可吸纳从业人员近 3 万人。坚持以旅游产业带动凤凰、吉首等城镇发展，着力打造芙蓉镇、边城镇、里耶镇、红石林镇、山江镇等旅游强镇，保护和利用一批独具民族文化风貌的传统村落。2014 年全州接待游客 2810 万人次，实现旅游收入 174.5 亿元，分别增长 21% 和 20.4%。形成经营旅游企业和个体户 5000 多家，培育收入过亿元的旅游企业 22 家，解决从业人员达 30 万人以上，为城镇化建设提供了强力支撑。同时，充分发挥商贸服务业对城镇发展的支撑作用，建成了步步高商厦、乾州冷链物流园、大湘西物流城等商贸集散中心，引进了江苏世纪华联、湘潭步步高、怀化佳惠等商品零售连锁企业落户吉首。2014年年底，全州社会消费品零售总额203.5亿元，比上年增长12.8%。

3. 城镇提质扩容加快

通过银行信贷、土地出让等渠道，内联多引，多方筹集城建资金。2010年以来，湘西州获中央、省级"两房两棚""两供两治"等城建资金达60.5亿元，以BT、BOT、TOT等模式融资27亿元，吉首华泰公司发行债券10亿元，现二期10亿元企业债券发行已报国家发改委审批，为引进国盛家居广场、仁安新城、威斯汀五星级酒店等一批投资过亿元的重大城建项目，夯实了基础。目前八县市城镇提质扩容、中心镇示范创建等工作推进有序，到2014年年底全州建成区面积达到95平方公里，城镇化率为39.9%，以州府吉首为核心、7个县城为骨干、30个中心镇为依托的城镇体系初步形成。

4. 城乡建设用地保障提升

精心编制全州土地供应计划，加强对建设用地归口报批、动态巡查和执法监管。采取节约挖潜、增减挂钩等方式，统筹解决建设用地供应和农村宅基地管理。2014年计划控制和新增土地储备1万亩，目前已经完成9500余亩，完成率达96%。土地出让金征收额从2010年的3.8亿元增加到2013年的16.9亿元，预计今年将达到18亿元。2009—2012年在花垣县、凤凰县分别开展了城乡建设用地增减挂钩建新区项目，总面积51.74公顷，其中农用地43.83公顷，耕地18.21公顷，未利用地5.57公顷。同时，出台了《湘西自治州农村宅基地管理办法》，强化对宅基地的审批及管理，加强对被拆迁农民的补偿、安置。建立以乡镇为主体的综合执法监管体系，依法依规查处、督促无偿拆除临时乱搭乱建的建筑物、构筑物，严防"两违"现象。凤凰县2012年3月上报了凤凰县增减挂钩项目，并于2012年8月拿回批单，涉及国土总面积8.22公顷，挂牌拍卖土地价款为1.76亿元。

5. 城乡同建同治

按照"城乡同规划、设施同建设、产业同推进、环境同整治、事务同管理"的工作模式，深入开展城乡同建同治，大力实施城镇数字化、城镇基础设施、卫生保洁等五大工程，城乡环境有了一定的改善。同时，积极推行网格化社会管理服务，逐步放开建制镇和小城市落户限制，着力加快户籍管理、环卫体制、绿化养护等体制改革，到2014年年底全州城镇供水率达90%，燃气率达73%。大力实施"绿色湘西"工程，积极创建国家级风景名胜区、国家级自然保护区、国家森林公园、国家地质公园，以及园林县城等，加强生态环境保护，2014年年底城镇人均道路面积达8.7平方米、人均公园绿地面积达6.34平方米、垃圾处理率达89.2%、污水处理率达93.8%。

6. 保障性住房建设和农村危房改造提速

2008年以来全州累计投入"两房两棚"和"两供两治"等建设资金91.2亿元，新增保障性住房13.56万套，建成城市道路19.4万平方米，新增城镇公共绿地面积9.7万平方米，新建、改扩建城镇自来水厂15座、城镇垃圾处理场和污水处理厂各9座，污水处理能力达19万立方米/日、垃圾处理能力1065吨/日，城镇建设和配套设施完善有了较大的改观。到2014年年底，全州新增城镇就业2.65万人，新增农村劳动力转移就业4.6万人，同比增长18%；城乡居民人均可支配收入17898元、5891元。同时，对部分城区中小学校舍进行了改造，对城乡社会保障体系进行了完善，2014年全州参合农民达224.9万人，参保率达98.7%；城镇基本医疗保险参保人数52.4万人，参保率达96%；城乡居民社会养老保险参保人数129.3万人；城乡低保人数达32万人，占全州总人口数的10.9%，基本实现应保尽保。

7. 城乡教育发展较为均衡

近年来，全州城区学校义务教育阶段学生总数不减反增，2014年春季全州城区中小学生总数12.74万人，比2010年增长16.70%。城区中小学接收随迁子女入学15167人，占中小学生总数的5.08%，占城区中小学生总数的12.95%。为确保随迁子女正常入学，我们围绕义务教育学校布局和资源配置，坚持战略优先定位、谋划优先纳入、政策优先倾斜、财政优先保障、项目优先投入等"五个优先"，着力破解"城镇大班额"和教育资源配置不合理等难题，新建了一大批寄宿制学校和配套设施，招录和培训了一大批中青年教师和特岗教师，建立了以公办学校为主，民办教育为辅的教育模式，保障随迁学生同等享受城区教育资源。同时，以"以园拓业"为总体思路，全力推进工业园区建设，拉动经济增长。目前，全州9家省级产业园区，工业经济总量占全州的60%，可吸纳从业人员近

3万人。

(三) 铜仁地区城镇化建设现状

1. 完善城镇规划，城镇体系框架初具雏形

全区城镇数量发展到74座（含5个办事处），城镇密度为0.41座/百平方公里。其中地区中心城市1座（铜仁市）、县城9座、小城镇64座。与2005年相比，新增1座中等城市（铜仁市），铜仁市城市人口超过20万人，进入中等城市行列，玉屏、思南、松桃等县城接近小城市规模，德江、松桃等新县城规划、建设和发展步入快车道，以县城为重点的34个中心镇发展速度加快，城镇职能不断丰富，形成了一批特色城镇和专业化城镇，城镇体系框架初具雏形。

2. 经济结构出现新变化，城镇经济发展较快

首先，经济实现了较快增长。据2015年铜仁市国民经济与社会发展统计公报数据显示，2015年全区完成生产总值770.89亿元，首次突破700亿大关，按可比价格计算，比上年增长12.7%。其次，经济结构出现了新变化，第三产业比重提高5.3个百分点，成为国民经济的第一大产业。最后，固定资产投资平稳较快增长，2015年全社会固定资产投资完成1261.2亿元，比上年增长9.4%。

3. 改善交通条件，要素融合加强

到2013年，区域性大交通格局基本形成，铜玉铁路开工建设。杭瑞高速铜仁段、思剑高速全线通车，高速通车里程达356公里，实现8个区县通高速；松铜、沿德、安江高速加快推进。铜玉城际铁路动工兴建。率先启动国省干道和县乡村公路两年行动计划。铜仁凤凰机场改扩建工程和乌江航道疏浚工程快速推进。完成信息产业投资9.8亿元。同时，围绕"四纵九横"城市路网规划，加快推进武陵大道等城市主干道建设，新建、改造城市干道150公里。

4. 发展了一批各具特色、充满活力的小城镇

（1）综合型城市（镇）。主要是一定地域的政治、经济、文化中心，兼有第二、第三产业职能，有铜仁市及江口、松桃、玉屏、思南、石阡、印江、德江、沿河8个县城；（2）矿业型城镇。主要依托汞矿、煤炭、锰矿、磷矿等开发而发展起来的城镇，有万山特区县城、云场坪、乌罗等；（3）工业型城镇。主要有能源工业型、加工工业型、化工型等，有大龙、孟溪等；（4）旅游型城镇。主要以围绕近邻的风景名胜区、民族

村寨、自然保护区、历史文化、遗址遗迹等旅游资源发展的城镇，有寨英、淇滩、木黄等；（5）交通型城镇。依托交通设施包括水路、公路和航空、铁路等发展的城镇，有煎茶、潮砥、洪渡、甘龙、大兴、塘头等。

（四）黔江地区城镇化建设成效

近年来，黔江地区坚持以科学发展观为统揽、以新型工业化为动力、以城乡一体化为目标、以统筹兼顾为原则，大力实施"三大战略"，全面推进"五个黔江"建设，加速拓展城市空间，完善城市基础设施，努力提升城市品位，不断增强城市聚集和辐射功能，中心城市框架初现雏形。

1. 城镇空间布局优化

首先，优化城市空间发展战略规划、综合交通枢纽规划、特色产业规划等专项规划，实现城市控制性详细规划全覆盖；其次，完成了老城管网、公共突发事件应急防灾避难场所、城市公园、城市广场等各项专业专项规划编制；再次，完成了小城镇体系规划和中心镇、重点镇规划和部分镇乡新农村村庄民居风貌改造方案设计；最后，完成了城乡2004—2020年总体规划、区域城镇体系规划、新农村总体规划，实现了城乡规划全覆盖。

2. 坚持工业强区战略，城镇经济水平提升

建设新型城镇化，发展新型工业化是核心。围绕建设武陵山区产业发展高地，成功引进东方希望集团、江苏雨润集团、重庆化医集团等国内知名企业，2015年地区生产总值、全社会固定资产投资、工业总产值均突破200亿元大关，增速分别达到10%、13.1%、12%，地方财政收入达到21.23亿元，城乡居民收入分别达到24672元、8855元。

3. 教育、科技、文化事业全面发展

截至2015年，全区共有195所各级各类学校，在校学生10.85万人。全区学前3年毛入园率80.2%，普惠幼儿园占比77.9%；小学入学率100%；初中入学率98%；高中阶段毛入学率在93%以上，办学规模、教育质量均位居渝东南第一。职教中心成功创建为国家中等职业教育改革发展示范校。全年主要劳动年龄人口人均受教育年限11年。另外，"黔江科技企业孵化基地建设"下设的5个子课题进展顺利，其中"科技企业孵化服务平台建设"及"创新创业人才培育基地"已建成投用。3家众创空间获"重庆市众创空间"称号。其中，"黔江阿蓬创客社区"被认定为"2015年重庆市首批示范众创空间"。全区成功获批高新技术企业1

家，高新技术产品10个。共完成10个技术合同交易，交易总额2580万元。成功立项区级科技项目55项，落实项目资金200万元。

打造的首部连续剧《侯天明的梦》在央视8套首播并重播。全区创作了《怕个么子》《嫂子进城》《溜溜子十三寨》等多部获奖作品。成功举办"武陵骄子·精彩黔江"全国摄影大展、重庆·黔江国际钓鱼邀请赛。全年全面实施"两馆一站"免费开放。全年送文化进基层120场，开展流动文化服务进村705场，服务人口40万人次。开展惠民电影放映2075场，开展中小学生爱国主义电影放映100场，完成乡镇固定放映厅2座。完成直播卫星"户户通"设备安装1.11万套，完成广播电视台一级台达标建设的基装部分，实现广播电视安全播出。全年完成30个脱贫村的文化中心户建设。全年举办书画作品展5次，举办器乐、声乐、舞蹈、摄影、书法等各类讲座和培训共计80余次，惠及群众1万多人次。

4. 加速交通枢纽建设，城乡交通便捷畅通

2015年，全区公路通车总里程5088公里。其中，高速公路通车总里程100公里。全区乡镇通畅率100%，行政村通畅率100%，村民小组通畅率88%。全年公路货物运输403万吨，比上年增长10.1%，公路旅客运输量1072万人，下降13.5%。黔江武陵山机场已开通黔江至重庆、成都、北京、上海、广州，黔江至昆明、杭州7条往返航线，初步形成"米"字形网络。全年旅客吞吐量14.26万人次，比上年增长19.3%。其中：进港4.87万人次，出港4.82万人次，过站4.57万人次。邮货吞吐量114.2吨，增长50.5%。

5. 扶贫开发工作成效显著

截至2015年，30个贫困村销号，5491户19996人越线脱贫。其中：产业扶持脱贫711户2442人；教育资助脱贫1854户7321人；医疗救助脱贫2035户6874人；培训转移脱贫525户1820人；民政兜底脱贫159户476人；扶贫搬迁脱贫202户694人。全年整合行业扶贫资金65285万元。获得高山生态扶贫搬迁、贫困村集中供水等专债专贷资金24.4亿元。累计发放各类小额扶贫贷款5012万元。累计发展农民专业合作社1072家，培育专业大户1945户，引导66家农业产业化龙头企业参与贫困村产业发展。建成高山生态避暑纳凉和农业观光体验示范点12个，培育示范户152户。全年筹集资金8200万元，资助学前教育、义务教育、普通高中和中职教育阶段贫困家庭学生7.2万人次，帮助落实贫困大学生助学贷

款1411万元,连续3年组织"武陵都市报·助我上大学"活动,募集社会资金1173万余元,资助贫困大学生3450人。全年实施贫困家庭医疗救助3380户11830人。完成高山生态扶贫搬迁12063人。筹集资金1064万元,帮助133户深度贫困户搬迁。

三 新型城镇化建设质量及其特征[①]

近年来,武陵山区城镇数量大幅增加,规模不断扩大,城镇人口也持续上升。基本形成了以吉首、张家界、怀化、铜仁、黔江、恩施等为区域一级中心城市,以县城和县级市为区域二级中心城市,以中心建制镇和一般建制镇为触角的三级城镇体系框架。

(一) 城镇化水平偏低

武陵山区随着农村商品经济发展,农村剩余劳动力通过农产品加工、劳务服务等方式转移到邻近乡镇、县城和区域中心城市,从纵向看,城镇化的进程明显加快(见图3-1)。2015年与2011年相比,武陵山区城镇化率都有较大提升。重庆黔江地区提升5.3个百分点,湖北恩施州地区提升7.4个百分点,湖南湘西州地区提升5个百分点,贵州铜仁地区提升18.5个百分点。

从横向看,与所属行政省区及全国的平均水平相比,各地区城镇化总体发展水平仍然很低(见图3-2)。2015年各民族地区城镇化率不但低于所属行政省区的平均水平,同时也低于全国的平均水平。在整个武陵山民族地区内,黔江地区的城镇化率最高,铜仁地区最低并且差距较大。2015年,湖北、湖南、贵州和重庆四个分片区的城镇化率分别为39.98%、41.1%、35.04%和46.13%,与各自所在省份城镇化水平的差距分别为16.62、9.79、6.97和14.77个百分点。

(二) 人口城镇化水平差异明显

虽然武陵山区人口城镇化水平偏低,但区域内53个县(市、区)城镇化率差异十分明显。如表3-3所示,将武陵山区53个县(市、区)分为高人口城镇化区、较高人口城镇化区、中等人口城镇化区、较低人口城

[①] 游俊、冷志明等编:《连片特困区蓝皮书:中国连片特困区发展报告(2014—2015)》,社会科学文献出版社2015年版。邓正琦:《武陵山民族地区城镇化特征及发展趋势探讨》,《湖北社会科学》2009年第3期。

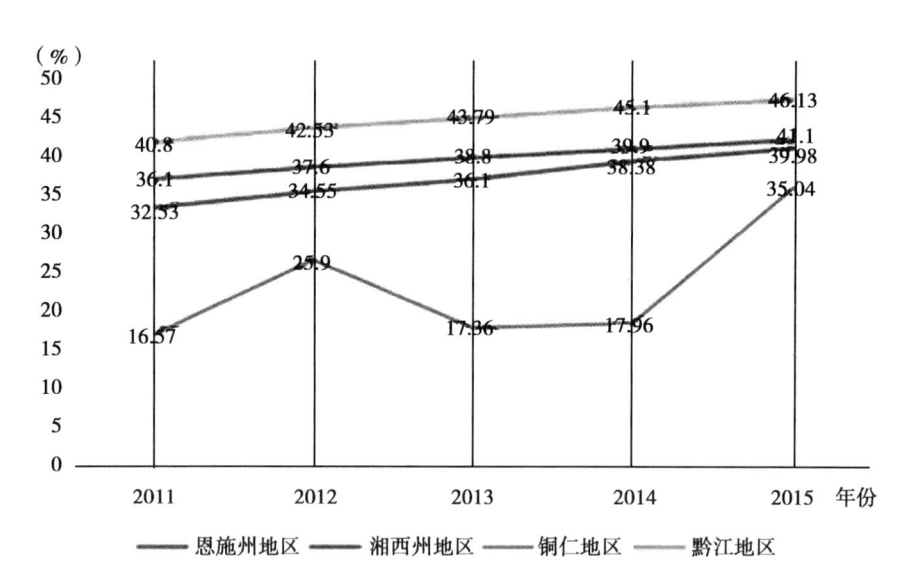

图 3-1 武陵山各地区 2011—2015 年城镇化率变动情况

说明：部分年份出现城镇化率的较大波动是统计口径不同所导致的。除了铜仁地区外，其他地区的城镇化率计算口径均为城镇常住人口/总人口。

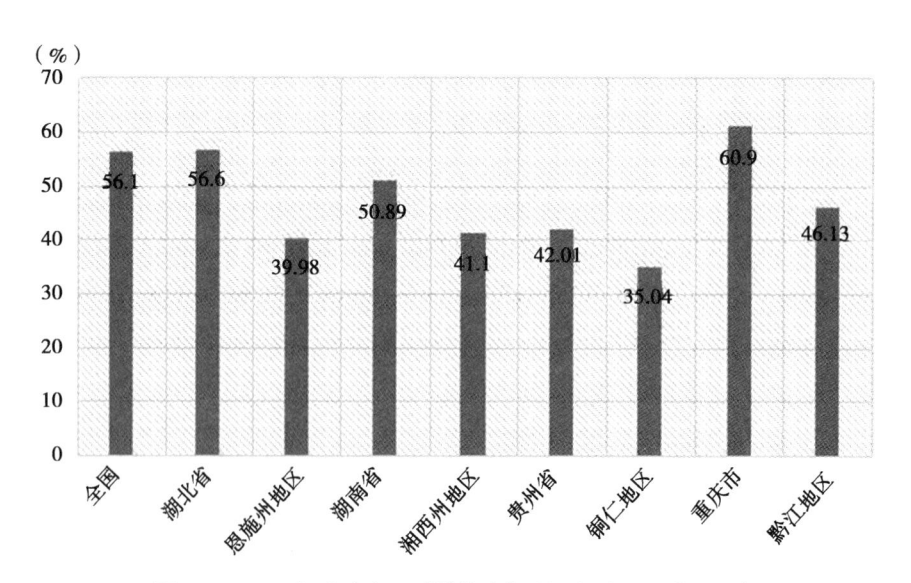

图 3-2 2015 年武陵山区城镇化率与所属行政区及全国比较

镇化区和低人口城镇化区5类。根据美国城市学者诺瑟姆1979年提出的"城市化过程曲线"，武陵山民族地区处于城镇化初始阶段（<30%）、加速阶段（30%—60%）、稳定阶段（>60%）的县（市、区）占比分别为

22.64%、69.81%和5.66%，即过1/4的县（市、区）尚未进入快速城镇化阶段，超过一半的县（市、区）正处于快速城镇化阶段。

表 3-3　武陵山民族地区各县（市、区）人口城镇化水平分类

类型	县（市、区）名称
高人口城镇化区（65%以上）	吉首、鹤城
较高人口城镇化区（45%—65%）	恩施、黔江区、永定区、武陵源区、万山特区、靖州苗族侗族自治县
中等人口城镇化区（35%—45%）	利川市、武隆县、石柱土家族自治县、咸丰县、五峰土家族自治县、慈利县、桑植县、龙山县、花垣县、保靖县、泸溪县、古丈县、秀山土家苗族自治县、玉屏侗族自治县、洪江
较低人口城镇化区（30%—35%）	巴东县、建始县、宣恩县、来凤县、鹤峰县、长阳土家族自治县、彭水苗族土家族自治县、酉阳土家苗族自治县、凤凰县、沅陵县、辰溪县、溆浦县、麻阳苗族自治县、中方县、芷江侗族自治县、永顺县
低人口城镇化区（30%以下）	会同县、新晃侗族自治县、通道侗族自治县、江口县、石阡县、思南县、德江县、印江土家族苗族自治县、沿河土家族自治县、松桃苗族自治县、道真仡佬族苗族自治县、务川仡佬族苗族自治县

（三）产业结构不够优化

城镇化建设的根基是产业发展，有了产业支撑这个基础性条件，城镇内的人才有发展的依托。否则，城镇化就成了空中楼阁，无法立足。一般来说，城镇化中产业支撑的要求是第一产业发展水平较高，第二、第三产业比较发达，这样能提供城镇化发展的物质基础，同时也能提供有效的人力资源。换句话说，第一产业发展，劳动力才能从土地束缚中解脱，才有了进入城镇的可能性，第二、第三产业比较发达，从土地上解脱出来的劳动力才能有从事新的劳动活动的平台，才能真正生存发展。

武陵山区目前很难达到上述较为理想的产业发展状况，因为在这块典型农业区域内，绝大多数区县市来自第一产业的收入占总收入的60%以上。第二产业则以资源粗加工业为主，不仅工业总量小，且整体处于工业化初期阶段。第三产业中，旅游业虽有所发展，但仍是以沿袭传统的商业、饮食业和服务业为主，创新驱动严重不足。从图3-3可以看出，各地区产业结构明显失调，第一、第二产业仍然占有较大的比重；图3-4中，各地区人均生产总值不仅低于所属行政省区的平均值，更低于全国平均水平。

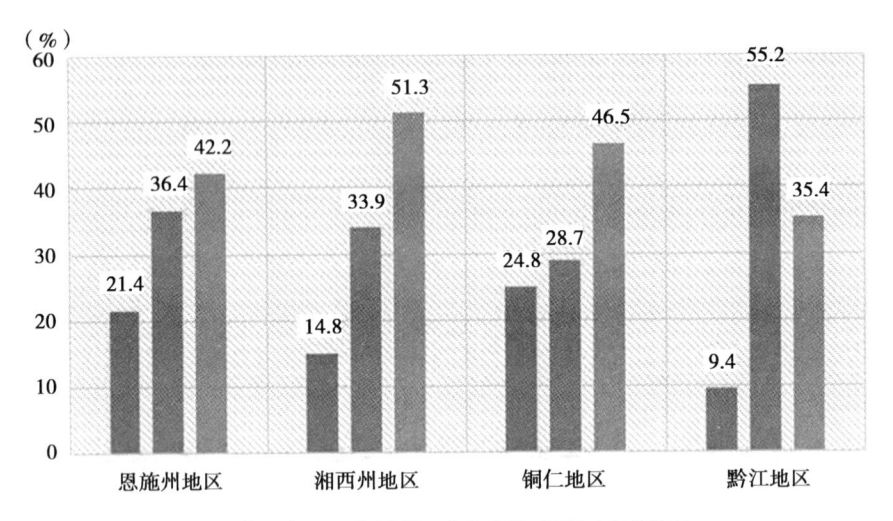

图 3-3 2015 年武陵山民族各地区三次产业结构比重

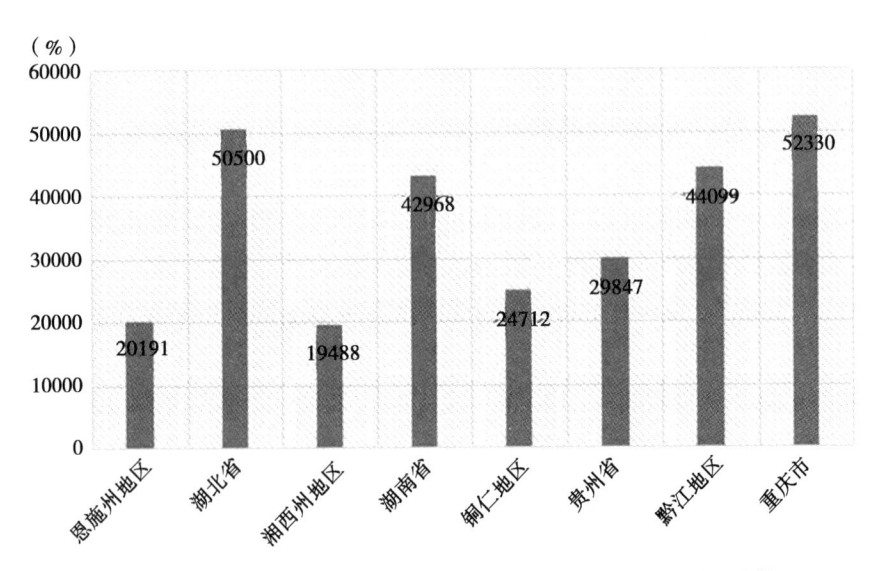

图 3-4 2015 年武陵山民族各地区人均生产总值与所属行政区比较

(四) 各地区内县 (市、区) 产业城镇化空间差异明显

表3-4将武陵山民族地区分为高产业城镇化区、较高产业城镇化区、中等产业城镇化区、较低产业城镇化区和低产业城镇化区5类。其中,吉首市、鹤城区、黔江等地区的产业城镇化率均高于90%,与全国及重庆、

湖南的产业城镇化水平相当，高于湖北、贵州的产业城镇化水平。

表 3-4　武陵山民族地区各县（市、区）产业城镇化水平分类

类型	县（市、区）名称
高产业城镇化区（90%以上）	吉首、鹤城、黔江、万山、永定、武陵源区、沅陵、花垣县
较高产业城镇化区（80%—90%）	恩施、石柱县、武隆县、彭水县、酉阳县、秀山县、保靖县、凤凰县、泸溪县、辰溪县、中方县、玉屏县、新晃县、桑植县、慈利县
中等产业城镇化区（75%—80%）	巴东县、建始县、来凤县、鹤峰县、咸丰县、麻阳苗族自治县、古丈县、芷江侗族自治县、洪江、通道侗族自治县、会同县、靖州苗族侗族自治县、溆浦县
较低产业城镇化区（65%—75%）	利川市、长阳土家族自治县、宣恩县、龙山县、务川仡佬族苗族自治县、永顺县、道真仡佬族苗族自治县、德江县、印江土家族苗族自治县、沿河土家族自治县、松桃苗族自治县、务川县、江口县、石阡县、思南县
低产业城镇化区（65%以下）	五峰土家族自治县

说明：文中产业城镇化率计算方式：第二、第三产业增加值/该地区 GDP 的比重。

（五）城镇体系尚未健全

"城镇体系是以若干城镇作为主要组成要素的地理系统，由规模等级不同、空间分布有序、职能分工明确的城镇规模结构、空间结构和职能结构构成。"[①] 武陵山区在城镇规模、空间布局、城镇职能等诸多方面都未能达到较为理想的状态：第一，缺乏大中城市的引领。在一个特定的区域内，理想的城镇规模结构应当是有一定数量的大中城市和数量更多的小城镇构建成网状结构，较为均匀地分布在区域内。既能发挥大中城市在区域发展中的引领作用，也能提升小城镇在城镇化建设中的协调补充作用。按照国家相关部门制定的城镇人口规模分类标准，[②] 对武陵山区各县（市、区）进行规模等级划分（如表 3-5 所示），可以看出武陵山区大中城市严

[①] 邓正琦：《武陵山民族地区城镇化特征及发展趋势探讨》，《湖北社会科学》2009 年第 3 期。

[②] 2014 年 10 月 29 日国务院发布的《国务院关于调整城市规模划分标准通知》（国发〔2014〕51 号），将城市划分为五类七档。城区常住人口 50 万以下的城市为小城市，其中 20 万以上 50 万以下的城市为Ⅰ型小城市，20 万以下的城市为Ⅱ型小城市；城区常住人口 50 万以上 100 万以下的城市为中等城市；城区常住人口 100 万以上 500 万以下的城市为大城市，其中 300 万以上 500 万以下的城市为Ⅰ型大城市，100 万以上 300 万以下的城市为Ⅱ型大城市；城区常住人口 500 万以上 1000 万以下的城市为特大城市；城区常住人口 1000 万以上的城市为超大城市。

重缺位、城镇规模普遍偏小。

表 3-5　　2012年武陵山区 8 个主要城市人口和建成区面积对比

城市	城区常住人口（万人）	城区人口密度（人/平方公里）	建成区面积（平方公里）
怀化（鹤城区）	51.24	8540	60
恩施	35.41	17705	20
张家界	25.78	8056	32
利川	22.25	15893	14
吉首	22.14	7688	28.8
铜仁	20.21	4491	45
黔江	19.1	9550	20
洪江	15.49	25817	6

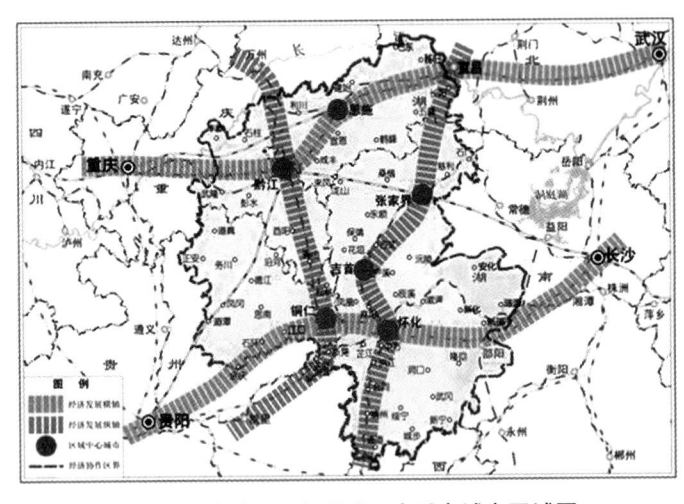

图 3-5　武陵山区与周边四大重点城市区域图

资料来源：《湖南日报》多媒数字版，2014 年 4 月 12 日 http://hnrb.voc.com.cn/hnrb_epaper/html/2014-04/12/content_810670.htm?div=-1。

第二，城镇空间布局受自然环境影响明显。武陵山区整体来说山大人稀，人口通常集中在自然环境较好，特别是交通较便利、水源充足的地方。如区域内沿乌江、清江、澧水、沅江、资水等主要河流就分布着诸多小城镇。而且，从地形上来看，大多数城镇都是建在地势平坦的"盆地"或者"坝子"上的，这是千百年来当地人民在发展历史中不断选择的结果。正如学者所说:"受山地复杂地形和历史发展影响,武陵山民族地区城镇空间布局表现出明显的交通、地形指向性特点……城镇密度在地形上明显表现出由平地、浅丘向山地、深丘渐次减弱的不均衡分布特点。"[1]

第三,城镇职能结构较为单一。通过上述第一点我们可以看出在武陵山区没有所谓的大城市,现有的城镇结构分成中心城市、县域中心城区、基层乡镇三个层级。这些城镇各自成为辖区内的政治经济文化中心,没有形成差异化发展,为寻求发展相互之间的竞争性关系远远超出了协作性关系,区域协调发展所需要的合理分工协作关系和资源跨省区优化配置难以实现。

第三节 武陵山民族地区新型城镇化建设类型的个案呈现之一:特色村寨保护与城镇化建设发展[2]

总体来看,武陵山区在城镇化建设进程中已经迈出了坚实的步伐,特别是近年来在国家多项政策的扶持下,地方政府整合资源,齐心协力,以高度的责任感和使命感带领各族群众积极探索和创新,使得沉寂的武陵山区呈现出蒸蒸日上的气象。用调查过程中不少访谈对象所说的话来形容,在这一地区内的恩施、铜仁、吉首、黔江等地,不仅仅使城市面貌有了翻天覆地的变化,随着交通条件的改善,外来流动人口也不断增加,为当地经济社会发展注入了无穷的动力。城市漂亮、美观、个性鲜明并充满活力,让人们能够直观地感受到这些地区在城镇化建设方面所取得的巨大成就。在统一推动新型城镇化建设的热潮中,我们观察到其实在具体的地方发展策略上,各地在共性的基础上还是充分展示了自己的个性,根据掌握的资料,我们可以做出如下的分类,以此更细致地厘清武陵山区新型城镇化建设的现状。

---

[1] 邓正琦:《武陵山民族地区城镇化特征及发展趋势探讨》,《湖北社会科学》2009 年第 3 期。

[2] 本节主体内容来自课题组成员已发表的阶段性成果,具体见《少数民族特色村寨保护与发展契机下的城镇化建设研究——下谷坪土家族乡的社会学考察》,《三峡大学学报》(人文社会科学版) 2013 年第 2 期。

一 特色村寨保护与发展

从 2009 年起，国家民委与财政部开展少数民族特色村寨保护与发展试点工作。经过近几年的推进，该项工作的成效正逐渐凸显，不仅仅在抢救和保护少数民族特色村寨的传统和文化上取得了骄人的成绩，也切实促进了少数民族地区的发展，帮助大量少数民族成员实现了脱贫致富的愿望。2012 年 12 月，国家民委正式下发《少数民族特色村寨保护与发展规划纲要（2011—2015 年）》，其中基本原则中指出：科学规划、统筹兼顾。从自身优势出发，与扶贫开发、生态旅游、文化保护区和新农村、新牧区建设相结合，与当地的各专项规划相衔接，统筹兼顾，做到科学合理、依法办事、量力而行。而且把改善村寨生产生活条件、大力发展特色产业、重点推进民居保护与建设、加强民族文化保护与传承等作为主要任务。[①]

这一政策的受益者、神农架林区唯一的少数民族乡——下谷坪土家族乡，更是充分利用该乡兴隆寺村和金甲坪村被纳入少数民族特色村寨保护与发展范畴的机遇，创新性地走出了一条民族地区城镇化建设之路。在列举新型城镇化建设个案时，我们把这一成功案例放在第一位，一方面是在对该乡进行深入调查的基础上，通过对整个建设过程的系统考察，总结经验和成绩，并就目前存在的系列问题提出应对策略；另一方面，特色村寨建设在武陵民族地区开展的时间跨度较长，涉及村寨较多，从目前国家民委命名的两批"中国少数民族特色村寨"来看，在武陵少数民族地区的就超过 120 个。但是各地特色村寨建设的整体效益参差不齐，因此，也希冀对更大范围内的少数民族特色村寨保护与发展和民族地区城镇化建设工作提供有益的借鉴。

二 调查点简介

下谷坪土家族乡位于神农架林区西南部，是 1995 年经省政府批准成立的少数民族乡。地理位置为东经 110°32′，北纬 31°28′，地处大巴山东端的神农架山脉南麓，是湖北省与重庆市、陕西省接壤的"口子乡"，也是神农架林区西南的"门户"，周边与重庆市的巫山县、陕西省的安康

[①]《国家民委关于印发少数民族特色村寨保护与发展规划纲要（2011—2015 年）的通知》，国家民委门户（http://www.seac.gov.cn/art/2012/12/10/art_149_172616.html，2012 - 12 - 10）。

市、本省的巴东县等县市的7个乡镇相连。该乡东靠神农架国家级自然保护区内的"华中第一峰"——神农顶，南瞰"神州第一漂"的神农溪，西连风光旖旎的重庆"小三峡"，北依"天下第一美"的大九湖国家级湿地公园。境内有太和山、三十六把刀、小武当、发水洞、"南方丝绸之路"古盐道遗址、明清古墓群和稀世碑文等丰富的旅游资源。也有堂戏、皮影戏、鼓儿车、九字鞭等独具民族特色的地方文化。相传，炎帝神农氏在山顶搭架采药，发现山脚下土地肥沃，山灵水秀，风光绚丽，百姓勤劳，气候宜人，便在此试种并成功发明"五谷"，"下谷坪"因此而得名。全乡国土面积216平方公里，散居着汉族、土家族、苗族、彝族、回族、藏族、白族七个民族群众6400人，少数民族占78%。辖6个村42个村民小组。是神农架"一轴两翼"旅游格局中西翼的重要组成部分，也属鄂西生态文化旅游圈中的核心区域。

2011年神农架林区少数民族特色村寨保护与发展项目之一便在该乡兴隆寺村和金甲坪村启动。这两个村分布在横穿下谷坪集镇的板桥河两侧，在历史的长河中积淀了土家族人特有的气质，显得安详、恬美。经过近两年的建设，现如今走进下谷坪集镇，人们可以发现一河两村，风貌新颖又和谐一体，如同一对姊妹花一样，向过往的客人和村民们展示着自己最妩媚的风光。基本形成了有山区特色、土家民族风情的旅游村寨。

三 特色村寨与城镇化建设同步推进举措

根据少数民族特色村寨保护与发展选点的要求，村寨需要是"少数民族人口聚居且比例较高，主体民族为世居少数民族；村寨民族特点比较突出，对保护和传承少数民族文化具有一定价值"，[1] 并以50户以上、集中连片的自然村寨最为合适。下谷坪土家族乡的两个村寨正好符合上述要求，而且这两个村作为乡集镇的所在地又是推动城镇化建设的主阵地，无疑为同时做好这两项工作提供了天然的便利。当地政府部门也正是敏锐地发现了这一契机，采取稳健的措施，探索出一条具有代表性的发展之路。

（一）积极动员，营造良好建设氛围

对于该乡的少数民族特色村寨保护与发展和城镇化建设工作来说，二

---

[1] 《国家民委办公厅财政部办公厅关于做好少数民族特色村寨保护与发展试点工作的指导意见》，民办（经济）发〔2009〕315号。

者一体两面，联系紧密，而且对于地方发展来说，这是一项系统性的庞大工程，涉及建设多，范围广，仅靠乡村干部的力量，是难以完成的。因此，在开展一系列工作之初，当地政府便以大力度宣传凝聚各方力量推动建设。宣传和动员的策略是建立立体化的网络。

一是以乡镇干部为管理核心，实行分工负责制度。由于建设任务涉及面大，时间跨度较长，为了有序开展工作，该乡成立了50多人的特色民居改造工作组，采取分解法，把整体建设任务按不同性质分成多个部分，以3—5人为一组，分工负责。如此一来，一项庞大的工程就变成了相互联系而又各具独立性的小型任务，每名干部十分明确自己所应当担负的责任，优化了管理系统的运行状况，避免管理上混乱局面产生。如同当地干部所说，形成了"千斤重担众人挑，人人身上有指标"的格局，切实调动了广大干部参与特色民居改造的积极性，增强了推动建设的力量。

二是以广大群众为建设主体，充分调动群众参与建设的积极性。特色民居改造工程、城镇化建设最终的受益者是人民群众，广大群众能否支持、参与到其中是成功的关键。所以该乡在全乡范围内开展了深入细致的宣传活动。通过组织工作专班深入村组召开群众会议、张贴宣传海报、组织文艺宣传表演等形式，将建设的重大意义广泛向群众宣传，营造干群齐心的和谐局面。

三是以部分存在疑虑的群众为重点，进行耐心细致的解说。由于涉及民居改造、征地拆迁等十分敏感的问题，部分群众存在顾虑。为此，在广泛宣传的同时，该乡有针对性地组织人员对这部分群众进行解释，帮助他们算好经济账、环境账、效益账，打消他们的观望、顾虑情绪。使得广大群众树立起建设与保护并进的观点，参与建设的积极性空前高涨。通过上述灵活有效的工作方式，在引导广大群众支持建设、形成良好建设氛围上做足了准备工作。

(二) 同心协力，以特色民居改造为重点

民居保护和改造是少数民族特色村寨保护与发展的重中之重，具有民居需要保护与改造的紧迫性、民居改造后新面貌的直观性、民居改造过程对地方经济发展的带动性等诸多特点。所以在建设伊始，就充分调动了各方力量，其中既有各级政府的指导，有基层干部的辛勤付出，也有村民们的积极配合。应当说民居改造所取得的成绩是大家齐心协力、共同奋斗的结晶。2011年特色村寨建设伊始，神农架林区党委政府就从促进少数民族传统文化保护与发展、促进林区各民族共同发展的战略高度，于年初召开专题会议，把下谷坪土家族乡特色村寨建设项目纳入全区"十大"民生重点工程项目，筹措资金2300多万元，遵照"政府引导、村民为主；因地制宜、民族特色；统筹规划、合理布局；统一建设、综合配套"四大原则，对下谷坪土家族乡的金甲坪村和兴隆寺村少数民族特色村寨进行修复和改造，对老居民区步行街、河堤、人行彩桥、护栏、防洪沟、民居房屋立面景观带、停车场、村寨美化、亮化、堂戏演出场地进行改造和扩建。

所有改造均以突出民族特色为前提，注重体现建筑物"简约、明快"的特色，采取"复古创新"的办法，在保护中创新、在创新中保护，使乡集镇在短期内取得了民族文化浓郁、历史气息厚重、村寨面貌一新的突出的巨变。到目前为止，共完成特色民居改造170户，完成投资600万元。为了容纳更多人口，扩大集镇规模，把生存环境恶劣的村民进行整体移民安置，第一期移民安置房已全面动工建设，建设规模为4000平方米，层高六层，第一层为门面房，其余共25套安置房，投资300万元。与此同时，为了充分利用特色村寨保护项目对该乡城镇化发展的带动作用，按照"统一规划，统一设计"的思路，整合资金，整体推进，对横贯该乡的主公路"双神线"（神农架至神农溪）沿线民居进行改造。截至目前，共进行民居立面改造194户，打造一条与地域风貌和民族文化相一致的景观路带，在较短时间内勾勒出一个古色古香又具现代气息的土家特色集镇雏形。

在此期间，当地政府也积极与施工人员沟通，确保建设高效优质。少数民族特色村寨保护与发展和城镇化建设，对于地方来说，是一项长远的基础性惠民工程，必须有优质的质量作为保障。为此，该乡常年聘请了中南设计院设计师，对建设无论是从整体上还是从细节上都力求完美。监理人员也严格对施工过程、施工工序进行检查，对每个工地安全文明施工进行监督。施工人员也都兢兢业业地为工程付出，一有问题立即整改，在建设过程中杜绝质量漏洞和安全隐患。

（三）因地制宜，发展乡村特色产业

特色产业的发展本是少数民族特色村寨保护与发展的题中之意，而对于提升城镇的影响力和吸引力，巩固城镇化建设成果，特色产业的发展更是发挥着决定性的作用。也即对于上述两项工作，其最终的落脚点还是放在经济发展和村民增收上。对此有着清醒认识的地方政府，一方面积极与上级各部门联系，争取资金，争取技术指导，建立和发展了符合当地实际、具有较强竞争力的生态农业基地。先后扶持了 200 多万元发展黄连、魔芋、独活、中蜂等特色农业产业，建立起 1250 亩现代农业茶园。目前，已开发出"黄连花茶""神农五谷""神农五味""下谷蛮蒜""下谷百花蜜"等绿色产品。另一方面，为了使基地建设的效益具有持续性，当地还积极创造条件进行招商引资，现已开工建设一家总投资在千万元以上的农特产品加工企业，为当地特色农产品铺好销售渠道，提升特色产品附加值。再者，从将来的发展趋势来看，随着宜巴高速和双神线改造等交通网络的完善，随着湖北武陵山少数民族经济社会发展试验区内协调发展进一步完善，该乡区位优势将会大大提升。当地政府为此进一步明确了集镇功能，改变目前该乡仅仅作为联结神农架与神农溪的中间站，是湖北"一山两江"旅游格局中游客集散地的定位，向着旅游目的地方向发展，为特色村寨建设和城镇化建设提出更高的目标，借此机会做大做强旅游业。因此，在积极筹备开发下谷乡现有旅游资源外，考虑到以后旅游人数增加，使游客在当地能够"吃、喝、玩、乐、享、购"，创造性地把特色村寨纳入旅游业整体发展规划中。把集镇作为以后接待游客的窗口，功能定位于便于游客参观、休闲、购物、食宿和了解土家族传统民俗风情。截至目前，街道整治工程、弱电线路下地、管沟建设、河堤护栏安装、路灯安装工作已全面完成；建成景观防洪河堤 4000 米，完成投资 400 万元；步道板铺设 3000 米，完成投资 1000 万元；完成老字号及传统店面牌匾设计安装 100 块。与神农架神旅集团达成协议，计划建设一座投资 2000 万元的精品酒店，也开始土地征用等准备工作。虽然目前这些设想的实际经济利益体现不是很明显，但相信以后这种未雨绸缪的布局定会体现出其对当地经济发展巨大的促进作用。

（四）重视文化，提升村寨人文素养

2009 年国家民委办公厅、财政部办公厅在关于做好少数民族特色村寨保护与发展试点工作的指导意见中就把文化保护与发展作为重要工作内容之一。下谷坪土家族乡具有悠久的民族历史和少数民族文化资源，在加强特色村寨的保护和城镇化建设过程中，十分重视对千百年来下谷土家族文化的传承和创新，力争以文化为支撑，提升村寨整体的人文素养，从而创建一个文化气息浓郁、独具民族特色的城镇。在当地政府部门的精心组织下，积极与乡文化名人和民族文化爱好者联系，做好民族文化挖掘整理工作，把那些内嵌入群众日常生活的文化事项以科学的方式进行记录和保存，并对其中濒临消亡的部分予以重点保护。同时，积极探索民族文化保护与发展，传承与创新的新路径，以湖北省级民族传统文化《下谷堂戏》和《下谷皮影戏》为支撑，以"政府支持，公司化经营管理"的模式组建了一支9人的文艺演出队，常年开展文艺演出，不断推进文化事业的繁荣，为地方发展增强文化底蕴。配套修建了堂戏和皮影戏演艺厅、土家戏台、农耕文化陈列馆、传统体育项目运动场地，用以展示特色民族文化，带动旅游及丰富村民的娱乐活动，改变了群众的精神面貌。看着属于自己民族的精彩文化，大家从内心里产生一种自豪感，不少人都以能够学习、了解和熟知本民族一两项民族文化事项为荣。从长远的发展来看，一个城镇要想获得较高的知名度和美誉度，除了先赋的自然资源和后天的硬件环境建设外，更重要的是必须有自己独特的文化作为发展的灵魂，以体现与众不同的文化底蕴和文化特质。从这点来看，该乡的诸多举措无疑是明智之举。

四 少数民族特色村寨保护与发展对城镇化的贡献

正如前文所述，特色村寨与城镇化建设齐头并进，相互之间是一种互相带动的关系，我们很难割裂二者之间的联系。但是，我们知道，城镇化毕竟是一个更大范畴的发展概念，其建设千头万绪。在该乡能够创造性地把二者合为一体，也是得益于当地特殊的村寨分布状况。也正因为如此，我们能够观察到，当地城镇化建设的成功或者说是某些变化是由特色村寨的保护与发展启动后所触发的。

（一）民族凝聚力增强，发展观念转变

特色民居的建成，具有重要的现实意义。首先，这些既具观赏性，又适宜居住的建筑物作为少数民族的象征符号，激发了少数民族群众热爱家乡、热爱生活、热爱本民族的激情。通过这些有形的具有民族特色的物质文化，少数民族群众能够从中感受到本民族的独特性，能够以此作为文化表征增强民族凝聚力。其次，特色民居较好地实现了彰显民族身份的功能，使之与以后的旅游业融为一体，成为吸引游客的重要文化资本。最后，特色民居的建成以一种潜移默化的形式影响了人们的发展思路。由于地理环境的限制，许多群众满足于温饱，对以后的发展毫无计划，甚至部分乡村干部也对发展束手无策。而如今置身于焕然一新的环境中，以前觉得遥遥无期的旅游业繁荣将会变成现实，群众纷纷计划着以后如何借助民族特色来招揽游客。各级干部在工作中也更加注重结合现实，转变发展观念，拓展发展思路，力争从原来简单的农业种植转变到农、商、旅游、服务、加工业齐头并进的格局上来。

（二）自然生态环境得到保护，人居环境得到改善

在前期的民居改造过程中，当地始终着眼于未来的发展，在设计施工时尽量保持建筑物与自然环境的协调，尽量减少对现有生态环境的影响，生活垃圾和污水处理都按严格的标准执行。现已建成简易污水处理设施工程3处、生活垃圾集中处理场4处，铺设少数民族群众安全饮水管道3公里。与此同时，通过在群众中大力宣传，营造了建设与保护并行的氛围，群众纷纷表示面对村容村貌的巨大变化，他们一定会更加珍惜和守护好来之不易的整洁环境。为加强对环境的保护力度，防患于未然，下谷乡还着手制定相关规章制度，对于污染水源、破坏环境、损毁特色建筑等现象进行教育和处罚。据当地村民反映，如今人们随手倾倒垃圾、向河流中排放生活污水等生活陋习已基本扭转。讲究整洁、保护环境的乡村文明风尚逐渐树立起来了。在风光如画的村寨中，村民们茶余饭后，大多三三两两走出家门，享受乡村的宁静和祥和。总体来说通过特色村寨的建设，当地充分利用了滨河景观和山体生态景观资源，在空间结构、景观塑造和建筑布局上都遥相呼应，打通山、水、屋之间的联系通道，使三者交相辉映，形成独特的、自然的、生态的、具有土家风情的宜居空间。从而触动了纯朴善良的村民们内心深处对美好生活的向往之情，也为解决城镇化建设中老大难的群众支持问题做好了铺垫。最好的佐证是在整个建设中，涉及征地等问题时，村民极少出现对立情绪。

（三）经济社会全面发展，城镇化建设成效显著

一是特色集镇风貌形成。下谷坪土家族乡一改过去集镇脏乱差、布局不合理的旧貌，亮丽窗口形象日益显现，鄂西最美民族特色集镇正在形成。2011年下谷乡被国家环保部授予"全国环境优美乡镇"。2012年年内，土家特色集镇迎来了重庆、恩施、宜昌等周边县、市、区党政系统参观、学习考察团体12个团次、500多人。

二是富民产业逐步形成。下谷坪土家族乡借少数民族特色村寨保护与发展的机遇，以市场为导向，建立了以茶叶、魔芋、干果为主体的生产加

工销售为一体的农业产业项目。成立了茶叶、魔芋专业合作社，成功注册商标"双神源"。在产业发展的推动下，国民生产总值近几年来年均递增40%，农民人均纯收入年均增长15.2%。2011年农民人均纯收入增收393元，达到4387元，首次突破4000元。农民消费水平不断提高，消费结构渐趋合理。农村绝对贫困基本消除。随着生活水平的提升也促进了生活质量的提高。

三是社会事业全面进步。城镇低保和农村低保做到了应保尽保，农村"五保户"实行了集中供养。先后开展了"十星级"农户以及精神文明创建等活动，有9家单位被评为全区文明单位，270户农民被命名为"十星级"文明户。全乡的经济发展水平和经济结构调整也得以全面提升，三次产业结构由"十一五"期间的42.1：47.2：10.7转变为如今的28.1：35.9：36.0。城镇化率也由2010年的26.5%提升至32.5%，并预计在2020年达到42.4%。

四是民族团结社会稳定，文化氛围浓厚。在经济社会发展的同时，坚持文化发展，2011年下谷乡确立了"政府引导、三点一线，多维支撑"的文化发展思路。即以民族学校为起点，以堂戏、皮影戏传承馆为基础，以演艺公司为市场终端的文化传承发展格局。编撰少数民族文化教材，供下谷民族学校师生学习。在民族学校毕业生和社会各界中招收有志于从事少数民族文化事业的青年，进行少数民族文化传承学习，将少数民族文化推广开来。积极鼓励个人和民间团体采取自办公司、合资经营等多种形式兴办文化演艺公司和实体，让少数民族文化走向市场。在这种氛围中，全乡干部群众积极参与各类文化活动，文化搭建起干部与少数民族群众联系的桥梁，进一步融洽了干群之间的关系，全乡呈现民族团结社会和谐的良好局面。

五是集体经济不断壮大，基层基础更加巩固。下谷坪土家族乡结合实际，多措并举，多方谋划，多渠道争取，努力破解村集体经济发展瓶颈。在少数民族特色村寨保护与发展工作的带动下，近两年内，全乡六个村的村集体经济发展取得了历史性的突破：金甲坪、兴隆寺村新建砂石料厂一座，年收益在5万元以上。三股水村、板桥河村以入股企业的方式，年收益6万余元。太和山村与神旅集团达成协议，由神旅集团每年支付资金5万元，作为旅游资源管理费用。相思岭村与自然保护区达成意向，由该村组织专业合作社收购药材、生猪、蜂蜜等土特产品，实现村集体经济增收

6万余元。

结合下谷坪土家族乡如今的发展现状，当地政府还确立了今后的发展目标：地区生产总值GDP在2015年的基础上翻一番，达到1.5亿元，年均增长25%；其中第一产业年均增长15%，第二产业年均增长15%，第三产业年均增长20%；财政收入达到1200万元，年均增长160万元；全乡社会固定资产投资达到14亿元；以太和山流域和"双神线"为干线的旅游景点景区带基本形成，实现接待游客15万人，年均增长25%，旅游经济收入达到500万元，年均增长25%；小流域治理初见成效；特色农业、种植业、中药材业、畜牧业得到较大发展；农民人均纯收入增长3000元，年增长率25%。

五 特色村寨与城镇化建设中的问题

就该乡特色村寨和城镇化建设并行的状况，或者是仅针对特色村寨的建设来说，本身就是一项系统性的创新工程，可借鉴的经验较少，加之当地两个村寨原有基础条件薄弱，因此，虽然地方政府提出"边摸索、边建设、边总结、边提高"的口号，但就目前的总体情况来看，还是有以下一些问题存在，应当引起注意。

一是平和心态，不能急于求成。有个别干部对特色村寨和城镇化建设任务的长期性和艰巨性认识不足。建设初期，大家热情都很高，希望能早点产生效益。但作为一项系统性的工程，要能够产生明显的成绩不是短时间就能实现的，特别是这两个村经济基础本身就十分薄弱，社会事业发展水平又明显滞后。所以这少部分人经过短期的热情高涨后，情绪低落，信心不足。这种消极的思想必须要扭转，要认清现实，做好长期奋斗的准备，积极主动地寻找破解难题的方法。

二是少部分群众的建设积极性还没调动起来。任何一项工作的开展离不开群众的支持和参与，只有广泛动员群众，让他们了解政策，拥护政策，才会促进工作的推进。虽然绝大部分兴隆寺村和金甲坪村村民都支持特色村寨建设，主动地投工投劳或是出钱参与。但依然有一小部分群众持观望态度。对此，地方政府必须进一步做好宣传工作，解除群众思想顾虑和抵触情绪，真正达到全民参与。

三是部门之间配合与协调工作有待加强。为了做好下谷乡两个村的特色村寨建设工作，诸多部门都参与其中，而且成立了工作领导小组，负责统筹安排。但是扶贫开发、城建、国土、文化等许多部门工作都与之有关，这些部门各有上级主管单位，各单位的工作目标也有差异，上级对这些部门的工作要求不一，验收标准不同。更重要的是，上级部门虽然对特色村寨建设有大的指导方针，设置了一些验收标准，但这毕竟不同于生产一个标准化的产品，没有固定的模式去模仿，也就使得各部门对特色村寨建设目标的理解不尽相同，这些都导致统一协调工作有相当的难度。所以，在以后的建设进程中，地方政府还要花更多的心血去组织协调，并考虑制定有效的协作机制，推进部门之间的协作。

六 推动特色村寨发展的建议

少数民族特色村寨建设是在新的发展时期，以保护、弘扬和发展民族传统文化为基点，以特色民居改造为突破口，从而促进少数民族和民族地区经济社会发展，提高人民群众生活水平，全面建设小康社会的重要举措。是国家落实党的民族政策，为少数民族群众办实事的具体体现。特别是在当前民族地区社会主义新农村建设逐渐走向高潮的关键时期，我们必须把这项工作做好做扎实，在实践中总结经验和教训，不断改进工作方法，转变工作思路，以确保此项工作顺利推进，取得成效。鉴于对下谷乡兴隆寺村和金甲坪村的调研所掌握的情况，我们提出如下建议。

（一）加强领导和监管力度，积极调动各方力量参与建设

政府部门要充分发挥主导作用，履行好公共服务职能，及时总结经验，并努力探索完善特色村寨建设的新举措。政府部门还要当好把关者，严格按照规划进行建设，及时接收和处理反馈信息，完善资金使用和项目建设公示制度，接收群众监督，保证建设工作的顺利进行。除此之外，还应当充分调动村民、企业、社会团体和科研院所等多方力量。村民是特色村寨建设的主要承担者和受益者，他们有义务和责任发挥主人翁的作用。要进一步建立好沟通交流平台，使村民表达意见和建议的渠道更畅通，调动他们的积极性，激发他们的创造性。企业、社会团体和科研院所等则是特色村寨建设必须依借的外部力量，要尊重他们，创造条件吸引他们，使他们所具有的资金优势、市场优势、智力优势能够弥补村寨自身的不足。

（二）正确把握特色村寨建设的核心目标

2010年7月在全国少数民族特色村寨保护与发展试点工作现场经验

交流会上,湖北省民宗委副主任胡祥华就特色村寨建设工作提出要"以特色民居改造为突破口加强村容村貌建设,以确保农民增收为目的培育特色产业,以保护少数民族传统文化为切入点推动民族文化传承和发展,以促进民族关系和谐为目标推进民族团结进步创建活动",[1] 这其实就是我们在特色村寨建设进程中需要把握住的核心目标。我们所实施的一切具体工作都要围绕此目标来进行。同时,要考虑当地的特殊情况,还必须把今后较长时间段内城镇化发展的因素考虑在内,所以要体现出五大结合,即特色村寨建设工作要与保护和传承民族文化相结合,与提高群众经济收入相结合,与保护民族地区生态环境、改善人民群众生活质量相结合,与增进民族团结进步相结合,与地方城镇化建设相结合。

(三) 突出工作重点,带动农村社会整体发展

从兴隆寺村和金甲坪村的发展现状来说,其工作重点依然在发展村寨经济上。可以说壮大村集体经济,增加群众收入,是其他所有工作的基础。缺乏经济实力增长的支撑,文化与社会事业的发展只能是镜中花、水中月。借着政策优势,特色村寨建设有了较为可观的资金投入,但这些前期资金投入的根本目的不是修建一些外表光鲜的建筑物,而是增强村寨自身的造血功能,培育村寨搏击市场的能力,使保护与发展走上可持续发展的良性循环之路。因而,在以后的实际工作中,各项工作要齐头并进,但又不能求全求大,应当脚踏实地,把保护与发展的基础奠定牢固。

通过调研,我们看到下谷乡特色村寨与城镇化建设取得了良好的阶段性成绩,看到了从干部和群众付出的艰辛努力,看到了人们对未来美好生活的期待。相信在以后的奋斗历程中,在各级党委政府的领导下,在社会各界的支持下,在当地各族群众共同奋斗下,"基础设施完善、农民增产增收、生态环境优良、民居特色浓郁、民族文化繁荣、民族关系和谐"的下谷特色村寨将会成为林区经济社会发展的一颗新星。而这项具有开创性的把少数民族特色村寨保护与发展同民族地区城镇化建设相结合的发展路径也会在实践中不断完善。

---

[1] 胡祥华:《湖北省少数民族特色村寨保护与发展工作实践与思考》,(http://www.hbmzw.gov.cn/structure/zwdt/ldhd/zw_ 15610_ 1. htm)。

第四节 武陵山民族地区新型城镇化建设类型的个案呈现之二：科教示范园推动城镇化发展

20世纪90年代初，为了使义务教育得到更为全面的普及，国家在农村地区投入了大量的财力物力修建小学，到20世纪90年代中期基本实现了"一村一校"，这为我国基础教育提供了强有力的支持，是国家繁荣、国力强盛的标志。但是，曾经为社会所广泛赞扬的社会工程，在经过短暂的繁荣后，潜在的诸多问题不断显现。这些问题主要体现在学校布局太过于分散，管理上、师资配备上、发展建设上都存在着困难，造成了基础教育运行管理成本居高不下。同时，社会发展所产生的三个变化也进一步淡化了"一村一校"的价值：一是随着城镇化水平的提升，不少农民离开村庄进入城市，村庄人口永久性的迁出；二是计划生育政策的延迟效果明显，农村学龄儿童总数降低；三是让大量农民工外出，子女也随迁进城，主动放弃在村庄上学。这三个因素都导致农村学龄儿童数量的下降，在调研中，我们经常在村庄中见到被废弃的学校，或者是偌大的学校只有十几个孩子和一两位老师在坚守。"一村一校"经过十余年的发展，迎来了另一个转变——"撤点并校"，即农村小学和教学点的撤销和合并，以解决前述问题。有学者认为"撤点并校"是在生源减少这个前因下所发生的，是一种因事而变的政策调整，对于教育改善有着积极的作用，能促进教育资源的高效配置。① 当然，也有学者认为这一做法实质上是优化了城镇中心完小的教育质量，并没有实现教育资源的优化配置，偏离了农村教育均衡发展的宗旨，同时还引发了诸如学生低龄住校、家庭教育成本增加等更多的社会问题。② 本节我们不专门讨论"撤点并校"的利与弊，而是以此为背景观察更大程度的教育集中对城镇化建设带来的影响。

---

① 参见范先佐、郭清扬《我国农村中小学布局调整的成效、问题及对策——基于中西部地区6省区的调查与分析》，《教育研究》2009年第1期。

② 参见单丽卿、王春光《"撤点并校"的政策逻辑》，《浙江社会科学》2015年第3期。万明钢《以促进教育公平和教育均衡发展的名义——我国农村"撤点并校"带来的隐忧》，《教育科学研究》2009年第10期。

一 龙凤科教示范园建设规划

这一节我们选定的调研地点是湖北省来凤县，该县从2012年起开始兴建来凤县龙凤科教示范园（也称作来凤教育城）。该项目是来凤县委、县政府结合县情科学论证、民主决策的一个重大民生项目，是湖北省重点建设项目之一，也是国家级龙凤示范区批复以来，启动实施的一个投资规模最大的公共服务建设项目，项目分为教育教学区和综合配套服务区。

该项目按照"百年教育名城"的目标定位进行规划设计，其占地规模、建设标准、功能配套在武陵山区"独树一帜"。按照"一次性规划、分期实施"原则建设。一期工程建设周期5年（2012—2016）；建设内容包括1所高中、3所初中、1所小学、幼儿园、1个职教中心（含中等职校、党校、老年大学、特校、师训中心）、1个科教中心（含教育信息管理中心、青少年活动中心、科技馆）、医院、安置小区、教师周转房及其他市政配套设施。规划用地4300亩，其中教育教学用地2500亩，综合配套市政设施用地1800亩。规划的二期工程，预计从2017年开始建设至2020年基本建成。建设内容包括市政基础设施、通讯、商业中心、金融服务、教育相关产业及其他配套服务体系。根据总体规划，龙凤科教示范园完全建成后总面积约6.7平方公里，相当于再建一座来凤新城，可同时容纳4万名学生学习生活，从根本上解决城乡教育差距，实现来凤人民享受教育公共资源均衡化的目标。为此，来凤县还专门进行了效益分析。

（一）社会效益

1. 加快教育"三集中"，缓解城乡"入学难"

教育城项目建成后，全县教育资源由此实现"三集中"优化布局，即县域内初高中向县城集中，小学向乡（镇）集镇集中并办成寄宿制学校，农村各教学点集中办成学前教育基地，从根本上解决城区中小学"超级大班"和农村学前教育资源短缺问题，破解城乡"入学难"，实现全县人民享受教育公共资源均衡化的目标。

2. 抢占武陵山区公共服务高地

教育城项目的兴建，一批优质中小学校的建成，必将吸引邻近的湖南龙山，恩施州内宣恩、咸丰、鹤峰等周边地区孩子前来就读，成为武陵山区教育公共服务集聚区，对推动龙凤示范区建设，加快来凤县域经济又好又快发展等，产生强大的辐射带动作用。

3. 加快龙凤一体对接，促进来凤城市化提速

教育城与湖南龙山县城新区隔河相望，直接连通湘鄂情大桥，项目建成后与龙山县城形成对接，将为"龙凤呈祥"增添亮丽色彩。随着教育教学区的拓展，商贸、金融等配套服务产业日益繁荣，项目区也将成为来凤城市拓展新区，与在建龙凤百亿产业园连成一体，使城市化进程得以提速。

(二) 经济效益

1. 融投资情况

龙凤科教示范园一期工程项目主要是财政投入的教育教学区校园及市政道路建设，2012年6月破土动工，预计在2016年12月前完成，预计总投资55077万元，其中政府财政投入41477万元，民资投入13600万元。教育教学区校园建设预计总投资29980万元（财政投入20980万元，民企投资9000万元）；市政道路建设预计总投资25097万元（财政投资20497万元，民企投资4600万元）。二期工程预计从2017年开始建设至2020年基本建成。主要完成学校远期建设规划及所有综合配套服务开发建设，全部由民营企业开发性投资支出。

2. 龙凤科教示范园建设投资情况分析

财政投资部分111477万元，其中：征地拆迁7亿元；市政道路公益设施20497万元；财政投资公办学校20980万元。

3. 政府收益预计约55亿元

其中盘活老校区资产2亿元（其中县城老校区15000万元、乡镇各校区集中节约5000万元）；收储土地开发收益约53亿元（规划总用地10638亩－市政道路用地约2000亩－校园建设用地约2000亩＝6638亩×80万/亩≈53亿元）。

二 龙凤科教示范园项目建设背景及意义

该项目的建设要旨是本着推动该县教育质量提升，促进教育公平，在与该县分管教育的县领导、教育局有关领导进行访谈后，他们一致认为示范园的建成不是地方政府随意的政策调整，而是有着迫切的现实背景，其意义对于来凤县的长久持续性发展十分重要。[①]

[①] 这一次调研的时间是科教示范园建成前的2014年1月。

(一) 来凤县基本情况

来凤县辖6镇2乡1个省级经济开发区，国土面积1342平方公里，人口32万人。近年来，随着龙凤示范区和湖北武陵山试验区建设的不断深入，城镇框架逐渐拉大，产业、人口聚集效应进一步凸现，加快了以县城为中心、百福司等4个重点镇为节点的"一区三极"城镇化发展新格局的形成。县城规模由2010年的7.5平方公里发展到15平方公里，城区常住人口由2010年的7.75万人增加到10.47万人；全县城镇常住人口达到13.97万人，2016年城镇化率达到43.6%，比2010年提高6.5个百分点。

(二) 基础教育情况

来凤县3—5岁幼儿14129人，在园幼儿7327人，城区幼儿园15所，乡镇20所，学前一年入园率100%，学前两年入园率67.3%，学前三年入园率47.1%。全县60所小学共有20983名学生，其中城区5所小学在校学生数占全县小学生总数的40.84%；11所初中共有9055名学生，其中城区3所初中（含1所民办初中）的在校学生总数占全县初中学生总数的61.35%。高级中学3所（含职高和1所民办高中），在校学生8122人。城镇小学在编教师233人，农村小学在编教师1192人；城镇初中在编教师133人，农村初中在编教师580人；高级中学教职工381人。城乡教育不均衡的问题日益凸显，极大地影响了全县教育教学质量的整体提升，这些问题主要体现在如下方面。

1. 城乡教学质量不均衡

近年来，该县城乡中小学教学成绩反差越来越大，严重地影响到来凤整体教育教学质量的提高，同时也为高中阶段教学带来极大影响。以2013年中考为例，前50名考生全部在城区3所初中（县实验中学、接龙中学、春晖学校）；前100名考生，8所乡镇初中仅有2人。在2013年的一次全县调考中，城乡初中的总积分差距一度达到556分。

2. 城乡生源分布不均衡

随着城镇化进程的加快和家长对优质教育资源的渴求，大量农村学生流向县城，城区学校"超级大班"现象十分普遍，而乡镇则出现了很多"微型班级""微型学校"。以小学一年级为例，2013年秋季学期，26个农村教学点不足30人的有23所，最少的仅有3人。而县城实验小学12个班最大班额达到86人。城区中小学教师疲于奔命，管理难度大，培优辅差无法到位,全面提升教学质量难以实现。而乡镇学校由于优质生源的流失,教师的积极性受到挫伤,加之不得不采用复式教学,教学质量难以得到有效提升。

3. 城乡师资配置不均衡

首先是骨干教师的分配不均,近年来,不少农村中小学骨干教师大量涌向城区,导致农村中小学开课困难,不少课程由非专业教师顶替,尤其是农村小学英语,大部分是短期培训后的非专业教师,教学质量受到严重影响。其次是教师数量的配备不合理,城镇小学、初中在校学生数分别占全县小学、初中学生总数的40.84%、61.35%,但在编教师仅占全县小学、初中在编教师的16%、18%。最后是学前教育阶段的专任幼教人员城乡分配不均,大部分农村幼儿园幼教人员不具备专业素质,不按大纲要求教学,农村孩子无法接受优质的学前教育。

4. 城乡教育设施配置不合理

按照国家规定,大量的教育项目应当安排在农村中小学,但农村生源萎缩,造成教育资源严重闲置。如该县百福司镇河东村小学占地8亩,却只有2名教师与21名学生;再如该镇新才沟村小学,2007年国家电网为其投资修建了两栋高规格的教学楼,如今只有一个学前班。与之相反的是,城镇中小学却人满为患,校园面积狭小,安全隐患突出。如县城实验小学占地面积仅20.2亩,4782名学生生均校舍建筑面积仅3.40平方米,远远达不到省义务教育学校办学基本标准规定的5.66平方米的基本要求。

三 龙凤科教示范园建设意义

《国家中长期教育改革和发展规划纲要(2010—2020年)》确立了"基本实现教育现代化,基本形成学习型社会,进入人力资源强国行列"的战略目标。湖北省委、省政府提出"到2015年,基本建成教育强省,到2020年,基本实现教育现代化,基本形成学习型社会,进入教育强省和人力资源强省前列"的战略目标。为把来凤建设成为武陵山片区重要城市、州域副中心、州域经济重要支撑城市,来凤县委、县政府确立了打造"区域教育五高地"目标,建成深化武陵山区教育体制和机制改革的先行高地、前沿教育思想和理念的形成实践高地、高素质人才的聚集培育高地、先进文化的创新引领高地、龙凤一体化发展的人才支持与智力保障高地。基于这一背景,来凤县委、县政府多次深入调研,广泛征求各方意见和建议,作出了调整教育布局,建设龙凤科教示范园的决定,通过整合教育资源,优化教育配置,有序推进义务教育均衡发展,让城乡人民共享优质的教育公共服务,从根本上解决制约教育发展的矛盾和问题,促进来凤教育事业健康快速发展。[1]

(一) 打造来凤向教育强县跨越的名片

来凤县在十四次党代会上确立了建设"武陵山区经济强县"的奋斗目标,而抓经济发展的最终目的是更好地保障和改善民生,让人民群众"学有所教、住有所居、老有所养、病有所医";党的十八大提出"转变经济发展方式",一个重要方面就是要由主要依靠增加物质资源消耗向依靠科技进步、劳动者素质提高、管理创新转变,而转变经济发展方式,推动产业结构升级,归根到底离不开人才支撑,这些现实原因要求来凤必须在加快经济强县建设的基调下,实现现代教育事业的跨越发展。为完成全面建成小康社会的重大使命,实现县十四次党代会提出的"3+1"奋斗目标,来凤将"教育强县"建设作为人才工作和未来经济社会发展的重要抓手,以建设科教示范园为核心和重点,全面推进地方基础教育、职业教育的健康协调发展,并将科教示范园作为一张名片,来提高来凤教育的综合实力和影响力。

(二) 创新山区现代教育发展模式的有益探索

国内连片特困山区,自然资源禀赋、经济社会基础、地理区位结构不同,实现教育健康长足发展的路径和模式选择也不同。选择怎样的教育发展模式、路径,让山区教育尽快走出深山,是地方党委政府、教育主管部门和教育工作者要着力探索的课题。从现实来看,来凤要尽快实现教育教学质量的提升,内部要抓办学条件的改善和教师队伍的建设,外部要抓良好教育生态的形成,更要积极学习先进的教育教学理念,敢于创新办学方式,不断提高办学水平。来凤实行教育布局调整、建设龙凤科教示范园,实现校点合理布局、教育均衡发展,为形成教育全覆盖和集团化办学、联合办学等多元化办学体系打下坚实基础,是践行省委书记李鸿忠提出的"四个领先"重要指示精神,立足本地实际,着力推进来凤教育事业快速发展的具体体现。同时实现以教育科研为引领,为联片教研、联校教研打

---

[1] 本节资料来源于由来凤县教育局成立的联合调研组2014年撰写的内部报告《办好龙凤科教园区、打造边区教育高地——关于来凤县龙凤科教示范园建设的调研报告》。

造良好载体，开辟山区教育教学改革的新路径，实现区域教育教学质量的整体提升，是山区探索现代教育发展模式的创新。

(三) 推进龙凤公共服务一体化的重要抓手

2011年10月，国务院批复设立"武陵山龙山来凤经济协作示范区"，赋予龙凤示范区全面推进包括公共服务在内的10个一体化建设，为区域一体化发展发挥示范带动作用的重要使命。按照城区面积60平方公里、城区人口60万人的城市规模和武陵山片区重要城市和经济增长极的建设目标，以及公共服务一体化的要求，龙凤示范区要优先发展教育，不断改善义务教育办学条件，统筹考虑城乡中小学布局。来凤建设龙凤科教示范园就是先行先试、主动作为，以在武陵山区打造具有竞争力、集聚力的教育园区为抓手，不断优化教育资源配置，实现基本公共服务一体化，为满足未来龙凤示范区城区60万人民群众对公共教育的需求、实现基本公共教育服务均等化打下坚实基础，为来凤建设区域性中心城市提供人才支撑和智力保障。

(四) 做大区域性教育高地的综合平台

随着"两区"建设的不断深入，打造区域性教育高地，实现教育现代化，已成为来凤教育改革与发展的战略选择。来凤县委、县政府以建设龙凤科教示范园为着力点，超前规划，描绘了一幅武陵山区教育高地的宏伟蓝图：一是在办学规模、资源总量、质量水平、教育特色、发展潜力等方面有比较优势，综合实力强。二是经费来源有保障，投入政策落实好，办学条件标准化，并适度超前。三是师资队伍数量够用、结构合理、质量较高、待遇较好。四是区域内教育均衡协调发展，普及程度较高。五是拥有一批具有影响力的品牌学校，教育教学质量提升。六是教育对经济社会产生的综合效益，教育的综合竞争力和吸引力大大增强，在周边地区具有较强的影响、辐射和示范效应。龙凤科教示范园建成后，将极大地缓解城乡教育资源分配不均，实现教育布局科学合理，并将以一流的条件、先进的设施和更加多元化的办学体系，成为武陵山区教育公共服务集聚区和核心区，成为打造区域性教育高地的坚实平台。

四 龙凤科教示范园建设现状

2016年7月我们调研组再次对来凤县科教示范园进行了调研，以比较一期工程建设完工后所产生的变化。

（一）基础设施建设情况

目前已征收土地10466亩、房屋305户，搬迁坟墓628座。累计兑现补偿资金6.2亿多元。已完工建设的有教育大道、1、3、7、14、15、16路。其中，围绕华中师范大学来凤附中校区周边的四条道路已建成通车；教育七路西段、十四路、十六路水稳摊铺已完成，教育教学区内路网骨架基本形成。还建小区项目有11栋单体高层住宅楼，共1006套，可安置3000人，于2015年年底已交付使用。

（二）园区内学校建设情况

1. 华师大来凤附中校区

2014年8月24日，华中师范大学来凤附属中学挂牌成立，一校双名，原"湖北省来凤县第一中学"名称保留。新建成的学校占地面积276亩，一期用地面积226亩，总建筑面积71139平方米，办学规模3000人，已于2015年1月全面投入使用。

2. 来凤县高平实验学校

来凤县高平实验学校是经来凤县教育局批准，省教育厅备案后成立的一所武陵山区示范性民办公助的寄宿制学校。学校位于来凤县龙凤科教示范园教育七路，第一期工程占地70亩，建筑面积约3.4万平方米，于2015年10月开工建设，2016年8月开学。学校现有34个教学班，145位教职工，1912名学生。学生宿舍10人1间，内设卫生间和洗浴室，24小时热水供应。

3. 来凤县思源实验学校

学校于2014年8月27日动工，由香港言爱基金会捐助1000万元、县人民政府投资1.5亿元，历时2年建成，于2016年8月29日正式开学。学校占地面积约100亩，建筑面积46442.9平方米。学校现有58个教学班，容纳学生3455人。教职工251人，专任教师231人，其中中学高级教师43人，硕士研究生教师7人。学校主体建筑有一栋教学楼、办公楼、综合楼、食堂、风雨操场（兼报告厅）、教师周转房及三栋学生宿舍，并有风雨连廊相接。建有300米塑胶田径运动场，有室内篮球馆、乒乓球室、羽毛球场、琴房、舞蹈房、心理健康教育中心等多功能活动室。装备了高标准的图书室阅览室、生化实验室、物理实验室、电脑室和录播室。每一个教室都配备了一体机、音箱，计算机网络和闭路电视系统联通全校。

五 龙凤科教园建设对城镇化的推动作用

在来凤县龙凤科教园一期工程建设完成后,上述三所学校进入园区,来凤县的教育格局基本稳定。除县城驻地翔凤镇外,其余乡镇初级中学全部撤销,原有乡镇中心学校吸纳各村教学点学生入校,1—4年级学生在原中心小学就读,5—6年级学生则利用原初级中学校舍进行寄宿就读。总体来看,县城范围内拥有了来凤县实验中学、来凤县思源实验学校、来凤县春晖中学、来凤县高平实验学校等4所初级中学;华中师范大来凤附属高级中学、来凤县瓦尔高高级中学等2所高级中学;来凤县中等职业学校1所,共有在校学生近2万名。由此带来的两个最显著变化如下。

(一) 有力促进了城镇化率提升

一方面,各乡镇实现了人口一定程度的集聚。来凤下辖的除翔凤镇外的7个乡镇吸纳了2000余名小学生入校就读,使得乡镇人口增长了近6个百分点。另一方面,县城实现了人口和地理空间的双增长。各乡镇初中学生进入县城就读,使得学生人口数量净增3500余人,加上教师队伍进城,总计超过4000人由乡镇转入县城。来凤县城人口数量增长近4个百分点。城区面积扩大约4平方公里(完全建成后扩大6.7平方公里)。

除此之外,我们还得考虑另外一个问题,即随着学生进入城镇,相应的陪伴人数也会增加,虽然说这些陪读家长在孩子毕业后可能会回到原来生活地点,但是学生本身就是一轮轮地招收和毕业,所以城镇总体的人口数量不会有太明显的变化。我们假定,有1/3的学生会有一个家长陪同,那么随之而来的城镇人口又会有近2000人的增长,也会相应带动包括房屋租赁、餐饮等产业的发展。就是说通过这样的教育集中,在一个较短时间内在人口和地理空间上都较为明显地推动了当地的新型城镇化建设。在调研中访谈的情况也说明了上述情况。

> 我原来就是教育城(科教园)那边的老百姓,12年开始征地,我家里全部住房和农田都被征用了,后来政府给我们集中在这边修建了还建房。我基本没住在这里了,我又换了比较偏的地方自己修了个屋。还建的屋都是租出去的,现在这边屋很好租,一个是陪读的家长多,一个是工程还在建设,不少打工的也要租房。特别是陪读的家长,因为主要是为学生而来,所以要求都比较高,环境什么的都比较

讲究。我现在屋里住的是一个读初二的学生，是个姑娘，她屋里父母亲两口子都是从外地回来的。原来是在大河镇上学，基本上都交给老年人管理，现在进城来了，老年人没得么子文化，在城里生活不好，所以两个就一起回来，一边做些事一边照顾学生上学。（TZX20160722THH）

我今年41了，原来一直在广州打工，去年小孩在城里这边开始上学，我就先回来了。原来打工也是进厂里做事，后来有一次几个人骑摩托车出去外，刚出厂不久就有人招手要我带他去办点事，原来是打不到车，时间又急。我把他带到办事地点后，他给了我50块钱。这件事对我有所启发，后来我干脆把厂里的工作辞了，专门用摩托车载客，虽然不正规，但收入反倒是增加了。去年回来凤后，也没找什么别的工作，还是骑摩托车带客人，来凤城不大，收入少了不少，生活还是能应付的，关键是能够照顾到孩子也还不错，我小孩原来在旧司乡读书，喜欢打架，学校惹事得惹得多，老师经常打电话给我，屋里老年人管又管不住，现在到城里来了，上高年级了，我怕再出事，所以干脆就回来守住他。我现在也在找别的事做，不过不是很急，反正也就是几年的事，等小孩子毕业后，能再读也是去外地上大学了，不能读就跟我打工，我到时候再考虑怎么找个稳定的事做也不迟。（LYK20160723THH）

（二）初步实现了城乡一体化教育

有学者曾提出农村教育城镇化的"平原模式"，大致意思是："基于农村优质教育资源短缺，教育质量低下，教师流失严重等实际，拟将农村教育的主阵地由乡村逐步转移至办学条件相对优越的城镇地区，最大限度地缩小城乡教育差距，藉离乡进城之手段，达到城乡教育均衡化之目的，为完整意义上的城市化及城乡一体化创造条件。"[①] 来凤县龙凤科教园的兴建以及各乡镇教学集中，在一定程度上实现了上述目标，而且其执行过程与上述文章作者胡俊生所提出的两步走方案完全一致。

从目前的状况来看，乡镇中心小学因获得了原初中的校舍，办学基础条件大为改善，教学设备、课程开设和课间文体娱乐设施都上了新台阶，

---

① 胡俊生：《农村教育城镇化：动因、目标及策略探讨》，《教育研究》2010年第2期。

特别是对于从村小合并而来的小学生们,能够与城镇孩子共享同等教育资源,对个体在知识层面的发展有着显著的提升。进入县城的初高中学生同样享受到了同等待遇,而且因为从乡镇集中而来的教师待遇得到相应提高,教师教学积极性高涨,师生都向县城教学水平和学习成绩更具优势的同行、同学积极看齐,营造了师生共同奋斗的良好局面,对于提升该县整体的教育质量确有较大成效。

六 教育城镇化存在的问题

来凤通过教育集中,从而推动城镇化发展,一人重要的背景是上文所述的各乡镇教育资源的分散与浪费。从武陵山区整体来看,该区域都属于"山大人稀"的区域,人口密度约为每平方公里175人,排除部分城市人口较为集中外,很多县的人口密度比这个数还要低。因此,确立存在着如何有效集中教育资源的问题,但是来凤县的做法并不一定具有普遍意义,因为这其中还有一些具体的影响因素。因为教育城镇化要解决的几个基本问题在于学生家庭经济能否支撑?类似的教育建设资金从何而来?未成年人在学校能否安全学习生活?集中后师资力量如何配置?等等,这些问题都涉及教育城镇化能否真正确保获得成功。在下文我们将这些因素列举出来,武陵民族地区类似的区域也能作为参考。

(一)交通问题

该县虽然面积有1342平方公里,但是县域内的交通网络相对比较发达。因为来凤县地势平坦,地理条件优越,185个行政村实现了村村通公路,70%的村通水泥路或柏油路,县内农村公路网格基本形成,全长220公里的大循环公路建成,实现了各行政村到县城的"两小时经济圈",从最远的乡镇到达县城仅需1小时,而且有固定班次的城乡公交车往来,对于在县城就读的学生来说,交通方面不存在任何困难。独特的区位和交通条件的日趋改善,是教育布局调整成为可能的有利条件之一。

> 我们学校放假的时候,如果大人(家长)不在城里的话,我们都会回老家去。我家离城里是最远的,在百福司镇,不过现在公交车只要5元钱,而且很准时,大部分司机也都知道我们上学和放学的时间,会固定安排车辆接送,两个星期放一次假,来回只要10块钱,家里负担还是不重的。(PYM20160710THH)

城乡往来的公交车有政府补贴,较低的乘车费用方便了城乡往来的人群,对于学生群体来说,家里在交通费用上的成本不算高。特别是随着近年来的扶贫开发深入村寨,加上类似于湖北省在2015年推行的"村村通客车"政策,农村出行问题得到极大程度的改善,以往依靠脚力出行的状况得到根本性的改变,以公共交通汽车代步成了人们日常出行的首选。

眼光再放远一点来看,来凤县地处湖北省的"西大门",是一脚踏三省的"窗口县",是武陵山区的"平原县",是跨省区域合作示范的"战略县",既是经济协作的"试点",又是湘、鄂、渝三省的"节点",也是湖北支点中的边区"支点","四县三点"纵横的历史方位,得天独厚。随着恩来高速即将建成通车、黔张常铁路即将开工建设,在不久的将来,来凤将形成纵贯南北、横跨东西的交通网,成为地区性综合交通枢纽。这也为科教示范园在以后吸纳周边县市的学生入学,增强发展后劲提供了基本保障。

(二) 师资力量问题

教育集中后,如何集中优秀的师资力量也是一个十分重要的问题,不然就成了只有光鲜外表,而缺乏实质内涵的空壳教育城。特别是县城教育集中,但基础教育的大部分还在乡镇,必须要二者兼顾才行。来凤县的做法分为三个途径:一是通过乡村教师支持计划积极争取优秀大学毕业生前来任教,补充农村基础教育力量;二是各学校投入财力物力积极招聘优秀人才,每年都赴武汉进行专门招聘,借助武汉人才汇聚的优势为各自学校挑选最合适的人选;三是通过与以培养优秀教师人才著称的华中师范大学对接,把原来凤县第一高级中学变成华中师范大学来凤附中,借助高等院校的力量来推动教学质量的提升,确保优秀人才供给。

(三) 学生身心健康问题

教育城镇化是一条较为独特的新型城镇化路径,虽然能够推动城镇化在短时间内获得较为明显的发展,对促进城乡一体化、教育公平化等方面有着诸多优势,但其潜在的不利因素也是存在的,最让社会关心的比如说寄宿制让未成年学生可能产生许多心理和生理上的问题等,但正如当地教育部门领导所说:

> 这些问题(访谈中我们所提及的诸如学生安全、心理健康、贫困家庭等)我们不是没有关注到,现在也都在想办法,比如说我们

整合教育资源后，整体上的办学成本是下降了的，部分资金我们可以用来进一步加强学校软硬件的建设，为学生提供更好的学习生活条件。学校也在充分考虑在学生思想、生活、学习环境变化的基础上增加专门人员进行管理，对安全教育工作更加重视。因为县里对教育的整体性调整是坚持教育公益性原则，所以调整工作由政府主导，不加重农民负担。即使有部分家庭教育支出增加，政府和学校也会考虑以一定的方式加以资助，家庭贫困的学生该免的免，该补贴的补贴。（XXF20160722THH）

在调研中我们也了解到，来凤县委、县政府紧紧抓住国家对农村教育加大投入的机遇，大力实施合格学校建设、初中校舍安全工程、学前幼儿教育行动计划、义务教育阶段薄弱学校改造计划、农村义务教育营养改善计划等工程，各级各类学校办学条件不断改善。大力发展民办教育，推进公办教育和民办教育的和谐发展，有效补充公办教育的不足。出台了一系列振兴来凤教育的政策措施，义务教育经费保障机制进一步完善，经费保障水平进一步提升，教育经费投入逐年增长，形成了较为完备的学前教育、义务教育、高中教育和职业教育体系，建立了较为完善的教学管理、教育科研、教育保障制度，为推进教育布局调整、办好龙凤科教示范园打下了坚实的基础。

当然，这样的摸索性发展不是没有问题存在，当地分管教育的领导给我们就总结了几个比较具体的也是非常迫切希望解决的问题：一是促进教育发展的城乡一体化支持政策不配套；二是支持和鼓励地方社会化办学、联合办学的相关政策不具体；三是聘用外地优秀教师、优秀的体制外教师向体制内教师转变的支持政策不明确。这些问题不能及时解决，教育集中、教育城镇化依然还存在着许多不确定的阻碍因素。

第五节 武陵山民族地区新型城镇化建设类型的个案呈现之三：交通发展城镇化

交通发展带来的城镇化繁荣属于一种特殊的外在推动力导致的新型城镇化类型。其根本的动力在于武陵山少数民族地区某些地方因扼守交通枢纽，在国家推进西部大开发，推动武陵山片区扶贫攻坚过程中，因铁路、高速过境而成为人员聚焦之地。同时，又因为是重要的交通节点，在征地拆迁之后，大量人口由此由农民转变为城镇居民，再加上交通的改善和便利使得地区经济社会发展获得更大的空间，如此一来就形成了一个良性的循环，城镇人口增长带来更多的发展机遇，又进一步促进附近人口向城镇集中和转移。下面我们以湖北省恩施市巴东县野三关镇为例，来看看该镇十余年中新型城镇化建设所带来的变化。

一 野三关镇镇情简介

野三关镇面积552.2平方公里，有77个村，684个村民小组，总人口8万余人。野三关镇历史文化悠久、区位优势独特、自然资源丰厚、发展态势良好、开发机遇显著，具有良好的发展机遇和空间。野三关是千年古镇，是北宋名相寇准止猎劝农之地，武昌首义元勋玉麟将军故里，红色文化和民族民间文化底蕴深厚，被文化部、省文化厅、恩施州分别表彰为中国民间文化艺术之乡、楚天明星乡镇、文化生态保护镇，有独特的民族风情（跳丧舞等）与人文景观（邓玉麟将军故居、皇诏敕封的义门村等）。另外，不得不提的是该镇自然资源十分丰富。全镇平均海拔1200米，气候四季分明，素有"世外桃源"之称，2011年8月14日《光明日报》头版头条报道《野三关之路》，盛赞野三关是中国的"达沃斯"。主要经济农作物齐全，现有烟叶、蔬菜、核桃、木瓜四大支柱产业，核桃、板栗产业曾荣获"全州第一镇"称号。有煤矿、铁矿、锰矿与紫砂土等矿产资源。境内山川秀丽，有奇异的自然风景，包括亚洲松王——巴山松、树中奇观——五样树、悬棺——棺木岩等。

二 经济社会发展缩影

通过该镇，以及县委、县政府，各县直各部门的共同努力与实践，到2014年，野三关镇全镇经济社会各项事业不断发展，主要经济指标（见表3-6）保持了良好发展势头。不但经济指标完成出色，在城镇化建设、产业化建设方面都取得了突破性进展，发展环境得到进一步优化，民计民生工作稳步推进，社会各项事业协调发展，党的建设不断加强。

野三关镇经济社会各项事业不断发展，全镇共实现地区生产总值33亿元，增长14.33%；实现工业总产值23.18亿元，比上年增长28%，其中规模以上工业总产值12.63亿元，比上年增长13%；完成固定资产投资23.05亿元，比上年增长52.6%；实现财政收入1.11亿元，增长11%（其中地税6575万元，国税3999万元，其他非税收入491万元）；农村居民人均纯收入达到6288元，比上年增长20%；人口实际自然增长率控制在5.06‰以内；招商引资到位资金4.47亿元，比上年增长8.5%。主要经济指标保持了良好发展势头。

表3-6　　　　　　野三关镇各项经济指标（2014年）　　　（单位：亿元）

生产总值	工业总产值	规模以上工业总产值	固定资产投资	财政收入	农村居民人均纯收入	招商引资资金
33	23.18	12.63	23.05	1.11	6288元	4.47

野三关镇正是在城镇发展过程中紧紧抓住湖北省路网建设、农村公路通达通畅工程建设的历史性机遇，坚持统筹城乡发展、适应全镇社会经济发展的交通理念，深入落实科学发展观，实现了交通设施基本完善，圆满完成了"十二五"期间交通建设基本任务。工业园区市政基础设施不论是投资规模还是配套的水利电力工程都得到很大保障（见表3-7）。园区交通道路、通信网络、金融、环卫、医疗、文教等公共基础设施配套齐全。

表3-7　　　　巴东经济开发区基础设施投资与配套设施

设施累计投资	收储土地面积	标准厂房面积	农民工公寓楼	公租房
4亿元	4000亩	10万平方米	200套	604套
110千伏变电站数	220千伏变电站数	污水处理厂规模	垃圾填埋场规模	供水工程规模
3座	1座	1万吨/日	1500吨/日	6000吨/日

现正着力建设以劝农亭建成区为核心，以巴鹤公路为轴线，形成柳家山片区、谭家村片区、青龙桥片区、金象平片区四个核心片区，以东西环线构成大交通圈的"一心一轴一圈四核"的规划布局。

园区初步形成酒业酿造，特色农副产品加工，服装、电子轻工和矿产四大产业集群。2013年，是野三关（经济开发区）区镇合并后改革试点运行的第一年，全镇的社会生产力、综合经济实力和人民生活水平都有了较大提高，城镇化水平明显提高。

```
        金象坪片区              柳家山片区

                  劝农亭建成区

        青龙桥片区              谭家村片区
```

图 3-6 "一心一轴一圈四核"规划布局

表 3-8 野三关（经济开发区）区镇合并后改革试点运行 2013 年数据

类别	总值	同比增长率
地区生产总值	28.89 亿元	23.6%
工业生产总值	11.17 亿元	/
农业生产总值	4 亿元	8%
财政总收入	1 亿元	28.8%
农民人均纯收入	5231 万元	25%

三 新型城镇化发展的变化

以上各类数据反映的是该镇一个整体性的经济社会发展态势，具体到城镇化方面，我们还可以从以下几个方面来观察。

（一）城镇化建设水平得到进一步提升

实行六大项目指挥部包干负责制，强力推进项目建设。今年共实施 20 个重点工程项目，玉麟大道、乾峰地产、土家风情园、三峡移民后续扶持项目、青龙桥片区青龙大道及排水管网项目、铁厂荒高山休闲旅游度假项目谭家坪安置区等重点项目进展顺利。地税局综合办公楼及经济适用房、派出所公租房即将投入使用；教师安居工程、江南片区电力经济适用房建设进展顺利。投资近 150 万元的石桥坪"绿色幸福村"项目正有序推进。切实加强集镇管理，在集镇主城区实行了网格化管理，加强日常巡查，查处违法违规建设，集镇"脏、乱、差"问题得到有效遏制，集镇市容市貌明显改观。投资 300 万元的集镇红绿灯智能交通项目已投入使用。金象坪工业新区控制性规划已通过评审，金中天国际旅游度假区项目正在开展前期规划。

（二）人口户籍与职业转变迅速

城镇化发展围绕野三关镇产业发展、镇村体系规划、建设用地布局规划、道路交通规划等方面进行，野三关镇总体规划明确提出，将野三关镇打造成巴东县经济中心、巴东县副中心城市、鄂西南经济重镇。根据规划，到2030年，野三关镇的总人口将达到12万左右，其中城镇人口10万左右，城镇化水平将达到84%左右。

野三关镇现辖7个社区和70个行政村，681个村民小组，总计23888户，人口总计68557人，户籍非农业人口5245人，农业户口63312人。野三关现人口核定见表3-9。

表3-9　　　　　　　　野三关人口现状一览表（2014年）

人口类别		人口数	统计范围
常住人口	户籍人口	11751	户籍在镇区范围内人口
	寄住人口	10577	居住半年以上外来人口，寄宿在镇区范围内的学生
通勤人口		1945	劳动、学习在镇区内，居住镇区范围外的职工、学生等
流动人口		1160	探亲、赶集等临时参与镇区活动的人员
总计（万）		2.54	

资料来源：公安局人口报表和农村经济统计综合年报表。通勤人口按镇区周边各村从事非农产业的人口和小学、幼儿园学生数据系数0.5折算。流动人口按集市规律，将镇区周边村庄人口按系数0.2折算。

农民人均纯收入3915元，比上年增加671元，增长20.7%。其中：工资性纯收入1590元，增长21.3%；家庭经营纯收入1933元，增长19.3%；财产性收入27元，增长18.7%；转移性纯收入365元，增长26.1%。现在镇区就业人数多达5万人，从镇区周边行政村入镇就业人数达到3万余人，多由农民向工人职业转变。乡镇经济快速发展又加速了全镇职业身份的转变，"闲时为工、忙时为农"的格局突出。

（三）产业结构转变明显

野三关镇具有较初级的产业分工。从野三关区域经济发展来看，具有较初级的产业分工，镇区是全镇的第二、第三产业发展核心，初步建立起农产品深加工、酿酒、副食品、商贸及地产等产业类型，是全镇的经济中心；各行政村主要分为三种类型，一是依托矿产资源开发形成的以矿产经济为主导，同时发展玉米、土豆、经济林等农业生产的行政村，主要集中在以鼓楼山、麻沙坪和黄连坪为主的煤矿集中分布区,以流酒瓶、四渡河、龙潭河和穿心岩为主的铁矿集中分布,以镇区周边的猫儿坪、劝农亭、张家村、冯子坪及水井淌为主的建筑石料用石灰岩集中分布区;二是依托生态旅游资源发展以生态旅游业为主导的行政村,包括东北部和西北部以烟叶种植为主导产业的行政村,其他行政村主要以种植玉米、土豆、经济林等为主导产业。

目前野三关镇正由以农业为主的产业发展,向以生产加工为主、以旅游资源和文化资源为主的工业和旅游业、服务业转变,目前第二产业在全镇的 GDP 中的贡献率约达到 57.3%,旅游业和服务业的贡献率约达 21.6%,目前由产业转型角度看正在向新型城镇化道路迈进。具体来看,五大支柱产业基地建设取得成效,核桃发展面积达到 3.5 万亩,木瓜 8000 亩,蔬菜种植 1 万亩,烟叶种植 5000 亩,实现收购 114 万斤收入 1200 万元。生猪出栏 11.17 万头,山羊存栏 1.5 万只。镇域经济实力显著增强,全镇现有各类市场主体 3899 家(其中企业 301 家、个体工商户 3598 家、农民专业合作社 130 家),其中 2014 年新发展各类市场主体 2136 家(其中企业 112 家、个体工商户 1971 家、农民专业合作社 35 家)。其中产值 2000 万元以上的规模工业企业 14 家、产值 2000 万元以下的工业企业 35 家、线上商贸企业 15 家、房地产企业 10 家。开发区现有 73 家企业,其中正常生产的工业企业有 40 家。博宇工贸公司注塑生产线投入运行;时珍堂药业投资近 1500 万元的银杏中间物提取生产线投入试生产;三峡酒业、绿园环保、野之源食品、三峡现代农业等企业全力推进工业生产。

(四) 以人为本的民计民生工作稳步推进

全镇实施农村通畅工程 47 公里,总投资 1163 万元,涉及 19 个村 12 条基本线路,已完成施工任务,全镇 366 公里的非列养乡道公路养护,采用公司专业化养护模式和村"一事一议"养护。安保工程已完成总投资 321 万元,总里程 77.5 公里,修筑防护墙、示警墩 17175 米,建钢护栏 6230 米,各类标示牌 148 块。农村居民安全饮水工作,县级验收通过 2012 年度实施的农村饮水不安全人口 4831 人,2013 年度实施农村饮水不安全人口 6818 人,总投资 272 万元,已完成庙坪、四渡河、东流河、坪坦村、响板溪村、鼓楼山村 2110 人 84.4 万元投资建设任务;2014 年度已争取计划指标 6798 人,涉及 16 个村 23 个点。组织实施 5 个重点贫困村扶贫工作，总投资2464万元，其中财政扶贫资金490万元，行业部门609万元，帮扶单位、社会帮扶44.5万元，群众自筹1314万元。20个村的"农民办事不出村"信息化项目已建成投入使用。野三关镇城乡居民养老保险的征收总金额为239万元，参保对象26961人，适龄人员参保率为87%。清洁能源入户工程完成720户的沼气池整改，发放380台生物质炉，发放沼气国债项目灶具1600户，建设安装玻璃缸沼气池130口，完成三改（改厨、改圈、改厕）提档升级120户。多方筹资138万元完成全镇50个村级卫生室改造升级。

（五）土地及地域空间有序开发

由于土地规划涉及可能有人会采取投机倒把的行为，故在调查研究时并未得到相关土地使用和规划的数据及图示。不过在与该镇开发办主任的座谈中，我们了解到目前镇区内主要围绕原谭家村、劝农亭村进行城区规划，建设开发区，并逐渐往金象坪村扩展进行城区规划。也就是说主要以开发区为重点，并逐渐深入行政村进行合并及土地规划与开发，并由开发办统一负责和管理。杜绝粗犷的不合理开发，并严格把控土地类型的转变，尤其是由农业用地向城市建设用地转变的把控。目前就镇区面积、人口及经济各项指标，野三关镇已成为巴东县一线城镇，作为"一县两镇"之一，如若解决水资源短缺问题，该镇在未来将获得更大的发展。

四 野三关镇城镇化建设快速发展原因

（一）两路贯通带来人口大量流动

如果从地图上观察野三关镇，你会发现其独特的区位优势才是其最大的发展资本。因为该镇北临三峡，南濒清江，318国道东西横贯全境57公里，巴鹤省道南北纵穿21公里，榔水公路东南穿过14公里。镇区正好位于318国道经济带，巴鹤公路经济带和榔水公路经济带的金三角地区。已经建成的沪蓉西高速公路、宜万铁路和忠武天然气管道分别经过集镇规划区。沪蓉西高速公路在镇内设有服务区和出入口，宜万铁路设有县级火车站，"忠武"天然气管道（重庆忠县至湖北武汉）留有两座阀门。随着长阳招徕河电站的截留建成，镇域东南方向的物资可以通过航运，由清江出口，也是一条旅游黄金线（见图3-7）。

作为恩施州巴东县"一县两城"中"两城"之一的野三关镇，拥有水陆便利的交通，濒临清江，是通往西部的咽喉要道，也是重要的工、商

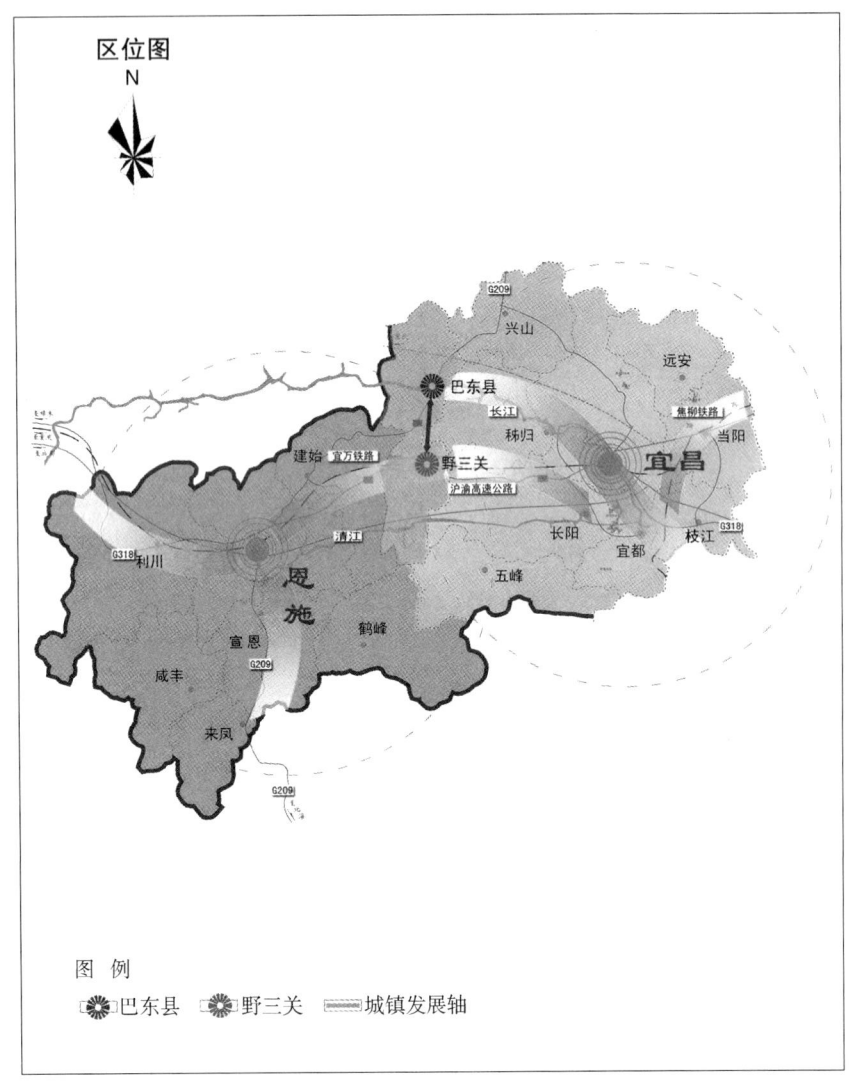

图 3-7 野三关镇区域交通图

(此图片来源于野三关镇镇政府)

业集散地，这不仅为该镇人口带来充足的就业机会，带动农村人口向城镇迁移。而且在很大层面上使得城镇外郊农业用地变为建设用地，产业发展由以第一、第二产业为主向以第二、第三产业为主转变，近些年随着交通的发展，特别是以民族特色和历史特色为主的旅游文化产业得到很大发展，使得野三关镇的城镇化水平逐渐向以城乡统筹、城乡一体、产城互动、节约集约、生态宜居、和谐发展为基本特征的新型城镇化道路迈进。

据当地人反馈说："其实野三关这个地方，虽然说是个有历史有故事的好地方，但是本来我们恩施整个都不发达，这边地势又高，冬天特别冷，以前交通不方便的时候来来往往的人很少，往宜昌武汉去的最多就是停下来吃点东西。真正这边开始热闹还是从 2004 年开始修高速公路开始，加上后来修铁路，2 万多人来到这边工地上做事，你可想而知是个什么样的场面。因为本来一个镇的人口那时候才 8 万人不到，外来人一下子就有 2 万多。这些外来的人要吃要喝要住，所以镇上就开始忙起来了，做这些人的生意也挣钱，附近的老百姓来隔三差五地过来找机会赚点钱用，比搞农业还划算。再到后来高速、铁路这些都通了，整个经济也就活起来了，你看现在镇子面积扩大了好多，人也多了好多，房地产都搞起来了。在整个恩施像这样的乡镇基本上没得。"（ZZK20130715THH）

（二）设立经济开发区提供助力

正因为野三关镇所具有的独特交通优势，恩施州和巴东县政府把发展的典型选定在该镇，提出了"高位谋划、跨越发展"的总要求。在这样的指导思想下，与野三关实行"区镇共建"的巴东经济开发区于 2008 年 6 月经省政府批准筹建，规划面积 8.2 平方公里。目前园区市政基础设施累计投资 4 亿多元，收储土地 4000 亩，建成 10 万平方米的标准厂房、农民工公寓楼 200 套、公租房 604 套，3 座 110 千伏变电站、1 座 220 千伏变电站、1 万吨/日污水处理厂、1500 吨/日垃圾填埋场和 6000 吨/日供水工程，园区交通道路、通信网络、金融、环卫、医疗、文教等公共基础设施配套齐全。现正着力建设以劝农亭建成区为核心，以巴鹤公路为轴线，形成柳家山片区、谭家村片区、青龙桥片区、金象坪片区四个核心片区，以东西环线构成大交通圈的"一心一轴一圈四核"的规划布局。入园企业达到 59 家，其中工业企业 42 家（30 家正常生产）。园区初步形成酒业酿造，特色农副产品加工，服装、电子轻工和矿产四大产业集群。2013 年，是野三关（经济开发区）区镇合并后改革试点运行的第一年，全年实现地区生产总值 28.89 亿元，比上年增长 23.6%；实现工业总产值 18.1 亿元，比上年增长 23.7%，其中规模以上工业总产值 11.17 亿元（其中农副产品加工业产值 6.8 亿元）；实现农业总产值 4 亿元，比上年增长 8%。完成财政总收入 1 亿元（其中国税 2726 万元、地税 6500 万元、非税收入及行政事业性收费等774万元),同比增长28.8%,财政收入首次突破亿元大关。实现固定资产投资15.1亿元。农民人均纯收入5231元,比上年增长25%。人口自然增长率控制在5‰以内。全镇的社会生产力、综合经济实力和人民生活水平都有了较大提高,城镇化水平明显提高。

而当地党委政府、开发区更是提出了"生态立镇、产业兴镇、开放活镇,努力把野三关打造成沪渝第一关、鄂西第一镇、武陵山酒都、湖北后花园、中国达沃斯"的发展思路和战略定位,坚持"规划先行、布局合理、产业集群、注重基础、市场领航、开放合作、管理创新、循序渐进"的指导原则,遵循"一区多园、多业并举、支柱产业、特色鲜明、园镇共荣"的发展思路,以区域优势资源为基础,奋力加快新型城镇化建设的进程,走出一条经济高效、资源节约、环境友好、社会和谐的新型城镇化道路。

五 交通发展城镇化存在的问题及解决策略

虽然取得了上述显著成就,但是从该镇长远的发展角度来看,目前依然还处于发展的中期,还有许多问题亟待解决。而且从武陵民族地区来看,随着交通基础设施的不断完善,类似野三关镇的地区可能还会不断增多,而原来处于交通要道上的城镇也可能因交通条件的变化而丧失优势,这些都需要进行具体而深入的考察,对于前者要善于抓住机遇,不断完善和巩固自己的有利地位,促进城镇化加速发展。对于后者,要及时调整发展方向,在现有基础上深入挖掘有利资源,争取重新获得发展。结合野三关镇的具体情况来看,下面一些问题或许有一些共性,可供参考。

(一)以交通促发展困难重重

这主要体现在根据"十二五"期末,审视野三关镇交通现状,整体交通运行条件仍相对落后,顺畅的交通骨干网络虽然已经基本形成,县、乡道路等级依然很低,交通的改善空间比较大,面临的问题也复杂:

1. 境内虽有国道、省道、铁路及高速公路通过,但目前尚未形成连接对外大通道的"快捷、高效、安全"的骨架道路网络,制约该镇经济发展。具体原因包括:一是镇内公路骨架网络尚不完善,部分路段呈现拥堵状态;二是与其他乡镇和相邻县市的经济出口路虽然已经连通,但等级不足,无法承载日益增多的车辆,集镇内循环尚未完全形成。全镇公路普遍存在等级较低、路况较差的情况，特别是全镇村道中，等外公路占大半。

2. 野三关镇地形险峻，且一般为环山修建，狭谷地形较多，山陡沟深，具有明显的"鸡爪"形地貌特征，导致公路修建时大挖高填现象较为突出。由于公路新建采取投资包干政策，没有结合山区公路建设的特点和难点，也没有实现按照预算总额下达投资计划，因此在公路建设过程中对边坡以及存在地质灾害隐患的路段均未实施有效治理，新建公路因地质灾害中断交通现象十分常见，造成沿线交通中断。

3. 公路建设重点逐步转向服务民计、民生、民心工程，全面支持城镇体系和社会主义新农村建设。但是现有乡村公路服务水平、技术等级低，绝大部分仍为等外级公路，路面偏窄，无法满足农忙等高峰时节的交通需求；绝大部分路面结构较薄弱，并且还存在相当一部分中、低级路面，与农村地区的重交通、交通流增长及经济发展需求不适应。

（二）产业发展后劲不足

一是产业不优，农村产业发展中主要培植了核桃、木瓜、蔬菜、畜牧四大农业支柱产业，但是都没有形成规模效应，工业园区落地企业中有实力的大型龙头型企业不多，龙头带动作用不强，大量农民进入城镇后特别是被征地农民失地后面临失业及生存问题。二是城镇基础设施建设资金投入严重不足。区镇合一以后，随着城镇规模的进一步扩大，涉及水、电、路、排污等基础设施建设及城市功能配套设施建设任务也随之扩大，园区及城镇建设任务十分艰巨，需要大量的项目和资金支持。限于现行财政体制和财政实力，乡镇自身没有充足的资金投入到城镇基础设施建设。特别是集镇供水问题已成为影响集镇长远发展、企业发展的突出问题。

（三）体制机制不全

"区镇合一"后，县委、县政府提出了野三关财政体制改革、规划体制改革、土地体制改革、开发区投融资体制改革及考评机制改革，将县级部分权力下放到乡镇。开发区投融资体制和规划体制改革正在按照新的机制运行，在涉及国土、规划管理等审批事项上，县级部门行政审批权下放力度还不够，制约因素较多。目前实行的乡财县管体制，县级对乡镇财政支持力度不大，乡级财政仍然是"吃饭"财政，用于乡级财政积累和发展的资金不足。进一步下放行政审批权，创优体制机制，提高行政效率，从政策层面释放改革活力仍然是一个需要解决的课题。

进一步总结上述问题，则主要是交通城镇化与前面所述的教育城镇化一样，其对新型城镇化建设的贡献是有一定的限度的，应当说不具备新型城镇化所要求的那样可持续，只能说是因为基础差，目前改善和提升的空间比较大，而且短时间的效应引人注目，但是并不是长久之道。要想持续性地发展，必须回归到城镇化的本质上来，即以人为根本，以经济的繁荣发展为根本，以农业人口的有效转移为根本，借助交通便利的基础平台，在产业发展产业转型上提早做好准备。但就目前所遭遇的困境，眼前可见的策略我们认为有以下几个方面。

一是有效利用国家优惠政策，创造良好发展环境。作为国家西部大开发政策的扶持地区，野三关镇具有很多得天独厚的优势。国家在规划指导重大工程建设、资金投入、政策措施等方面对西部地区予以倾斜，大力支持西部地区的城镇化发展，这为野三关镇的各项基础设施建设提供了良好的发展前景。

二是加大融资力度，拓宽融资渠道。野三关镇政府可以有效利用中央财政性建设资金以及其他专项资金，加大建设资金的投入力度，也可以突破陈规、创新思路。在加大对各项基础设施资金投入的同时，通过建立投资基金利用地区无形资本采用 BOT、TOT、BT 等多元化渠道融资方式吸引周边地区以及东部地区投资者到野三关镇投资基础设施建设，打破之前所有经费来源均依靠国家财政拨款的窘境，学会通过不同渠道进行招商引资从而加快该地的城镇化发展速度。

三是促进当地资源的综合开发利用，发挥民族地区优势。随着交通基础设施的建设，可以促进各种资源合理配置和流动，野三关镇在高速公路、公路以及铁路的带动下形成了便利的交通网络也带动了该地区投资建设规模的扩大，这在一定程度上促进了当地的城镇化的发展速度。除此之外，野三关镇的民族旅游资源丰富，在土家风情系列的旅游品牌还未打响的背景下可以积极利用新媒体加大宣传力度，提高当地的知名度，有效利用当地的资源发展经济，打出属于自己的民族旅游品牌。

四是改善城市布局，促进城市蔓延。城镇蔓延与交通现代化和铁路、高速公路以及高速铁路的迅速发展有着密不可分的联系。交通便利的道路两侧往往最容易集聚住宅区、工业区和商业区，这也成为城镇比较重要的发展地域和发展方向。野三关镇作为"一县两城"的其中一城，各项基础设施都处在兴建的阶段，大量的楼盘被建起。然而该镇的需求量并没有那么大，在很大程度上浪费了资源。大肆修建楼宇不仅仅占用大量的土地资源还导致地下水系发生改变，排水系统存在很大的隐患，该地的城镇化布局是有缺陷的，需要进行科学的测量和规划，在科学分析的基础上制定好城市化的合理布局。

五是优化经济产业结构，大力发展第三产业。通过调查走访发现野三关镇经济以第一、第二产业为主，当地居民充分利用核桃、板栗等农副产品进行深加工或者依靠桂花树、银杏树来进行经济种植以获取利益，除此之外当地还有特色的酿酒业——三峡酒。尽管当地居民能够有效利用当地特色资源，但总的来说当地的经济结构不够合理，第一产业所占比重过大，第二、第三产业的比重太少，当地政府应该采取措施协调发展三种产业，充分发挥交通便利的优势利用土家风情旅游特色资源增加第三产业的比重，改善当地居民的收入水平，优化经济产业结构。

六是合理改善管理体制，加强引进先进的人才、科学技术。野三关镇作为"一县两城"的其中一城在经济、政治等方面具有一定的独立性与自主性，对该镇的发展具有很大的自主权，具有独立的规划部门，在一定程度上脱离了巴东县政府的管制。但是该政府的工作人员自身知识涵养的限制以及相关工作人员考核制度存在缺陷等问题导致管理该镇在城镇化的过程中遇到了一系列的困难。该镇政府可以在提供优渥的条件来招揽优秀的人才，引进先进的技术并合理改善政府内部的管理体制等方面来促进该镇的城镇化发展。

七是加快交通设施的建设，正确运营与管理。野三关镇因为公路、高速公路以及铁路会合一体而发展起来，对外交通便利给予当地居民很大的便利。但是，野三关镇内部交通却存在很大的问题。公路质量较差，路面坑坑洼洼并没有达到国家相应的标准，有些地段的交通路线的设计则违背了交通区位选择原则。除此之外，对于交通设施的爱护、保养的意识较差，并没有重视对交通设施的运营和管理。政府除了在加快交通设施建设的同时也应该建立交通设施养护新体制，建立交通基础设施养护的专项资金，以此来提高交通基础设施的利用率，有效地节省人力、财力。

再次强调上述对策与建议只是围绕该镇目前现状的一些思考，作为恩施州首屈一指的大镇，其未来的发展不仅仅是牵涉一个镇的格局，应当说对整个恩施州都有影响。特别是当下恩施州的交通格局正处于快速改善的时期，对于如何抓住这一机遇，对其他乡镇的示范效应可谓十分巨大。范围扩展到整个武陵山区来看，因为"交通运输活动对区域经济发展和城市化进程产生重要的影响，交通运输的改善导致沿线城市间要素的快速流动，并诱发产业集聚效应和扩散效应"[1]。而在《武陵山片区区域发展与扶贫攻坚规划（2011—2020年）》中，明确表示将建设"两环四横五纵"的交通主通道，以及其他连接武陵山民族地区区域内外的铁路、机场、公路和航运。因此，以交通发展助推新型城镇化建设更值得我们关注。

第六节　武陵山民族地区新型城镇化存在的主要问题

武陵民族地区新型城镇化工作虽然取得了一些重要进展和显著成绩，但与政府要求和社会、群众期望相比，仍然存在一些差距。我们在本章第二节第三大点——新型城镇化建设质量及其特征中，从五个方面对武陵山民族地区城镇化建设的一些宏观问题进行了陈述，下面我们将更具体地把新型城镇化建设中存在的主要问题进一步阐明。

一　城镇辐射能力不强

（一）城市规模小，产业发展缓慢

武陵山民族地区正处于大开发、大发展、大建设阶段，各县城轮廓才基本凸显，尚未形成规模效应。城镇基础设施建设起步较晚，建设方式粗放，城镇功能不完善、环境不优。如松桃县，除主城区面积达13.2平方公里、人口达13万人外，其他26个乡镇只有孟溪、长兴两个乡镇集镇人口达到1万人以上，发展极不平衡。产业发达的地区发展较快，其他地区发展缓慢，区域性差异较大。

（二）城市功能偏弱，带动能力不强

中心城市规模不大不强，首位度低，在产业聚集、功能配套、文化彰显以及市民文明素质等方面与发达地区相比还存在较大差距，辐射带动能力不强。加之街道镇乡一级政府职能结构存在较大趋同性，城镇的自身优势和特色没有完全形成，人流、物流、信息流在区域发展中活力不足，影

---

[1] 王兆峰、余含：《基于交通改善的湘西旅游城镇化响应时空分异与机制研究》，《经济地理》2013年第1期。

响了产业集约化和综合经济实力的提高。如恩施市乡镇中心集镇平均建成区面积只有1平方公里、平均人口仅6000人左右。集镇所在地大多数为传统的农村集镇，难以有效发挥产业、人口的聚集承载作用。

二 产业结构固化，发展不足

城镇化是随着工业化的出现而加快发展的，工业化是城镇化的"发动机"，是城镇化的根本拉动力。武陵山区工业化处于起步阶段，对城镇化的拉动不足。第三产业是城市化的后续驱动力量，第三产业虽然得到较大发展，但其总量仍然偏小，对城镇化的驱动不明显。农业的发展是城镇化的原始动力，为城镇化的发生和发展奠定了基础。武陵山区农业产业化程度低，经济总量小，制约了城镇化的发展。新制度经济学认为，经济增长的关键在于制度因素。城镇化作为伴随经济增长和结构转变而出现的产物，同样与制度安排及其变迁有着极为密切的关系，尤其是政府部门的相关政策对城镇化起着非常重要的作用。农业相对于第二、第三产业，是一个效益、层次较低的产业，由于比较利益的驱动，农业内部的资本、劳动力等生产要素必然要在非农部门外在拉力和农业部门内在推力的双重作用下，流向非农部门，从而推动城镇化的发展。武陵山区经济发展基础薄弱，尤其是有利于增加财税收入和扩大城镇就业的第二、第三产业发展相对滞后，导致城镇对农村富余劳动力的吸纳能力不强，加之主导产业优势不明显，产业链条短，小城镇和城乡商贸业市场尚未形成具有特色的产业支撑，新型城镇化发展后劲严重不足。

三 城镇建设缺乏特色

（一）与发达地区相比，规划编制整体比较滞后

以恩施市为例，虽然于2012年修编并已通过评审的《恩施市城市总体规划（2010—2030）》已将市域城镇体系规划纳入编制内容，但是各乡镇未及时结合上位规划对自己的《总规》进行修编，导致整体性的数据无法形成，缺失了宏观整体规划的指导性。结果就是各乡镇各行其是，要么相互模仿，在城镇化建设上毫无特色；要么无法统一集中安排城镇建设的各种基础建设，造成发展时间上的延误。同时，也导致乡镇之间只能凭借自身优势去争取发展，而乡镇基础上的差别进一步促进了发展程度上形成了较大的差距。产生这些问题最根本的原因如下：一是对规划编制的认

识不够，没有认识到规划编制的重要性和紧迫性。二是规划的前瞻性、权威性不强，规划制定滞后于集镇发展和农村建设，集镇规划与相关规划之间衔接和协调不够。加上长官意志浓厚，规划的刚性和长期延续性得不到落实。许多乡镇主要领导履新后，不是在规划的指导下确定工作思路和建设目标，而是凭借自身的经验和好恶开展工作，有些甚至完全摒弃前任的工作思路和建设成果，造成重复建设或盲目建设。三是乡镇对规划编制的投入力度不够。一个乡镇的总体规划编制费用在 30 万—40 万元，一个中心村的规划编制费用在 5 万—7 万元。各乡镇发展不平衡，很多乡镇无力拿出资金用于规划编制，或是拿出少量资金聘请无资质或规模较小的编制单位编制规划，造成规划的科学性、指导性、严谨性不够。

（二）规划引领作用不够

武陵山民族地区各县市虽然健全了县乡规划管理机构，配备了相应人员编制，但县乡规划管理人员偏少，管理职能没有得到充分发挥，规划管理缺位，导致存在一些违法违规建设现象。此外规划建设管理方面的专业人员较少，难以满足工程建设需要，制约了工程推进。同时县城总体规划层次偏低，修编不够及时，对拓展县城骨架、产业集聚区建设和争取土地、项目等扶持政策带来了诸多限制。许多规划没有详细地进行论证，不能用数据说话，还停留在一种模糊表达的层次上，导致规划在城镇化建设实践中的引领作用大打折扣。

（三）个性化特色不突出

在一段时间内，人们总觉得街道两旁整齐划一的外境装饰就是最好的特色，却不知真正的城镇化个性特色是要从自身的民族特色中去寻找的，用差异性凸出自己的独特性，而不是走趋同性的道路。我们在前面就介绍了武陵民族地区是一个多民族聚焦的地方，其中的土家、苗、侗、瑶等各民族都有着自己独特的传统文化、建筑风格、装饰风格、建筑内部框架、建材选用等都有自己的特色。但实际中，这些文化因素极少被挖掘，规划人员对此了解甚少，只能按照常见的，或是知名度较高的模板来不断复制，无法体现出民族特色。虽然也有地方力图打造特色，但是经常因太过于追求差异性而走上了另一极端，即打造成了不伦不类的城镇风格。

四 建设瓶颈制约突出

(一) 资金保障远不能满足城镇建设需要

近年城镇化快速推进，上马的项目越来越多，资金投入量大，而武陵山民族地区各县市财政力量有限，融资渠道不广，融资平台建设不完善，资金保障远远不能满足城镇建设需要。由于地处贫困山区，经济基础薄弱，可用财力严重不足，对新型城镇化建设投入极其有限。加上市场运作机制不完善，投融资平台发展滞后，筹措资金渠道不宽。以湘西州为例，湘西州城镇基础设施投入不足20亿元，城镇建设资金缺口大。每年分配给该州的"两房两棚""两供两治"等项目资金指标少，与实际刚性需求矛盾较大。截至2015年6月，该州还有13.29万套553万平方米棚户区、120万平方米城中村亟须改造，16万户农村危旧房亟须整修重建，165个乡镇（街道）2048个村（居）"两供两治"设施亟待建设。再比如该州所属的龙山县，每年全县财政总收入不足4亿元，财政支出却高达10多亿元，城镇化建设的可用资金相对较少。

(二) 土地指标短缺

建设用地指标受政策控制，用地指标难以满足发展的需求，城镇建设受到严重制约。建设用地规模和年度计划指标有限，制约集镇建设的发展。例如，近年来，恩施市土地征收和土地利用年度计划指标使用的95%、建设用地规模的76%集中在城区三个街道办事处和龙凤镇，其他13个乡镇仅分别占5%和24%。以2012年为例，全市共征收土地8093.5亩，使用土地利用年度计划指标7556.7亩，除城区三办一镇外，其余13个乡镇只有白杨坪乡、板桥镇、三岔乡、崔家坝镇、芭蕉侗族乡、屯堡乡、沐扶办事处7个乡镇共征收土地344亩，占全市土地征收总量的4.3%，使用土地利用年度计划指标340亩，占全市土地利用年度计划使用总量的4.5%。由于建设用地规模和年度计划指标，都属于指令性计划，国家实行从严管理的原则，加之目前正是我市城市建设快速向中等城市迈进的关键时期，用地指标满足城市建设显得捉襟见肘，乡镇建设用地供需矛盾格外突出。再比如说湘西州龙山县，2013年全县可用的建设用地储备仅为2300余亩，而按照当时的规划到2015年建设用地至少要5000亩，差距达一半以上。

五 城镇社会治理水平滞后

城镇社会治理与城镇化建设是同等重要的事情,如果没有治理就无法为建设提供一个良好的环境,武陵民族地区在这方面也还存在较大问题。

(一) 缺乏系统的管理体制和模式

近年来,由于武陵山民族地区加大了城市改造和建设力度,稳步推进城市建设经营工作,城市面貌发生了巨大的变化,各地在城镇管理上取得了一定的增强和改善,但一些部门、一些地方思想观念保守,体制机制上还存在诸多不足,思想和体制的束缚十分突出,具体体现在以下几个方面:一是村镇规划建设管理州、市、乡、村四级联动机制和岗位责任制尚未建立,导致上下推诿、乱占乱建现象时有发生。二是管理机构不健全。各乡镇虽然设立了村镇规划建设管理办公室也配备了人员负责此项工作,但是该机构为内设机构,无编制、无执法权、无管理手段、无专门技术人员,而且一个机构承担规划、建设、环保等多个部门的职能,机构运转艰难,很大程度上给村镇规划建设的具体管理工作造成困难。三是没有乡镇规划建设的执法权,对于经常出现的违法建筑工程,申请上级主管部门执行的周期一般较长,对于建筑周期较短的违法工程在管理上常常感到无能为力。未批先建、少报多建等现象较为严重,部分乡镇驻地集镇开发、公建等建设项目,大部分是在办理土地征用手续时受土地部门办理程序的制约后,才到规划建设部门办理规划建设手续,而不需要新办理征地手续的建设项目,基本不办理规划建设手续。四是许多乡村不按规划的要求建设,主观随意性大,再加上许多乡建办工作人员及村干部更换频繁,规划实施缺乏连续性、稳定性和可操作性,大部分村民自取消收费后,误解为建房不再用办报建手续,建房处于无序管理状态,先建设后办证的现象较为普遍。

(二) 城镇公共服务发展滞后

基本公共服务发展滞后。在保障体系上,城镇基本建立起了包括养老、医疗、失业、工伤、生育为基础的社会保险体系,在救助、福利、优抚等方面也相对项目齐全、覆盖面广泛。而农村则建立了较低水平的救助、优抚政策,但是失业、工伤、生育等保险基本没有。在运作模式上,城镇企业职工养老保险制度体现出社会保险原则,以风险共担为核心,农村社会养老保险制度则以个人的养老责任、以土地保障和家庭保障为主。

在基本医疗保障方面，城乡居民实行不同的基本医疗保障模式和运行机制，城镇职工参加基本医疗保险由用人单位和个人共同缴费，实行社会统筹和个人账户相结合的管理模式，保障水平比较高。农村地区从2005年开始实施新型农村合作医疗制度，但参合农民人均医疗保险费每年只有90—100元，其中个人交费10元，其余部分由中央和地方政府分担，且总体参保率均不同程度低于全国平均水平。在医疗卫生资源方面，医疗卫生设施、机构不齐全，没有形成完善的服务网络。在教育方面，教育机构和师资缺乏，农村学龄儿童入学率普遍低于全国平均水平。此外，水利设施投入不足，人民群众缺水与饮水不安全问题也较为突出。

（三）城镇基础设施不完善

由于武陵山民族地区属老、少、边、穷、库区，城镇建设缺乏大项目拉动，基础设施建设滞后，城镇道路、停车场、小广场、绿地、公厕等市政设施严重不足，学校、文化、健身等公共服务产品缺口较大。城镇配套设施不完善，服务功能不健全，特别是城市供排水、垃圾处理场、垃圾中转站、污水处理厂等设施比较欠缺，制约了城市综合功能的发挥。中心城镇的承载负荷不断加重，人口急剧增加，公共设施不足与群众需求之间的矛盾更加突出。城镇交通功能、配套功能、居住功能、公共服务功能、文化传承功能都还不够完善。比如说湘西州，截至2015年年底，城区学校大班额现象依然普遍，全州148所学校55人以上班级2581个，80人以上班级337个，预计2020年需新增班级1560个。

综上所述，武陵民族地区新城镇化建设确实存在着不少问题，按照新型城镇化的总体规划和设想——以城乡统筹、城乡一体、产业互动、节约集约、生态宜居、和谐发展为基本特征的城镇化，是大中小城市、小城镇、新型农村社区协调发展、互促共进的城镇化来看，该地区都还有很长的道路要走，需要在国家政策支持下，在社会各界的帮扶下，在当地干部群众的齐心努力下，去不断破解一个个发展难题，去逐步达到和谐共赢的局面。

余　论

作出上面各种类别的划分，并不是说所涉及的县市只是在通过这样的方式完成新型城镇化建设，而是表明在综合发展的同时，上述县市在各方面取得成效的同时，以一些独特的方式从根本上转变了墨守成规式的城镇化建设，走出一条条烙印上地方特质的发展道路，这样的方式也许有不少让人诟病的地方，但现实来说其价值和意义还是值得肯定的。还比如说，在武陵民族地区，依借现有的资源，还有很多类型的城镇化途径可供选择。比如说旅游城镇化，即通过旅游开发促进新型城镇化发展。因为旅游业的发展给武陵山民族地区带来的变化可以通过很多的统计数据来支持：凭借独特的自然资源，恩施市旅游产业发展迅猛，"十二五"期间，恩施市共接待游客4630万人次，实现旅游综合收入304亿元，连续5年实现30%以上增幅。而随着旅游业的不断发展，仅2016年，恩施市接待海内外游客就达1473万人次，实现旅游综合收入114.13亿元，同比分别增长17%、20%。如果把范围扩大到整个恩施州，我们看到2016年，全州共接待4366万人次，同比增长18%；实现旅游综合收入300亿元，同比增长20%，增速快于全省。春节、清明节、"五一"、端午节和国庆节，全州接待人次和综合收入增幅均超过20%，均高于全省10个百分点，恩施大峡谷、恩施土司城、建始石门河、来凤仙佛寺等核心景区假日接待人次增幅达25%以上，高于全省核心景区增速10个百分点以上。而在各大网站上类似下面的报道也屡见不鲜："五年来，碧江城区人口从16万发展到45万，城市体量不断扩大，城镇化率达67.2%。预计到2020年，城镇化率达到75%以上。2013年以来，碧江区已获得了中国宜居宜业典范区、全国文明村镇、全国生态文明先进区、最美中国旅游目的地城市等多项殊荣，正以崭新姿态成为锦江河畔的一颗璀璨明珠。"[①] 在整个武陵山少数民族地区我们都能看到因旅游开发而带来的一片繁荣景象，因为该地区自然生态环境好，民族风情浓郁，各族群体热情好客，给观光旅游的人带来了良好的体验。这样的案例我们不一个个讨论，新型城镇化中更多共性的问题我们也将在后面进行集中讨论。这里我们将就城镇化过程中一些更具一般性的涉及农民工和返乡农民工的问题作为重点论述。

一 拆迁暴富后的迷失

所谓的新型城镇化背后人的异化是指在这一个过程之中，因为作为社会个体的人因所处环境和所遭遇的生活转变，改变了个体原有的生存发展

---

① 资料来源：铜仁市政府网站（http://www.trs.gov.cn/news/20161214/n61100.html）。

轨迹，从而对人内心造成了强大的冲击，由此也改变了个体的行为方式，甚至是思维方式。这样的案例在我们的调研过程中经常碰到，这不得不引人深思，到底是什么原因使得社会整体向前发展的良好环境中，人却因此有了巨大的变化，而且是朝着社会不期望的方向。下面试举一例——拆迁后的迷失，以旁证我们的担忧之情。

新型城镇化建设的宗旨是完成人的城镇化，追求的不仅仅是城市面貌的改变，更关心人与现代社会的完善契合。但是，我们调研中在各个县市都会碰到这样的一部分人，他们因居住在城郊，随着城镇范围的扩张，由于征地拆迁补偿，手中获得了大量现金，甚至有部分人是一夜暴富，完全能够在当地过上衣食无忧的生活。可正是在这样的一个群体中，却有人完全丧失了自我，因财富的急剧增长，而迷失了生活的方向，最终淘汰于城镇化快速发展的浪潮之中。

湖南省怀化市鹤城区辖区内，因修建怀邵衡铁路面临拆迁，因为在这一区域内要修建黄岩隧道，该隧道工程全长17030米，横跨鹤城区和洪江市，共设有5座斜井，其中鹤城段就有三座，由于地形复杂工期紧，路地关系是否和谐对于工程顺利推进尤其重要。为此，鹤城区项目协调指挥部早在正式动工的2015年之前就开始对拆迁进行全面的动员，当地居民也比较配合。就在工程顺利进展的同时，当地一部分居民也因土地被征用而富裕起来，随之而来的问题却让人始料不及，就如我们的调查对象所说那样。

去年拆迁的时候，由于我们家的地处于工地必经之处，还有老房子也在，所以最后到手的补偿款其实不少，有几十万。我是家里老大，后面几个都是妹妹，所以我占大头，嫁出去的两个妹妹我也是念在亲情份上象征性地分了一点。说实在的，从来没有见过这么大一笔钱，我原来也不是靠农业为生，早年出去打过工，主要是在建筑工地上，后来回来也就做点零工，现在本来人工费就高，所以，生活是没得多大问题。但是拆迁的钱到手后，这附近就有人组织开小赌场，我本来也不是很喜欢赌，原来手上有点闲钱也就输赢百十来块，不伤筋动骨。不过手头上这么大一笔钱，小输小赢也就没放心上，有几个人就盯着我们这些拿到钱的人，天天晃，赔着笑脸组织我们去打牌。开始是输少赢多，不过数额都不大，后来慢慢地就把打牌当主业了，天天打，一步步陷进去了，不仅仅补偿的钱全部输掉了，我还借了一些钱，有些是亲戚朋友的，有些是赌场的。后来还是两个妹妹帮我还上的，政府后来也出面治理，我才脱身出来。现在想起来，说不后悔是假的，肠子都悔青了，但是也没得办法。（YHL20151213GC）

其实这样的事情不仅仅在怀化市出现，可以毫不夸张地说，在整个武陵山民族地区，只要涉及拆迁补偿，大多会有一些不法分子蜂拥而来，通过各种手段组织拿到补偿款的群众参与赌博，而无一例外的是许多人刚到手的钱转眼又被这些人诱骗。从表面上来看，是因为不法分子抓住了关键时机，就是老百姓手中有现金，而且是充足的现金。而且，他们的手段比较隐蔽，一般会让参与赌博的人尝一些甜头，然后再温水煮青蛙似地榨取他人钱财。但是通过我们与访谈对象的深入交流，发现还有更为深层的原因。

其实在参加赌博的最初，我也考虑过怎么安排这笔钱的事。按照我原来的收入状况，恐怕一辈子也挣不了这么多钱，何况还是一次性到手。但是考虑来考虑去，也没有什么合适的途径，也想不到好办法，做生意没门路，搞其他的投资就更是一窍不通，有的建议存在银行吃利息，我们这也有不少人是这么做的。我也想过就这么稳稳当当地存起来，但是最后没控制住自己。再说呢，一下子到手这么多钱，相当于一夜之间发财，虽然之前也晓得有补偿，但毕竟钱没到手。真到了钱到手后，心态还是变了，整个人都飘起来了。我们这不少人当时就买了小车，自己开着一天到处转，我不喜欢开车，也没考过驾照，车子就没想买。一天在家没事做，当时手头还有些活，都直接推掉了，虽然做事一天能挣个一两百，但都没放在心上了。想着几十万在手上，打牌输赢那点小钱不算什么，何况还经常赢别人的。所以自己也就没警觉。反正没事，就先打打牌，消遣消遣，以后有么子合适的事再做就是。但是到后来，就不是这么回事了，输得越来越多，陷得越来越深，想到好不容易的补偿款白白输掉，心有不甘，就越想赢回来。因为这样的补偿不可能有第二回了。正是心里有这种想法，所以才会沉迷其中。哎，没想到就是这么个搞法害得我落得现在这个样子，钱也没得了，地也没得了，还得靠做零工过日子，家里关系也搞

得僵，我都成了别人眼中的笑话。（YHL20151213GC）

从上面的言语中，我们不难发现，其实面对城镇化发展所带来的生活巨变，人们最初都会有一种寻求平稳过渡的心理，只是这种心理面对外界冲击时，能落实到具体行动上就有太多的干扰因素了。综合这位访谈者的表述，我们想以下一些方面可能是造就其目前困境的主要原因。

一方面是客观外在原因，包括前面所说有目的有针对性组织赌博的不法分子，他们的手段具有欺骗性，会让参与其中的人难以发现。大多数人起始都觉得与平常一般的小赌无异，输赢正常，真正发现被诱骗的时候却无力自拔。另一方面是当事人本身的局限性。这包括他们的知识水平、社交范围、日常生活习惯等。这样说正是因为他们本身的知识水平和社交范围有限，所以短时间内变得富裕后，无法对自身的长远发展做出适当的安排和计划，他们想规划未来，但是不知从哪个方面入手，想投资想经商，改变传统的劳作方式，却找不到方向。在其周围的人群，只有部分谨慎的人才懂以储蓄的方式保护财产，但还是有不少人以消费的方式来平静暴富后的激动。加上日常的生活习惯中，对于赌博的认知大多停留在小赌怡情的层面，原来的日常生活中也常参与小赌。访谈对象告诉我们，像他一样陷入赌博的人90%都是平常会打牌的人，完全不懂的人极少被劝诱进来。在结束调查时，有人告诉笔者，在一段时间内，当地甚至出现了贱卖汽车的怪现象，一些刚买不到半年的车辆，以远低于市场的价格被人购买，原因是这些卖车的人急于套取现金去赌场。

上述的案例不是特例，而是在很多地方重复上演，因征地拆迁在经济上大起大落的人比比皆是。回过头来再次审视我们的城镇化建设，我们觉得，作为当地政府，至少在乡镇一级，或者说是行政村、社区这个层面，应当慎重对待这样的问题，以公开正式的方式引导征地拆迁的群众去合理规划未来生活，可以通过普及一些基本的金融知识，宣传一些健康生活理念等形式帮助这些外富而内贫的群众度过生活巨变的初期，为他们搭建起平稳过渡的桥梁，真正营造起以人为本的城镇化氛围。

二 现实与理想的冲突

这里所说的现实与理想的冲突是指在新型城镇化建设过程中，随着社会财富的积累与增长，人们所处的社会环境有了较大变化，许多的新的情况出现，并没有现存的机制去帮助人们调整认知，从而在不知不觉中产生了矛盾冲突的思想观念，由此导致了人们的彷徨，在现实与理想的冲突中不知所措。这主要体现在以下几个方面。

一是精神满足与物质满足的矛盾。包括农民工在内的底层劳动人民虽然共享了部分社会发展带来的成果，但是一个不争的事实就是人们越来越迷惑于精神与物质的选择之中。就从返乡农民工的角度来说，他们中很大一部分人在外经历过辛勤的劳动，因各种原因返回到家乡，内心之中对家乡怀有一种亲近之情。但是，当他们准备扎根家乡时，发现在收入相对减少的情况下，并没有获得精神上的安宁，家乡在很多时候依然是一个充满着对物质财富疯狂追求的地方。重庆黔江的TMF告诉我们：

> 我是去年回来的（2015年），以前在浙江那边打工，前前后后有七八年的时间。在外面工作比较辛苦，生活也很枯燥，基本上就是上班下班，偶尔与老乡朋友聚会或是外出。家里人认为我都26岁了还没结婚，想叫我回家在当地找人嫁了，我也认同了这个观点，毕竟一个地方的还是好相处一些。回家前，我也有思想准备，原来的好多朋友都不在家里，可能回来后还是比较孤单。但我始终认为是自己老家，再怎么也比人生地不熟的地方要好些，至少人要淳朴和善一些。但是回来后发现，不是这么回事。就说工资收入吧，以前一个月至少4000元，主要在服装厂上班，我算是熟练工，经常还不止这个数。现在回来后，找了几份工作，像我们这样没有什么技术文凭的，也没有合适的制衣厂去上班，所以一般的工作能给的工资也就1500元的底薪，加上提成什么的，一个月也就2000元多一点，基本上收入少了一半。原来的收入在打工的地方也是比较低，但是除了基本的开销还有结余，现在就只能确保衣食住行的基本开支了。关键还在于我的生活状态也没有什么变化，还是上班下班，朋友还没谈好，一天很无聊。现在的人也都很势利，没有哪个是高尚的。回来感觉自己还是个打工的，在城市里还是无依无靠。与原来打工的朋友聊微信，倒感觉现在的生活还不如回来之前过得好了，以前一年回来个两次，还有人把你当回事，现在真的还不如以前了。（TMF20160725LH）

二是急功近利与长远发展的冲突。新型城镇化的发展的确为武陵民族地区的人们带来了许多发展的机遇，应当说大部分的农民工都是希望通过自己的辛勤劳动来换取一个更美好的生活的，特别是新生代农民工，务工初衷多是希望能够通过外出获得资金的积累、技能的提升和资源的拓展。但是现实中要实现这样的目标并不容易，既需要个人的不断努力，也需要机遇和大的社会环境提供支持。受享乐主义、功利主义的影响和冲击，很多人难以坚持自己的初衷，在等不及去慢慢积累而获得长远发展的情况下，以当下利益为重，走上了急功近利的道路。如果说急功近利是能敏锐地抓住机遇而迅速积累起财富，这倒也能为以后的发展打下基础。事实是一部分人选择以违背道德原则，甚至是违法乱纪的方式去追求快速获取财富。我们反思这一现象时，自然联想到，其实当下新型城镇化建设在人进入城市后，并没有提供一个稳定的发展环境和公平竞争的平台，社会风气没有根本性的扭转，以物质财富衡量一个人的成败依然是社会主流观点，所以不可避免地在利益驱动下促使一部分人宁可放弃长远的利益与发展。正如学者所说："当代中国社会尊重人们的不同价值选择，但倘若社会价值观多元并存的无序状态长期存在，加之社会公平正义失衡的影响，农民工群体极易在价值追求、价值冲突中产生迷惘和困惑，从而导致社会不安定、不团结，整体道德水平下降。"[①]

三　农地流转过程中的争执

随着城镇化发展，土地资源变得越来越稀缺。城镇扩张需要占用大量土地，这很大程度上是改变现有城镇周边土地的性质。同样，交通、通信等基础设施建设也需要占用大量土地。在农村，农业的发展，特别是涉农企业的发展，虽然不是占用农地，但也需要土地的集中，所以土地流转才成为城镇化进程中不可回避的问题之一。一般的观点认为，土地流转的目的是避免家庭联产承包责任制建立以来，农民居住分散、经营劳作分散而导致农村土地细碎化，没有形成规范化的农业生产，导致土地产出效益不高。特别是在城镇化建设进程中，大量劳动力外出务工，造成土地闲置的情况很普遍，这又加大了对土地这一重要资源的浪费。因此，为了实现土地效益的最大化，各地都在尝试土地流转，从本质上来看，无论是对整个

---

① 杨东、胡孝红：《论新型城镇化背景下的农民工价值冲突》，《黑河学刊》2013年第5期。

社会的经济发展,还是对农民个体的经济收入来说,都确有好处。土地资源不闲置不浪费,为农业适度规模经营提供基础,促进资源配置效率的改善,社会整体经济收益得到增加。农民个体也能够享受到因务工而闲置土地的收益,可谓一举多得。因此,学者们认为"新型城镇化使得城乡地域局限性消失,在遵循城乡互补、协调发展的原则下,需要整合农村和城市土地资源,优化土地资源配置,从而提高农村土地的利用效率"[①]。但是,也有研究者表示担忧,认为"但流转基础的非市场性、流转内容的不完整性、流转价格的不确定性、流转目标的非效率性以及流转格局的不稳定性,未能培育出符合市场要求的经营主体"[②]。虽然有研究也指出,从2011年开始农地确权全国试点后,确权土地不仅仅使农户能够获得更高收入,也使得租入者因能够寻找更有利的生产方式使土地产出更高,因而也愿意支付更高租赁价格。[③] 无论学界的讨论是针对个案,还是通过宏观数据的统计分析,实际中的土地流转的确是在不断深入,影响的面也越来越大,基于本研究的主题考虑,我们拟对武陵民族地区农地流转的情况依据我们的调研进行讨论,因为这涉及更多的农民工切身利益。而有关因城镇化建设需要进行的土地征用问题不在讨论范围之内。

(一) 农地流转的主要方式

虽然农地流转的方式有很多,从土地流转主体来看,主要包括私人个体的流转、政府主导的流转还有市场为导向的流转。武陵民族地区的农地流转采用的主要方式分为两大类型:一是私人个体的流转,也就是说农户自己就是流转主体。实际动作的过程中,大多数都是出租,就如同租房一样,把经营权还没有到期的土地出租给别人,从而收取租金。这种情况在武陵民族地区最为常见,租入方有可能是劳动力多,而又没有外出务工的同村亲属家庭。也有可能是种养大户为了扩大规模而主动寻求租赁。也有可能是相关公司直接与农户联系租赁土地,甚至连劳动力一同雇用的也

[①] 宋宜农:《新型城镇化背景下我国农村土地流转问题研究》,《经济问题》2017年第2期。

[②] 参见任辉、赖昭瑞《中国农村土地经营制度:现实反思与制度创新》,《经济问题》2001年第3期。

[③] 参见程令国、张晔等《农地确权促进了中国农村土地的流转吗?》,《管理世界》2016年第1期。

有。二是政府主导下的农地流转。即政府（多数是农村集体经济组织为主体）在取得农民同意的基础上进行土地承包经营权的流转。其中要么是政府成为中间人，先租赁农民土地，然后再集中转租出去，类似于城市租房的二房东。这样的情况不多，因为农民多半觉得还不如自己直接去与租入方谈，没必要多一个环节。还有就是"承包者在履行承包合同规定义务的前提下，将土地经营权转包给新承包人，并由新承包人履行合同规定的权利和义务。包括委托转包和自行转包类型，其中自行转包没有正式合同，属于口头协商，变动性较大"[1]。这种情况在武陵民族地区有，但是也不普遍。总体来看，目前的流转主要是一种"临时性农地流转"，也就是说流转并不是流转"死"了，外出务工的农民在返乡后，多半还是留有最后的谋生手段——务农。

（二）土地流转潜在的矛盾

按照前面所说，农地流转是双赢或是多赢的好事，为什么还会出现矛盾呢？主要的原因还是在于流转利益的分配上，以及流转协议的随意上。先从流转利益上来看，一方面是存在农民对流转收益分配的主观判断不足，没有考虑到长效保障的要求。一般的情况下，很多农民特别是外出务工农民想到自己不耕种了，白白浪费还不如低价租给别人，而且大多都是在熟人范围之内流转，也没有一个确定的价格去衡量，多半都是临时性的商量，也没有考虑更长远的收益。而一旦租赁者通过土地集中获得较大回报时，很多人就会回过头来要求增加租金，矛盾也就随之而来。虽然如上所说，部分流转是通过政府来操作的，实际中也不是很规范，经常会出现不支付租金，或是有意压低租金的情况，导致农民的不满而发生矛盾。另一方面，因为农地流转在很大程度上不受农民掌控，加上政府监管不力，一些企业会乘机改变土地使用性质以谋取利益，当农民发现上当后，企业通常是补偿那些态度强硬的人一些利益，而使大多数人的利益受损。

还有一种情况就是部分返乡农民工因各种原因返回村庄后，强硬地要求收回自己的土地经营权，而不顾协议在先，由此也造成不少的冲突和矛盾。这里面更重要的原因是农民法律意识不强，对于合同协议认识不到

---

[1] 宋宜农：《新型城镇化背景下我国农村土地流转问题研究》，《经济问题》2017年第2期。

位，天然地认为土地归自己所有，租不租应当依据自己的具体状况而定。据较早的一项调研显示，重庆市黔江区 2008 年 11 月底，返乡的 3.57 万名农民工中有 8.23%表示，因为土地已经流转，无法开展农业生产，因为自身没有收入来源，欲索回土地使用权。① 这项调研虽然过去了近 10 年，但是这种现象依然还普遍地存在于武陵民族地区各地。

当然，这些情况的发生都与流转协议的随意性有关，绝大多数农民抱着一种质朴的交换观念，在前期较少关注协议条款，甚至有些人根本就不懂条款内容，草草签订，一旦发生争执总会在条款面前吃亏。有研究表示："在土地流转过程中，双方很少签订书面合同，大多实行口头协议，未经发包方同意及管理部门备案公证，即使签订书面合同，其内容不完整、不规范，双方没有明确责权利关系，没有专人负责合同管理工作。"② 正如我们在来凤调研时与一位村主任交流时所说的那样：

> 我当村主任两年多了，这几年一直在处理土地流转的事，各种情况都遇到过。比如说田××前年回来搞的藤茶基地，当时也不是我出面组织的土地流转，我那时候还没搞这个主任。流转的面积也不大，总共才 200 多亩。他们当时签了一个协议，租金和租用年限都写清楚了。这几年藤茶价格上涨，有些人看田老板挣钱了，就要求涨租金或者干脆直说多给点钱。田老板不只在我们村里流转土地，边上几个村都有，现在规模是比较大。我看了合同，他的做法从法律上讲没得问题，但考虑到老百姓的意见，我还是跟他协调了一下，他也让了一些步，比方说解决了村里几个年纪稍大的人到他的厂里上班，算是照顾人情了。但是还有些人不满意，不是找田老板闹就是找我麻烦，一天累死人。这算是最麻烦的事了，还有就是有几个打工回来的，原来也是把屋里的地包给亲戚了，这两年不愿意在外面做了要回来，在镇里城里转了一圈没找到合适的事做，就想回来种点农业，或者跟着一起种藤茶，但是地又包给别人了，要不回来，亲戚间谈不好动手的都有几家了。找到我这里来，我也只能两边做工作，也不可能强制性地

---

① 王茜：《当前农村土地流转存在的问题及对策——基于农民工返乡潮激化土地流转纠纷的视角》，《中国房地产》2009 年第 8 期。
② 杨碧美：《当前农村土地承包经营权流转存在问题与对策思考》，《农业开发与装备》2016 年第 3 期。

讲该怎么怎么搞。(TJD20161210THH)

虽然我们认可一句话，即"在农民保障体系缺失的前提下，土地仍是他们最后的避风港"，但是出现上述情况，仍然需要我们慎重对待。一方面，对待那种以非正常手段侵占农民利益的情况，政府相关部门必须予以处理。另一方面，对于因协议问题而产生的纠纷，我们不能简单地偏袒哪一方，不能简单从农民个体利益出发而于规则不顾，否则会严重损害土地租赁者的信心，从长远来看，对于农村农业发展是极为不利的，最终损害的也将会是农民自身的利益。我们的建议是：第一，规范土地流转相关行政总站的工作程序，基层政府应当加强引导和监管。在流转过程中的资格审查、合同签订和公证，档案管理等方面要按流程执行到位。多开展土地流转政策的宣传，让农民真正理解和支持这项政策，并能在其中谋取自己合理的利益。也要进行合同制定和合同守信等方面知识的宣传，把精力放在解决问题之前的杜绝问题出现上，以确保类似冲突矛盾不出现。第二，要建立相应的土地流转纠纷协调和仲裁机制。随着社会的发展，土地流转将会涉及更大范围内的农民，也可能会面临更为复杂的情况。因此，从村到乡镇都应当关注应对机制的建立，一旦发生纠纷，必须能够有效介入，处理好纠纷。

对于未来的土地流转，我们认为在很长一段时间内还是会面临诸多困难，也会存在一些矛盾与冲突。特别是随着越来越多的人离开土地进入城镇生活，在没有相应利益刺激的情况下，他们在农村拥有的菜地、林地、农地、宅基地等，都有可能在很大程度上被闲置。除非是农民觉得在城市能够有保障地生存下去，否则土地权益他们不可能放弃。当然，也有学者不认可这样一种现状，认为"农民之间自发的土地流转会引起争议，且这种自发流转，因为是在熟人社会中进行的，流转极其便利，手续基本不需要，可以说是极高效率。极高的效率还表现在农村自发流转，进城农民将土地流转给亲朋邻里之后，亲朋邻里也正好帮他看看房子，照顾老人。流入耕地的农民，因为种种原因无法进城务工经商而留村务农，他们自家承包地太少，流入一定面积耕地形成适度规模经营，他们就可以从农业中获得不低于外出务工的收入，并因此成为村庄的'中坚农民'。正是村庄中坚农民的存在，使在农村人财物流出的背景下仍然可以保持一个健全的社会结构和稳定的样态"①。正如前面所讨论的那样，我们认为这种情况只针对目前常见的流转方式之一，而不是全部，也不一定适合未来的发展。所以为应对未来可能出现的大量人口进城安居，在土地流转制度设置逐步完善的情况下，我们认为这样的一种方式应当可取——遵循不同的流转顺序，即林地—菜地—承包地—宅基地。这样的设想来源于农民工对农村土地权益转让的意愿而提出。②

四 新型城镇化建设速度的反思

新型城镇化提出以来，大量的研究讨论了在新理念的指导下如何进一步推进城镇化建设，提升城镇化建设质量，常常把以人为本、人的城镇化作为研究的出发点。我们这里想讨论的一个问题是，目前我国的城镇化建设速度是否是合理的。在综述中我们集中地论述了许多研究表明原有的城镇化其实很多是"半城镇化"，并不是一个理想的状态，因为只完成了"人进城"这一步，而没有实现好"人融城"这一目标。因此，无论是城市还是乡村，都面临着城镇化而来的大量问题。从我们调研的情况来看，至少在武陵民族地区返乡农民工群体中，有很大一部分还是生活在城镇边缘，他们在经济基础、工作技能、支持网络、社会保障等任何层面，都还不具备融入城镇的条件，现有城镇支撑不起来这么多的人口在其中安居乐业。所以，我们认为新型城镇化建设完全没必要去追求速度，如同原来一味追求GDP增长一样，这是没有实际意义的，反倒会加重社会负担，聚焦社会矛盾，脱离新型城镇化固有理念。

其实也有不少研究表明，新型城镇化的推进必须有一个合适的度，这个度的把握就是必须使经济发展与城镇化率相匹配，而不能盲目追求城镇化率的提高。设想这样一种状况，大量人口被动地从农村进入城镇，而城镇本身又没有足够的吸纳能力为这么多人创造就业机会，必然会使整体的失业率提升，由此更容易导致经济和社会问题的凸显。所以特别要考虑到农民如何能在城镇中生存发展下去，有研究表明城镇化率的提高并不会自

---

① 贺雪峰：《当前关于土地认识的几个流行错误》，2014年10月21日，乌有之乡网（http://www.wyzxwk.com/Article/sannong/2014/10/330774.html）。

② 参见聂洪辉《"人—权"合一：破解新生代农民工城市融入的关键——以新生代农民工返乡置业为例》，《湖北社会科学》2014年第8期。

动地去提升城镇就业率，而相反城镇就业率的提高会加速城镇化的发展，而且对于类似武陵民族地区这样在近年来获得长足发展的地区来说，这样的影响会更为明显。[①]

从另一个层面来看，新型城镇化也不宜过快，要让农村和城市都能寻找到适合自己发展的正确道路，不能盲目推动。韩长赋2013年12月在接受媒体采访时曾表达了这样的观点——城镇化要带动而不是取代新农村建设。[②] 这应当说是对新型城镇化与农村发展两者之间关系最好的定位。在其随后的多次发言中，他均表示，党的十八届三中全会明确提出，要促进城镇化和新农村建设协调推进。因此，城乡规划要统筹考虑，城镇化要带动新农村建设，而不能取代新农村建设，搞所谓"去农村化"。[③] 从他的主张来看，也就是说我们想实现的城乡一体化不是城乡同样化，新农村应该是升级版的农村，而不应该是缩小版的城市。如果城乡无差异，且不说我们能不能实现，那人类社会的多样性，西方发达国家在城镇化后出现的逆城市化现象又如何去实现和容纳。所以，新型城镇化的目的是城镇和农村要和谐一体，各具特色。城乡的无差异体现在人的权益和保障的获得上，在于人的发展有同等机会上。而不是城乡外在面貌、城乡社会功能的一致性上，否则就会城镇不像城镇，农村不像农村。他还强调说："一些地方在推进城镇化过程中的某些'去农村化'的做法，是不符合中国国情的，也是不符合城乡统筹发展原则和大国现代化规律的。"[④]

温铁军也曾说过："国家强调生态文明理念和城镇化战略有机结合，实际上就是要立足乡土社会内生的多样性来加强生态建设，在城乡统筹中推进城镇化。如果能够把投资重点转到'人的城镇化'而不是维持过剩的城市产业，通过生态恢复和乡土社会重建来改善地方治理，农民就不至于背井离乡，农村也能增强吸引力。这种城乡一体化当是未来方

[①] 参见黄明、耿中元《我国城镇化与城镇就业的实证研究》，《中国管理科学》2012年第11期。

[②] 韩长赋：《城镇化要带动而不是取代新农村建设》，2013年12月23日，土地资源网（http://www.tdzyw.com/2013/1223/34051.html）。

[③] 韩长赋：《促进城镇化和新农村建设协调推进》，2014年12月24日，中国社会科学网（http://www.cssn.cn/zt/zt_zh/xwzt/ncgzhy/zjgd/201412/t20141224_1454997.shtml）。

[④] 《农业部长韩长赋妙语谈"三农"》，2013年10月16日，人民论坛网（http://www.rmlt.com.cn/2013/1016/165341_3.shtml）。

向。"① 所以总体来说，目前的新型城镇化建设速度应当适当控制，必要的并村及撤村建镇是需要的，但要经历一个较长的过程，而且要有科学的规划、合理的规模。不能因为追求数字的增长，而迫使农民"进城上楼"，急剧改变传统乡土社会的结构，使得原有的社会网络被人为地硬性破坏掉，那么不仅仅使农民生产生活不方便，难以持续发展，也会因熟人社会的消解而没办法排解矛盾和纠纷，造成基层社会治理的重重困难。

进一步来看，以华中科技大学贺雪峰教授为代表的一群学者，一直都在致力于对城镇化建设的反思性研究，当2008年金融危机爆发后，有学者提出通过刺激返乡农民工消费来拉动内需保增长。他站出来表示，若农民工把外出务工的积蓄用于消费，而不是进行投资，那么一旦花光这些钱，他们以后的日子将会更难过。他说："鼓动农民消费，说爱国主义就是消费的观点，是荒唐的。"② 这样的观点其实也在于指明，农民工自有其生存逻辑，同样，农村社会发展也自有其逻辑，不能单方面地期望新型城镇化建设就会带来农村社会的繁荣、农业人口的有效转型。在同期刊物上，华中科技大学中国乡村治理研究中心博士研究生杨华等还从另一个角度论证了农村社会作为社会稳定阀的功能。他们从经济危机后返乡农民工生存发展状况入手，认为"我国农村有稳定的土地制度和柔性的农民工角色，在主客观两个方面创造了条件，使农村在一定程度上有吸纳金融危机带来的诸多负面影响的能力。当然，农村这个吸纳能力并不仅仅在于稳定的土地制度和柔性的农民工角色，它们与农村的整体治理、人际关系、社会关联、人情网络、面子竞争、村规民约、家庭结构、亲属结构、社会环境等一同构成农村吸纳金融危机负面影响的机制"③。

综上所述，我们认为新型城镇化建设在近年来取得了巨大的发展，无论是农民、返乡农民工，还是城镇居民在其中都共享了发展利益，但是毕竟当前我国还处在进一步发展的前进道路上，还有很多保障性措施没办法一步到位，必须清楚认识到这个过程的长久性和复杂性，从而踏实走好城

---

① 温铁军：《城镇化不是产业化，改革是真正动力》，《农村工作通讯》2014年第4期。
② 贺雪峰：《农民工返乡的逻辑——以贵州湄潭县聚合村调查为例》，《东岳论丛》2009年第7期。
③ 杨华、刘芝艳：《农村吸纳金融危机负面影响的机制——对返乡农民工的一项调查》，《东岳论丛》2009年第7期。

乡两条发展道路，科学有序推动城镇化发展。另外，我们也认为，对于包括返乡农民工在内的农民在城镇化浪潮中如何生存与发展，不能仅仅依赖宏观经济数据的分析与预测，还必须加入社会学、人类学、民族学的相关研究，以便在科学研究、决策提供中补充真正意义上的"以人为本"的观照。

第四章

武陵山区返乡农民工就业研究

在讨论完武陵山民族地区新型城镇化建设相关内容后,本章主要把视角转向新型城镇化建设的重要承担者——返乡农民工身上。通过对这一群体整体性的描述后,了解他们返乡之后就地就近就业的大致状况。在此基础上,全面梳理武陵山少数民族地区各地政府和职能部门在促进返乡农民就地就近就业方面所出台的各项政策及其产生的积极影响。研究的重点放在实地调研过程中,政府官员及职能部门领导和工作人员在应对返乡农民工就地就近就业时,他们的主观认识、态度和如何解决这一问题的主张。同时,通过县域、村庄和个体三个层面具体案例的呈现,更清晰地展现了农民工返乡就业创业的现状。此外,在讨论武陵山区农民工返乡就业创业存在的问题基础上,借助理性选择理论和社会网络理论,从宏观和微观两个不同的角度剖析了农民工返乡就业创业的行动逻辑。

第一节 农民工及返乡农民工群体概况

新时期的中国农民工突破了中国传统城乡二元治理的社会阈限,在一定程度上实现了人口的区域、跨区域流动。这种流动尽管促进了城乡之间劳动力资源的优化配置,但是以牺牲他们的切身利益为代价的。他们在户籍、身份以及收入等客观社会因素的型塑下并没有完全离开"乡土",而是"一头连着城市和发达地区,一头连着农村和落后地区"①,

---

① 陶欣、庄晋财:《农民工群体特征对其返乡创业过程影响的实证研究——基于安徽省安庆市的调查数据》,《农业技术经济》2012 年第 6 期。

这种"钟摆"①式的现状将他们置于一种不稳定的、游离式的、漂泊的生活状态。因此，飘零他乡和依恋乡土的尴尬且矛盾的现实局面无疑强化了武陵山地区广大外出农民工的返乡意愿，回家成为他们重要的选择之一。然而，偏低的年龄结构和文化水平、低风险承担能力以及原生关系网络的强化等特征对返乡农民工的"在地化"就业或创业产生一定的约束，本节将在田野调查基础上重点分析武陵山民族地区广大农民工及返乡农民工群体的基本特征。

一 农村劳动力转移以外出务工为主

长久以来，武陵山区各地政府为了解决农村劳动力转移问题，都把推动农民外出务工作为最重要的途径。也就是说发展"打工经济"在内部发展水平较低的武陵山区是一种推动地方经济社会发展的重要手段。通过统计数据来看，外出务工人员中跨省流动又占有绝对数量。在铜仁市调查时，该市人力资源和社会保障局领导说：

> 以我们市为例，我给你们一些数据就清楚了。通过今年我们仔细地进行数据统计，我们市农村富余劳动力1294303人，占劳动力供给总量的53.36%；转移就业997322人，占农村富余劳动力的77.05%；跨省转移就业841701人，占转移就业的84.4%。而这其中，长期转移就业的劳动力居多，这种就业方式成为农民获取经济收入的主要方式。已转移就业的人中，3—5年323852人，占32.47%，5年及以上355164人，占35.61%。在转移就业的农村劳动力中，大部分是长年在外就业，其收入成了家庭的重要经济来源，全市外出打工月平均收入21.42亿元。打工经济已成为我市农村经济的支柱产业，也是我市地方经济发展和新农村建设的重要经济产业。(HYZ20131212THH)

再来看其他县市情况，2013年年底统计数据表明，怀化市转移农村劳动力90.8万人，占全市农村劳动力270.3万人的33.6%，其中：男性

---

① 此概念在人类学意义上的含义最初由英国人类学家埃德蒙·利奇（Edmund Leach）在其《缅甸高地的政治制度》一书中提出，指缅甸克钦人（中国的景颇族）在贡萨和贡老两种政治体制间的摇摆。在此，"钟摆"概念意指农民工游离于家乡以及打工目的地之间。

51.3万人，女性39.5万人；跨省流动就业66.1万人，市外省内就业24.7万人；务工地区主要集中在珠三角、长三角地区，务工行业主要为建筑业、制造业、电子电器、玩具加工、服装纺织、餐饮服务业等。

黔江区2013年年底统计数据显示，全区共转移农村劳动力12.8万人，占全区农村劳动力26.1万人的49.04%。其中：转移到区内就业的2.85万人、区外重庆市内1.2万人、重庆市外8.75万人，分别占转移人数的22.3%、9.4%、68.3%。区外务工人员中，男性5.79万人，女性4.16万人；按年龄结构分：20岁及以下1.27万人，21—30岁2.66万人，31—45岁3.96万人，45岁以上2.06万人；按文化结构分：初中及以下6.96万人，高中或中职2.24万人，大专及以上0.75万人；按产业分：第一产业2.32万人，第二产业3.57万人，第三产业4.06万人；主要以跨地区转移为主，分布在重庆、珠三角、长三角、环渤海湾经济区及其他地区。

2013年，湘西州农村劳动力转移就业人数达65.5万人，其中州外务工人数为57.8万人，占总转移就业人数的88.2%。其中，州外省内就业7.7万人，省外就业50.1万人。外出务工人员全年劳务收入达180亿元。

恩施州外出务工人员常年保持在80万人左右，不同年份略有增减。2013年该州共转移农村劳动力80.45万人，占全州农村劳动力189.3万人的42.5%。同样，其中在省外就业人数达到51.89万人，占转移劳动力总数的64.5%。务工地也较集中于中东部发达地区。比如说恩施市，当年外出就业人员11.26万人，省内州外2.5万人，省外达6.77万人。

综上所述，武陵山民族地区农民外出务工人员占农村劳动力总数基本都保持在40%以上（怀化市略低，但也达到了33.6%）。说明了该地区自身经济发展形势并不乐观，吸纳就业能力还比较有限，农村劳动力的转移主要依靠省外就业市场。

二 返乡农民工数量不断增长

需要说明的一点是，我们在研究中所指的返乡农民工是专门指代那些返乡后短期不再外出的农民工，而那种年节时分专程回家乡探亲访友的返乡农民工不包含在内。2008年年末的农民工大量返乡开始，与原来周期性的城乡往返迁移不同的劳动力流动情况逐渐引起关注，即部分在外务工的农民开始返乡不再外出，就在当地谋求发展，就地就近就业渐渐发展为农村劳动力转移的新趋势，我们通过以下数据来详细说明这一情况。

2013年，黔江区全年农民工返乡创业就业总人数7251人，返乡创业总户数累计达7001户，比2012年增加632户，返乡创业实体吸纳就业人数2.3万人，累计转移农村富余劳动力12.05万人，农村劳动力培训结业14510人，劳务总收入17.03亿元。进一步来看，该区农民工创业总人数1.35万人，其中返乡创业人数为0.85万人，占全区创业人数的63.0%。返乡创业人数从性别上看，男性多于女性，男性0.65万人，占76.5%，女性0.2万人，占23.5%；从年龄结构看，中年人群创业居多，30—45岁的0.49万人，占57.6%；从文化结构看，初中及以下的0.44万人，高中及以下的0.41万人；从创业类型看，个体户0.39万人，占45.9%，企业0.1万人，占11.8%，种养殖业0.36万人，占42.4%；从产业结构看，从事第一、第三产业0.54万人，占63.5%。

湘西州2014年全州返乡农民工4.24万人，其中创业人数0.33万人，带动3.1万人就业；2015年上半年，返乡农民工9.55万人，创业人数0.23万人，其中农民工创业培训达9234人次。

怀化市2014年1月底，外出务工返乡农民工为37.9万人，占外出务工人数的41.7%。春节后表示继续外出务工的30.5万人（其中约有75%保留岗位，约有25%要重新寻找岗位），占返乡农民工人数的80.5%；暂留在家务农7.4万人，占返乡农民工人数的19.5%。

铜仁市2009年1月31日—2011年5月31日，返乡农民工人数达83039人。返乡的农民工中，已实现就业创业的有26313人，其中：返乡自主创业4320人，推荐就业2749人（公益性岗位），培训就业2053人，自主就业6149人，继续外出务工39959人，还有8837人存在再就业压力。到2013年，全市农村外出务工人员约为76.45万人（占农村整半劳动力的34.75%）。返乡创业就业人员约为21.54万人（占农村整半劳动力的9.79%，占外出务工人员的28.17%），其中创业9.89万人，占45.92%，就业11.65万人，占54.08%。创业的产业分布为第一产业5.28万人，占53.38%，主要是农业、畜牧业、渔业、林业；第二产业1.94万人，占19.63%，主要是农副产品加工、建筑业等；第三产业2.67万人，占26.99%，主要是批发零售、维修、食宿、交通运输等。就业11.65万人中，仍然只种责任地2.24万人，占19.27%；从事一产业2.31万人，占19.79%，主要为农业和畜牧业；从事二产业2.79万人，占23.96%，主要为以建筑业、纺织和皮革制鞋为主的制造业；从事三产业3.22万人，占27.60%，主要为居民服务、交通运输、食宿等；其他1.09万人，占9.38%。

恩施州的8个县市的整体性统计数据缺乏，我们从其他研究者的资料中获知，"恩施市返乡农民工2317人，其中返乡创业1922人，创办企业239个，其中种养企业81个，工业企业51个，商贸企业42个，其他服务业65个，吸纳农村剩余劳力2627人，总投资12794万元，2013年实现产值营业额97031万元，实现利税37171万元"①。

综上所述，目前的农民工返乡就业创业与2008年时的被迫返乡还是有很大的区别的。比如怀化市在2008年统计返乡农民工返乡情况时，"失业型"返乡全市达15.1万人，占返乡人员数的39.9%。现在的农民工返乡都抱有较为明确的扎根本地谋求发展的思路，其返乡行为，无论是就业还是创业，大多数是一种主动性的选择。

三 农民工及返乡农民工群体特征

(一) 文化水平较低，结构性差异大

武陵山区的农民工及返乡农民工作为全国农民工的一支生力军，无疑凝结着全国农民工所具有的一般性特征。据国家统计局所发布的《2016农民工监测调查报告》显示："2016年全国农民工中，未上过学的占1%，小学文化程度占13.2%，初中文化程度占59.4%，高中文化程度占17%，大专及以上占9.4%。其中，高中及以上文化程度农民工所占比重比2015年提高1.2个百分点。"② 由此可见，农民工群体中初中学历占绝大多数，他们不仅缺乏一定的知识文化，而且在技术能力层面也有所欠缺。当然，武陵山区少数民族地区广大农民工群体在文化水平层面除具有全国整体特征的趋势外，仍具有强烈的地方性色彩。因此，本节将选取武陵山地区所覆盖的湖北、湖南、贵州和重庆四省（市）中的若干县（市、区）为例来呈现武陵山区农民工的文化水平特征。

上述湖北省恩施市2013年外出从业人员11.26万人，初中文化程度占据绝大多数，约7.25万人，而小学及以下和高中及以上各为2.05万人

---

① 刘道远：《恩施市返乡农民工创业情况调查》，《学习月刊》2014年第20期。
② 《2016年农民工监测调查报告》，2017年5月9日，国家统计局（http://www.stats.gov.cn/tjsj/zxfb/201604/t20160428_1349713.html）。

和2.65万人。然而，值得注意的是该市小学及以下的外出从业人员竟高达2.05万人，与高中及以上人数接近。可见，该市外出从业人员的受教育文化程度的结构性差异很大。2008年，重庆黔江区农业局和区劳务办组成的专项调查组对该区外出务工农民及其返乡情况做了相关调查，采用抽样方法对10个乡的20个村随机抽取1006个（实际采用1000个）农民工家庭进行问卷调查。其中关于农民工文化程度的样本统计数据如表4-1所示。

表4-1 黔江区受金融风暴影响返乡农民工文化程度情况比例表

项目		数量（人）	占调查总数的比例（%）
调查总数（样本）		1000	100
文化程度	小学及以下	490	49
	初中	440	44
	高中及以上	70	7
是否参加过相关技能培训	是	80	8
	否	920	92

数据来源：《2016年农民工监测调查报告》，国家统计局网站：http://www.stats.gov.cn/tjsj/zxfb/201604/t20160428_1349713.html，2017年5月9日。

由上表可知，所调查的返乡农民工中小学及以下所占比例高达49%，人数将近一半，比初中文化程度的人数高出5个百分点，而高中及以上仅占7%。另外，在所统计的1000位农民工中，没有参加过技能培训的同样高达92%。由此可知，在受到金融风暴影响时，大批外出农民工文化程度低且无一技之长，导致工作效率低下，不能满足市场需求，进而成为市场淘汰的主要对象。因此，该报告认为：金融风暴冲击较大的是文化程度低和无一技之长的农民工。

湖南保靖县对本县返乡农民工的调查同样反映了该群体低文化水平的特点，该县调查报告中强调返乡农民工中初中文化程度的人数占72%。贵州铜仁市就业局于2013年对该市的外出务工人员做了细致调查，该调查同样涉及该市外出务工人员的文化水平问题。调查显示：外出就业人员比较年轻，小学至初中文化程度人员占绝对多数。而不识字或识字很少至初中文化程度人员共有792235人，占外出人员的79.43%；高中、中专和中职文化程度人员共有181774人，占外出人员的18.23%；大专以上文化程度人员共有23313人，占外出人员的2.34%。

结合以上所列诸县（市/区）关于农民工及返乡农民工的相关调查统计数据，我们可以初步得出这样的结论：武陵山地区诸多县（市/区）的农民工及返乡农民的教育文化程度普遍较低，多为初中文化水平且多无一技之长。这种情况的出现恰恰与国家统计局所做相关统计数据大体吻合。

（二）年龄不断提高，仍以青壮年为主

随着第一代农民工浪潮的消退，新生代农民工逐渐成为外出打工群体的主力军，随之导致农民工群体的年龄结构发生变化。然而，新生代农民工在文化水平较之第一代有所提高，且多掌握一技之长，从事繁重、劳累的体力劳动的人数也随之减少。因此，就农民工整体而言，并没有形成"代际继承"，青年群体的减少势必导致农民工年龄层次的提高。据2016年国家统计局所发布的《2016年农民工监测调查报告》显示："2016年，40岁以下农民工所占比重为53.9%，比上年下降1.3个百分点；50岁以上农民工所占比重为19.2%，比上年提高1.3个百分点。"[①] 表4-2为国家统计局对2016年农民工年龄所做的相关统计数据。

表4-2　　　　　　　　　农民工年龄构成　　　　　　　　　（单位：%）

	2012年	2013年	2014年	2015年	2016年
16—20岁	4.9	4.7	3.5	3.7	3.3
21—30岁	31.9	30.8	30.2	29.2	28.6
31—40岁	22.5	22.9	22.8	22.3	22.0
41—50岁	25.6	26.4	26.4	26.9	27.0
50岁以上	15.1	15.2	17.1	17.9	19.2

数据来源：《2016年农民工监测调查报告》，国家统计局网站：http://www.stats.gov.cn/tjsj/zxfb/201704/t20170428_1489334.html，2017年5月9日。

表4-2反映农民工年龄构成的5年变化。当然，国家统计局的调查毕竟为社会整体的宏观反映，与各地方社会所具有的差异性特征存在些许出入。例如，湖北省恩施市于2012年和2013年分别对该市农村劳动力转移的相关调查显示：各年龄段外出从业人员人数都有所上升，其中21—49岁人数上升幅度最大，约增加3600人；50岁以上增加2500人；而20

[①] 《2016年农民工监测调查报告》，2017年5月9日，国家统计局网站（http://www.stats.gov.cn/tjsj/zxfb/201604/t20160428_1349713.html）。

岁以下增幅最低，仅增加 800 人。具体数据如表 4-3 所示。

表 4-3　　　　　　2012 年、2013 年恩施市从业人员年龄状况

	2012 年（万人）	比率（%）	2013 年（万人）	比率（%）
20 岁以下	1.77	15.7	1.85	15.5
21—49 岁	8.01	71.1	8.37	70
50 岁以上	1.48	13.2	1.73	14.5
总　计	11.26	100	11.95	100
农村人口	62.59		62.5	

数据来源：恩施市政府提供。

由表 4-3 可以看出，恩施市 2012 年和 2013 年从业人员年龄状况的结构性差异很大。21—49 岁的仍为恩施市农村从业人员的主力军；20 岁以下从业人员数目较 2012 年有所下降，下降幅度与国家整体水平基本接近；50 岁以上从业人员数目则较 2012 年上升了 1.3 个百分点，已远远超过国家统计局所公布的 0.1 个百分点。这种现象同样出现在重庆市黔江区，该区农业局和劳务局所组成的调查组对该区 2013 年外出务工人员进行了专项调查，其中关于年龄结构的数据统计为：30 岁以下的 4.08 万人，占 31.6%；31—45 岁的 5.54 万人，占 43.7%；45 岁以上的 3.18 万人，占 24.7%。黔江区外出务工人员的年龄结构与恩施市同样表现出一定的结构性差异，中青年依旧是该区外出务工人员的主力军。

从武陵山区若干县（市/区）所做的调查和统计数据来看，当下该区域农民工的平均年龄不断提高，但主力军仍然属于中青年群体，他们作为新生代农民工具有相应的文化水平和技术能力。这种现象的出现自然与地区发展差距的减小、国家教育的深入发展、多种经济形式共荣以及职业分工等分不开，纯粹意义上的农民工日益不能满足社会市场化、网络化以及专业化的需求。因此，青年农民工比例的减少和中老年农民工比例的增多恰恰是对新时期社会经济形势的一种映照。作为农民工主力军的中青年群体同时也是一股规模庞大的返乡大军，积极引导外出务工人员的"回流"是武陵山地区诸多地方政府有效安置、解决农民工回流的必要措施。

(三) 低风险承担能力

农民工之所以成为城市里的陌生人，原因就在于他们无法依托一定的物质基础和社会身份融入城市社会。贫困的生活迫使他们走出家门远走他

乡，通过打工、出卖体力来谋生。身体健康、收入可观、工作顺利对他们而言是外出工作的最佳理想状态，而疾病、失业，甚至高消费则是一场灾难。因此，农民工受其经济状况、社会地位等因素的影响，并无一定的风险承担能力，无论是在日常生活甚或创业。身在他乡的农民工经济状况、社会地位以及户籍限制等因素导致他们始终处于社会的边缘，因而不能享受所在城市中相应的社会医疗、教育、救助等社会资源。也就是说，"跨界"导致外出农民工产生"陌生人"和"钟摆者"的身份，该身份进而导致他们处于所在地方社会的边缘而无法享受同城资源，同时也丢失了家乡风险保障的机会。双重困境无疑削弱了他们的抗风险打击能力，在一定程度上却助长了安于现状的消极态度，而谋求创业、再就业的探索意识逐渐淡化。我们从湖南省怀化市劳动和社会保障局于2009年针对返乡农民工所做相关调查可以具体了解农民工低风险承担能力。

当然，局部性的金融危机并没有产生整体性的社会灾难，如重庆市黔江区的12.8万名农民工并非全部受其影响而返乡。对此，该区农业局和区劳务办组成专项调查组，提前对部分农民工家庭和早返乡农民工进行了抽样调查。表4-4是对该区农民工返乡比例的调查情况。

表4-4　　　　　　　　黔江区农民工返乡比例调查表

调查农民工总人数（样本）	尚未返乡人数（人）	已返乡人数（人）	尚未返乡人数占调查人数（外出农民工）的比例（%）	返乡人数占调查人数（外出农民工）的比例（%）
1000	721	279	72.1	27.9

数据来源：重庆市黔江区劳务提供。

由表4-4可以看出，重庆市黔江区返乡农民工仅占27.9%。据此，黔江区有针对性地针对所做调查中的279人进行了返乡原因调查，如表4-5所示。

表4-5　　　　　　　　黔江区农民工返乡原因调查表

返乡总人数（人）	返乡原因			正常返乡（非金融风暴影响）（人）	因受金融风暴影响返乡占返乡农民工的比例（%）	正常返乡占返乡农民工的比例（%）
^	受金融风暴影响返乡农民工（人）						
^	企业倒闭	公司裁员	工资下降	^	^	^
279	2	8	19	250	10.39	89.61

数据来源：重庆市黔江区劳务提供。

从表4-5中，我们可以看出，279例返乡农民工中仅有29位是受到金融风暴影响而返乡的，仅占返乡总人数的10.39%，而剩余的89.61%属于正常返乡人员。而表4-6进一步表明黔江整体农民工中未受到金融风暴影响的农民工的比例高达93.7%。在白石乡访谈时，安山村支部向书记说："听说金融风暴是很厉害，但最近两天我对我们村进行调查，目前还没有发现有人因为受金融风暴影响返乡的。"正阳镇组织委员同样反映："金融风暴对我区外出农民工影响较小，根据镇劳务办调查，群力和垌坪两个村目前还没有返乡农民工。"石会镇武陵社区支部书记说："武陵居委的外出农民工没受任何影响，目前还没有因此返乡的农民。"

表4-6　　　　　黔江区农民工受金融风暴影响比例调查表

样本（份）	没受到金融风暴影响的农民工（人）	没受到金融风暴影响的农民工的比例（%）	受到金融风暴影响的农民工（人）						受到金融风暴影响的农民工的比例（%）	虽受到金融风暴影响但尚未返乡农民工的比例（%）	因受到金融风暴影响返乡农民工的比例（%）
			受到金融风暴影响尚未返回黔江			受到金融风暴影响已返回黔江					
			在务工地寻找工作	等待观望	在务工地找到新的工作	找到新的工作	务农	等待观望			
			3	18	13	2	16	11			
1000	937	93.70	34			29			6.30	3.40	2.90
						63					

数据来源：重庆市黔江区劳务提供。

2008年的国际金融风暴对湖南怀化和重庆黔江区农民工所造成的影响虽然有比例和数量上的差异，但都在一定程度上反映了外出农民工客居他乡面对诸多社会风险时的无能为力。

四　返乡农民工的局限性

不可否认的是返乡农民工不论是在当初的城镇化建设，还是在返回故土的发展进程中都具有不可替代的重要作用。他们作为社会发展建设的重要参与者，或多或少地贡献着自己仅有的一份力量。然而，返乡农民工作为不完美的存在，必然有着自身发展的局限性。这种局限性源于其作为双重身份的享有者，一方面他们作为农民，不可避免地具有农民阶级的局限性；另一方面他们作为工人，在参与城镇化建设过程中也会习得一些阻碍其返乡再就业的因素。

（一）先天不足

首先，返乡农民工首先作为农民的出身，和传统农民一样，具有独立、不合作的特性。改革开放以来的家庭联产承包、统分结合的双层经营体制，实际上是打破了以前统得过死的农村发展状态，鼓励分散经营，这种经营体制在经济恢复发展以及打工经济的迅猛崛起方面具有巨大的作用，然而当这种分散的经营方式在社会化大生产以及市场现代化的不断深入发展的时候，对经济发展的助推作用就开始显得疲软起来。实地的调查资料也显示，返乡农民工就业创业多为自发行为，是一种各谋出路的分散式发展方式，这种个体的分散经营又缺乏政府以及专门组织的针对性管理，所以很难发挥返乡农民工的自身优势。

在湖南湘西凤凰县的访谈：

> 我是2009年出去（打工）的，然后做了几年，到2013年的时候回来的。在外面打工也是在工厂里面上班，也不需要什么技术。现在回来后也找了个工厂上班，也没想那么多，赚少点就赚少点吧，自己先有个事混着再说，以后有好的工作了再换。（GYL20150810LB）

其次，返乡农民普遍存在自身素质较低的局限性。一方面，由于受传统固有观念和社会的影响，返乡人员存在就业观念传统、创业思维落后等问题；另一方面，他们的素质也有待提高。以湖北咸丰县为例，由于缺少对返乡人员的专门统计数据，笔者根据其农村外出务工人员的情况大致对返乡人员情况进行分析。2012、2013年的数据显示，农村外出从业人员文化程度在初中及以下的人数占主体，2012年为74.43%，2013年为70.31%，[①] 因此忽略其他因素，可以同比例推论出返乡人员中文化程度在初中及以下的也占多数，返乡人员整体素质不高。类比也可得知，男性也占据返乡人员的大多数，其文化素质的高低也就直接影响到就业创业的通畅性。在深入的个案访谈中，一个汽车装饰公司的青年男老板直言不讳地说自己目前所掌握的创业理论、经验、技巧在创业过程中是捉襟见肘的，尤其是在专业技巧方面，他只有靠有限的经验来应付过程中所遇到的种种

[①] 此数据通过表格计算得出，表格数据来源于咸丰县就业局年度工作总结。

问题，稍有不慎便会导致直接经济损失。

如此两种个体自身因素的限制，在很大程度上来说不是后天的习得，而是先天成长过程的发展所致。所以从个体层面来讲，在某种程度上，这种先天的不足是无法通过个体得以克服的，他们作为一个群体的存在，是需要被组织起来去克服这种先天的缺陷的。

表 4-7　　　　　　　　　农村外出从业人员统计情况

年份	外出从业人员总量（人）	其中：男（人）	占比（%）	按文化程度分					
^	^	^	^	小学及以下（人）	占比（%）	初中（人）	占比（%）	高中及以上（人）	占比（%）
2012	95834	82537	86.12	13207	13.78	58119	60.65	24502	25.57
2013	94883	82713	87.17	12743	13.42	53985	56.90	28165	29.68

（二）后天畸形

这种后天发展所习得的局限性因素主要是从返乡农民工因外出务工的经历而获致的工人身份来分析的。

首先，返乡农民工作为工人，长期的打工生活以及城市化的影响，一方面使得他们的观念较之本地村民来说更加超前，这种超前表现在生活上就是消费的城市化；另一方面则使得他们习惯城市的生活方式，并将其用于农村社会，在人际关系上则表现为一种世俗功利主义。这种变化就使得他们变得畸形起来，作为土生土长的农民，却在生活上不再适应农村，并且由于长时间的城市生活，他们开始有意识地将自己束之高阁，认为自己高人一等，更普遍的结果是，传统农村社会人际交往的差序格局开始受到货币资本的侵蚀，农村社会的人际关系开始不近人情起来。这些对其返乡再就业来说都是不利的因素。

其次，有过务工经历的返乡农民工，在务工期间是被组织管理的，这种管理是科学有效的，是一种现代城市经济发展型的管理方式，能够整合资源，实现优化配置和发展。然而，当他们回到农村的时候，这种管理的环境发生了很大的转变。以咸丰县为例，其县域内的"农村现有的基层组织主要是'两委'，这些组织明显不是'经济发展型'管理组织，而是'政治领导型'控制组织，缺乏有效组织农民经济合作、资本运作、共同致富的能力"①。在接受调查和访谈的农民工中，80%以上的人认为尽管创业是自主进行的，但他们仍然十分希望获得政府的帮扶和支持。比如，各种招聘用工信息资源的整合、职业技能的培训活动、专业技术人士的指导以及应对突发风险的资金补助，等等。同时，根据实地调查我们了解到，创业者几乎一致认为国家的大型方针政策制定得比较合理，但具体执行落实过程却很差，很多政策并没有落到实处。

较之先天的缺陷，此两种后天的局限虽然在农村社会发展欠缺的情况下加剧返乡农民工的处境和社会发展状况，但是随着经济发展的不断增益，特别是近年来城镇化建设的发展，返乡农民工因务工经历而形成的缺陷反过来会成为他们发展自身的一种优势，一方面他们刺激着当地的需求，另一方面他们因为熟悉城市的管理而更容易被组织起来。

五 局限性的结果

（一）再就业风险增加

由于存在先天性的局限，返乡农民工返乡后的创业和就业行为仍然是一种自发的、个人的、无组织性的行为，这种方式的再就业虽然可以促进灵活就业形式的开展，但是这种分散的就业方式对于返乡农民工优势的人力资源的发挥，特别是对那些返乡创业的有志青年来说，尽管他们有着超前的思想和观念、有着较高的素质，但是如此分散的不合作和自主经营在市场上其实是很脆弱的，面对的市场风险也是较高的。笔者在贵州铜仁市调研过一家返乡农民工创立的汽车装饰公司，这家公司是新近成立的，是以与别人合伙的形式组建的，公司发展挺好的，生意不断。通过深入的访谈才了解到，这家公司是在之前的私人创业的基础上形成的。之前的老板也是返乡创业的农民工，从他那里得知，之所以与别人合伙组建，是因为自己一个人确实办不好公司，一来缺少人手，二来生意也不好，公司就靠他自己一个人撑着，还好之前打工认识了一些志同道合者，所以他才决定与他们合伙。

（二）"招工难"与"就业难"并存

外出务工毕竟是进城，其工资水平、生活消费等也就不同于在农村。

---

① 杨仁德、向华等：《返乡农民工就业与新农村建设：贵州返乡农民工就业的思考》，《贵州农业科学》2009年第3期。

笔者实地了解到返乡后的农民工受到其打工经历的影响还是挺大的，他们好像习惯了城市的种种，许多返乡求职的农民工很多都抱怨"招工少且工资低"。本地再就业为返乡农民工提供了新的机会，但招聘企业所能拿出的较低的工资待遇与农民工较高的预期形成反差，一方面，一些本地企业出现了"招工难"，铜仁市某建筑企业在劳动力市场预计招30名工人，但报名者只有10来人，其中有几个还嫌待遇低；另一方面，农民工又觉得就业困难，与外出务工收入比起来，本地企业工资太低，2013年外出务工人员每月工资2000元以上的占外出总人数的73.4%，返乡后企业提供的工资大多低于2000元，这就使得他们预期的就业目标无法实现，从而产生"招工难"与"就业难"并存的局面。

（三）创业资金短缺

以铜仁地区的调查为例，我们发现返乡农民工自主创业已初具规模，许多均已走上正轨，但资金不足仍然是最为严重的制约创业者扩大规模、良性创业的因素。经调查数据分析得出，在接受调查和走访的农户中，有90%的人认为资金问题是导致创业者举步维艰的首要因素。一般情况下返乡农民工贷款额度较低，各大银行在批准贷款额度时与政策规定有一定的出入，实际贷款金额一般在2万元/户以下。而且贷款资格限制较严格，多数银行规定家庭成员中有公职人员、事业单位工作的方可贷更高额的款项。这导致返乡农民工筹措资金的渠道主要靠私人关系，但又因常年外出务工，造成他们与家乡的人情往来急剧减少，人脉关系断裂较多，普遍存在没有人脉借不着款的现象。

作为偏远山区的农民，由于种种原因重新回到自己的家乡，这显然对促进当地经济发展会发挥一定的作用，但同时，大量劳动力回流不仅造成社会就业压力，随之而来的就业创业困境以及闲散群体的再生也使得社会发展出现不和谐因素。因此，笔者试图在上文对返乡农民工的种种困境描述的基础上研究返乡就业创业农民工群体，试图从宏观的理性决策和微观的关系网络出发，探寻返乡农民工的再就业选择，并尝试构建起其决策机制，从而为创新承接不断增量的返乡潮以及为根除遗留问题找寻解决之法。

第二节 返乡农民工就地就近就业路径及其意义

农民工外出务工源于外部"引力"和内部"推力"双重作用。改革开放初期,东南沿海地区凭借天然的地理优势和国家政策扶持,引来国外很多劳动密集型产业落户于此,随之创造了大量的就业机会。与此同时,内地,特别是农村,由于经济发展滞后,就业机会少,农业收入很难再能满足既有的生活要求,所以大量的农民"抛弃"土地,选择去就业机会多、收入高的东南沿海地区就业。但是,2008年金融危机后,很多工厂订单下降,甚至倒闭,致使大量农民工就此失业,例如贵州铜仁市沿河土家族自治县常年有10万多名农民在外打工,务工所得一年在3亿元左右,是沿河县的经济支柱之一。但是,因受金融危机影响,该县先后有2万多名农民工返乡,即金融危机是导致农民工返乡就业的直接原因。另外,更重要的是,国内外经济结构的调整,导致了一些结构性的失业,也使得一些在中国的制造业回流,这就进一步加剧了我国的就业压力。

幸运的是,改革开放30多年后,我国的经济快速发展,内地、农村也在发展中得到了很大的实惠,创造了很多的就业机会,且急需有经验、有技术的人才,因此各地政府相继出台相关的优惠政策,鼓励掌握相关生产技术、积累了一定资金、熟悉了市场规则的农民工返乡。因为他们可以利用多年打工积累下来的资金、技术等创业资源回到家乡创业,实现自我价值。例如,湖南永州市江华县返乡农民工,受回乡创业政策吸引的就有200人,占返乡总人数的2%。也就是说,此时,外部是"推力",而内部则是"引力",那么结果就正好相反,这也是农民工返乡的根本原因。除此之外,农民工常年外出务工,虽然收入提高了,但是仍有一些困扰,例如留守老人、留守儿童以及子女教育等问题。所以,他们内心深处还是渴望返乡的,这是促使农民工返乡的情感因素。但是,不可否认的是,部分返乡农民工收入下降明显,少数农村居民家庭生计发生困难,如此一来,农民工返乡后如何能够实现有效地就地就近就业就非常值得关注。

为了相对全面、客观地了解返乡农民工再就业的实际情况,本书课题组多次深入武陵山区,通过问卷调查、深入访谈等形式对武陵山片区内的各县域返乡农民工进行了调研。由于返乡农民工作为一个流动性相对频繁的群体，实地的调研很难实现对调查群体的全覆盖，严格意义上的抽样也相对困难，因此本书在尽可能全面涉及各县域的情况下，进行了部分样本的调查，经过多次实地的调查共收集到1016个个案数据。

一 返乡农民工就地就近就业的界定

正如上文对返乡农民工进行了界定一样，我们从这一节开始将集中讨论农民工就地就近就业问题，因此对这一概念进行一个全面的界定：第一，"返乡农民工"指代的群体是指那些曾外出务工，而现在返乡的农民工；第二，"就地就近"是一个地理范畴，一方面指在户口所属的村庄、乡镇或县城区域内，另一方面指离自己的家庭距离较近，不存在一般意义上的农民工独有的候鸟式迁徙情况；第三，"就业"一词包含了从事农业生产、务工、创业等各种从业状态，还包括既务农又务工的兼业状态。这一概念与单纯的返乡农民工的差别在于，其指代的人群范畴更小，因为返乡农民工绝大多数会选择就地就近就业，但依然有部分是处于失业状态的。

下面我们将此次研究过程中所调查的1016个就地就近就业农民工进行一个简单的描述性统计分析，以便于我们更好地展开后续研究，样本的总体特征如下。

1016个个案里面男性较女性返乡人数更多，男女性别比约为1.31 : 1，并且返乡农民工中已婚的人数多于未婚的人数，占调查对象的60.33%。从年龄分布情况看，大多都集中在20—49岁，且以20—39岁的青壮年为主。从他们的文化程度来看，他们受教育的水平普遍偏低，初中及以下文化程度的人数超过总人数的一半以上，且以初中水平的为主，高中、本科及以上（包括中专、中职、大专、高职）水平的农民工则相对较少。因此，总的说来，返乡农民工的相对特征为男性、青壮年、已婚以及较低的文化程度（见表4-8）。

表4-8　　　　　　就地就近就业农民工基本情况统计表

项目	分组	人数（人）	比重（%）
性别	男性	576	56.70
	女性	440	43.30
婚姻状况	已婚	613	60.33
	未婚	403	39.67

续表

项目	分组	人数（人）	比重（%）
年龄	20 岁以下	62	6.10
	20—29 岁	398	39.17
	30—39 岁	276	27.17
	40—49 岁	186	18.31
	50 岁以上	94	9.25
文化程度	小学及以下	133	13.09
	初中	446	43.90
	高中（包括中专、中职）	278	27.36
	本科及以上（包括大专、高职）	159	15.65

二 返乡原因分析

返乡农民工作为辗转城乡的特殊群体，其外出与返乡有自身独特的原因，在对 1016 个样本进行深入调研的基础上发现：较之生存型（主要包括摆脱贫困、挣更多的钱、挣钱供家人读书、挣钱回家盖房子等）方面的原因，发展型（不愿再过农民的生活、外出务工成为村里人有出息的标志、想过城里人的生活、出去见见世面、出去锻炼一下回来自己干点事）方面的原因相对更多，至于务农太辛苦、在家没事可干等其他方面的原因则占少数，因此可以这么说，农民工当初外出是有发展自身、摆脱困境的追求的，这种追求从某种程度上说明了城市较强的吸引力。至于为什么返乡，统计数据显示城里钱难挣、工作难找和家乡条件变好了这两个回答占到总人数的一半以上，这也说明了农村吸引力的增强，以及城市推力的加大，特别是 2008 年金融危机的发生则更是明显的刺激，同时，诸如婚姻、家庭等方面的原因也占到相当比例，由此种种因素共同激起了大规模的农民工返乡潮。

表 4—9　　　　　　　　外出及返乡原因统计表

	原因	人数（人）	比重（%）
外出的原因	生存型	330	32.48
	发展型	577	56.79
	其他	109	10.73

续表

	原因	人数（人）	比重（%）
返乡的原因	城里钱难挣、工作难找	306	30.12
	家乡条件好了	278	27.36
	个人原因（婚姻、身体、年龄）	115	11.32
	子女教育	112	11.02
	照顾父母子女	205	20.18

三 返乡农民工就地就近就业路径

关于就地就近就业路径的分析，一部分依赖于我们对调查样本的分析，另一部分依赖于所收集的其他资料。因为，样本不能涵盖所有途径就业的群体，即使包含各种途径就业的农民工，但因收集的样本数量太少，不利于有效的说明。所以这一部分的分析呈现出多种资料共用的状况。

（一）继续从事农业生产

返乡农民工选择这样一种方式解决就业的总体比率并不高，主要原因还是目前的农业产出比较低，与务工收入相比还有一定的差距。特别是新生代农民工，他们基本没有农业技能，所以难以继续从事农业生产。在我们调查的样本中，只有101人选择回乡，从事农林牧渔等农业生产，占比9.94%。当然，这些人选择务农的原因是多样的。一是部分农民工确实没有一技之长，因年龄身体等原因只能回乡重操旧业，依靠体力来维持就业状态。二是因为家庭照顾原因，为了年长或年幼的亲属有人照看，被迫接受现实。三是看到了农业产业化发展的前景，计划通过农业现代化的发展来提升农业产出，获得与务工相当甚至更高的经济效益，在我们调查的101位农民工中，就有8人近年来开始通过土地流转集中连片种植经济作物，初步实现规模经营。

（二）以外出务工工种为参照的就地就近就业选择

相当一部分返乡农民工就地就近就业仍从事返乡前的相关职业，这有利于维持返乡农民工在务工期间获得的已有技能。在我们调查的农民工中，大多数务工人员选择的事业是建筑业、制造业、交通运输等行业（见表4-10）。

表 4-10　　　　　　农民工就地就近就业情况统计表

项目	分组	人数（人）	比重（%）
再就业实际情况	务农	101	9.94
	务工	505	49.70
	创业	410	40.36
再就业意愿	务农	89	8.76
	务工	336	33.07
	创业	591	58.17
实际从事的行业	农林牧渔等农业	101	9.94
	建筑业	267	26.28
	工业制造	216	21.26
	交通运输	197	19.39
	商业	158	15.55
	其他	77	7.58
希望从事的行业	农林牧渔等农业	89	8.76
	建筑业	236	23.23
	工业制造	227	22.34
	交通运输	171	16.83
	商业	255	25.10
	其他	38	3.74

而在我们对这些从业者进一步的了解中，证实了返乡农民工就近就业从事行业与外出务工从业行业存在较高的关联度。如上表所示的 267 名从事建筑业的农民工，在外出务工时有 252 人以前就从事建筑业工作。当然，这里面也有政府政策的影响，因为早在 2009 年中央一号文件——《中共中央、国务院关于 2009 年促进农业稳定发展农民持续增收的若干意见》中，就提出"城乡基础设施建设和新增公益性就业岗位要尽量多使用农民工，采取以工代赈等方式引导农民参与农业农村基础设施建设"[1]。随后，各地政府也都出台了相应的实施细则。加之，武陵山民族地区近年来房地产开发和基础设施建设一直处于加速发展期，确保了这些领域对返

---

[1] 《中共中央国务院关于 2009 年促进农业稳定发展农民持续增收的若干意见》，2009 年 2 月 2 日，人民网（http://politics.people.com.cn/GB/101380/8731455.html）。

乡农民工就地就近就业的吸纳能力。除此之外，我们还发现，从事工业制造业的216人中，有210人具备相关从业经验，虽然具体行业略有不同，但工种类型差不多。

另外，我们还看到，从事第三产业的人数最多，这一方面与大多数人外出务工经验有关，另一方面与这些行业本身的特殊性有关，因为这些行业相对来说投资风险小、所需资金量不大。武陵山民族地区从事交通运输业人数较多的一个特殊原因是该地区整体上人口居住分散，随着公路不断向村庄延伸，人们选择交通工具代步越来越普遍，所以催生了不少人从事该行业。

结合以上分析，可以发现农民工返乡后选择从事的行业与其在外务工时所从事的行业关联度较高。另外，由于受武陵山民族地区较为落后的经济条件限制，农民工返乡后从事养殖、种植业的较多，再者是加工和制造业。随着政府各种优惠政策的推出，近年来，选择从事第三产业的农民工人数也在逐年增多。

（三）参与技能培训实现就地就近就业

这一类就业，主要是通过政府的有组织性有针对性的技能培训帮助农民工实现就地就近就业。政府在农民工就业和企业用工之间有效地承担起桥梁作用，发挥了服务功能。如近年来，贵州省铜仁市江口县积极开展各项培训活动，针对不同企业的用工特点，采取主动上门联系，将职业技能培训班办到用人单位，实行就地对新招聘的工作人员进行岗位技能培训。并分别举办了种植养殖、驾驶、旅游服务等24个培训班，共培训下岗城镇失业人员、农民工、农村富余劳动力、高校毕业生1425人；与此同时，还举办了6个创业培训班，培训创业人员180人，培训合格率为100%。张家界桑植县蹇家坡乡则是聘请各级种植、养殖专家举办了各种形式的农村实用技术培训班，受训群众达到800多人次。全乡实现农村劳动力转移培训就业81人，其中返乡农民工就占72人。重庆市彭水县在培训方面亦是成绩斐然，就目前而言，参加学习培训的返乡民工就有5000人，而且县政府也多方筹备推荐了种植、养殖、农产品加工营销、建筑、机械维修、家政服务等22类项目服务民工就地就业。还比如说湖南吉首市，大力实施农民工培训工程，使创业民工由"苦力型"向"智力型"转变。依托职业技能培训中心开展常规性培训。2013年培训返乡民工1500余人。开展送培到乡促进创业培训。将培训送到田间地头、创业场地，全年投入资金219.56万元,在12个乡镇开办了"创业+技能"培训35期,累计培训农村学员2984人次。开展定向订单式培训。依托劳务扶贫、劳务品牌、阳光工程等培训项目,按照"市场需要什么就培训什么、民工需要什么就培训什么"的原则,加强返乡民工转岗技能培训,提高他们就业创业的能力。通过招聘会、网上职介平台等有效手段,为返乡民工物色创业所需人选,积极解决招工难的问题。

(四) 扶持特色产业,吸纳农民工返乡就业创业

改革开放30多年来,内地经济得到迅速发展,但是原有的产业结构仍存在不足,所以在2008年金融危机以后,各地区产业结构调整步伐加快。也就是说,随着第二、第三产业比重的增加,返乡农民工获得了一些就地就近就业机会。例如,贵州铜仁市德江县三次产业结构调整为35.2∶19.7∶45.1,其中,第二产业、第三产业分别增长1和0.4个百分点。与此同时,该县还将农业产业结构调整作为重头戏,三措并举着重抓基地、抓品牌、抓市场,实现农业产业化转型。与其邻近的江口县,村民们凭借独特的山、水资源,从第一产业向第三产业转变,形成旅游经济产业,自己摇身一变从第一产业主力军变成第三产业主力军。目前,梵净山已建成集山水观光、山谷度假、山林养生等于一体的乡村休闲度假旅游区。同样隶属铜仁市的沿河县则围绕市委市政府"三区一中心"产业布局和发展需要,精心打造沿河山峡生态工业区、淇滩循环经济工业区、官舟山羊科技工业区、塘坝矿产品加工区、洪渡食品工业区,这些优惠的政策和良好的投资环境,使得农民工纷纷返乡就业创业。

(五) 增加公益性岗位促进就业

公益性岗位是指城市公共管理和涉及居民利益的非营利性的服务岗位,包括各级政府投资开发的城市公共管理中的公共设施维护、社区保安、保洁、保绿、停车看管等。为了帮助返乡农民工就地就近就业,各地政府纷纷把公益性岗位指标向其倾斜,解决了部分人员的再就业,在表4-10中,实际就业行业中的"其他"选项里的77人,其中13人就获得过这样的就业岗位。从武陵山民族地区整体来看,各地政府都出台了公益性岗位管理制度,规定了数量不等的名额专门用于解决农民工就业。如贵州铜仁市沿河县2015年新增乡镇公益性岗位1422个,城镇公益性岗位60个,县政府与各乡镇签订了返乡农民工就业工作目标管理责任书,把关心返乡农民工就业作为一项重要工作,各乡镇至少预留30%的名额用于农民工,使一批返乡农民工走上了政府安排的工作岗位。

(六) 政府设置专项促进就业工程

这里所说的专项促进就业工程,是指武陵山民族地区各市县为了解决好返乡农民工就地就近就业问题,开展了许多持续性的专项工程。如湘西州每年的"春风行动",每年在吉首、湘西经济开发区、龙山县、凤凰县等地进行现场招聘。2015年该项活动共计邀请用人单位300多家,提供就业岗位2.5万多个。同时,还在招聘现场提供就业政策咨询、劳动维权等服务。

这样的专项工程一般具有综合性的特征,其对象不仅仅是返乡农民工,也向其他求职者提供帮助,最具影响力的当属铜仁市的"雁归工程"。2014年实施该工程以来,主要措施在于以下几方面。

第一,设立"三个机构",开展"三项活动"。一是在各驻外办事机构和铜仁籍在外人员相对集中的地区设立雁归工程服务站、在市和县人社部门设立雁归工程办公室、在乡(镇、街道)设立雁归工程服务中心、在村(社区)设立雁归工程信息员,建立从内到外、从上到下,横到边、纵到底的服务机构网络。二是通过开展"铜仁情·故乡(家乡、故地)行"活动和铜仁籍企业家投资洽谈会、铜仁籍高校学子专场招聘会,将创业就业服务活动由市内延伸到市外,积极引导铜仁籍在外人员回铜创业就业。截至目前,全市共举办各类就业招聘活动90余场,引导5.69万名铜仁籍在外人员回铜创业就业,其中进入各类园区企业就业3.6万人。三是组建专家团队为返乡人员进行就业创业指导。目前,全市新增雁归人员就业创业技能培训2.92万人,其中创业培训3996人。

第二,建立"三个数据库",搭建"三个平台"。通过进村入户调查,摸清铜仁籍在外人员和回铜人员基本情况,依托互联网,建立动态的铜仁籍在外人员基本情况数据库、雁归人员创业就业数据库和创业项目数据库,通过电话、短信、QQ、微信等有效方式,畅通与铜仁籍在外人员和雁归人员的沟通渠道,有针对性地提供政策咨询和创业项目推介。同时,搭建网络信息咨询平台、企业用工需求信息发布平台和人力资源服务平台(人力资源市场),定期收集发布相关政策、市内企业就业岗位信息和举办雁归人员就业专场招聘会。

第三,建设"两个园区",鼓励"抱团发展",促进资源共享。一是加快推进雁归人员创业孵化园区建设。在各县建成雁归人员创业孵化园区,为进入孵化园区创业的雁归人员提供全方位孵化服务。二是加快推进雁归人员创业园区建设。各县分别建成1个以上雁归人员创业园区，完善相关配套服务功能和优惠政策，积极引导"雁归"人员进入园区创业就业。目前，已建成投入使用11个创业园区，建成标准厂房123.16万平方米、保障性住房23594套。三是鼓励雁归人员发展各类创业协会和专业合作社，积极支持创业协会和专业合作社开展各种形式的交流活动，实现雁归人员创业资源共享、优势互补、抱团发展。

第四，聚集"十四项支撑政策"，强化"政策落地"，发挥政策叠加效应。立足铜仁实际和雁归人员创业就业的现实需求，整合了工商准入、税收优惠减免、创业用地、住房保障、金融扶持、人才奖励补助、创业用水用电、产业扶持、创业补贴、技能培训、社会保险和医疗保障、户籍管理、子女入学以及合法权益维护14项政策。同时，强化各项政策的兑现和落实。市财政每年预算安排500万元、县财政每年预算安排不得少于300万元，建立雁归工程专项资金，用于保障各项扶持补贴政策和激励补助措施的落实。针对每一项优惠政策明确了牵头单位和责任部门，并将雁归工程推进和各项政策落实情况列入年度绩效考核内容。

截至2015年6月末，在外人员回铜创业就业5.69万人，至少解决了3万个"留守"家庭问题；创办企业、个体工商户8548户，带动就业3.16万人，一大批雁归人员创办的企业或经济实体，为推动当地产业发展起到了重要作用。通过雁归工程的实施，促进了"人口红利"回归，带动了就业，拉动了消费，为铜仁市经济社会发展注入了新的活力，为保障社会和谐稳定发挥了重要作用。

（七）自主创业

自主创业作为就地就近就业的重要组成部分，在解决自身就业和带动其他人就业方面有着其他形式的就业不可替代的作用，特别是中央政策层面提出的"全民创业"口号对民间创业行为的鼓励和支持，使其成为目前武陵山民族地区各地政府最关注的就业路径之一。回到我们调查的样本上，虽然总体上创业人数明显少于其他就业人数，但是考虑到其重要意义，所以实地收集的1016个个案里面创业人数我们共收集了410人，占总人数的40.35%。

在此410个创业个案中，男性较女性多，男女性别比约为2.76:1，明显高于整体的男女比1.31:1，因此可以知道男性较女性更倾向于创业。并且返乡创业的农民工中以已婚的为主，占调查对象的68.05%。同时，从年龄的分布情况来看，大多都集中在 20—39 岁，说明创业行为多以青壮年为主。从他们的文化程度来看，他们受教育的水平较整体的水平高，初中及以下文化程度的人数较高中、本科及以上（包括中专、中职、大专、高职）文化程度的人数少一半左右，特别是高中、本科及以上（包括中专、中职、大专、高职）文化程度的人数为 81 人，占返乡农民工总人数中的同等文化程度人数 159 人的一半以上，充分说明了创业农民工的整体素质还是比较高的。因此，总的来说，返乡创业农民工的相对特征为男性、青壮年、已婚以及较高的文化程度。

表 4-11　　　　　　　　返乡创业农民工情况统计表

项目	分组	人数（人）	比重（%）
性别	男性	301	73.41
	女性	109	26.59
婚姻状况	已婚	279	68.05
	未婚	131	31.95
年龄	20 岁以下	0	0
	20—29 岁	103	25.12
	30—39 岁	187	45.61
	40—49 岁	97	23.66
	50 岁以上	23	5.61
文化程度	小学及以下	37	9.02
	初中	103	25.12
	高中（包括中专、中职）	189	46.10
	本科及以上（包括大专、高职）	81	19.76

在创业的 410 人中，经商和办厂的为多数，二者合计占到总人数的 61.96%，进行养殖的有 73 人，占到 17.8%，运输的有 83 人，占 20.24%，由此可以看出返乡农民工创业的选择倾向多为非农产业方向。

表 4-12　　　　　　　　　返乡创业统计表

	经商	办厂	养殖	运输
人数（人）	145	109	73	83
比重（%）	35.37	26.59	17.80	20.24

在如此创业过程中，经过实地的了解并不是每个人的创业都是成功的，我们统计的410个创业个案是以一年计算的，一年内经营良好则为成功的创业个案，亏损的则为失败个案。按此逻辑统计出来的数据可以发现，成功的创业个案只有63个，占总数的15.37%，失败的有163个，占39.76%，至于说不清楚的个案，则是因为种种原因对创业成功与否无法进行准确预判，或者面临失败的风险，如果将其算作可能的失败案例，那么二者合计占创业个案总数的一半以上，由此可以看出返乡创业的失败风险较高。

表4-13　　　　　　　　　创业成效统计表

	成功	有些起色	失败	说不清
人数（人）	63	139	163	45
比重（%）	15.37	33.90	39.76	10.97

综上所述，武陵山民族地区返乡农民工就地就近就业的途径其实是多元化的。但是我们能够观察到，除了少数人的就业完全依赖自身条件外，其实很多途径都需要政府的支持和协助，对于返乡农民工来说，这也正是新型城镇化建设大背景下的一个历史机遇。

四　再就业资本存量

（一）人力资本方面

知识和技能作为人力资本的两个重要组成部分，在返乡农民工再就业过程中无疑发挥着重要的作用。表4-14显示的文化程度表明了返乡农民工在知识方面的一个欠缺，即他们的知识水平较低。技能作为返乡农民工再就业的重要手段，根据有关学者的研究，可以通过培训经历和资格证书两个指标来进行衡量。在对1016个样本的访谈中收集到，有过培训经历的有413人，占返乡总人数的40.65%，拥有资格证书的则更少，只有324人，占返乡总人数的31.89%。此两个数据充分地说明了返乡农民工在技术能力方面的资本存量的一个欠缺情况，这种资本存量的欠缺和较低的知识水平的共同作用，会加大返乡农民工再就业的阻力。

表 4-14　　　　　　　　　　返乡农民工的技能情况

	有（人）	占比（%）	无（人）	占比（%）
培训经历	413	40.65	603	59.35
资格证书	324	31.89	692	68.11

(二) 社会资本方面

除去人力资本对返乡再就业的重要影响外，社会资本对返乡农民工的再就业也发挥着不可忽视的重要作用。比起格兰洛维特在分析强弱关系力量假设时指出的弱关系在找工作方面发挥着重要的作用，在对1016个个案的调查中可以发现，返乡农民工主要是通过血缘、亲缘关系和朋友、熟人介绍的渠道找到工作的，占总人数的61.51%，这在一定程度上符合格兰洛维特的观点，但是由于中国乡村社会的独特性，血缘、亲缘等初级群体关系在返乡农民工再就业中发挥的作用相较而言则显得更为突出。

至于企业、社区、媒体等自主择业以及政府帮助则占较少的比重，表4-15也进一步显示出政府出台的政策存在某种程度的失灵，这种失灵一方面表现为现行的优惠政策无法惠及返乡农民工，另一方面返乡农民工对政策的理解和运用也存在较低水平，具体表现为1016个样本里面有73.13%的人没享受过优惠政策，且还有9.65%的人对政策情况不清楚。这也从另一角度说明了初级群体关系的重要性以及政府在返乡农民工再就业过程中发挥作用的一种欠缺，而这也为我们解决返乡农民工再就业问题提供了某些可能的解决途径。

表 4-15　　　　　　　　　　　再就业渠道

	血缘、亲缘关系	朋友、熟人介绍	企业、社区、媒体等自主择业	政府帮助
人数	342	283	231	160
比重（%）	33.66	27.85	22.74	15.75

表 4-16　　　　　　　　　　优惠政策享受情况

	享受过	没享受过	不清楚
人数	175	743	98
比重（%）	17.22	73.13	9.65

(三) 制约因素

从以上分析可以了解到人力资本和社会资本在返乡农民工再就业过程中发挥着关键性的作用，从此反向逻辑思维可以推出，当返乡农民工的人力资本和社会资本存量存在缺失时，其再就业就会受阻。而这种推理的结果也与实际的调研结果不谋而合。从表4-17可以看出，资金、技术、社会关系、信息等资本的欠缺是制约返乡农民工再就业的主要因素，特别是资金和社会关系两种因素超过了调研样本总数的一半以上，技术因素则占总数的约1/5。所以，从解决返乡农民工再就业问题出发，最大限度地缩减此制约因素的限制将会是重要的解决路径，而这显然是需要政府、社会以及返乡农民工自身协同推进的。

表4-17　　　　　　　　制约再就业的因素统计

	资金	技术	社会关系	年龄	信息	其他
人数（人）	302	202	247	81	164	20
比重（%）	29.72	19.88	24.31	7.97	16.14	1.98

五　农民工就地就近就业的新特点

近年来，随着武陵山区城镇化带动战略，推动了武陵山区经济快速发展，加之东西部产业对接引发的大规模产业转移和全方位的产业转型升级，给当地带来了大量工作机会，农民工转移就业的观念和方式发生了深度变化。

(一) 农民工出现本地就业新趋势

一方面是武陵山区经济发展加快，另一方面承接发达地区产业转移，给当地带来了大量工作机会。研究表明，武陵山区已由原来的以外出务工为主，进入外出就业与返乡创业就业并重的新时期（当然，其中的比例依然是外出务工人员占绝对分量）。这个数据目前没有完整的统计，但是依据各地劳动部门的估计，返乡农民工就地就近就业的数量大概占外出务工人员总数量的4%—6%，而且随着流出地和流入地整体经济发展状况的变化在一定范围内波动。

(二) 农民工就业观念从经济型向发展型转变

湖北省恩施市和重庆市黔江区的研究表明，近年来当地转移劳动力中，40岁以下占70%左右，30岁以下占35%左右，中青年依旧是该区外出务工人员的主力军。尤其是新生代农民工已经成为当前武陵山区农民工的主力，他们的就业目的主要是谋求个人发展。新生代农民工除与老一代农民工一样注重工资福利外，更加注重工作前景特别是自身的发展前景，他们的价值取向已经成为主流。随着新生代占比越来越高，这些年轻人与父辈不同，将赚钱与寻求发展机会、注重硬环境与软环境质量等诉求结合起来，就业灵活性增强，"短工化"特征突出。我们在调研中经常能观察到，现在的农民工就业目的正在悄然发生改变，如学者所说："就业既是一个生产状态也是一个生活状态。生产功能的就业目的是创造社会价值并获得劳动收入，生活功能的就业目的是满足劳动者社会需求，包括就业地与居住地统一、承担家庭责任和社会保障等……农民工尤其新生代农民工进城打工不但是想获得赖以生存的劳动收入，更期望获得职业发展。"[①]这都表明，现在的农民工就业观念从以纯粹获取高于农业收入的经济利益，转向在获取更高经济利益的同时，有了身份权利、社会地位等更多因素的诉求。因此，城镇稳定就业和家庭城镇定居将是未来城镇化吸纳新生代农民工的主导因素，也是农民工从职业分流到职业分化的决定条件。

(三) 素质结构从体力打拼向技能淘金转变

随着社会、经济的发展，对高技能人才的需求日趋强劲，经济转型升级需要越来越多的技术工人，武陵山区外出务工农民工通过各种职业技能培训或多年的企业技能提升，不断提升素质，逐渐从体力打拼变为技能淘金。或者换个角度来看，就是现在的农民工劳动要价能力在不断提高。这种能力的提升，使得农民工无论是外出还是返乡，其求职的意愿就不单单是以体力付出为主，更多是在凭借技术或是通过务工来学习和积累技术完成自己人生的转变。

(四) 创业带动就业的热潮正在兴起

诸如2015年，湖南省怀化市农民工创业3.5万余人，创业带动就业11.2万人这样的信息不断见诸报端，我们能够看到，越来越多的农民工回乡创业或有回乡创业的愿望，农民工创业带动就业效果明显。近年来，随着武陵山区创业环境的不断完善，一批又一批农民工陆续带着技术、项

[①] 参见刘洪银《城镇化中农民二重分化取向及其实现机制》，《中州学刊》2013年第12期。

目、资金返回家乡创业,由"打工"向"创业"转变的倾向越来越明显。比如说截至2016年,湖北省来凤县农民工创业2.3万人,比2015年增加0.4万人。综合各地数据来看,在武陵民族地区一股回乡创业的热潮已在武陵山区悄然兴起。

(五) 发展农村特色产业

返乡创业人员发挥资金、技术、管理和信息等要素优势,兴建特色种植、养殖基地,从事农产品加工销售,发展了一批"一乡一业、一村一品"的产业集群。如2016年年底,来凤县革勒车镇的返乡农民工建立了43个以种植、养殖、加工、餐饮为主的各类专业合作社,为200余户家庭提供了家门口就业的机会,每户平均增加收入4000余元。

(六) 发展配套服务产业

不少返乡农民工抓住规模企业产业链延伸的机遇,主动接受规模企业的辐射带动,兴办了服装、运输、包装等配套产业,促进了一批微小企业的蓬勃发展,实现了产业发展的合理分工,如来凤县返乡创业人员卢家俊,于2012年返乡创办来凤县三丰农业科技有限公司,目前已发展成一家集淀粉生产、加工、销售为一体的龙头企业,年产值达5000万元,创造就业岗位200多个。

(七) 返乡农民工创业主要以创办微型企业为主

例如:来凤县翔凤镇农民杨明,外出务工学习塑胶类玩具的加工技术后,2012年创办"来凤童话工艺礼品有限公司",是一家集生产、销售于一体的塑胶类玩具企业,从产品的设计开发、手样制作、模具开发、注塑成型、喷油、移印,到最终的包装运输形成一条龙服务。2013年,在创业小额担保贷款20万元的扶持下,不断发展壮大,2015年入住来凤县桂花树工业园区,投入资金1000万元,带动60多人就业,年产值达2000万元。

这些特殊性一定程度上在统计上也具有某些共性,比如在再就业的人力资本和社会资本方面、在制约其再就业的因素方面以及创业方面,等等,这些统计的特征一方面可以为我们深入了解这个群体提供一定的参考,另一方面我们也可以据此分析其再就业困境产生的原因、就业选择的分化等,并为促进返乡农民工更好地实现再就业提供可能的解决途径。

六 返乡农民工群体就地就近就业的现实意义

返乡农民工自主创业不仅解决了其自身就业的问题，实现了农村剩余劳动力的顺利转移，还在一定程度上促进了地区就业、发展了区域经济、改善了社会风貌，其主要的意义体现在下列各个方面。

（一）转移农村剩余劳动力、带动农村社会脱贫

农民工返乡创业已成为带动农村社会脱贫的最主要方式之一，有助于中国农村社会的整体经济发展。真正脱贫致富必须靠自身的努力，必须有自救的内在动力，形成脱贫的造血机制，否则再辉煌的扶贫、脱贫政策也不能达到长治久安之目的。在反贫困斗争中，返乡自主创业农民工群体是一支真正的自救队伍。有力地促进了农民收入的增长和农村劳动力就地就近就业。农民工返乡自主创业缓解了人地关系紧张的矛盾，推动农业逐步实现现代化。农村富余劳动力转移是土地适度规模经营的重要前提，只有大量的农民离开土地，才有条件尝试那些以效率为中心的耕地制度和经营制度。而且农民工返乡带来新的消费，促进当地商品经济进一步发展。农民工返乡就业创业大多集中在小城镇，回乡的农民工把打工期间积累的资金投入小城镇，弥补了政府在农民工创业方面资金投入的缺陷。农民工创业的成功，会加强小城镇的凝聚力和创造力，也会吸引更多的创业者来此投资，为创业者提供渠道。在改善投资环境的情况下，进而促进农村及周边城镇的产业改革，带动各类经济的发展。

（二）给农村带回了新观念、新规范

部分返乡创业农民工在进行自主创业的同时，还兼顾农村土地的产出。由于返乡创业农民工群体所需的许多资源是农村地区稀缺或没有的，而有着丰富外出务工经历的农民工便会亲自去县城等三线城市采购或发展产品销售市场，频繁地往返于城乡之间，返乡创业农民工群体自然也成为城市与农村的互动参与者。他们在这个过程中自然而然地会把城市的生活方式、思维方式带入农村。并且把市场运作知识、经营管理知识，还有新技术等带到农村地区，运用于实际，指导创业。

（三）有助于形成一代新型农民

返乡自主创业的农民工群体事实上已经或正在形成一代新型农民。建设社会主义新农村，关键的问题是要培养一代有文化、懂技术、会经营的

新型农民。从经济学角度来看,返乡农民工自主创业群体已非计划经济条件下的普通农业生产活动的从业成员,而是蜕变为市场经济时代的"农商",即"现代农民的经济学意义表述,反映的是一种新的经济关系,一个以通过市场配置资源,以需求指导农业生产又以新产品引导市场,并以商业活动为舞台的新型生产者"①。据学者王俊祥、王洪春分析,到20世纪90年代后期,每100名外出务工者中约有4人踏上回乡创业的道路,如果按照目前全国2.82亿名务工者测算,将会有人数超过千万的务工者回乡成为创业者。他们往往会成为带动当地农民致富的领头人。我们在武陵民族地区各地都观察到,近年来随着地方政策、经济环境的改善,不少农民工携技带资回乡,一批有技术专长、有经营头脑的打工者回乡施展才华,以种植、养殖、经营零售店商铺等方式进行小规模创业。

(四) 对农村的传统生育观念起到了根本性的冲击作用

重男轻女、养儿防老、多子多福等传统观念在新一代农民工身上已经或正在消失,少生优生,已经逐渐成为他们的生育新观念。城里人的生活方式是他们的学习目标,他们也逐渐习得城里人的生活模式。在农村地区,比起也有着开明的现代化思想的、土生土长的农民,返乡创业群体是已经开始扎根于农村地区并且很有发展前途和经济实力、有充分条件学习城市文化的一个群体。

(五) 缓解了农村空心化难题

大力推进农民工返乡就业创业作为解决农村空心化的关键途径。一方面,解决了因外出而造成的家庭分离问题,使得家庭成员能够相聚一起,营造良好的家庭氛围;另一方面,返乡农民工创业提供了新的就业岗位,吸引更多的人返乡以充实空心化的村庄。如来凤县老茶村,在返乡农民工郑方针、吴德元等返乡人员返乡创业的带动下,先后有21名外出务工人员回乡创办建材、食用菌、花卉、玩具、农副产品、电器等加工型小微企业,村里的空巢和留守问题得到了有效的解决。2013年以前,该村外出务工人员700多人,空巢老人和留守儿童400多人。通过自助发展小微企业带动村里的劳动力就业,2016年外出务工300多人,现有空巢老人11

---

① 农商:引自程新征编著的《中国农民工若干问题研究》,农商反映了一个新的经济关系,是一个以通过市场配置资源,以需求指导农业生产又以新产品引导市场,并以商业活动为舞台的新生产者。

人，留守儿童 24 人，有效缓解了农村留守问题。

还比如说现在的人口老龄化现象日益显著，留守老人的问题日益受到社会关注，现状也令人尤为担忧。而农村地区的养老大多以家庭养老为主，缺乏专业的、完善的养老机构解决养老问题。农民工在返乡之后会对其父母承担起赡养义务，给老年人的生活带来满足感。农民工也可以给予亲戚老人们一些物质上的支持和关照，解决政府的不足。所以，农民工返乡就业创业可以在很大程度上改善农村的养老状况，解决空巢老人老无所依、老无所养的现状，降低老年人自杀和受虐待的情况。

综上所述，改革开放 30 多年来，我国经济社会发生了巨大的变化，内地的发展也取得了空前的成绩。但是，随着 2008 年金融危机席卷和国内外产业结构的调整，当初导致农民"抛弃"土地外出务工的因素发生了转变，即外部"引力"变成"推力"，内部的"推力"变成"引力"。内地、农村的发展急需有经验、有技术、了解市场的人才，同时失业的农民工也渴望有一份可供生计的工作。于是，一些地方政府大力宣传，鼓励有能力、有技术、有资金的农民工返乡创业，并对返乡后的农民工进行各类的技术培训，积极引导，而且提供一些公益性岗位供其就业。一些地方还利用地方的旅游资源，大力发展旅游业，与此同时，地方政府着力调整农业产业结构，并利用政策上的优惠招商引资，最大限度地创造就业岗位。这不仅解决了农民工返乡后的就地就近就业，而且也带动了地方的经济社会发展，可谓是一举多得。换句话说，返乡后的农民工在依靠本身工作经验同时，政府部门针对市场需求，以市场为导向，积极引导并提供相关培训以及就业、创业信息，使得返乡农民工就地就近就业途径拓宽，且主要的就业途径是在产业结构调整过程中比重增加的第二、第三产业。这些行业包括依托地方优势发展出的旅游业、现代化农业，由返乡农民工自主创业所创建的劳动密集型产业以及地方政府提供的公益性岗位和招商引资后在一些地方落户的公司等。

在扶贫开发的新形势下，引导农民工返乡创业，充分开发乡村资源，盘活乡村存量，有效地践行了"创新、协调、绿色、开放、共享"的发展理念，是全面建成小康社会的必由之路。近年来，作为连片贫困地区的武陵山区借着扶贫开发的利好政策引导农民工返乡创业，一大批农民工回到家创办个体工商户、小微企业、专业合作社等，使县域城镇化建设在武陵山区开展得如火如荼，助推了当地经济发展。返乡农民工创业不仅是武陵山区经济增长的"引擎",而且带来了乡村社会结构的变化,使空巢家庭得以团聚,父母回到了留守儿童身边。因此,返乡农民工回来之后是否"留得住,干得好"是政府和社会后续需要持续跟进的地方。所以,本章下面几节,以武陵山民族地区几个具体的个案具体描述返乡就业创业的现实景况,并分别提出一些应对策略。

第三节 县域层面的返乡农民工就地就近就业案例:松桃县返乡农民工的企业经营

本节是基于贵州省铜仁市松桃苗族自治县的调研,借助于经典的SWOT分析方法,从中观层面来看观察一个地区在促进返乡农民工就业创业过程中所面临的优势与困境,并提出了一些相应的应对策略。

一 松桃苗族自治县简介

松桃苗族自治县成立于1956年,是国务院批准成立最早的苗族自治县之一。位于武陵山脉主峰梵净山东麓,素有"黔东门户"之称。全县辖28个乡镇,503个村,国土面积3400平方公里,人口65.3万人,其中苗、侗、土家等14个少数民族人口占总人口的47.5%,是铜仁地区面积最大、人口最多的农业大县。松桃文化底蕴十分厚重。丰富多彩的文化形态受到了社会的高度赞美,原生态花鼓舞荣获第九届中国民间文艺最高奖——"山花奖";全国技艺百绝"上刀山""下火海"等技艺,这些神功绝技都走出了国门,走向了世界,曾出演过20多个国家和地区,受到过党和国家领导人的亲切接见;神秘古朴的中国戏剧活化石——苗族傩戏、离奇的巫文化,让每一个人为之震撼;激情飞扬、动人心魄的民族山歌、苗族刺绣、服饰、苗家狮舞等,无不令人神往,松桃苗绣还被指定为国家外交礼品。

二 农民工返乡创业企业经营情况

根据统计资料,截至2015年12月,松桃县外出务工人数(含带出的家庭成员)173114人,外出务工返乡人员(含带回的家庭成员)53500人,占外出务工人数的31%。其中:从乡外县内返回9961人、从在县外省内返回 11583 人、从省外返回 31956 人。在乡创业单位共 6702 户，参与创业人数 10767 人，带动就业人数 21570 人，营业收入 14.33 亿元，实交税金 4810 万元。从统计数据中得知，松桃县有 1/3 的外出农民工已经回乡创业或者就业，农民工返乡创业在当地形成了一种潮流。

从规模上看，农民工返乡创业基本都是小微企业。资料显示，截至 2015 年 12 月，松桃县扶持雁归人员回乡就业创业累计达到 4024 人，雁归人员回乡创办企业和个体工商户累计达到 653 户，这些农民工创业企业员工数量基本都在 50 人以下，有的甚至只有数人。从产业结构上分析，农民工返乡创业主要集中在农业、制造业和民族文化产业，这些产业都与农民工过去的工作经历密切相关。在市场范围上，除了水晶企业的产品销往广东以外，其他的企业主要在松桃和周边的重庆、湖南等地有市场份额，其他省份很难有自己的业务板块，物流、成本等诸多方面造成了企业的这一困境。

三 农民工返乡创业企业经营 SWOT 分析

"SWOT 分析法是战略管理中运用最广泛的分析技术之一，由哈佛商学院安德鲁斯教授于 1971 年在《公司战略》一书中首次提出，即根据自身内在的优势（Strengths）与劣势（Weaknesses）、外在的机遇（Opportunities）与威胁（Threats）进行分析，找出优势与劣势及核心竞争力之所在，进而提出有针对性的应对策略。"[①] 在本案例研究中，我们将采用访谈法、问卷法等形式获取松桃苗族自治县返乡农民工企业经营的大量一手资料。然后运用 SWOT 分析法加以分析。

（一）松桃县农民工返乡创业企业外部环境分析

1. 企业经营机会分析

企业经营机会主要是指创业者在创业所在地能够较为便利获取或借用的外部资源，包括自然、文化、劳动力和制度环境等诸多方面。而从松桃县来看，当地所具备的有利机会包括如下方面。

（1）丰富的自然资源和文化资源

松桃资源十分丰富，这里聚集了大量的矿产资源、农业资源、林业资

---

① 谢勇才、张雅燕：《新生代农民工返乡创业的战略设计：动力、制约因素与发展策略》，《江西农业大学学报》（社会科学版）2013 年第 6 期。

源和水能资源，其中，锰、钒储量都达1亿吨以上，被誉为中国的锰都。同时，松桃还是国家商品粮生产基地县。其他诸如中药材、魔芋、珍珠花生、牛肝菌、绿茶等农特产品也十分丰富。旅游资源特色鲜明，梵净山是中国五大佛教名山之一，寨英古镇是闻名遐迩的国家重点文物保护单位，有被誉为中国南方长城，历经六百年风雨沧桑的苗疆王城。

松桃是我国成立最早的一个单一苗族自治县，厚重的文化是整个武陵山区保存最完好的，也是沉淀最悠久的，因此松桃独一无二的文化资源对返乡农民工创业有着得天独厚的优势。据《品味铜仁》（松涛卷）记载，松桃的文化可以分为民族文化、历史文化、红色文化、生态文化和经典文化。在民族文化中有缤纷多彩的各种习俗、雍容华贵的苗族服饰、酸辣糯香的苗家美食、源远流长的苗家医药等；距今已有600多年历史、历经战乱和风雨沧桑的苗王城，被称为"裕国通商"口岸的寨英镇，是贵州省保存较完整、武陵山区规模最大的古建筑群，这些悠久的历史文化至今仍有深远的影响；黔东革命根据地、北伐战争、"八一"南昌起义、中共冷水支部等红色文化都与松桃有密不可分的关系；最美绿洲梵净山、世外之居桃花源、苗王地宫潜龙洞、羊肥草绿的黔东草海等，每一处生态文化都美不胜收，心旷神怡；在丰富灿烂的文化资源中，寨英滚龙、苗族绝技绝艺堪称文化中的经典、盛宴和奇葩。

（2）区位适中——便捷的交通

松桃东邻张家界、凤凰风景名胜区，西靠重庆大都市，北临三峡旅游区，南依省城贵阳，是张家界至凤凰古城经梵净山达三峡风景区的黄金通道，也是黔东旅游重点开发的民族风情旅游区。县内的大兴机场已开通至贵阳、重庆、广州、北京等航线，渝怀铁路穿过县域中部，正在新建的长渝高速、杭瑞高速穿境而过，而且横贯南北、连接长渝和杭瑞两条高速的二级路已全面贯通。松桃集公路、铁路、航空"三位一体"的立体交通网络已基本形成。

"一脚踏三省"，大都市环抱的空间格局，"三位一体"的立体交通网络，为企业的物流、信息流和资金流建设打下了良好的基础，方便了企业与外部生产资料的互换、信息的交流和资金的互通。例如，在调研中我们发现，水晶可以很畅通地送往广东古镇的全国最大的灯饰加工厂，摩托车可以销往周边的重庆酉阳、湖南怀化等地，银饰和服饰更是可以让全国各地的消费者买到，有的还已经走向了国际，这都与松桃发达的立体交通网络密切相关。

(3) 优良的投资和服务环境

政府的政策支持是农民工返乡创业的重要制度保障，对其返乡创业起着决定性的作用。松桃工业园区是返乡农民工创业的平台，在国家支持农民工返乡创业的政策指导下，松桃县政府围绕工业园区，出台了相关政策和采取了大量措施。

表 4-18　松桃苗族自治县 2009—2015 年支持返乡农民工创业的文件及措施

时间	文件与措施	表述
2009 年	《铜仁地区工商行政管理局关于促进返乡农民工就业创业的工作意见》	为返乡农民工就业创业搭建平台，开辟绿色通道
2013 年	《松桃苗族自治县招商引资优惠政策若干规定》	对在松桃投资兴办规模大、产业带动强的项目，政府将采取"特事特办、一企一策"的办法给予优惠
2014 年	《松桃苗族自治县"雁归工程"实施方案》	对返乡农民工创业在税费减免、金融扶持、市场准入、住房保障、产业扶持等配套政策上给予优惠
2015 年	"全民技能振兴工程"	每年对返乡农民工进行创业就业培训，提高创业就业技能
2015 年	建立县乡两级"中小企业综合服务中心"	为创业者提供创业辅导、管理咨询、信用评级、技术创新、法律援助等，多层次的社会化服务体系
2015 年	搭建"四大平台"	搭建创业专家指导咨询、项目对接、创业孵化和互动交流平台，为返乡农民工提供专业化服务

数据来源：松桃苗族自治县政府文件。

从表 4-18 我们知道，松桃苗族自治县在金融扶持、税费减免、准入门槛、用地保障等方面出台了具体的实施方案，由此极大降低了返乡创业农民工的投资成本。此外，针对返乡农民工创业能力不足和信息缺乏等问题，松桃苗族自治县实施了建立"全民技能振兴工程""中小企业综合服务中心"等措施，给返乡创业农民工营造了良好的创业氛围。

(4) 劳动力资源丰富

一方面，松桃县及周边地区有富足的青壮年。截至 2015 年 12 月，全县总人口 72.5 万人，其中青壮年劳动力 32 万人，外出务工劳动力 25.5 万人。我区 16—50 岁劳动力 200 多万人，外出务工人员 75 万人。以我县为起点的 3 小时车程范围内，总人口有 2460 万人，劳动力 1107 万人。另一方面，专业技术人才存量储备充足。我县每年培养大中专学生 3000 余人，各类职业技术院校1000余人。县内有中级以上职称的人数19000多人，其中现有企业有中级职称以上的人数3000多人。地区内有高等职业院校一所，每年输出有关专业人才10000余人。源源不断的人才供给，为返乡农民工创业提供了人才保障，也可以有效地降低企业的用人成本。

2. 企业经营挑战分析

（1）健全的企业经营软环境尚未形成

国内学者对"软环境"的界定基本一致。软环境界定为："可以随人为干预而改变的非物质产品形态的外部环境因素的集合，如社会环境、法律环境等。"① 软环境通常具有两个主要特征：一是无形性。即相对隐形而难以量化；二是可感知性。即能够被企业和人感知。根据地区的差异性，区域软环境的构成要素有所不同。参考IMD（2006）的国际竞争力评价体系结合松桃的区域环境，笔者把松桃小微企业的主要区域软环境指标分为：制度环境、金融环境、市场环境、政府服务、社会文化和商业法制。课题组在调研中发现，企业用地制度、融资体系和行业法规是制约小微企业发展的首要因素。一是，在用地保障方面。据工业园一位经营制造业的企业负责人表示，进入各类园区创业的，都能统一享受园区用地优惠政策，但创业点不建在园区的，即使是从事农副产品加工生产的项目，符合土地利用总体规划和城镇、集镇规划，也难以办理农用地、集体建设用地手续。特别是创业人员从事种植业、养殖业，对土地需求量大，难以获得土地政策性审批。二是，没有多元化的融资格局。已有融资担保平台实用性不强，政府性融资担保机构主要面向的是规模较大、带动能力强、对地方经济发展影响较大的企业，对多数创业人员创立的小微型企业无法普遍照顾，而民营控股融资担保公司担保条件要求较高。农村"三权"抵押贷款程序进展缓慢，远远不能满足创业人员回乡创业的融资需求。三是，缺乏相应的行业协会和产业法规。受地理环境影响，县内创业人员创办企业布局较为分散，加上缺乏相应的行业协会和产业规范来协调企业的生产活动，企业喜欢单打独斗，生意各做各的，不能共享资金、信息、管理等服务，抱团发展新格局尚未形成。

（2）外部市场行业壁垒高

罗党论和刘晓龙认为："市场性壁垒和策略性壁垒主要存在于完全竞

---

① 范均：《区域软环境对中小企业竞争优势的要素作用机制》，《经济管理》2008年第13期。

争的成熟行业中,而规制性壁垒则主要是企业在进入受政府监管较多的行业时将会遇到的阻碍。"① 调研组在走访工业园和水晶产业园的所有企业后,笔者发现松桃苗族自治县小微企业主要面临的是市场性壁垒和策略性壁垒。首先,松桃小微企业在外部市场面临的主要市场性壁垒有:老牌企业完善的销售渠道、产品成本低、庞大的资金链等。例如据松桃一家经营民族小饰品的商家反映,产品销往重庆和四川等地,都是依赖于当地的亲戚朋友介绍的零散客户,在当地没有固定的经销商和消费群体,而在大城市很多饰品连锁店有完善的销售网络,抢占了大量消费群体。另外,从松桃发货出去的物流成本是很高的,进而导致了产品的高昂的成本。"例如从浙江运输一辆摩托车到松桃,一般运费是120元,但是由于需要周转,从松桃发到周边的酉阳一辆摩托车就需要三百元到四百元,所以我们的产品到重庆后的成本就比当地的企业高了许多",工业园的一位经理给我们反映。其次,策略性壁垒也是小微企业进入外部市场后很难生存的主要原因之一。笔者了解到,外部市场一些庞大的成熟企业会利用自己雄厚的经济实力游说政府改变行业政策,铺天盖地的广告对消费者狂轰滥炸引导消费者的偏好,有的甚至对竞争对手恶意攻击等。

(3) 企业物流成本高

我国国家标准《企业物流成本构成与计算》(GB/T 20523—2006)是这样定义物流成本的:"物流活动中所消耗的物化劳动和活劳动的货币表现,包括货物在运输、储存、包装、装卸搬运、流通加工、物流信息、物流管理等过程中所消耗人力、物力和财力的总和,以及与存货有关的流动资金占用成本、存货风险成本和存货保险成本。"根据课题组的调研情况,运输成本和储存成本是导致物流成本居高不下的原因。② 根据松桃工业园一家摩托车制造商许经理反映,公司要发货到云南,必须是一整车才能发过去,一两台摩托车是不能发货的。而在外面,一两台摩托车是可以发货的,还可以上门提货,物流特别方便。此外,本书课题组还了解到,松桃县目前发零售相当慢,严重影响了返乡农民工的创业积极性。例如,公司要发货到重庆酉阳,就必须先发到贵阳,再从贵阳到重庆,然后从重庆发到酉阳,来回周转时间过长,导致价格偏贵。据《松桃苗族自治县

---

① 罗党论、刘晓龙:《行业壁垒、政治关系与企业绩效》,《管理世界》2009年第5期。
② 陈正林:《企业物流成本生成机理及其控制途径》,《会计研究》2011年第2期。

"雁归工程"工作报告》得知,虽然松桃县交通条件在很大程度上得到改善,但物流仍不发达,物流企业规模小、资源分散,加上流入的货物多于流出的货物,进出比例失衡,车辆经常出现单边放空现象,间接增加了企业的物流成本,尤其是来料加工型企业,物流成本明显高于其他地区。

(二) 松桃县农民工返乡创业企业内部环境分析

1. 企业经营优势分析

(1) 普通员工都是本地人,人力资源成本低

"人力资源成本指的是支付给劳动者所花费的全部费用,可以分为广义和狭义两种人力资源成本。"[1] 一个企业取得、开发和保障人力资产使用价值而消耗的总费用可以看成广义的人力资源成本,企业在一定时期内,在生产活动中提供给劳动力的全部支付费用可以看成狭义的人力资源成本。刘仲文教授"按人力资源成本发生的方式和环节将人力资源成本分为人力资源取得成本、开发成本、使用成本、保障成本、离职成本和重置成本"[2]。在对大多数创业企业采访后发现,企业的人力成本优势主要体现在:取得成本和开发成本。据一家从事苗族文化旅游产品开发的公司负责人介绍,公司现有职工220人,基本全部来自松桃本地。这些人员普遍学历不高,年龄以中青年为主,都是从事体力劳动或者技术性的工作,入职后基本都可以直接上岗,不需要企业集中培训,节省了企业在培训上的时间和资金。另外,通过政府提供的资料了解到,一年来新兴产业园带动就业1000人,水晶工业园带动就业2800人,这些人员是通过政策刺激或者非市场化渠道来解决就业的,由于政府搭建了创业和就业的平台及出台了一些扶持政策,如住房保障、子女教育等,政策产生了拉动效应,吸引了本地及周边人员来找工作,从而,基本不需要企业发布招聘信息,甄选和录用工作方面,政府也有补贴等,由此极大地降低了企业的取得成本。

(2) 创业人员有行业经验,降低了投资成本

行业经验会在一定程度上影响创业者进入行业领域的意向,行业经验

---

[1] 王占庆:《论企业人力资源成本的控制》,《中国管理信息化》2011年第1期。
[2] 刘仲文:《以生产者剩余为基础的人力资源价值会计核算体系》,《财务与会计》1999年第6期。

能够缩短创业活动周期和降低投资成本有以下三个原因①：首先，行业经验有利于企业家开展资源转换活动，如技术资源和实体资源。调研中发现，入驻松桃的两个水晶产业园的 400 多户返乡农民工从事的水晶产业都是延续之前在浙江打工的项目，他们把在沿海的技术、设备和员工成功地转移到了松桃，使其快速地度过了创业初期。其次，创业团队的行业经验越丰富，其对市场相关的活动也越熟悉，比如销售、促销和客户关系。在采访中有一位返乡创业人员告诉我们，自己在外面有长达 8 年的摩托车生产经历，使其掌握了完善的摩托车销售网络。所以，这次返乡创业毫不犹豫地选择了自己的老本行。最后，先前行业里的工作经历可以帮助企业家建立起与供应商和分销商的社会关系。例如，松桃县的文化产业示范街，全部是本土人才经营的苗族银饰、苗族服饰、苗族医药等，这些创业人才，从小在苗族文化中耳濡目染，不仅跟着父辈们学习苗银加工、刺绣等技术，而且参与父辈们的民族文化产品经营项目。这些返乡从事民族产品的创业人员在当地也家喻户晓，有着庞大的社会关系网。

2. 企业经营劣势分析

（1）返乡创业农民工自身文化程度偏低，企业专业人才匮乏

在走访众多企业后，课题组发现返乡农民工自身文化程度不高，企业专业人才的缺乏是制约创业企业走出松桃，扩大市场的关键因素之一。在调研中，一位从事银饰加工的负责人向课题组反映，公司很早就想走出去，但一直由于缺乏专业的营销团队帮忙策划产品的推广方案，而且自己在营销和市场方面也不擅长，所以公司在外面的市场占有率很低，销售额也在逐年下降。从政府提供的资料（见表 4-19）可以看出松桃县农村本地创业青年的返乡农民工文化程度主要集中在初中，基本都在高中及以下。由于创业负责人文化程度的偏低，很多小微企业在成立后没有明确的发展战略，企业没有系统性、前瞻性和创造性的规划，更不知道企业经营的每一个板块在瞬息万变的市场环境中应该选择哪一个经营方向，如何调整经营策略。另外，企业专业人才的稀少，也给企业发展带来了诸多难题。在调研中课题组发现，由于没有专业互联网销售人才，很多公司的网络营销体系都没有搭建。

---

① 买忆嫒、姚芳：《创业者先前技术经验对创业企业创新活动的影响》，《科学与科学技术管理》2011 年第 9 期。

表4-19　　松桃苗族自治县农村本地返乡创业青年文化程度构成

文化程度	小学	初中	高中	中专	大专	本科
百分比（%）	2.7	61.1	25.6	4.4	3.5	2.7

数据来源：共青团松桃苗族自治县委员会。

(2) 组织管理制度不健全，影响组织生产效率

企业在管理上也是运用"亲情"方式，用人文气息打动员工。"亲情"管理在当地企业中是很流行的管理工具，员工之间长期形成的亲情关系与熟人社会很难被制度代替。课题组在调研中观察到，员工迟到、早退等违规现象，很多企业都没有成文的管理规范，若出现此类情况，一般都会批评或者视而不见。一位企业负责人给我们反映引导和说服是管人的两大法宝，企业负责人的阅历与经验是公司管事的指挥棒。从目前调研的情况来看，企业在人事方面需要加强绩效管理、薪酬管理，员工职业规划的制度建设，销售板块缺乏信息管理、营销策略、市场分析的制度设计，生产管理没有成熟的制度规范，在计划管理、采购管理、制造管理、品质管理和库存管理等方面基本都依赖经验来处理。在各项管理制度不健全的情况下，企业的生产效率极大地降低了。

(3) 宣传方式单一，企业对外产品知名度低

在当地政府的扶持下，众多的返乡农民工企业如雨后春笋般地成长起来，如今这些企业基本都面临走出松桃，扩大市场的难度。在与诸多企业访谈后，发现企业一直在尝试对外宣传、扩张，但效果微乎其微，面临的困难也是重重阻碍。在调研的资料中我们可以发现企业对外知名度低，主要是宣传方式单一，主要依赖政府提供的推广平台，企业自身没有系统专业的产品推广方案。例如，一家银饰公司负责人反映，公司先后参加了两届"武陵山商品交易博览会"，贵州省举办的"中小企业博览会"和中小企业人才培育"传承与创新"培训会，铜仁市举办的"国际风筝节"等。这些宣传活动都是政府提供的平台，首先没有突出每个企业的个性形象，消费者面对众多的企业很难留下印象，其次，所有的宣传活动都是基于线下开展的，企业形象传播的广度和深度都不尽如人意。

(4) 企业创新能力不强，技术水平较低

作为依靠科技创新能力驱动的高新技术产业产值可以充分地反映一个地区工业企业的创新能力，从全省的高新技术产业分布情况来看铜仁市占全省的比重最低，低于贵州省平均水平81.63%（见表4-20），企业的自

主创新能力有待提高。

表 4-20　　2015 年前三季度高新技术产业区域分布情况

市（州）	产值（亿元）	占全省比重（%）	与全省平均值比（%）
贵阳市	839.30	51.12	+360.12
六盘水市	49.84	3.04	-72.68
遵义市	243.70	14.84	+33.60
安顺市	106.07	6.46	-41.85
毕节市	105.81	6.45	-41.99
铜仁市	33.50	2.04	-81.63
黔西南州	60.29	3.67	-66.95
黔东南州	56.19	3.42	-69.20
黔南州	147.03	8.96	-19.40

说明：松桃苗族自治县位于铜仁市。

数据来源：贵州省科学技术情报研究所。

（三）基于 SWOT 武陵山区农民工返乡创业企业经营对策

1. 发挥优势，利用机会（SO 策略）

SO 策略是一种发挥自身优势与利用外部机会的策略，是较为理想的策略模式。首先，在项目选择方面，松桃县农民工返乡创业要立足于当地的自然资源和文化资源，发展规模化、集约化经营，可以利用松桃丰富的农业资源发展地方优势特色农业。同时，在企业经营管理方面，企业可以进入素有农民"经济特区"之称的农民创业园，园区内有专业的管理咨询服务、专家指导、技术创新培育等为企业可持续发展出谋划策。其次，在农村，企业要发挥"乡里乡亲"的人际关系功能，吸纳本地及周边地区富余的劳动力资源。最后，农民工要充分利用在外务工过程中积累的资本和经验，有效快速地促进新企业创建。如农民工可以把在某个行业里学习的管理知识、技术，拥有的设备转移到创业企业中，从而使新企业创业活动的周期更短，集中度更高。

2. 利用机会，克服弱点（WO 策略）

WO 策略是旨在利用外部机会弥补内部弱点，改变自身劣势而获取优势的策略。松桃县企业经营采取此种策略，可以依托政府的扶持政策，立足本地丰富的自然文化资源，便捷的交通，把企业的劣势转化为优势。针对农民工文化程度偏低，企业专业人才短缺的问题，可以从内部和外部解决。企业内部在经营项目选择上应考虑当地的资源和创业者自身素质，如可以利用创业者本地人对苗族文化的了解，选择经营苗族服饰、银饰，发挥自己和本地人的专业技能；企业对外要利用松桃县高端人才引进计划，根据自己企业特点制订配套补助计划，吸引发达地区、高校的专业人才，外面的新鲜"血液"，可以带来先进的管理理念，提高返乡创业者企业经营管理能力，改变企业的家族式繁衍，解决企业宣传方式单一，突出企业形象。从调研的数据显示，松桃县中级以上职称技术人才近20000人，可以由"政府+企业"的出资方式，把这部分技术人才定期送到高校进行继续教育，并引入动态考核机制，促使其不断学习，提高技术水平，从而满足企业对高端技术人才和创新人才的需求。此外，松桃县近五年，出台了大量农民工返乡创业扶持政策，搭建了多元化的创业服务平台，企业要用好用活这些资源。如企业在初创期可以进入创业孵化基地，享受到办公场地、设备、咨询意见和资金等全方位的即时服务；若企业遇到了销售、创新等难题，可以借助"四大平台"享受到管理咨询和技术创新辅导，有助于降低企业的运营成本。

3. 发挥优势，回避威胁（ST策略）

ST策略利用自身优势，回避或减轻外部威胁所造成的影响，即加强回避型策略。武陵山区农民工返乡创业在ST策略的指导下经营要充分利用本地人力资源的低成本优势和行业资本来规避资金短缺、物流成本高和行业壁垒的威胁。首先，企业要依托本地及周边地区富余的青壮年劳动力和专业技术人才，利用政府的"雁归工程"等相关扶持政策刺激吸纳生产人员，按照"人岗匹配，人尽其才"的原则，把用人成本最低化，从而在同类企业中把产品生产成本降到最低，由此以成本领先进入外部市场，打破行业壁垒。其次，管理者过去在外务工积累的设备、资金、技术、客户、专业知识等行业资本可以移植到现在的企业经营活动中，不仅可以解决初创期企业大量的资金需求，而且通过过去积累的大量客户资源，可以顺畅地把产品销售到全国各地，降低产品的库存成本、运输成本和发货时间，提高资金的周转率。最后，政府需要建立全覆盖、多元的融资担保平台，满足农民工企业后续成长的资金需求。

4. 克服弱点，回避威胁（WT策略）

WT策略是一种旨在减少内部弱点，回避外部环境威胁的防御性策略。一方面，针对松桃县农民工返乡创业在人才、管理和创新方面的劣势，笔者认为可以采取以下措施：积极响应政府定期举办的"中小企业技能培训工程"，巧用"四大平台"和"中小企业服务中心"；政府可以构建一个针对农民工的创业教育、职业教育、专题教育等多层次多样化的农村成人教育体系，由此来克服农民工文化程度偏低、现代企业管理知识匮乏的困境；企业经营者要大胆改革，彻底改变"任人唯亲"的用人制度，广纳贤才，建设现代企业经营管理制度，淘汰"亲情式"管理，让组织在制度下运行；政府要支持、引导进行相似经营活动的农民工企业联合、通过集资参与"产业+科研单位"的方式与科研机构合作，提高企业的技术水平和创新能力。另一方面，为了能够享受到全面的、大力度的扶持政策，松桃县农民工返乡创业应该首选政府搭建的平台，如水晶产业园、工业园、创业示范街等，可以享受到用地照顾、税费减免等多项扶持。

综上所述，从推拉理论角度分析，松桃县农民工返乡创业是政府的扶持政策和东部产业转移推拉二重因素作用的结果。从调研数据来看，农民工返乡创业企业，立足当地资源禀赋优势、便捷的交通，利用创业者的行业经验，有效地降低了创业门槛，规避了盲目投资的风险。但是，企业若要实现规模经济，一方面，政府则要提供多元化的融资担保平台，制定全面的产业发展规范，整合分散资源，构建高效的物流体系，营造一个以"企业为中心"的创业软环境；另一方面，企业内部要进行管理变革，建立现代的企业经营管理制度，把权力赋予有能力的人，创建以市场为导向的营销体系，倡导以"创新"为核心的企业文化整体价值观。总之，农民工企业若要实现可持续发展，首先客观分析企业经营的内外部环境是基础，然后按照"扬长避短，抓住机遇，规避风险"的思路制定企业的经营策略。总之，依托 SWOT 分析模式，我们能够较好地发现优势，规避风险，从而力争就业创业成功，有学者提供了如表 4-21 所示的矩阵图，值得借鉴。

表 4-21　　　　　返乡农民工就业创业 SWOT 分析表

	优势（S）	劣势（W）
内部因素	1. 打工的技能和经验积累 2. 熟悉农业相关产业链生产、经营 3. 吃苦耐劳和较强的生理承受能力 4. 创业初期家庭式经营和家族式管理 5. 熟悉当地情况，人脉关系广泛	1. 教育水平低，综合素质较差 2. 缺乏法律、经营、管理知识 3. 资金短缺 4. 残留小农意识，市场意识不强 5. 缺乏规模经营优势

续表

	机会（O）	威胁（T）
外部因素	1. "三农"关注空前，政府大力鼓励返乡创业 2. 东部产业向西部转移 3. 创业的税收优惠、减免和创业服务带动 4. 金融机构扩大小额贷款扶持力度 5. 农产品及涉农产品价格稳步上升	1. 外部融资困难 2. 创办企业手续烦琐，权益保障困难 3. 创业培训服务体系不完善 4. 创业技术含量低，产品单一、档次低 5. 瞬息万变的市场风险

资料来源：王胜远《基于SWOT分析的返乡农民工创业研究》，《人力资源》2009年第9期。

第四节 村庄层面的返乡农民工就地就近就业案例：毛坝村返乡农民工的休闲旅游开发

本案例借助陈述一个村庄在旅游业发展的过程，进而讨论一个在武陵山民族地区普遍存在的现象，即各地政府都想通过旅游业的发展带动当地经济社会的发展，不仅是经济收入的增长，同时也希望把外流的农民工吸引回家，增强本地发展的持续动力，但现实是这种发展在初期确实带来了可观的经济效益与社会效益，但同时也存在一些亟待解决的问题，否则发展持续性的问题就会凸显。调研的村庄名为毛坝村，在重庆市酉阳县境内，通过半结构式访谈和参与观察，以村社干部和返乡参与农家乐发展人员为对象，对返乡就业创业问题进行了探讨，特别关注到了其发展过程中所面临的一些问题。

一 毛坝村及其避暑休闲旅游发展现状

毛坝村是一个土家族山地村寨，也是一个景色宜人的夏季避暑休闲旅游胜地。该村是毛坝乡政府所在地，位于酉阳县城北38公里处，村委会所在的群贤居则位于场镇东北2公里处的省道210公路旁。毛坝村地处乌江水系与沅江水系"分水岭"的圆梁山麓，境内圆梁山、回龙山、五佛山三条山脉东西并列，细沙河、后河南北相向而流，"三山夹两河"的地貌特征使毛坝村境内群山俊秀，河流清澈，森林茂密。毛坝村海拔800—1300米，山地占土地总面积的96.3%，丘陵占土地总面积的3.7%。该村属亚热带季风性湿润气候，多年平均气温14.5℃，最高气温28℃，最低气温-8℃。全村林草总面积为16平方公里，森林覆盖率为59%。全村辖

8个组，873户，2773人，有劳动力1763人，常年外出务工842人。2011年以来，在市、县扶贫部门支持下，毛坝村利用海拔较高、气候凉爽、生态良好、民风淳朴、交通便利的优势，依托移民新村，对农户采取以奖代补政策，大力发展纳凉避暑乡村旅游。

毛坝村采取了一系列发展避暑休闲旅游的举措。第一，确立避暑休闲旅游业的主导产业地位。自2011年以来，毛坝村承接毛坝乡把乡村旅游作为群众脱贫致富主导产业的战略定位，整合旅游扶贫等渠道的政策与资金，集中各种资源和要素，大力发展避暑休闲旅游业。第二，开展"互联网+"等旅游营销。毛坝村完成核心景区实景视频系统安装，实现手机在线观看，乡村旅游手机APP宣传达到880万人次的分享、790万人次的下载；毛坝乡、村两级先后数次组织干部到重庆主城营销，开通毛坝旅游网站，重庆电视台等媒体多次专题宣传毛坝的乡村旅游。第三，对村民进行旅游知识技能培训。每季度组织实训教师到毛坝村对农户进行餐饮管理等方面培训；在旅游淡季开展土家工艺品制作等培训；选出50户农户到贵州等地考察学习。第四，建立"政府引导、部门指导、协会主导、农民主体"的乡村旅游管理制度和四级运行机制。第五，加强对旅游农户的帮扶。给每个合格户1万元补助；发展乡村旅游微企69户，星级农家乐27户。第六，不断提升旅游设施、吸引物。逐步完善水电等基础设施；修建了登山步道、景观亭阁等游乐设施。

毛坝村避暑休闲旅游初见成效。其一，发展乡村避暑休闲旅游业为毛坝村村民带来先进的理念，使他们转变了对待旅游业的态度。村民们由保守封闭的大山意识和等、靠、要思想向开放开明的现代意识与自立自强思想转变；毛坝村在发展乡村旅游之初，部分村组干部群众对发展乡村旅游持怀疑态度。在2011年旅游业取得初步成功后，至2014年旅游接待户由最初的34户发展到154户。其二，旅游硬件环境大为改善。2011—2014年建成垂钓池、音乐喷泉、接待中心和停车场、无线网络、真人CS户外活动中心、野外露营及野外烧烤基地等；绿化避暑山庄10000平方米；毛坝村被评为重庆市最佳避暑休闲旅游乡村、重庆市农家乐示范村。其三，促进农民大幅增收并带动其他产业发展。2011年直接从事乡村旅游的经营户户均收入为0.8万元，2014年户均增收4万元。毛坝村的旅游业带动了交通运输、商品零售等产业大发展，该村正以乡村旅游为依托，全力打造蔬菜、药材和畜牧基地，实现农民、农产品、乡村旅游之间的无缝对接。其四，乡村避暑休闲旅游促进了毛坝村民俗文化保护传承和精神文明建设。文化遗产在乡村旅游中带来了经济效益，增强了村民对传统工艺等民族民俗文化的保护、传承意识。村民开始学习现代服务业等知识，文明礼貌、遵纪守法观念明显增强。

二 毛坝村避暑休闲旅游面临的困境

毛坝村在避暑休闲旅游发展初期阶段遇到一系列问题，并产生相应的负面影响，存在差异化的引致原因。

(一) 资金、基础设施及公共服务设施不足

资金瓶颈是毛坝村避暑休闲旅游发展初期的重大障碍。毛坝村支部姚书记认为："目前毛坝村避暑休闲旅游发展的主要困难就是缺建设资金。"毛坝村是典型的老、少、边、穷高山地区，乡村整体经济实力较弱；政府对发展避暑休闲旅游资金投入不足，旅游业融资能力较弱，农民自筹资金有限，致使现有资金远远不能满足旅游开发的需求。

虽然近年来毛坝村的基础设施条件和公共服务能力有所改善，但总体上还比较匮乏。毛坝村支部姚书记也介绍说"缺基础设施也是村里发展避暑休闲旅游的主要困境"，如毛坝村与外界的交通联系只有一条省道210公路。其原因在于毛坝村地处边远山区历史欠账较多；已建成的部分公共基础设施和公共服务设施没能充分兼顾避暑休闲旅游功能；农民在家庭接待设施方面投入也不足。这种状况满足不了游客的旅游休闲需求。

(二) 避暑休闲旅游内容单一且缺乏体验性与民族性

目前毛坝村避暑休闲旅游主要依靠夏季的低气温吸引重庆主城及周边区县的游客在此"休闲避暑""品尝农家饭"，旅游内容及方式比较单一。"新农寨农家乐"的男主人姚某说："我们这里农家旅馆短期吃、住60元每人每天，长期吃、住50元每人每天，幼小的孩子免费；住的是标间，政府要求我们接待游客每顿两荤三素一汤共六个菜；实际上早上吃便饭。""荣聚休闲山庄"的女主人汤某也说"政府不许涨价，也不许降价，有的游客要求降价，有接待户悄悄降价的"。毛坝村观光、休闲度假等旅游体验质量不高，民族文化融入较少。"新农寨农家乐"的女主人吴某说："游客夏天在我们这里一天的生活规律是：早上出去逛一圈—吃早饭—早饭后出去逛一圈—吃午饭—午休—吃晚饭—跳坝坝舞—睡觉"，这样的生活规律枯燥乏味。毛坝村支部姚书记讲："现在的大环境就是游客

缺少耍的，差的就是精神文化活动，游客来了比较空虚；目前来毛坝村避暑休闲旅游的游客主要是老年人，老人带孙子来了，又没得耍的，一旦小孩子要走，大人也会走；村社干部群众都没想出解决办法。"

出现上述状况的主要原因是政府规划、建设、引导不足，村民缺乏这方面的知识、能力和资源。因而，目前很难吸引高端客源和青壮年游客，也很难四季留住游客。

(三) 休闲旅游季节性突出

毛坝村除了夏季7月、8月两个月凭借凉爽的气候吸引游客避暑休闲旅游以外，其余三个季节没有吸引游客的旅游项目而使旅游业处于停业状态。"新农寨农家乐"的女主人吴某说："游客主要是农历6—7月来，不带学生或小孩的老人住两个月；带学生或小孩的游客要等学生放假之后才来，一般住一个多月。年轻人来住几天就回去上班。一年靠两个月挣钱，主要有一个多月。"

因为毛坝村处于旅游开发初期，主要在夏季开展避暑纳凉和森林观光休闲旅游，没有开发春、秋、冬季的系列旅游产品，属于资源导向型开发模式，所以不能形成完全的产业替代。

(四) 避暑休闲旅游从业人员缺乏

毛坝村旅游从业人员主要是留守老人，中青年人从事旅游接待的极少。个别家庭有一两个中青年人在旅游旺季从打工地返乡帮助老年人做一两个月的旅游接待服务。"新农寨农家乐"的男老板姚某说："儿子、儿媳平时出去打工，老太婆在家带孩子，儿媳夏天回来帮忙搞旅游接待，完了又出去打工。"

因为避暑旅游的季节短，旅游收入不高，村里中青年人基本外出打工。由于地理区位、收入、体制、季节性等因素的制约，目前从外面引进旅游专业人才并不现实。留守老人是避暑旅游接待的主体，他们连最基本的旅游业知识和接待技能都比较缺乏；受资金短缺、老年人接受能力弱等因素制约，对当地老年人进行旅游业务培训效果并不明显。"祥英农家乐"的女主人潘某说："政府规定60岁以上的人不准经营农家乐"，也是出于这样的考虑。老年从业人员精力不足、文化素质和专业技能较低，影响了食宿等服务质量和游客与村民的互动交流而降低旅游体验质量；很多民俗、文化、娱乐活动的开展因缺乏作为中坚力量的中青年人的参与而无法有效开展。

(五) 避暑休闲旅游设施、景观建设趋向城镇化、公园化

毛坝村避暑休闲旅游发展之初，政府即对旅游接待户统一规划房屋风貌和其他旅游接待硬件设施。这些设施的核心位于老君山麓的小盆地，代表性建筑群贤居避暑山庄为十余栋四层小洋楼，整齐划一地一字排开，位于老君山山腰；小盆地其余三面为青砖黑瓦的二层至三层砖混楼房，房前为环形联户公路，公路外侧为绿化带；绿化带下面即小盆地底部为综合文体广场，广场四周有太上老君石雕像、绿化小庭院、垂钓中心。这些建设趋向城镇化，环境打造向城市公园看齐。"老君农家乐"的女主人即村支书夫人说："一期工程是移民房，我家房子是一期工程修的，按照住房标准修，每家补贴10万元左右；二期工程群贤居统一规划，外面好看，里面房间矮小。"群贤居周边几座山头的森林是主要旅游景观，其规划建设呈现公园化特色，如水泥登山步道、水泥垃圾桶、琉璃瓦亭子、水泥凳等。规划建设者没有充分意识到民族村寨旅游的整体景观风格应体现民族特色、地域特色，一味贪大求洋，建成了城镇化旅游接待设施和公园化景观。以求新求异为主要旅游文化追求的城镇游客，并不青睐这种有悖于民族村寨传统文化特征的旅游设施。

三 优化休闲旅游促进返乡农民工就地就近就业路径

毛坝村是一个典型的山地民族村寨，其处于发展初期的避暑休闲旅游所面临的问题与发展对策对类似的民族村寨具有借鉴意义。山地民族村寨避暑休闲旅游发展初期优化提升应抓住山地良好的自然生态和厚重的民族文化两大核心要素，采取系列举措克服面临的困境。

(一) 凸显民族文化元素的体验式开发

从供给侧角度改变旅游产品与旅游形式单一的现状，提供多样化、民族性旅游吸引物和设施，注重旅游产品体验式开发。

第一，提供民族性、多样化旅游产品。毛坝村位于土家族文化核心区，故其旅游吸引物和设施应充分吸收土家族文化元素，体现土家族生活环境的乡野之趣和自然之美。如标志性新建筑群贤居，可借鉴土家族传统民居的文化元素木屋花桥、转角楼等；传统吊脚楼本身是难得的旅游景观，可利用老君山东面山坡上保存完好的47栋吊脚楼开展民宿旅游。同时，紧扣"山地""生态""民俗"等山地民族村寨特色开发多样化旅游产品，如森林生态游、攀岩探险体验游、民族民俗活动游、溪降与溯溪等

水上运动游等极富民族性、地域性的深层次体验旅游活动。

第二，注重旅游产品体验式开发。首先，把体验引入民族村寨避暑休闲旅游开发，让游客被动参与体验，如游客观看毛坝村民俗节庆表演；让游客主动参与体验，如游客扮演民俗节庆表演中的某个角色。其次，体验经济强调通过营造体验环境、氛围、事件，给顾客以视觉等多种生理体验。城市游客多是新型城市移民，他们精神和文化的根都在乡村，为游客营造更加浓厚的乡村怀旧氛围，让他们有更多的乡愁寄托和乡情认同，如让游客参与乡村传统体育竞技游戏。最后，开发民族村寨旅游纪念品。免费类旅游纪念品包括宣传毛坝村的旅游帽等；付费类民族村寨旅游纪念品包括毛坝村野竹笋等绿色食品。

第三，注重社区参与。目前毛坝村是政府主导型旅游发展模式，村民只是小范围、浅层次、静态化、被动型的社区参与。需要让村民全方位、深层次、动态、主动地参与毛坝村避暑休闲旅游的决策、规划、开发、管理、监督等旅游发展全过程，以保证旅游业和社区发展的可持续性，[①] 调动村民的积极性以更多更深地与游客交往互动，提升游客体验质量。

（二）以创新的方式筹集资金、建设基础设施和公共服务设施

为了克服资金短缺的困难，毛坝村可采取一些新兴投融资方式。首先，众筹。可将整个毛坝村的避暑休闲旅游业策划为一个项目，或者将整个村寨的避暑休闲旅游业策划为多个小项目，利用互联网和 SNS 的传播特点，向公众展示民族村寨避暑休闲文化旅游的创意以争取投资。例如点名时间网站专门设置了休闲娱乐类众筹平台，可利用此类网络平台进行众筹。其次，天使投资。与民族地区扶贫和半公益性旅游项目相结合，可利用农家乐或设计一些小型的休闲娱乐设施、项目，把它们视为小型初创企业以吸引天使投资。政府可建立民族村寨避暑休闲旅游建设投资引导基金，引导社会资本有序参与。最后，毛坝村的大型公共基础设施或者旅游设施可综合利用 BOT（特许经营）、TOT（政府建成后移交企业经营到期后收回经营权）、PPP（政府部门和私人企业合作）融资模式的综合运用。如细沙河上拟修建水电站，打造娱乐与文化并重的细沙文化创意产业带，即可采用上述融资方式。毛坝村的避暑休闲旅游还应结合全域旅游布

---

① 保继刚、孙九霞：《社区参与旅游发展的中西差异》，《地理学报》2006 年第 4 期。

局基础设施和公共服务设施,以更好地促进旅游经济的发展。① 一是对已建成的没有兼顾旅游功能的基础设施和公共服务设施要予以改进,如改建原有的不能通达部分农户家庭的公路。二是新建更多的专用避暑休闲旅游设施,同时兼顾居民的生产、生活用途。三是新建公共基础设施和公共服务设施时,充分兼顾避暑休闲旅游功能。

(三) 突破季节性限制与延伸产业链

针对毛坝村避暑休闲旅游集中于7月、8月的发展困境,在优化、提升现有夏季旅游产品的同时,充分挖掘当地旅游资源潜力,开发其他季节的旅游产品,拉伸其旅游产业链。

第一,突破夏季避暑休闲旅游的季节限制,开发春、秋、冬季旅游产品。春季开展春游、郊游。毛坝村空气质量好,植被丰富多样,是春季游客踏青的绝佳去处,可举办植物花卉文化旅游节,开展春季蔬菜采摘、品尝、购买等旅游活动。开发与秋季旅游资源相适宜的旅游项目,如水果采摘、品尝、购买等体验旅游活动,开展户外登山等健身旅游活动。冬季着重开展白色旅游和节庆旅游。毛坝村冬季气温低,利用冰雪旅游资源开展滑雪等白色旅游项目;冬季是村民休养生息的季节,民族传统节日多集中于此时,如毛坝村村民多在正月跳摆手舞,可开展与节日相关的节事旅游。

第二,延伸民族村寨旅游产业链,实施"旅游+"发展战略。旅游产业链包括:旅游核心产业链即旅游资源开发和以吃、住、行、游、购、娱为主要内容的旅游产品的生产、销售和消费;旅游相关产业链即与旅游核心产业链从上游到下游的林业、保险、租赁、手工艺品等众多相关的产业部门。② 据此,可通过"旅游+"发展战略以延伸民族村寨旅游产品的产业链,可将毛坝村的旅游业与林业、环保、食品加工、纺织、金融、医疗等结合发展,如发展土家族村寨医疗养生游,发展健康产业。

(四) 吸引青壮年劳动力回流,为毛坝村避暑休闲旅游注入活力

村寨旅游业的兴盛与青壮年劳动力回流之间相互关联、促进。吸引毛

---

① 张广海、赵金金:《我国交通基础设施对区域旅游经济发展影响的空间计量研究》,《经济管理》2015年第7期。

② 赵小芸:《旅游产业的特殊性与旅游产业链的基本形态研究》,《上海经济研究》2010年第6期。

坝村青壮年劳动力回流参与旅游业的举措主要有三项。其一，提升毛坝村避暑休闲旅游业的质量和效益以吸引青壮年劳动力回流，当青壮年从事旅游业的年总收入不低于外出打工收入时，他们通常愿意回乡就业。其二，发展其他产业，吸引青壮年劳动力回流，同时为旅游业提供补充劳动力，营造活力和人气。其三，吸引外来人才参与毛坝村旅游业，主要方式是提供创业环境、就业岗位等，以环境引人、效益留人。

总之，像毛坝村这样处于避暑休闲旅游发展初期的山地民族村寨，需要形成"六位一体"的系列转变模式（见图4-1）。其旅游产品依托应该由自然景观为主转变为兼顾自然景观、人文景观和民族风情；旅游活动的方式由静态观光为主转变为动态为主，兼顾静态与动态；旅游时间由夏季转变为一年四季；参与旅游经营的主体由老年人为主转变为兼顾中青年和老年人；村民参与旅游方式由被动参与转变为主动参与；村民参与旅游程度由浅层次参与转变为深层次参与。这样就能够促进民族村寨避暑休闲旅游向更大规模和更高质量的方向可持续发展。

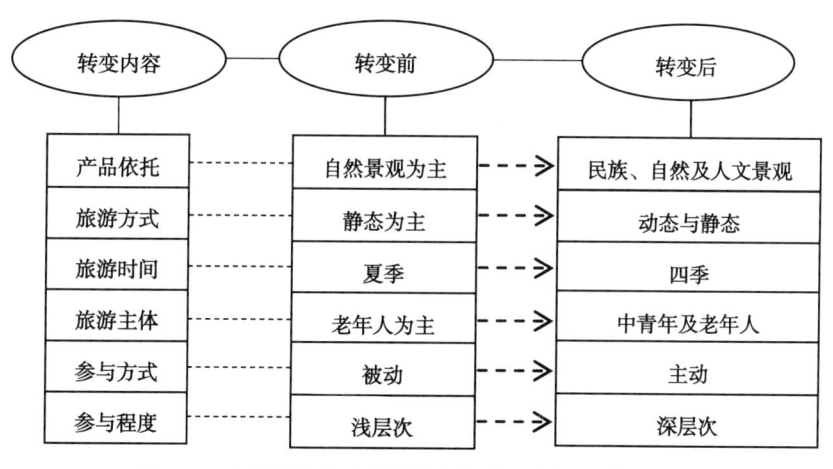

转变内容	转变前	转变后
产品依托	自然景观为主	民族、自然及人文景观
旅游方式	静态为主	动态与静态
旅游时间	夏季	四季
旅游主体	老年人为主	中青年及老年人
参与方式	被动	主动
参与程度	浅层次	深层次

图4-1 山地民族村寨避暑休闲旅游开发初期转变模型

第五节 个体层面的返乡农民工就地就近就业案例：邓国海的创业之路

个体层面的返乡农民工就地就近就业所面临的因素其实包含了两个方

面,一方面是大的社会环境,也就是外在因素的影响,这些方面主要是由返乡后所在地经济发展的整体状况所决定的,包括当地政府层面的就业指导和帮助、就业岗位的开拓,也包括诸如精准扶贫的推动等因素。有学者曾就这一问题通过实证研究得出结论说:"特色产业状况、中介服务及职业咨询等对就近务工状态有显著正向影响;贷款融资优惠、再就业补助金等对创业状态有显著正向影响;经济发展水平对待业状态有显著负向影响,对其他三种状态有显著正向影响。"[①] 另一方面则与个人本身的资源密切相关,包括个体外出务工经历、资金积累、社会资源网络、个人才智等多方面。正如学者所说:"个人特质因素、流动因素、能力素质因素及家庭因素的不同方面都对返乡农民工再就业状况有重要影响。"[②] 本节我们将以一个返乡就业创业成功,并且产生了一定示范效应的案例来呈现个体在返乡就业创业过程中所面临的各种问题,由此从微观的角度审视农民工就地就近就业中的种种社会困境及其破解之道。

一 个案人物简介

个案人物邓国海[③]出生于 20 世纪 70 年代中期,学历只有高中毕业,有着务农—务工—经商—从政的曲折人生经历,在来凤县干部任用公开信息中显示:

> 邓国海,男,1976 年 1 月出生,湖北来凤人,1997 年参加工作,2011 年加入中国共产党。现任来凤县绿水镇党委委员、副镇长。
> 1993.09—1996.07 湖北省来凤县来凤一中学习;
> 1996.07—1997.01 湖北省来凤县旧司镇后坝村务农;
> 1997.01—1999.01 湖北省来凤县旧司镇后坝村计生专干;
> 1999.01—2002.01 湖北省来凤县经商;
> 2002.01—2009.12 外出务工;
> 2009.12—2012.09 湖北省来凤县旧司镇后坝村务农;

---

① 魏凤、薛会会:《返乡农民工再就业状态选择及影响因素分析》,《人口与经济》2013 年第 4 期。
② 马芒、徐欣欣等:《返乡农民工再就业的影响因素分析——基于安徽省的调查》,《中国人口科学》2012 年第 2 期。
③ 在调研和研究报告撰写时征求其本人的意见,可以在文中使用其真实姓名。

2012.09—2012.12 湖北省来凤县旧司镇后坝村村委员；

2012.12—2014.12 湖北省来凤县旧司镇后坝村书记；

2014.12—2016.9 湖北省来凤县旧司镇后坝村书记、主任；

2016.10至今湖北省来凤县绿水镇党委委员、副镇长。

分工：负责农业、水利、林业、畜牧、移民、产业建设、安全生产、气象等方面工作。分管镇农业服务中心、水利站、林站、畜牧兽医服务中心、安监所、驻老寨村。①

早在开展本书研究之前的2008年，笔者就与之有过交流，当时他还在外出务工，在交谈中获知他有返乡的意愿。在随后的多次接触中，更是亲眼看见了他一步步开拓创新，在自身获得长足发展的同时，带领村民走上致富之路，也走出了一条返乡农民工就业创业的成功之路。

二 领头人带领下的村庄变化

首先得介绍一下邓国海同志工作和生活的所在地——湖北省来凤县旧司镇后坝村。旧司镇是该县8个乡镇之一，经济社会发展一直处于该县中流水平，而在这个镇的集镇旁，有一个村叫后坝村，虽然紧邻集镇，但是多年来村民生活拮据，村集体没有任何收入，曾被取笑为"落后之坝"。该村距县城32公里，面积约4.95平方公里，耕地面积1472亩，人均耕地面积0.82亩。全村12个村民小组，2013年时共有488户，1787人，其中贫困农户148户共489人，贫困率27.4%。外出务工人员872人，当年农民人均纯收入4600元。由于长期依赖广种薄收、靠天吃饭的传统生产方式，依赖以土豆、玉米种植为主的传统产业，本地相当一部分群众始终处于仅仅能吃饱饭，持续增收难、返贫风险大的生活状况。为破解该村老百姓增收难的问题，实现2016年农民收入倍增的目标，2014年起来凤县将后坝村作为全县实施精准扶贫工作、推进农民收入倍增的示范村，围绕"增收"做文章，突出村两委带头引领作用，突出市场主体带动引导，突出特色产业发展，探索出了一条务实、高效促农增收的富民之路。在邓国海这样一位领头人的带领下，近年来该村发生了天翻地覆的变化，取得

---

① 资料来源：来凤县人民政府门户网站（http://www.laifeng.gov.cn/e/action/ShowInfo.php?classid=2669&id=113266）。

的主要成就可以总结如下。

(一) 发展产业，实现农民收入倍增

没有产业支撑的农民增收工作是不可能持续的。后坝村有劳动力800余人，一半以上的劳动力常年在外务工。针对这一实际情况，在邓国海的认真分析下决定该村要分门别类进行指导：一方面，积极发展特色产业，让留守老人、留守妇女也能有经济收入。确定了藤茶、特色蔬菜种植、土鸡养殖、餐饮服务业等产业。走"公司（专业合作社）+基地+农户"的新型农业发展道路，通过与来凤风雅藤茶生物有限公司合作，建立金祈、辉煌、金藤子三家专业合作社，吸纳450余户农户加入合作社，已发展藤茶产业基地2000亩，解决本村300余名群众间歇性就业，实现年人均务工收入8000余元。建设土鸡养殖孵化基地，发展土鸡1.5万余羽。另一方面，实现农村富余劳动力科学转移，提高外出务工人员劳动技能，增加劳务收入900万元；利用本村紧邻旧司集镇的优势，新发展3户农家乐等小型餐饮服务业。

(二) 治环境，解村民居行之忧

实现农民收入倍增是县委、政府统筹城乡发展的一项重大举措，是来凤推进新农村建设的一大关键环节，在确保实现农民物质倍增的同时，还要使人居环境舒适度、村民素质和幸福指数等方面倍增。着力让贫困群众享受公共服务均等化成果。后坝村抢抓县委政府的扶贫政策，村委会改建工程已经动工，建成之后，解决农民办事不出村这一难题，打通服务群众的"最后一公里"；争取村路改造升级，明确2016年户户通水泥路；让群众在村享受缴纳电费话费、支取存款、缴费办证等服务。从环境改善着手，重点治理村容柴草乱垛、禽舍乱建、污水乱泼、垃圾乱倒、牲畜乱拴、人畜乱便等"六乱"现象，深入实施清洁能源入户工程，设立垃圾收集点定期清理，统一规划杂物堆放处，拆除、改建违规禽舍、院墙等。通过村两委和全村群众的共同努力，如今的后坝村容村貌已焕然一新。

(三) 突出帮扶重点，促进共同致富

建档立卡困难群众是该村帮扶的重点，他们要么因为没有致富方法而受困于自己的一亩三分地，要么因为没有劳动能力而陷于困境。结合该村的产业发展实际，邓国海将贫困群众作为藤茶基地用工的优先人选，保证他们增收有路。10组村民陈善民因为家庭生活条件十分贫困，收入基本依靠政府"输血"救济，但2015年在基地务工后，他和他妻子张申香每个月也有超过2500元入账。还有10组周炼，患有间歇性精神病，但他在2014年10月至今已领取工资3000多元，还有弱智的阳兴平也能在基地有上万元的收入。有了基本的"造血"功能，一贫如洗的生活状况有了一定的改观。这是产业发展带给该村变化的一个缩影，也正是一个又一个这样的缩影，让大家看到整村脱贫的希望。

（四）做好兜底保障，提高特困群众生活质量

对于没有劳动能力的特困群众，在做好五保老人集中供养的同时，积极争取上级惠民政策支持，通过发放"十个大礼包"、做好低保评定、合理安排冬令资金等解决特困群众的生活难题，让他们充分享受党的惠民政策，全村上下和谐安定。比如该村二组村民田永开因患血癌，医疗费14万多元，该村通过农合，大病救助，发放"大红包"，最后他本人只需支付费用1万多元，避免了因病返贫现象的出现。

三 个案人物的心路历程分析

上述村庄近年来的巨大变化我们当然不能全都归功于某一个人，但不可否认的是其中或多或少都有我们调研对象的贡献。也正是在其个人奋斗历程中让我们对返乡农民工就业创业有了更为深刻的理解。

（一）农民工自身素质提升的路径

农民工要想摆脱外出务工的各种不利，选择就地就近就业，所面临的最大问题之一是自身素质的限制。已经有很多的研究表明返乡农民工总体的受教育程度低，技能单一甚至缺乏。对应到我们的调研对象邓国海身上来看，这个问题同样存在。

> 我从1996年高中毕业后，没有考上大学，回到屋里搞农业，但本身是个不太安分的人，总觉得农业没得太大的出息，挣不了钱。所以1996年到1999年在村里搞了三年，实在是觉得混不下去了，就有了跳出农业圈子的想法。那个时候跑到县城里想搞点生意，开始还勉强可以。其实当时做生意的信息主要还是我的一个哥哥在广东那边打工，他出去得比较早，那边经济发达，商品丰富，好多东西我们这没见过。他过年回来就给我讲了一些情况，年后我跟他跑出去一次，做了点简单的市场调查，就下决心不搞农业了。所以讲当时做生意也仅

仅是一买一卖，外面进一些小商品，这边再批发出去，中间有一部分差价。但是总的来讲没得好多本钱，人缘关系也有限，眼光也看不长远，反正只要有得赚也就满足了。有的说是第一桶金，实质上并没赚多少钱，只比农业强一点点。但是搞了两三年就有问题了，一直没有扩大经营，而且越来越多的人晓得了这些信息，不断有人加到这个行业来，竞争开始激烈起来，那时候都是长途客车跑广州，一车车地带货回来，我的生意也越来越不好做了。其实我算是比较早的一批有经营头脑的人，只是有自己的局限性，白白浪费了不少机会。（20140310THH）[①]

在与邓国海的多次交流中，他总会提起20世纪末他在县城里经商的那一段经历，其实我知道他想表达的一个意思，那就是从现在所处的高度回顾过去的做法，很可惜没有抓住一些比较关键的机遇去扩大和巩固自己的"第一桶"金，如果做到这一步，也许他的成就还远不止现在这个层级。正如许多研究中国社会转型的学者所观察到的那样[②]，在改革开放初期（虽然已不是初期了，但对于发展速度较为落后的武陵山区，当年对市场化的知晓程度也大致处于初期的状况）由于对个人的束缚被解禁，人们获得了更多在市场中依靠勤劳智慧赚取更多利润的机会。早年一批游离于体制之外，又有一定头脑和行动力的人会获取较大发家致富的机会。也就是说：随着市场的不断扩展，这样的机会越来越少。一群新的、异质性更大的行为者进入市场……在早期的先驱者中，那些教育程度较低以及处于社会最边缘的人，都被无情地淘汰了。[③]

面对自身素质天然的局限性，在通过求学来丰富和提升自己被堵死的情况下，邓国海选择了一条最为便捷的提升自己的路径，那就是通过去发达地区务工，以此来开阔视野，学习和寻找新的商机，为以后再次的发展做好铺垫。

[①] 访谈资料均针对邓国海本人，所以省掉其姓名。
[②] 如倪志伟对中国由计划经济向市场经济的转型提出的三大基本命题。参见 Nee, Victor: "A Theory of Market Transition Form Redistribution to Markets State Socialism", *American Sociological Review*, 1989, p. 54.
[③] 周长城：《经济社会学》，中国人民大学出版社2015年版，第146—147页。

(二) 农民工社会资本积累的拓展

2002年年初，在经历了初次经商的失意后，邓国海成为外出务工潮流中的一员，而且从广州、深圳、浙江、上海各地跑了一圈，耗费了7年的时间。但是这7年时间对他来说是一个非常关键的时间段，用他自己话说就是：

> 这几年时间真是没白费，开始出去虽然也是跟着老乡跑，也进过工厂。但是关键在于积累了大量的经验，这些经验虽然比较杂，包括小企业管理经营理念、市场分析和预测能力、商品价值提升的方法等，虽然不是多高深，我也没进过大企业，最多只当个小企业的管理人员，但总体来讲落到最后，一句话就是提供了我寻找商机的能力，以及如何与人，特别是与商人交流沟通的能力。这才有点做生意的感觉，虽然说这几年是看着别人有钱，但无论怎么说还是认识了一些朋友，也有不少是在外闯荡凭本事发财的，这些对我来说都是很宝贵的财富，也是我回来想自己再创业的根本动力。事实证明他们对我的帮助也确实很大，包括提供一些新的创业思路，提供外界市场变化信息，甚至还有几个非常好的朋友在经济上提供了一些支持。这些东西没有走出去是没法得到的。(20140310THH)

外出务工是拓展视野、提升自我的无奈选择，但恰好这个选择成为许多社会资源匮乏的农民不断积累社会资本的有效途径。其原因在于，农民如果没有成为农民工，那么其社会交往的圈子很大程度上会禁锢于同村同乡的地理范围，或是有血缘亲缘关系的亲友范围，而这类圈子内的大多数人都有着同质性的社会资源网络，能提供发家致富信息和帮助的可能性比较小。虽然我们发现很多农民工外出务工时其交际的圈子仍然局限于同乡或亲友，但其中一部分人还是会跨越这个界限，想方设法扩展自己的社会交往范围，从而不断积累自己的社会资源。

从社会学的角度来说，社会资本本身就是一个非常广泛的概念，其所包含的内容不仅仅是指经济方面，同时还包括信息、支持、赞同等诸多方面。而且社会资本很显著的一个特征是它存在于网络之中，也就是说社会资本不仅是类型上的丰富，而且其存在的形式也是比较独特的，不是指个人所拥有的在实现工具性行动中调用的资源，而是指在行动者达成工具性行动时，潜在的可以借用的资源，且是通过其个体所构建的关系网络而获取的。而邓国海也正是因为在外出的过程中，在自己有意识地采取拓展社会资源的行动中，获得了提升，改变了其自身资源结构。也就是说通过七年的外出，除自身能力得到了一个显著的提高外，在其社会资源组成中除了原有的亲缘、血缘、地缘关系所蕴含的一部分外，更增加了业缘的部分，同时也进一步把地缘关系向外扩大。可以说社会资源积累不断丰富是其返乡就业创业成功最重要的基础，缺少这一环节，即使有超出同村人的头脑也很可能被淹没在时代发展的浪潮之中。有研究表明"农民工在务工过程中动态积累的人力资本形式，应该受到更多的重视。从去过的省市总数、是否学到技术两项的回归系数来看，农民在务工过程中，随着城市迁移数量的增加，以及学到一门手艺或者技术，积累的相当的人力资本……但是这些人力资本对农民工返乡之后，通过继续工作、创办个体工商户、企业等表现出来，并且有着很重要的影响"[①]。

(三) 农民工返乡后组织资源的借用

"组织资源是组织拥有的，或者是可以直接控制和运用的各种要素，这些要素既是组织运行和发展所必需的，又是通过管理活动的配置整合，能够起到增值的作用，为组织及其成员带来利益。有学者也把组织资源作为个体网络资本的一个类别。"[②] 我们之所以把其单列出来，是因为在很多返乡农民工就业创业过程中，组织的身影一直存在，甚至有的时候起着决定性的作用。关于组织提供就业机会与岗位的研究我们另有论述，这里仅就邓国海个人的创业情况来看，组织提供的支持与帮助是十分关键的。我们所说的组织资源体现在地方上主要是指来自政府层面的各类资源，包括资金、技术、专项项目等方面。

> 多年从外面打工回来后，最开始没有急着去想办法投资创业，一方面是积累不够，另一方面是因为在外几年学会了一件事，就是真正想把一件事办成办好，必须有周密的考虑，不能只往好处想，要考虑到过程中会出现的各种情况，我的孩子也渐渐大了，万一莽撞投资失

---

① 崔传义、伍振军：《返乡创业农民工的收入增长对人力资本的影响》，《重庆社会科学》2008 年第 12 期。

② 参见周长城《经济社会学》，中国人民大学出版社 2015 年版，第 110—111 页。

败，对家庭来说也是很大的打击。（20140310THH）

当笔者问到其后为什么开始有所行动时，邓国海问答说：

> 我虽然没开始大张旗鼓地创业，但还是有少量资金的投入开始做一点尝试，比如说 2009 年前后，我已经准备回来，当时看到随着城镇化建设的推进，城镇人口肯定会像发达地区一样越来越集中，到时候城市里的衣食住行任何一块都有着很大的发展空间，从我个人的现有基础来说，我感觉城市蔬菜供应前景广阔。用在外打工的时候别人所说的，要找就找空子，找空白，找别人忽略的地方下手。我们这边的一般老百姓的观念是保证自给自足，少量剩余的菜到市场上卖。大量的还是靠外边进货。所以我就想把这一块做起来，成本低，销售快，投资不是很大。那个时候就成立了来凤县金叶瓜果蔬菜种植专业合作社，进行设施蔬菜生产，后来将种植规模发展到近 500 亩。（20140310THH）

这个时候对于创业者来说还是借用自身的资源积极在市场经济中开创属于自己的事业，但是随后在创业中遇到的各种情况，让创业者感觉必须得有所转变。

> 在经过几年的创业后，前前后后的投入其实也不少了，其间也面临一起问题，比如说我到另外一个乡镇承包土地，当地老百姓有的故意搞破坏，感觉是把他们的钱赚跑了。老百姓对土地的感情很深，涉及土地的事都非常小心，虽然请村干部帮忙承包下来了，但实际运转中出现不少麻烦，也跟当地老百姓吵过架，还差点打起来。再加上资金周转困难问题也时不时地出现，因为蔬菜种植的技术要求还是比较高的，不是年年都顺利，也出现了入不敷出的情况。总之呢，资金、技术、土地等各方面都让我上火。转机出现在 2012 年前后，当时我也算是有点名气，因为蔬菜种植也与各级领导打过交道，有领导就说，现在扶贫是各级政府最重要的工作之一，你现在经营还不错，又是靠着土地产出赚钱，为什么不带着大家一起搞，这样一来无论对个人对集体来说都是好事，而且政府也能够顺理成章地支持你的发展。

也正是这样的提醒让我思路放得更开，作为本地人，一个村的不是这亲戚就是那亲戚，能造福大家当然更好，我也就慢慢往村支两委靠拢，大家也支持我，当了村支书、主任，我也晓得担子重，但反倒是这样，因为有了一种集体创业的感觉，我的精力更旺盛了。同时，说实话，县里、镇里，甚至是州里也不断关注我，给我的支持与帮扶才让我和我们村有了这样大的发展。（20150721THH）

从我们获得的资料来看，因为正值扶贫攻坚的关键时期，作为一个典型被树立起来后，农业局、林业局、扶贫办、住建局、县工商联、发改局、农村信用村、县政府、镇政府等都对该村进行了支持。该村2013年、2014年连续两年获评来凤县"社会经济发展先进村"、"农业特色板块基地建设示范村"、恩施州科技示范村等荣誉称号，并作为来凤县扶贫示范村进行经验探索。这些荣誉的获得进一步强化了社会各界对该村的关注，而作为领头人的邓国海无论从个体层面还是从村集体层面来说，都不断增强了与政府各级部门的关联性，对组织资源的借用也更为顺畅，创业的个体也华丽地完成了从个体致富到集体富裕的升华。

（四）农民工返乡就业创业的示范效应

"返乡农民工在非农产业就业对当地农民的行为会产生巨大的影响，返乡农民工外出务工过程中的思想、观念、技术和消费理念均会通过各种渠道扩散到其邻居、朋友、亲戚等个体中去，从而形成示范效应和模仿效应，带动未外出农民的非农就业行为。"[①] 这一点在后坝村显示得非常明显，从最近的调研情况来看，不仅仅对未外出农民非农就业行为产生影响，[②] 甚至影响到许多外出务工人员，基本的数据显示在邓国海的影响下，近两年返乡就业创业的人数达85人，一部分是在村里合作社务工，一部分则是着手自己创业。这样的局面也是当地乡镇干部没有预料到的。旧司镇政府分管农业的领导说：

---

① 参见彭文慧《返乡农民工就业的制度设计与政策建议》，《改革》2010年第2期。
② 虽然村民在合作社劳动还是以从事农业生产方面的人居多，但因为每个月都能像外出务工一样领到工资，所以我们也认为这样的劳作情况处于非农就业行为。正如有新闻报道说："1200元的收入你们看起来虽然不多，但是对于我这样一个基本没什么劳动能力的人来说，能够自食其力我已经很满足了"，后坝村10组贫困群众陈善明领过自己4月份的工资欣喜地说道。

邓国海这样的人才在农村特别稀缺,也幸亏我们县里当时的政策引导有效,因为当时来凤县委政府在村两委换届选举时,明确提出了村书记必须是"发展经济的能手、群众致富的帮手、处理问题的高手",正是这样一个"三手"原则,我们也才主动邀请在外创业的邓国海回村竞选,也才造就了如今的大好局面。回村后,他立即创办了土鸡养殖专业合作社,建起100亩钢架大棚种植蔬菜,引进高产高效栽培技术发展70多亩浅池莲藕。去年7月,他还自筹资金带领本村能人到咸丰县柳溪村考察产业发展情况,让村民学习外地发展产业的先进经验,让村民增长见识、提升信心。原来的后坝村稍微有点本事的劳动力都只想往外跑,打工挣钱,村里的事务基本上是停摆状态,谈不上什么凝聚力向心力,剩下的老弱病残在家里,任何事情都发展不起来。现在不断有劳动力年轻人往回跑,很多事情想搞起来就容易一些,村里也才有生气有活力。(TMQ20160810THH)

从另一个角度来看,这种示范效应还体现在村民们对待自己村庄的认同感和归属感上。村民难以组织形成合力是很多地方政府面临的困境之一,因为分散的个体在政府层面来看,不利于集体性的公共事业的推进,难以达到有效的动员,因在人员组织方面过度损耗而降低了效率。"随着社会分工的发展,农村人口流动量增大,生产活动和生活活动空间扩展,从而打破了农村社会内部的封闭性,降低了村落内部同质性和自给自足的程度,村落共同体的基础解体。"① 虽然说之前的后坝村还没到村落解体的程度,但要想凝聚力量却也是困难重重。为了重新组织村民,邓国海一方面是以身作则,积极组建属于后坝村自己的专业合作社,面对启动资金不足,他自掏腰包,面对群众的疑惑,他积极引导、解释。一次又一次召开群众大会,讲收益,算细账,积极做好企业基地建设的各项协调工作。让村民们感受到邓国海本人确实是以村集体的整体发展为己任,以"后坝人"的身份为村民谋福利,村民们渐渐对村里的事务关心起来。另一方面,他是从管理制度入手,以创新性的方式加强村干部队伍建设。借用他的话说就是:"单一的行政管理难以调动群众参与村级事务管理的热

---

① 参见李国庆《关于中国村落共同体的论战——以"戒能—平野论战"为核心》,《社会学研究》2005年第6期。

情，我认为推进新农村建设关键就是要想方设法增进农户对村的认同，把村里的事情当作自己的事，将村集体的利益紧紧与个人利益挂钩。"为了调动村干部工作积极性，邓国海将合作社管理与村级管理紧紧挂钩，村干部双边任职，这样既解决了他们的待遇问题，也保证了合作社日常组织、管理工作的正常开展，使得村级管理不仅来源于行政力量，也来自经济联系。产业发展起来了，村级经济不再空壳了，面临富起来了的后坝村，邓国海又意识到对权力监督的极端重要性。按照规定及时做好财务公开，实行签字、管账、管钱三分开，重大事项村代表民主决策，村小组"夜会"制度常态化进行，阳光运行起来的制度让群众看得明白、心里清楚，群众与村委会的信任与默契也在这透明中不断加强。有学者认为："村民通过自我产生的组织在一定区域范围内实行自治，在这个组织里，村民们长期共存，在相互依赖的生产和生活交往中形成相互信任的共同体，即费孝通先生所说的'熟人社会'。在这一社会群体内，人们无须借助更多外部性力量就可达致对他人的了解，因而可以最大限度减少治理的交往成本。"[1]因此，村民共同生活并形成共同的认同和归属的自然村是村民自治最基本的组织资源。虽然没有上升到这样的理论高度，但确实在实践中实现了村民们对集体的认同感和归属感的提升。

第六节 武陵山区返乡就业创业存在的主要问题

上述几个案例中，我们集中探讨了在不同层面，返乡农民工就地就近就业中的情况。我们一再地肯定了返乡农民工群体就业创业具有其现实意义，就如同学者所认为的那样，返乡农民工在挣脱土地的束缚、超越村庄的人际网络、冲击传统思想观念和伦理价值和渗入村庄权力结构中心等经济、社会、精神、治理四个层面对村庄社会产生剧烈的影响和冲击。他们正在挣脱村庄社会的束缚，以现代社会的行为规范引领村庄，形成没有城市化的市民化的"在地市民化"局面。[2] 然而在实际的返乡还巢过程中，

---

[1] 徐勇：《现代国家的建构与村民自治的成长——对中国村民自治发生与发展的一种阐释》，《学习与探索》2006年第6期。

[2] 田先红：《在地市民化：农民工返乡的村庄社会后果》，《华南农业大学学报》（社会科学版）2012年第2期。

返乡农民工在冲击旧有的结构时，又面临来自各方的就业创业方面的困境，这些困境显然对他们来说是不利的。在这一节，我们将进一步集中展现武陵民族地区返乡农民工就地就近就业中所面临的诸多问题，且把讨论的焦点放在农民工创业上。

一 宏观层面的制约

（一）农村劳动力市场的滞后性发育

市场作为资源配置的重要角色，其根本作用在于通过"无形的手"来调节供需之间的平衡，一定程度上实现对政府失灵的弥补。劳动市场作为市场的重要组成部分显然也是遵循这种发展规律的。农民工经历过外出务工时的城市劳动力市场的洗礼，如今又回流至农村劳动力市场的潮流中，不论是外出还是回流，他们在劳动力转移的过程中显然多的是一种被动的角色，因为城市建设而进城，又因产业转移、金融危机等因素而返乡。虽然是被动的角色，但是这一角色的扮演是在市场调节的基础上完成的。然而，实际的情况是我国城乡二元结构和长期遗留下来的制度性障碍对于农村劳动力公平地参与、平等地获取就业机会来说是一颗毒瘤。特别是农村劳动力市场，在长期的社会推进和改革发展过程中，并没有实现像城市劳动力市场那样的发展活力，对农村劳动力而言还不是一个统一的、开放的、规范的市场，这就使得农村劳动力市场供需脱节、信息不灵等问题十分突出。同时，不少地方的现实情况是，政府部门对当地的劳动力转移等相关问题的管理也存在失灵的状态，缺乏对劳动力市场的组织引导，这就使得包括返乡农民工在内的农村劳动力在寻求就业机会的信息时都会求助于身边的亲戚、朋友等关系网络资本，而这种关系资本实际上对他们的就业的帮助是发挥着有限的作用的，一旦某种不可预估的因素的发生，他们就会面临就业的难题。

（二）信息不对称下的就业困难

在专业化的社会化的市场经济活动中，不同的人员对信息的掌握和了解是不同的，并以此在市场交易过程中占据着不同的优劣地位，信息充分的处于优势地位，反之信息缺乏的就处于劣势地位，这种对信息掌握程度的不平衡状态，即信息不对称，这种信息的不对称在市场运作中发挥着重要的影响。在农村劳动力市场中，存在企业、政府、求职者（这里以返乡农民工为例），显然他们在这个市场中占有的地位是不一样的，对市场信息的拥有量也是不一样的，企业作为用工需求方，对农村劳动力的转移具有关键性的作用，他们拥有决定返乡农民工再就业的任免权，他们是就业信息的掌握者，处于信息优势地位，相对而言的返乡农民工求职者则是职业需求方，即农村劳动力市场的劳动力供给方。比较合理的逻辑是，与企业作为用工需求方一样，作为劳动力供给方的返乡农民工群体同样具有信息地位优势，但是实际的情况是，返乡后的农民工是一种分散的、独立的个体，他们由于种种原因没能有效地被组织起来，如此缺乏组织的状态就使得他们在农村劳动力市场中与企业相比，呈现的是一种信息劣势，他们作为个体，很难在与企业的博弈中实现再就业的长期性、稳定性，这也使得返乡后的农民工在就业上呈现出多次求职的反复现象。相关学者企图通过引入第三方中介，或者依托委托—代理理论来试图弥补这种信息不对称，但是我们在实地的调研中对作为农村劳动力市场第三方的政府部门和其他社会组织的调查发现，受访的返乡农民工中，80%的人都认为他们在求职过程中是自我行为，没有享受政府组织的诸如培训、招聘会等相关政策性就业帮扶措施，如此就更加剧了信息不对称发挥作用的余地，使得返乡农民工再就业困难重重。

（三）政策关注不够

武陵山区农民工普遍存在学历低、无技术特长的情况，虽然有关部门组织了相应的扶持工作，但从总体上讲，新城区农民工返乡创业尚处于自发状态，政府及相关部门更多重视农村劳动力的输出以及职业技能培训。在推进全民创业工作中，更多关注和支持下岗失业人员创业和高校毕业生创业，而对农民工返乡创业重视程度不够，更重要的是要进一步提高返乡农民工创业就业能力。返乡农民工创业，在选择项目时，大多数仅凭个人的感觉盲目投资，致使有些项目投资后就失败。虽然返乡农民工创业技术含量较低，但在第一产业中有些种养殖业，也离不开科学的种养殖方法和专业知识。这就需要进行实用技术培训和专家服务指导。否则会造成创业效率低、成本大，甚至失败。如来凤县有100多户农民工返乡创业种植蘑菇，因在种植过程中出现霉菌，导致种植蘑菇产量低下，创业成本一时难以收回。对返乡农民工创业指导服务不足，其主要原因是政府的创业服务向乡镇、农村延伸力度不够，基层创业组织服务体系建设滞后，农民工创业服务专业人才匮乏。

二 具体层面的制约表现

(一) "招工难"与"就业难"并存

笔者在咸丰县实地了解到求职的农民工很多都抱怨"招工少且工资低"。本地再就业为返乡农民工提供了新的机会，但招聘企业所能拿出的较低的工资待遇与农民工较高的预期形成反差，一方面一些本地企业出现了"招工难"，咸丰县某建筑企业在劳动力市场预计招30名工人，但报名者只有十来个人，其中有几个还嫌待遇低；另一方面农民工又觉得就业困难，与外出务工收入比起来，本地企业工资太低，2013年外出务工人员每月工资2000元以上的占外出总人数的73.4%，返乡后企业提供的工资大多低于2000元，这就使得他们预期的就业目标无法实现，从而产生"招工难"与"就业难"并存的局面。

(二) 创业资金短缺

通过对实地调研考察获得的数据资料的分析，流动资金、发展资金短缺和贷款困难，已经成为农民工返乡创业普遍面临的最大障碍。调查发现，约有80%以上的返乡农民工认为创业最大的困难是缺乏资金。在投入创业的资金来源总额中，自有资金、私人借贷占全部或大部分，政府和银行支持的资金仅占很小一部分。返乡农民借款渠道主要靠私人，存在着没有人脉借不着款的不公现象，只有那些属于政府扶持对象且具备一定条件的创业者才能得到银行贷款。而且农民工贷款额度低，与政策规定相违背，实际贷款金额一般在2万元/户以下。在贷款过程中，对贷款人的资格审核限制较严格，家庭成员中有公职人员、事业单位工作的方可贷更高额的款项。因此，一般农户中很少有有能力贷巨额款者。很多创业者在需要扩大规模或资金周转出现困难的时候，他们难以从银行或其他正规渠道得到贷款，其他风险投资、基金担保贷款、信用贷款等融资方式不适合农民工，贷款更加困难。这凸显当前的金融制度和服务方式满足不了返乡农民工创业的需要。而这种现象在整个武陵民族地区来说，这都是一种普遍性的情况。

从整体来看，创业扶持政策宣传和落实力度不够，创业扶持政策知晓率和受益率不高，创业政策扶持力度尚显不足，创业政策有待完善。目前，该区域相关部门已经制定和实施了积极的就业政策，其中包含一些扶持创业的政策，并且创业的农村劳动者也被纳入了政策扶持对象。创业扶持政策主要包括税费减免政策、小额担保贷款融资政策、创业培训及资金补贴政策、降低创业门槛和场地安排政策以及创业免费服务等政策。但调查显示，只有少部分农民工知道这些政策的基本内容，很多农民工还不是较全面地了解这些政策。这反映相关部门在宣传政策力度上有待进一步加强。对政策的不了解将会直接影响创业农民工运用政策和享受政策，加大创业成本。此外，这些政策涉及人力资源社会保障、工商、税务、银行、农业、城建等诸多部门，这些部门在对返乡农民工创业方面的协调落实机制尚未健全，且没有形成一个政策合力，一些政策还未能完全落到实处，影响了创业环境的进一步改善。

（三）系统化组织程度低

实地调查资料显示，返乡农民工就业创业多为自发行为，在接受调查和访谈的农民工中，80%以上的人认为尽管创业是自主进行的，但他们仍然十分希望获得政府的帮扶和支持。比如，各种招聘用工信息资源的整合、职业技能的培训活动、专业技术人士的指导以及应对突发风险的资金补助，等等。同时，根据实地调查我们了解到，创业者几乎一致认为国家的大型方针政策制定得比较合理，但具体执行落实过程却很差，很多政策并没有落到实处。

（四）职业培训专业性针对性不够

"职业教育与城镇化彼此相互影响，相互制约。城镇化对职业教育的布局结构、专业结构、培养模式都有着巨大的影响，职业教育则是城镇化的重要推动力量。职业教育可以有效提供职业技能培训，提高广大农民就业、择业与创业的能力，进而提高他们的劳动素质，是推动农村劳动力市民化的必要前提。"[①] 但是目前武陵民族地区的职业培训普遍存在培训内容的专业性不够，针对性不强的问题。也就是说没有依据农民工在就业创业过程中所需要的技能采取分类指导培训，没有考虑到地区产业发展产生新的就业岗位所需技能。还是一般性的以任务指标为导向的培训模式，导致培训效益大打折扣。有学者认为我国新型农民的教育与培训还存在着参与度低、效果不佳等问题。"在推进新型城镇化的背景下，新型农民的教育与培训首先要关注农民观念和文化教育问题，要充分发挥新型农民教育与培训的自组织性，吸引大学生投身到新型农民教育与培训中来。新型农

[①] 高鸿、赵昕：《城镇化进程下职业教育发展策略研究》，《职业论坛》2013年第36期。

民教育与培训研究要坚持以产业研究为底色,应在宏观基础上细化,并将新型农民教育与新型农村合作组织的健康发展结合起来。"①

三 创业方面面临的问题

(一) 创业起步晚

回到农村的农民工创业的时间较短,从创业起始到如今刚刚一两年的比较常见,经验欠缺,规模较小。回到县城里的农民工,其创业时间则相对较长,有5—10年的,创业方式主要是开办批发零售商店、小型家具制造厂、农产品初加工等。总体来看,大多数创业都还处于起步阶段,且从事养殖、餐饮、种植的较多,容易受到市场变化和自然灾害的影响,抵御风险的能力不强。

(二) 创业领域受局限

返乡农民工大部分仍从事农业相关类的创业,并在学习一些新技术的同时发展特色农产品种养殖。调查报告显示其创业领域分布如下表。

表4-22　　　　创业领域分布(按产业类型划分)　　　　(单位:%)

行业	第一产业 (种植、养殖)		第二产业	第三产业 (服务业)	
行业细分	传统种养	特种养殖	(制造、建筑等)	餐饮娱乐类	其他
比例	59.3	16.5	8	12.5	3.7

数据来源:调研组对铜仁市江口县132位返乡创业农民工的数据统计。

此外,农民工在流动过程中耳濡目染,接受了大量关于外部世界的信息。尤其是年轻农民工在流动过程中,不断接受新的事物,学习新的技术,市场观念和承担风险的意识都比父辈们更能适应现代潮流,他们的人力资本获得了极大的提升,但由于资源有限和创业环境、条件的限制,他们仍只能将传统的种养殖业进行创新改进而创业。

(三) 创业规模较小

农民工由于自身的受教育条件和获取资本的能力都很有限,所以自主创业可利用的资源有限,严重制约了其创业的规模。调查中,自主创业最

---

① 陆俊杰:《城镇化进程中新型农民的教育与培训研究》,《教育发展研究》2013年第23期。

大投资额为 30 万元左右，大多数的创业者投入的资金都在 10 万元以下。地方政府的帮扶局限于有一定资本或能力水平的农户，因而获得政府资金帮扶的自主创业者很少。

  江口县太平乡太平村专业养蜂户 LFC 介绍道：2011 年，我开始养蜂，300 桶，到年底总共投入 32 万。银行贷款 6 万，还花光了自己近十年来打工的积蓄 20 多万，但开始一年基本没什么盈利。缺乏资金，到 2012 年年初，不得不缩减规模，卖了将近 100 桶，换成剩下的 198 桶的流动资金。有很多项目都是前期投入比较集中，过程管理上还需要资金跟上，但是对我们来说，在经营过程中卡在资金上的情况太常见了，为了确保能够继续创业，一般来说只能是缩小规模，这样一来的后果就是这样的创业最终的效益不高，比较来比较去，规划小效益小，感觉跟打工差不多，操的心反倒是更多了。(LFC20120718LKL)

(四) 创业模式单一

  由于资金的薄弱和防抗风险能力差，农民工回到县城或者家乡附近的小城镇经营小生意或发展种养殖业、小型农副产品加工等，是更为可行的选择。这里所说的创业模式是指创办的事业经营管理模式。我们知道，现代股份制企业是常见的经济组织运营模式，通常认为股份制企业是两个或两个以上的利益主体，以集股经营的方式自愿结合的一种企业组织形式。它是适应社会化大生产和市场经济发展需要、实现所有权与经营权相对分离、利于强化企业经营管理职能的一种企业组织形式。从返乡农民工的切身利益角度考虑，我们认为合作投资应当是一个较好的选择，虽然很多在创业之初还达不到股份制企业的正规化运营，但至少可以实现下面两个目标：除了一些比较适合个人或家庭经营的项目（如小商铺、便利店、特色小餐饮等）之外，如果是合作经营，一方面能够适当充实投资原始资金量，能够形成规模，在市场中占据有利地位；另一方面也能够分担创业投资风险，减少因投资失败而被迫退出市场，甚至导致家庭返贫，生活难以为继的情况。但在我们对江口县的调研中，独资和合资创业所占比例的调查结果如图 4-2 所示。

  图 4-2 清楚地表明了农民工虽然有市场意识，但是在创业初期，大

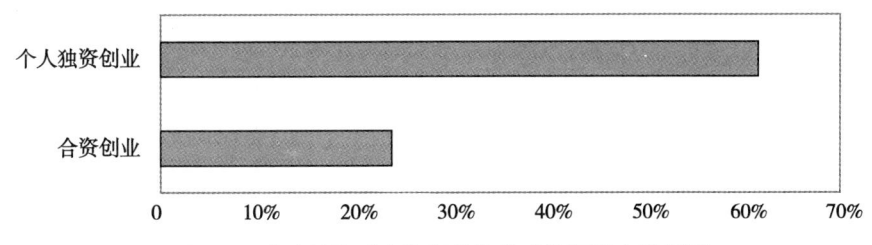

图 4-2　个人独资或合资创业的模式选择调查结果图

数据来源：调研组对铜仁市江口县 132 位返乡创业农民工的数据统计。

家的选择还是更倾向于自己单干。当然，这里面也有返乡农民工自己的考虑。

> 当初我回来办这个小厂不是没有考虑过跟人合作，但是主要考虑的还是有几个方面我自己也把握不准。一是当时有几个亲戚都表示愿意参与，我怕人多了没办法管理，都有想法，到底听谁的呢？说实在的，我是把前面多年的积蓄压在上面的，我不希望我的创业被别人左右。二是周边合伙做生意的到头来没有几个不吵架的，都说同甘共苦，实质上各有各的利益打算，开始可能相互之间还能配合，一旦发展起来了，在利益分配上产生争执的太多了。（YMM20120722LKL）

（五）创业政策了解不充分

就是返乡农民工创业前对当地各项的支持政策了解并不透彻，这也是盲目创业的一种体现，只知道依靠手中现有的资源，不知道借助外力来拓展就业创业能力。比如湖南省龙山县，每年都有不少人数的农民工返乡，或本地就业或自主创业。在走访中我们发现，政府对于社会不同群体自主创业的门槛要求是很低的，同时也鼓励农民工以不同形式去创业致富。但实际上，每年申请的人并不多，一般都只有 30 人左右。邻近的花垣县 2013 年有 2600 人申请促进就业小额担保贷款，实际为 2223 人发放了 1209 万元的款项，但其中返乡农民工申报人数只有 79 人。

（六）产品的市场局限性比较大

乡村薄弱的基础设施提高了商品生产成本，削弱了商品的市场竞争力。县际、省际税收壁垒的存在也使得农民工返乡创业的产品销售市场仅局限于周边县乡，受县乡居民的消费水平之限，规模难以扩展。许多创业者在产品投放市场之前，瞄准的市场范围本身就不大，多以当地和周边县市为主。而这种销售预估多半是以自己的直观感觉为主，缺乏对市场的调查研究，没有考虑到实际销售中会面临的困难，诸如各地是否存在保护性销售措施，是否会存在同质产品的竞争等。还是以在江口县的调研为例，该县地理位置较好，交通还算便利，当地曾有养鸡户将成品鸡自主销往湖南省部分县市，但迫于当地政府压力最后选择内销。据当地种植户说，他们所养殖的鸡、羊、蛇、鸽子等产品在湖南市场的价格比贵州省内高出不少，若允许外销，能打开那边的市场，那么他们的收入将有一定程度的提升。其实，这背后反映出的一个问题是，很多返乡农民工在思想深处还是受传统的经营理念束缚，开拓意识不强，瞻前顾后，空有想法不见行动。本来能走上创业这条路，就已经是鼓足了极大勇气的行为了，但是又不敢或者说不能够完全投身于市场经济中，沿用传统的经营策略，以追求所谓的"稳当"。可实质上，如今闯荡市场还是走保守路线，基本没有太多的竞争力。武陵民族地区虽然说经济不发达，但毕竟在改革开放这么多年后，早已与国内国际市场有着千丝万缕的联系，很少存在所谓的市场空白，传统的养殖和一般性的特色种养业时刻面临着现代化规模生产的冲击，加上各地为了确保本地农户的利益，或多或少会设置一些市场准入的限制政策。因此，返乡农民工创业面临的困境之一，即市场的局限性就会成为进一步发展的巨大障碍，如果跨不过这一关卡，其市场多半会限于本地狭小的空间之内。

第七节 推拉理论的时代转换，以理性决策为根本的返乡选择

一 关于推拉理论

农民工群体及返乡农民工就业问题的研究，在国外是作为农村劳动力转移的大的研究方向的，推拉理论则是相对经典的解释劳动力转移的理论。拉文斯坦的人口迁移法则认为人口迁移主要是短距离的，朝向能吸纳劳动力的工业、商业聚集地，即主要是农村向城市的移动。他还考虑到诸

如受歧视、受压迫、气候不佳等其他人口迁移的原因。① 该理论被认为是后来"推—拉"理论的渊源。系统的人口转移"推—拉"理论则是唐纳德·博格于20世纪50年代末明确提出的。"其主要观点为从运动学的观点看，人口转移是两种不同方向的力相互作用的结果，一种是促使人口转移的力量，即有利于人口转移的正面积极因素；另一种是阻碍人口转移的力量，即不利于人口转移的负面消极因素。"② 返乡农民工是在经历长期的外出务工后再次返回家乡的，他们的生命历程的重要组成部分是外出与返乡，而这段生命历程的产生正如推拉理论阐释的那样，有时代的印记。

二 返乡农民工的推拉历程

返乡农民工作为一个特殊群体，是经历了"打工—返乡"这一过程的群体，这一过程实现的潜在力量显然就是城市与乡村推拉作用的力量角逐。正是在城乡推拉作用的力量角逐下，农民开始外出、外出的农民工开始返乡，他们也就开始有了第二重身份，即农民工和返乡农民工。

（一）城市拉力和乡村推力作用下的农民外出

改革开放以来，特别是我国户籍制度的改革，使区域之间的人口流动变得合法和合理起来。1985年的城市经济体制改革解放了城市生产力，极大地激发了城市发展的活力，特别是在经历了长期的阶级斗争为主的时期，城市的发展可谓是百废待兴，这种潜在的发展前景以及由此激发起的对用工的需求，对其他偏远的农村来说无疑就是一次发展的机遇，城市的发展建设需求产生了巨大的拉力，开始对其他地方产生吸引力。相较之下的农村，虽然也进行着经营体制的改革，生产发展也日益高涨，但是由于中国人多地少，家庭联产承包责任制实际上是一种分散的小农经营，加之一定面积所能承载的劳动力数量是既定的，并且一个地区在长期内，其土地是不会增长的，而人口的增长是不间断的，甚至在某些时期会产生激增，如此矛盾使得我国农业经营呈现出黄宗智所说的"过密化"，农村劳动力开始慢慢地产生剩余起来，农村推力也因此产生了。这种推拉的具体发展，一方面城市发展产生极大的拉力，用工需求高涨；另一方面农村发

---

① E. G. Ravenstein: The Laws of Migration, Journal of the Statistics Society of London, 1885.
② 张盛仁：《基于人口流动的湖北省农村义务教育资源配置研究》，博士学位论文，华中科技大学，2008年。

展受限，劳动力开始大量出现剩余，推力也随之加大。

> 从小家里就很穷，兄弟姐妹也多，我是老大，小学没毕业就出去打工了，要是一直待在村子里，没准吃饭都困难。刚好那时候都往城里跑，也就跟着去了，不过去了也知道城里真的比我们农村好多了，想吃啥就有啥，赚钱也挺容易的，到处都有招人的，我读书少，干点体力活还是绰绰有余的。（LSF20150805LB）

这种农村劳动力的剩余与城市建设的用工需求增长似乎不谋而合，他们一方面把农民由农村推向城市，另一方面又吸引着农民开始从乡村走向城市。如此的城市拉力和农村推力的双重作用，使得农村大量剩余劳动力开始向城市转移，伴随着这种转移而来的就是打工经济的兴起以及农民工群体的诞生。

（二）城乡推拉作用相对均衡下的劳动力转移

农民工由农村走向城市，投身城市建设的潮水，这无疑对改革开放以来的城市发展有极其重要的作用。然而，当改革发展进一步深化，特别是改革深水区的到来，城市生产发展方式的改革以及国家政策层面的以城带乡、以工促农的政策导向信号的释放，城市发展过程中对劳动力的素质要求开始提高，城市用工开始出现不同程度的饱和和缺位矛盾，城市内部开始形成推力，这种推力似乎在告诉农民们不要再进城，同样的，国家政策的导向则使得农村发展开始有了新的活力，农村开始慢慢地形成新的拉力，并且这种拉力开始推翻和瓦解农村的推力。这种城市和乡村各自内部的推拉力量的变迁，使得城市与乡村之间的劳动力转移不再是单一的乡村流向城市，而是开始出现了新的流向，即开始有农民工从城市返回家乡，城乡劳动力转移也因此呈现出双向的流动方式。如此新出现的流向可以追溯至2000年左右，第一代农民工由于年龄、身体等原因开始陆续地返乡，这种返乡和当初的外出一样都是自发的，且这一时期的返乡是相对较少的人群。笔者在湖南湘西调研时了解到，90%的人还是在城市务工，但是与之前不同的是他们回家的频率较之前提高了许多。笔者对此也略感疑惑，他们似乎一方面仍想留在大城市打工生活，另一方面又由于自身原因以及城市生活成本、安居成本较高等因素的影响想落叶归根。如此纠结的处境在初代农民工身上表现得淋漓尽致。这种纠结的产生主要是城市因素开始产生推力，农村开始有了拉力，如此角逐使得当初单向性的进城务工路径开始变得双向均衡起来，他们开始纠结和选择。

(三) 乡村拉力和城市推力作用下的农民工返乡

当农民纠结外出与否以及农民工纠结返乡与否的时候，当部分农民工开始返乡的时候，当城乡推拉力量实现转换的时候，农民工返乡不再是少数人的个人行为了，特别是当2008年的金融危机席卷全球的时候，外出务工的农民没有了当初的纠结，他们开始大规模地离开城市，回到自己的家乡就业。这种大规模的农民工返乡显然与之前外出一样，也有着特殊的原因：一方面，城市发展的升级，产业结构调整的调整，使得城市地区的经济发展模式开始升级，逐渐由粗放的劳动力密集型转向集约的高新技术密集型，这种升级产生的结果就是城市发展越来越智能化、信息化，越来越多的农民工开始不再适用于城市的发展建设，城市发展产生出巨大的推力，加之随之而来的生活成本的提高，农民工在城市生活、定居变得困难重重；另一方面，乡镇企业和城镇化建设的推进，广大农村地区开始有了当初大城市的发展潜力，特别是基础设施建设的慢慢完善，使得农民工不用去城市也能实现自身的发展，加上他们作为农民的出身，这一点就足以使他们骨子里更亲近乡村生活，如此种种因素使得农村拉力开始不断地增长。而这种乡村拉力和城市推力作用的结果就是大批的农民工没有了当初的纠结而选择回到自己的故乡。从下表①可以看出，2012年咸丰县全年农村外出返乡人员8316人，占农村外出务工人员总数的8.68%；2013年全年农村外出返乡人员9161人，占农村外出务工人员总数的9.66%，由此可粗略推论出咸丰县返乡农民工的数量呈现出逐年递增的趋势。这种逐年递增式的返乡潮，一方面是城市发展的转型，产业化的升级，对智力的需求提升；另一方面产业转移到非城镇地区后使得被转移地区的发展潜力提升，吸引力增加。如此的城市推力加大和农村拉力加强就使得农民工开始大规模地返乡就业。

表4-23　　咸丰县外出务工人员统计表

年份	年农村外出务工人员总数（人）	年农村外出返乡人员（人）	占比（%）
2012	95834	8316	8.68

① 相关数据来源于咸丰县就业局。

续表

年份	年农村外出务工人员总数（人）	年农村外出返乡人员（人）	占比（%）
2013	94883	9161	9.66

三 以理性决策为根本的返乡选择

在城市推力加大以及农村拉力加强的作用下，农民工大规模地返乡。返乡后的农民工又面临着再就业的问题。如果说农民外出务工是一种自发的非理性行为，至少这种理性是一种无意识的理性，那么农民工返乡以及返乡后的再就业则更加迫切地需要一种理性，因为从某种程度来说，经历过如此几番轮转后的返乡农民工已经没有再失败的精力了。从务工到返乡决定的做出再到返乡后的再就业的选择：是直接就业？还是进行创业？这都需要深思熟虑地去选择。并且，他们作为一种独立的群体而存在，其发展状况也直接对社会产生着影响，所以农民工返乡再就业必须依靠理性选择，也就必须遵循一些基本的原理。

（一）行为者最优化原理

个人是目标导向的个人，其行动是有目的的行动，同时他们所进行的行动是最大限度地获取效益的，即他们在选择开展某项行动时是有目标的，并且通过开展所选择的行动可以最大限度地实现自身的目标，换一句话说，行为所产生的结果是可选择的。返乡农民工再就业的选择具有灵活性和多样性，笔者只区分为就业型和创业型两种，如此两种就业方式的选择不应该是盲目的，而应该是在理性分析获取最大效益的可能性和可靠性的基础上，并结合自身具备的条件而进行的选择。

以铜仁市为例，近年来，随着其工业化、城镇化和农业现代化战略的推进，各项基础设施条件和发展环境明显改善，招商引资工作力度不断加大，就业创业扶持政策体系不断完善，大量企业纷纷落地铜仁发展，就业岗位大幅增长，用工需求不断扩大，铜仁已经进入了由主要依靠劳务输出发展农村经济，向引导和扶持外出人员返乡就业创业的转型时期，促进城乡就业工作的重心也实现了从组织劳务输出向引导回乡就业创业转变。仅2013年1月至2014年3月，全市共引导和扶持外出务工人员返乡就业创业8.56万人，其中，进入各类园区企业就业3.01万人；新增扶持创业3488人，带动就业1.32万人；通过其他方式实现就业3.9万人。

从表面上看，铜仁市返乡农民工再就业的成功是政府的引导，然而深入地了解才发现，在返乡再就业的人员中，特别是返乡创业人员，其创业成功（一年后仍正常运营）的概率是相对较低的，特别是在全民创业的现代大环境下，我们鼓励支持有条件的返乡农民工创业，"但是不能过度倚靠农民工创业。因为农民创业是以全家人的身家性命来承担的，而他们的创业不是创新而大多只是复制，这样的创业当然得不到风险投资的支持。创业成功当然好，创业失败，后果就会十分严重"[①]。如果说政府在解决再就业数量上是成功的引导者的话，那么作为就业主体的返乡农民工则是再就业最终质量保证的关键因素，他们的再就业选择，无论是有意识还是无意识的，都会某种程度地以自我效益最大化为原则，因为相较于冒险来说，小农的眼前利益也是理性的重要内容，他们一方面期望有利可图，另一方面鉴于自身条件而不愿承担太大的风险，而这也是相较于创业来说，就地就近就业成为返乡农民工再就业的主要方式的原因。

（二）社会优化原理

行为者最优化原理是理性选择理论在微观的行动者层面的概念，而社会优化则是理性选择理论在系统层面的主要概念。这里的社会优化其实是一种结果状态，即在没有一人境况变差的情况下，使得一些人的境况变得更好，又称帕累托优化。如此的社会优化中，返乡农民工是作为一个群体而存在的，他们各自的存在状况会对群体的整体发展产生影响，进而也对群体所存在的社会产生影响。

返乡农民工再就业不仅仅是一个社会问题，还是一项民生工程。悉数那些创业失败的例子可以发现，他们绝大部分是没有充分地进行考虑的，并且返乡农民工普遍存在自主自发的就业倾向，加之政府和社会力量也存在一定的缺位，使得其再就业仅仅停留在个体行为的选择上，很难上升到集体的决策层面，情况好点的农民工由于自身素质的突出，在再就业选择时会依据自身条件和就业环境而权衡度势最终决定自己的就业方式，成功率和就业稳定性也就相对高出许多。情况差的就不管不顾，赶着小驴就硬上架，到头来难免失败的命运。

但是，这并不是说返乡农民工在再就业的选择上要尽量地选择相对稳定的就业，而避免创业。虽然高质量的就业对社会优化的实现具有重要的

[①] 参见贺雪峰《慎言"全民创业"》，《决策》2013年第2期。

作用，但是在返乡农民工群体就业现状维持不变的情况下，不失时机地促成飞跃，即让一部分有条件、有能力、有基础的返乡人员适时进行创业，在保证创业成功率的前提下，这种选择对社会优化的贡献将会比相对稳定的尽量地就地就近就业对社会优化的贡献程度要更有意义。笔者在贵州遵义的返乡创业基地实地了解到，里面的返乡农民工创业是需要经过多轮考核才决定项目是否实施的，并且在确定创业项目实施后还会对返乡创业人员进行相关的培训，所以该创业园内超过95%的创业企业获得成功，同时这些成功的企业在一定程度上又能吸纳相当数量的其他返乡人员，由此产生的社会效益就可想而知了。所以，在这一原则的指导下，返乡农民工再就业也不能一味地采取保守的选择，要根据实际条件，不失时机地促成飞跃，从而实现社会优化的实现。

总之，返乡农民工再就业的落脚点在于再就业的长期性、稳定性和收益性。考虑到其再就业方式选择的个体主义倾向，政府和社会组织应该对返乡农民工再就业的方式选择进行干预，这种干预的目的在于使个体的选择转变为群体的理性决策，具体而言就是应该实行创业与就业的分头引导，既不盲目鼓励创业而放弃更为安全的就业，又不放弃条件成熟的创业选择，从而提高再就业的成功率和稳定性，在理性的基础上进行再就业的选择，一方面使得个体的选择依据选择最优化原理，保证个体效益的最大化；另一方面在此基础上不断促进可能实现的社会优化选择的落实。如此的理性决策的选择则是返乡农民工再就业的根本选择。

第八节　关系网络的运作及困境

上文从相对宏观的角度分析了返乡农民工再就业的根本选择——理性选择。显然我们还应该明确，返乡农民工再就业的顺利实现看似十分简单，但是就那些成功再就业的个案来说，他们不仅仅是做出了一种选择，因此我们不能只看表面，还需要分析其成功的原因，为什么如此的就业方式选择对其来说会成功，而对其他的人就不适用。在此，笔者通过暑期的长期实地观察和访谈开始对其选择背后的深层次行为逻辑有了较之以前更深入的了解。特别是现代化和社会转型的推进，人际关系理性化凸显，并且这种理性化又在某种程度上与传统因素叠加，使得单纯依靠传统的

"差序格局"很难把握人们之间的关系。笔者以此为切入点,从返乡农民工的人际关系网络着手分析,期望揭示其行为背后的逻辑。

一 关系网络运作的基石

20世纪70年代以来,国外社会学界对信任的研究是相对情有独钟的,也因此刮起了一段时间的热风。不同的学者根据自身的理解和实地的研究从不同的角度出发,对信任的相关问题进行了理论探讨和研究。卢曼将信任与当代社会的复杂性、不确定性和风险等特点联系起来,并且将信任分为人际信任和制度信任。[1] 科尔曼则提供了信任的一个理性选择理论的分析模型,与此同时,吉登斯、贝克典型处理了晚期现代性的信任,详细介绍了卢曼开创的复杂性、不确定性和风险性与信任的研究。在摆脱对信任本身的分析后,帕特南将信任放在社会资本的视角下进行了研究,并分析了社会信任产生的基础:互惠规范和公民参与网络。

相较之下,国内学者对于信任相关问题的研究则起步稍晚,且这种信任是放诸微观的人际互动关系之中的。其实,人际关系一直都是中国社会研究的一个基本性的主题,因为由于历史等各个方面的原因所致,中国的人际关系跟国外的人际关系是存在很大的区别的,最直接的是集体主义对个人主义。作为中国社会学研究基本主题的人际关系,对国内外相关研究按其在具体研究中所采用的理论视角与方法来区分,可以归结为两个基本的传统。一个是由林南教授开启的资本化关系及网络分析传统,这种分析传统主要采用的理论方法是实证主义的,他强调通过大量地去收集客观事实性的数据,通过采取社会网络分析法对数据进行定量的分析,从而实现对人际关系的一种实证性把握和预测;另一个则是通过费孝通先生的"差序格局"概念对社会关系进行的分析传统,"差序格局"概念从被提出以来就引导了许多学者的后续的研究,他们以此概念为分析工具,在此基础上逐渐形成了研究中国社会人际关系的一个本土的传统。这种传统与林南教授开启的资本化关系及网络分析传统不同的是,其在研究方法上大部分是人文主义的,他们将人际互动看作差序结构与行动逻辑的组合。[2]

---

[1] [德]卢曼:《信任:一个社会复杂性的简化机制》,瞿铁鹏、李强译,上海人民出版社2005年版,第85页。

[2] 参见张康之《"熟人"与"陌生人"的人际关系比较》,《江苏行政学院学报》2008年第2期。

返乡农民工再就业选择不仅仅是一种宏观层面的决策行为，更是微观层面的资源配置的结果，这种资源的配置是返乡农民工对其所拥有的关系网络的一种把握，而这种关系网络是以信任为基础的，他们正是倚靠这些进行着再就业。

二 关系网络运作的途径

（一）基于血缘、亲缘的强关系运作

在农村社会，血缘、亲缘关系是强关系网络，是农户平时接触最多、运用最频繁的初级网络。可以说，这种亲缘关系网络在农民的整个生命中都发挥着重要的作用，在返乡农民工再就业过程中，也是发挥着重要的作用的。

> 我是2010年回来的，在外面（务工）有5年了，外面经济不景气，还是家里好点，什么都方便……我在外面主要是搞建筑，也有技术，不怕回家没事做。不过说来我这运气也真是好，刚好我大伯家在我们那里组了个工程队（小型公司），还没回去就拉着我加入他们，现在回来了就跟着我大伯他们一起干，干到身体不行了就准备在家种种田养老咯。（LJX20150725GC）

对其大伯的访谈中也说道：

> 我以前也出去打过工，不过那会就是为了糊个口，也没想到现在这样。我在外面省吃俭用，攒了点钱，然后就想着回家搞点事做，那时候还年轻，想法多……组这个工程队的时候也为了一些资质证、许可证啥的找过我姐夫，那会他刚好在那（相关部门）工作，也找其他亲戚借了点钱，慢慢地就发展成了现在这样了，现在还行，一年到头有个几万的收入，足够了，在农村足够了。（LCX20150725GC）

从以上案例可以看出LJX作为返乡农民工，其再就业的顺利实现是归于其大伯的工程队的，同样的，LJX的大伯作为返乡农民工，其返乡创业的成功经历是由于其姐夫的帮助和亲戚的资金援助。由此可以看出血缘亲缘等强关系在返乡农民工再就业中扮演的角色是至关重要的。

(二) 基于地缘的较强关系运作

地缘关系是社会资本的另一种重要形式，指的是由于地域的原因，生活在一起的人们之间互相交往而形成的一种初级社会关系网，显然这种基于地缘的关系存在空间的外延。也正是因为这种地缘的强纽带关系在一定程度上会将人们组织起来。

返乡农民工外出务工时会因为来自同一个地方而互相关照，并由此结成关系网络，同样的他们回到家乡后这种基于地缘的关系范围会更加精确，会由外出务工时的以省为单位转变为以村为单位。这种精确的地缘关系对返乡再就业的农民工来说具有很大的优势。

笔者在湘西调研时有过许多这样的案例（在此只选择其中一个呈现）：

> WJ 和 TXF 都来自 Y 村，他们 2000 年前后外出到不同的城市务工，他们在城市待了都有差不多 10 年的时间，由于经济发展后劲不足，他们也没有足够的定居成本，分别先后于 2012 年和 2013 年回到家乡。一开始的时候他们就近找了些临时的事做。后来，WJ 总觉得农村生活无聊，比不得城里是意料之中，谁知连看个电视都只有那么几个频道，还没什么可以看的。某次在村子里闲逛的时候刚好遇到了 TXF，两个人就你一言我一句地聊了起来，刚好聊到电视的时候，TXF 也非常同意，还说自己有关系可以弄这个事，就提出了想跟 WJ 一起创业，组建个有线电视安装公司，专门承包一些运营商的机顶盒安装作业，就这样他们开始了创业之旅，现在不仅 Y 村，周边其他好几个村的安装作业都是他们公司负责的。（LB20150726GC）

(三) 基于业缘的弱关系运作

亲缘和地缘是传统农村社会先赋的关系，是随着生产生活一起慢慢积累而成的，是村民一定程度上可共享的资源。随着改革开放以及市场经济的发展，人们开始结成新的社会关系，这种关系是后天获得的而非先赋所得，相对普遍的是基于工作和行业而形成的关系，即业缘关系。

就返乡农民工来说，他们作为一种新群体，特别是有作为工人的身份经历，会形成超出亲缘和地缘的新关系网络。实地的访谈可知，返乡农民工除了外出务工时有过同事关系网外，还有相当部分的人有过特殊的生活经历（如做过学徒、做过生意等），正是这些特殊经历丰富了他们的关系网络，使得他们的关系网络超出原本初级的强关系网络，自获业缘关系，这种关系的积累也便是返乡后再就业顺利实现的资源。

> 我爸小时候家里穷，那时候家里亲戚也穷，那会儿也没读着书，小学还没读完就当了学徒，后来也出去打过工，做过水泥工、跑过运输，不过最后还是回来了。他说得亏了他当学徒时认识的那个好兄弟，叫上他一起干上了这个（莲藕收购公司），他们那时运气也好，恰好碰到好的时候，每年都赚得不少。从他那时候起家里条件开始好起来了。我父亲总说他以前是如何地做这个，说他那时候到哪跑业务，怎样结交人，怎样跟不同的人打交道，他说做了这个后自己认识了好多同行的人，还包括好多的客户，他们有需要就会找父亲，慢慢地，父亲跟他们在这个行业混熟了，现在父亲年纪大了，带着我做，把我也介绍给他认得的那些人，我现在算是慢慢地接班了吧，这些资源也慢慢地转到了我手上，说实话，要是没有这些资源，我肯定干不好这一行。（CEZ20150813LQQ）

从案例中可以发现，CEZ 的父亲由于包括家里和亲戚都穷，无法获得帮助，最后因为当学徒时认识的一个同门而回乡一起创业，并且通过自己的努力在行业内认识了很多人，这些资源对其是至关重要的，并且这种资源是可继承的，也可以为其以后的发展服务。

三 不可避免的有限理性

就上文分析的那些成功再就业的个案来说，他们的再就业选择的成功似乎源于理性选择基础上的对其自身关系网络的运用。我们可以这么理解：从理性主义的经济人假设出发，按照行为者最优化和社会优化的原理，返乡农民工的再就业行为作为一种选择行为，很显然是一种有意识的行为，在不考虑其他条件的约束情况下，按照此种逻辑的推进，并辅之以关系网络的正常运作，返乡农民工再就业的成功该是相对普遍的现象。

然而实际的情况是，笔者在调研中也经常接触到那些拥有关系网络却仍然难逃再就业失败命运的案例，甚至一连失败数次的个案。对比以上成功的个案，同样作为关系网络的拥有者和运用者，却有着不同的再就业结局。因此，我们可大胆假设：一是，这种理性选择真的理性吗？二是，这种关系网络真的有助于返乡农民工再就业吗？很显然，如果关系网络无助于返乡再就业，笔者在实地调研时耳边也会经常听到诸如"我家里没有关系""他亲戚混得好"等话语，所以关系网络的作用是明显存在于返乡再就业过程中的，只是因为某种因素的限制，使得这样的关系网络实际提供的影响和帮助有限。

如此限制因素，阿罗通过"有限理性"概念的提出进行了一定程度上的解释，他认为人的行为是有意识的、理性的，但是这种理性是有限的，这种有限性表现为两个方面：一是，环境的复杂性使得人们面临的不确定性增加；二是，人们的能力是有限的，对环境的认知、计算都不可能全面。由此有限的理性所主导的再就业选择，即使在关系网络正常运作的情况下也可能遭致失败，毕竟就业环境、市场环境等其他不确定性因素的存在使得关系网络发挥作用的余地是有限的，使得再就业风险，特别是创业的风险无法得到最大限度的可控，如此而来的再就业成功率也就受限。

针对这种有限理性的客观存在，那么问题的关键就在于如何提高个体的能力以及如何去减少环境带来的不确定性，而作为个体层面的返乡农民工是很难就此两方面进行自我完善的，至少他们在弱化环境风险方面是很难有所作为的，但这并不能因此认为返乡再就业成功率的提高就不可能。因为成功率作为一个衡量返乡农民工再就业水平状况的指标，是一个集合性概念。返乡农民工作为一个群体，他们可以通过某种方式组织起来，通过组织的集体理性去弥补个体有限理性的不足，从而实现对环境因素的可控性，并在此基础上实现成功再就业，将个体最优化与群体最优化结合起来，进而实现成功率的提高。

总之，返乡农民工再就业选择不仅是一种抉择，更是一种关系网络的运作，这种关系网络或强或弱，对他们再就业来说发挥着各自的重要作用，并且这种作用不是单一的发挥，一般情况下都是相互交叉实现的。但是，由于有限理性的客观存在，使得关系网络的发挥对返乡农民工再就业的影响和帮助有限，返乡再就业的成功率因此受限。尝试通过提高返乡群体的组织化程度，将个体有限理性上升为集体理性，将个体最优化与群体最优化结合，也许是问题解决的重要途径。同时，值得指出的是，由于资料收集的原因，笔者在对返乡农民工关系网络进行分析的时候，还无法精确区分什么样的关系网络或者说什么样的资源有助于返乡农民工就业，什么样的资源有助于其返乡后创业，这也是以后需要努力的地方。

余 论

在本章的讨论中，我们主要是针对返乡农民工就地就业过程中出现的一些比较引人关注的问题，或是我们课题组成员在研究过程中的一些具体感受，因此，并不是一个成体系的问题反思与对策提供，这个任务就如前面所说，我们将放在研究的最后去完成。

一 反思政府在宏观层面推动返乡农民工就地就近就业的努力

从武陵山少数民族地区返乡农民工就地就近就业的整体状况来看，目前我们也只能观察到各地政府都在努力推动，想要从宏观的层面构建一个促进返乡农民工就业的平台，出台了相应的一些支持政策，开拓了一些新的就业岗位。比如说2008年年底国务院办公厅发出通知，要求切实做好当前农民工工作："当前，国际金融危机的影响不断加深，国内部分企业生产经营遇到困难，就业压力明显增加，加上元旦、春节临近，相当数量的农民工开始集中返乡，给城乡经济和社会发展带来了新情况和新问题。为此，国办要求，采取多种措施促进农民工就业。对生产经营遇到暂时困难的企业，要引导其与农民工开展集体协商，采取灵活用工、弹性工时、组织培训等办法，尽量不裁员或少裁员，稳定现有就业岗位。"[①] 次年的中央农村工作会议上，国家就返乡农民工就业问题，提出的要求是"城乡基础设施建设和新增公益性就业岗位要尽量多使用农民工"。随后类似于"农村劳动力就业计划""阳光工程""雁归工程"，以及《关于切实做好农民工工作的通知》《关于开展创业带动就业工作意见的通知》《关于加强返乡农民工就业能力的通知》等文件不断在各地出台。这的确为返乡农民工创造了一定的环境，解决了许多问题，对于稳定整个社会局面起到良好作用。

但是总体来说，并没有形成一个完善的机制。为什么说没有一个好机

---

① 国务院办公厅：《国务院办公厅关于切实做好当前农民工工作的通知》，《人民日报》2008年12月21日第3版。

制，是因为这些文件的出台缺乏一个基本的根基，即并没有对返乡农民工这个群体有比较清晰的把握。"返乡农民工"这个词的产生有着特殊的背景，我们在前面讨论过，这个词的出现主要是在2008年之后，正如学者所说：影响农民工大量返乡的原因比较复杂，全球性的金融危机的影响只是一个直接的原因，深层次的原因还包括2008年《新劳动合同法》的实施，使企业用工成本上升；人民币自2005年7月以来大幅度升值，使"中国制造"在国际市场上失去价格竞争力，大规模裁员成为企业削减压力的最直接有效的办法；还有一个原因是中央加大了对三农的扶持力度，出台了一系列支农惠农的政策。这些政策的实施有助于切实提高农民的收入，使被解雇的农民工将返乡视为无奈但却是当前正确的选择。如此多复杂的原因叠加说明，解决农民工就业问题仍需要深入分析各种因素和影响程度，努力建立一种破解农民工就业难题的长效机制。[①]

或者从另一个角度来说，"返乡农民工"这个词代表的含义是比较模糊的，因为从上面一段文字来看，农民工返乡是两种状态，一种是被迫（外出就业岗位减少），另一种是自愿（被家乡发展所吸引）。也就是说是有了农民工返乡才会出现"返乡农民工"，这两者相关联，但是又指代不同的含义。所以问题就出现了，比如说有多少人是被迫返乡呢？我们认为难以统计。还有就是有多少农民工返乡后还会外出呢？这更难把握。可能存在很多短时间观望是否外出务工的农民工，他们能算做返乡农民工吗？所以说，建立返乡农民工就地就近就业的机制缺乏根基，因为政府所关心的问题，想要帮扶的对象群体都没办法确定，很难去构建机制。所以各地政府也只能宏观地把所能掌握的资源适当对农民工这一个总体，或者说是对农民这一个群体进行倾斜。正如我们在铜仁市调查时，一位该市人力资源和社会保障局领导所说：

> 从国家到地方，其实对农民工群体都十分关注，我们当地在很长一段时间内，都在力推打工经济，希望更多的劳动力外出务工。每年我们都有比较详细的统计数据，你们手上也都有了相关资料。但是，说到返乡农民工问题上，我们其实是很难有确切统计的，流动性太大

---

① 李晖、胡舜：《金融危机背景下返乡农民工就业机制的思考——基于湖南返乡农民工的调查》，《湖南农业大学学报》（社会科学版）2009年第3期。

了。比如说今年春节期间全市外出务工人员返乡总数24.16万人，多数是回家过年和进行春耕生产的。我们在调查的时候，当时表示有返乡就业创业意愿的人数达到6.59万人，但是后来实际返乡就业创业人数3.65万人，这个之间的数据就差别很大了。因此市里面对相关就业工作也只能加大基本方面的支持和投入，力求普惠大众，至于如何去精确衡量，采取有针对性和专门性的措施，目前还有难度。(HYZ20131212THH)

当然，这并不是否定政府在宏观层面所做的努力，虽然返乡农民工群体难以界定，但是并不缺乏应对措施，这一点我们将放在研究的最后进行集中讨论。

二 中观层面的地区发展现状的限制

这一点主要是针对目前武陵山区整体的经济发展状况而言，具体的经济发展状况我们在第一章里面已有较详细的论述了，从中可以体现出差异性来，我们这里更具体地分析地区发展限制主要包括以下几个方面。

一是天然的地理环境的限制。地理环境的限制主要是因为武陵民族地区本来的地形地貌就很复杂，"海拔500米以下的丘陵河谷约占总面积的20%左右，500—1000米的低山占50%以上，1000米以上的中高山区占30%左右。大山丛中，沟河纵横，以乌江、清江、沅水和澧水四大水系为主体的1000余条大小溪河贯穿其中"[1]。在这样的条件下，城镇很难大规划发展，也就是说在量级上达不到平原地区那样的城镇规模，间接地影响了城镇的集聚效应，也不利于产业化发展，再次就会影响到城镇吸纳就业的能力。目前在武陵民族地区仅有的恩施市、铜仁市、黔江、吉首市、鹤城区等，城市规模都不算大，人口总数不到100万人，而再下一级的县，很多人口都只在10万人以下，到了乡镇一级，绝大多数在万人左右。这里面有城镇化率不足的原因，更多是城镇规模拓展乏力，无法起到辐射带动作用。

二是产业发展受限制。在2010年年底发布的《全国主体功能区规

---

[1] 曹大明、黄柏权等：《武陵民族地区城镇化问题调查研究》，《三峡大学学报》（人文社会科学版）2014年第1期。

划》中，第八章《限制开发区域（重点生态功能区）——限制进行大规模高强度工业化城镇化开发的重点生态功能区》明确规定：武陵山区属于生物多样性及水土保持生态功能区，其类型是生物多样性维护，对其综合评价是属于典型亚热带植物分布区，拥有多种珍稀濒危物种。是清江和澧水的发源地，对减少长江泥沙具有重要作用。目前土壤侵蚀较严重，地质灾害较多，生物多样性受到威胁。在发展方向上确定为扩大天然林保护范围，巩固退耕还林成果，恢复森林植被和生物多样性。在这一类型区域的开发管制原则中也明确包括：对各类开发活动进行严格管制，尽可能减少对自然生态系统的干扰，不得损害生态系统的稳定性和完整性；严格控制开发强度，逐步减少农村居民点占用的空间，腾出更多的空间用于维系生态系统的良性循环。城镇建设与工业开发要依托现有资源环境承载能力相对较强的城镇集中布局、据点式开发，禁止成片蔓延式扩张。原则上不再新建各类开发区和扩大现有工业开发区的面积，已有的工业开发区要逐步改造成为低消耗、可循环、少排放、"零污染"的生态型工业区；实行更加严格的产业准入环境标准，严把项目准入关。在不损害生态系统功能的前提下，因地制宜地适度发展旅游、农林牧产品生产和加工、观光休闲农业等产业，积极发展服务业，根据不同地区的情况，保持一定的经济增长速度和财政自给能力。因此，因其特殊的地理环境被国家定位于生物多样性及水土保持生态功能区，所以产业发展受限，城镇吸纳人口相应受限。再加上，武陵民族地区现有的很多工业都以不可再生资源为基础，纯粹的资源开采型工业缺乏持续发展的动力，且企业的效益受国际价格影响大，发展不稳定，这样的情况对于产生新的就业岗位，吸纳返乡农民工就业的贡献也十分有限。

三是旅游业发展并不乐观。在武陵民族地区有着数不胜数的自然风光与民族文化，而且大多保存良好，这是该区域发展旅游业的最大资本。近年来，随着地方政府加大力度宣传旅游资源，前来观光旅游的人数和旅游业收入逐年增长，旅游发展也带来了很多新的就业岗位，甚至是直接吸引了返乡农民工围绕旅游进行创业，相信诸如凤凰古城、恩施大峡谷、铜仁梵净山等知名旅游资源，人们大多不太陌生。但是，深入思考，除这些成熟的旅游景点外，我们还知道这么一大片区域有什么可看可玩，值得一去的地方呢。所谓的"吃、住、行、游、购、娱"六位一体化的旅游建设在很多地方只是一句口号，相应的建设很难跟上。在我们调研过程中，遇见了很多这样的情况,一些地区在旅游开发上确实有真实投入,但结果并不理想。比如说恩施来凤县百福司镇,近年来该镇投资 2 亿元,完成卯洞风景区游客中心、生态停车场、酉水生态文化走廊、摆手舞文化广场、观音阁等重点项目建设。对古桐油码头、文化广场、兴安村紫阳宫、大喇宫、古学堂、百级老石梯进行抢救性保护和维修。2015 年 6 月 16 日,百福司镇正式被湖北省人民政府命名为"湖北旅游名镇"。虽然该镇还拥有舍米湖摆手堂、卯洞风景区、仙人洞等人文和自然景观,而且号称 2016 年全年旅游总收入达 2.18 亿元,旅游从业人数达 2721 人,年接待游客人数 6.6 万人次。但是我们在该镇前后多次的调研发现,可能现实的旅游业发展并没有那么乐观,对于解决就业的带动作用虽然有,但是仅限于部分餐饮和住宿,远没有达到预期的目标。

三 微观层面返乡农民工就地就近就业相关因素分析

返乡农民工群体并不是一个高度一致性的群体,我们统称为返乡农民工,其实这个群体内部可以从多个角度予以细分,而细分后的每一类型,在就地就近就业过程中都会有不同的需求或是不同的发展方向,这一点也是我们理解和认识这个群体必须考虑到的。下面我们将从三个方面进行研究。

(一) 非自愿的被迫选择

在调查中,我们发现有一部分人是非自愿返乡,而且这部分人多半返乡后会选择就地就近就业,而不是创业。究其原因,一种是因为以前外出务工从事的工作因大的经济环境影响而裁员,失去了工作机会。这种情况主要是发生在沿海和其他经济发达地区的一些劳动密集型企业裁减人员上。还有一种是技术进步导致自身能力素质无法跟上,不得不放弃工作。也就是说他们拥有的技能寻求不到合适和对口的工作岗位了。虽然放弃在外工作是主动的,但从根本上来说,他们的返乡也是出于无奈而被迫选择。以铜仁市为例,该市 2012 年劳动力转移整体情况如下表所示。

表 4-24　　　　铜仁市 2012 年劳动力转移情况统计表　　　(单位:人)

铜仁市总人口	男	女	乡村劳动力总数	乡村劳动力供给总量	从事农业生产人数	农村富余劳动力	接受培训人数
4264624	2241784	2022840	2548896	2425735	1131432	1294303	215632

续表

铜仁市总人口	男	女	乡村劳动力总数	乡村劳动力供给总量	从事农业生产人数	农村富余劳动力	接受培训人数
农村劳动力转移就业总人数	男	女	其中				未就业的农村富余劳动力
^	^	^	跨省转移就业	其中			^
^	^	^	^	流入上海、江苏、浙江等地	流入广东、福建等地	流入其他地区	^
997322	568688	428634	841701	272990	428961	139750	296981

数据来源：铜仁市劳动就业局2013年5月13日完成的《铜仁市农村劳动力转移就业调查报告》。

大量农村劳动力外出就业以制造、建筑、服务等行业为主。在转移就业的人中，从事制造、建筑、服务等行业的达773760人，占农村劳动力转移就业总数997322人的77.58%。总体上表现出从业结构简单，就业面狭窄，且层次较低的特征，大多集中在以体力活、手工操作为主和技能较低的劳动密集型行业，工作量大，工作条件差，报酬低。而这些行业很容易受到企业经营状况的波动而出现裁员减员的情况。对于这样被迫返乡的人，本身的择业能力就低，也没有做好创业的打算，因此主要关注的是他们如何重新获得就业岗位，如果能在农村务农，获得一份有保障的收入，暂时来说也是可行的，不至于产生新的社会不稳定因素。

（二）不同的人生经历对返乡就业创业的影响

人生经历在这里主要是指返乡农民工在成为外出务工人员之前的经历，总体来说，如果直接从农村务农或是辍学状态进入外出务工状态的人，在返乡后也更倾向于就地就近就业，而较少选择创业。因为这部分农民工相对来说缺乏创业的能力和资源（当然也不是绝对的），返乡后的发展更困难一些。相比较来说，其他一些较为特殊的人生经历对于返乡后的农民工在家乡的发展要更为有利一些。比如说退伍军人，他们很多退伍后都会选择外出务工，但是我们调查中发现这一类人返乡的也比较多，其中的原因是什么？我们认为有两点：一是当兵入伍的经历其实使得他们的社会地位比较高，武陵民族地区的群众对军人的认可度超出一般的行业，在大多人数眼中，军人代表着具有强健体魄、为人直爽坦诚、做事干练有担当，并有一定的人际关系网络。所以经常会支持他们返乡参与基层管理，如竞选村委班子成员；二是部队的培养使得退伍军人常常获得一定的技能,并具有开创精神和不甘现状的勇气,所以很多军人在前期务工的基础上,返乡后多半会选择自己创业。哪怕是回归农村或是成为村委成员后,他们也经常是村庄里最富有活力的最敢于尝试新的发家致富路子的人。

(三) 外出务工的行业对返乡创业就业行为的不同影响

外出务工感觉上都是替人打工,大家的身份地位都一致,但实质上,从事的工作对于个人的影响是比较大的。人的一种习惯就是愿意从事自己熟悉的工作,因为任何新的尝试都需要一定的成本,为了降低风险,人们在返乡后大多数会在自己原先所从事的行业中寻求发展机会。这主要涉及外出务工所从事的行业哪些使得农民工返乡后倾向于选择创业,哪些是倾向于选择就业的问题。有研究表明,对于农民工来说:"在什么样的行业里务工却会对其创业意愿产生重要影响。在建筑业、服装、纺织业务工的返乡农民工的创业意愿显著低于参照组,而在批发零售和餐饮行业务工的返乡农民工的创业意愿则显著高于参照组。"[1] 因为前者要自己创业,门槛比较高,很难有充足的资源涉及这些行业。而后者,相应来说创业的门槛就要低很多,准入和退出都比较灵活。还比如说一个农民工在外务工时,是技工还是普工也有很大差别,因为"技工是靠技术吃饭,学习技术需要一定的前期投入,一旦掌握了技术,则可能随着时间的延长,技术越来越熟练,工作能力越来越强,效率越来越高。就是说,技工的特点是越老越值钱,从事技术工作的时间越长,工资收入就越高"[2]。这样的人返乡后,只要有相应的工作机会,被录用的概率远远大于别人。即使没有合适的岗位,他们也会更倾向于把自己的技能转化为创业的资本而寻求创业机会。

(四) 就近就地就业的尴尬

所谓尴尬,主要是存在这样两种现象:一是从事农业生产的劳动力分布失衡。由于偏远山区经济滞后,产业结构单一,大多数人不愿死守着几分薄地维生,选择外出打工,甚至部分举家外出。即便返乡也不愿意再继续从事农业生产。导致偏远山区农业生产劳动力不足,"38、61、99"现象突出,使得从事农业生产的农村劳动力分布在一定程度上呈现失衡现

---

[1] 胡俊波:《职业经历、区域环境与农民工返乡创业意愿——基于四川省的混合横截面数据》,《农村经济》2015 年第 7 期。

[2] 贺雪峰:《农民工返乡的逻辑》,《中国老区建设》2009 年第 3 期。

象。二是很多人返乡后发现本地用工单位生产经营状况不稳定，造成工作岗位不稳定，甚至是工资难以持续发放，且工资水平与沿海发达地区差距较大，就地就近就业的信心倍受打击，往往不愿意进入当地企业工作。还是以铜仁地区的调研为例，当地政府一方面为解决就业问题而费尽心思地吸引投资，以增加就业岗位。而另一方面却又为许多企业招不到工人而发愁，在一份研究报告中有这样的表述：我市一方面有近 100 万名富余劳动力外出务工，另一方面也存在本地经济开发区、工业园区和产业园区内的企业招工难的问题。目前，本地企业缺工约 3 万余人，主要是从事劳动密集型企业如：制鞋、缝纫、普工、酒店和餐饮等行业。[①] 这不能不说是一个就地就近就业中的尴尬局面。

[①] 资源来源于铜仁市劳动就业局 2013 年 5 月 13 日完成的《铜仁市农村劳动力转移就业调查报告》。

第五章

新型城镇化建设与返乡农民工就地就近就业的内在关联性

单就新型城镇化建设来看，对武陵山区经济社会发展带来的促进是显而易见的，这种影响不仅仅是当下所能观察到的城乡面貌的改变，经济总量的增长以及与发达地区差距的缩小，更重要的是一种潜在的影响，或者说是带给了该地区人们一种心理暗示，那就是曾经封闭落后的家乡正在有日新月异的变化，这是一个值得自己去为之守护的家园，而且未来的发展将更为美好。都说传统社会中的人喜欢稳定，排斥变迁，对不确定的未来和事物抱有天然的恐惧，所以力求沿着传统的生活线路而墨守成规。但是，这块沉寂多年的土地上正在发生的变化带给人们的是一种可见的幸福生活，因此，求变求新成了人们的追求。也正是在这样的一种氛围下，虽然没有统一而具体的数据来证明，但还是能观察到越来越多的人在往回走，或者正在考虑往回走。但是我们也不能盲目地乐观，在新型城镇化发展的过程中，确实给返乡农民工就地就近就业带来了诸多机会，同时也因各种因素还存在着许多困境，特别是在农民工返乡后，自身的发展、家人的发展（包括孩子的教育）、相互的竞争等都是必须面对的现实。因此，本章以机遇与挑战为题，深入探讨哪些因素造成了二者并存的现状。

第一节 新型城镇化发展带来的农民工返乡发展机遇

本节主要讨论的是受城镇化建设的影响，武陵山区无论就业岗位的提供、创业环境的改善，还是人口回流所产生的附带效应等所带来的实实在在的发展机遇，对于返乡农民工能够真正留下来起到关键性的作用。因为从整体来看，城镇化的发展对于促进社会公平发展、解决收入差别等有着正面积极的影响。"基于国家统计局的住户调查数据,研究发现,城镇化在1978—1994年期间使整体不均等上升,但1995年以后一直帮助减缓贫富差距的扩大,其效应呈不断强化的趋势。尤其是2003年后,城镇化主要通过缩小城乡差距使我国的贫富差距有所下降。遗憾的是,这个城镇化效应不足以抵消缘于其他变量引起的不均等的上升,所以,我国整体收入分配状况在1982—2006年间基本上呈恶化的趋势。如果没有城镇化,1995年后我国的贫富差距会更大。"①

一 生态文明理念下的地区经济社会全面发展

我们暂且不管专门针对农民工返乡就业创业的各种激励政策,单就武陵山区在推进城镇化建设方面的政策投入看,就能大致了解到相关情况。当然,在前文论及武陵民族地区新型城镇化建设时,也涉及许多相关政策,这里再次进行强调,根本的原因在于大多研究者都认为我国的城镇化是由政府主导,而且也必须由政府主导才能朝向更好方向发展。因此,围绕新型城镇化建设所推行的这些政策在实践中必然会产生相当的影响,而目前来看,政策实施所产生的积极作用主要体现在以下几个方面。

(一)保护环境成为重要的发展基础

表面看来,环境的保护与返乡农民工就地就近就业没有太大的关联性,其实不然。因为,把保护环境作为新型城镇化建设的基础性工作之一,极大地改善了地区的生态环境,其隐性的正向积极功能会逐步显现出来。有研究表明,只要注重环境保护,那么随着经济增长和城镇化发展过程中经济规划效应和技术进步会提高能源利用效率,有利于地区生态往良性态势发展。②

"应该讲,世界各国城市化道路都无统一的固定模式,都是根据本国国情抉择的。我国是一个13亿人口的大国,所面临的国土、资源、生态、环境等问题的压力,不仅高于全球平均水平,也高于与我们水平相同的发展中国家。对于我国城镇发展来讲,最大的挑战是自然资源和生态环境。"③

---

① 万广华:《城镇化与不均等:分析方法和中国案例》,《经济研究》2013年第5期。
② 参见王家庭、毛文峰《武陵山片区城镇化与生态环境响应的计量分析——以湘西自治州为例》,《经济地理》2016年第6期。
③ 国家信息中心经济预测部区域规划与评估专题研究组:《城镇化模式国际比较与中国探索》,《中国中小企业》2013年第4期。

武陵山区因发展起步较晚，区域内工业污染较少，整体的生态环境状况良好，在加强生态环境保护方面投入较多，这对于该区域各地在未来的发展中以优质的自然环境作为发展动力提供了基础。

我们以恩施州为例，该州被赋予了诸多美称，如："鄂西林海"，是因为恩施州境内森林茂密、植被良好，森林覆盖率达70%，有利川星斗山、宣恩七姊妹山、鹤峰木林子、咸丰忠建河大鲵自然保护区等四个国家级自然保护区和咸丰坪坝营国家森林公园。从南到北，从乡村到城市，处处皆森林，如绿海一般，恩施又恰位于鄂西南，故被称为鄂西林海；"动植物基因库"，是因为恩施州境内动植物种类繁多，更有水杉、银杏、珙桐等原始子遗树种和珍稀树木，举世闻名，被誉为世界"活化石"；"天然氧吧"，是因为恩施州境内空气负氧离子每立方厘米达到3万—7万个，是一般地区的10—20倍，城市空气质量优良天数每年达到353天，被联合国教科文组织评定为"最适合人类居住的环境之一"；"华中药库"，是因为恩施州境内特殊的地理条件和生态环境，孕育了丰富的中药材资源。全州中药材不仅种类繁多，藏量丰富，分布广泛，而且拥有不少稀世品种。据统计，全州药用植物就有168科，854属，2088种，比《本草纲目》上记载的种数还多200多种，恩施州在历史上是道地药材的故乡。

2013年，恩施州下属恩施市就争取武陵山试验区建设成员单位帮扶资金7.69亿元；争取"616"工程对口支援项目46个，到位资金7亿多元；与东风汽车公司联合建立万亩生态林碳平衡基地。围绕将生态优势转化为竞争优势，先后出台加快城乡一体化发展、突破性发展工业经济、加快旅游产业发展等政策措施，2013年投入近5亿元资金用于生态文明建设。以退耕还林完善生态，对试点区域3.7万亩25度以上的坡耕地和生态脆弱区，全部实施退耕还林。其产生的实质性影响是，现代农业基地壮大，特色产业基地稳定在120万亩，其中茶叶30万亩、烟叶8万亩、蔬菜40万亩、药材28万亩，年出栏生猪100万头以上；新型工业园区承载力增强，2013年规模以上企业达到54家、产值过亿元企业14家、高新技术企业5家；生态文化旅游业蓬勃发展，旅游要素逐步完善，2013年旅游人次达到1010万人。这一系列的发展成就，其基点都在于生态环境保护得当，有了以生态促经济的本钱。

（二）基于生态文明的科技支撑成为重要的发展动力

传统粗放式的城镇化模式，造成资源环境恶化、社会矛盾增多、农业根基不稳、城乡区域差距过大、产业结构不合理等问题，因此必须走出一条新型的城镇化道路。[①] 而新型城镇化道路中离不开的就是科学技术体系的有效性。也有学者强调"新型城镇化必须以可持续发展为重要内涵，依靠科技创新走集约、智能、绿色、低碳之路。毫无疑问，科技创新是新型城镇化的有力支撑"[②]。因此，生态文明作为新型城镇化重要的发展理念，内核还必须依靠科技的发展来改造，从武陵山区近年来发展可以看到，全域范围内的各级政府对科技支撑的认识都到位，把科技创新作为经济发展的推动力，以提高城镇化质量，从而进一步为人们创造更好的就业创业环境和空间。同样以恩施州为例，我们可以审视该地区在这一方面的一些有效做法。

1. 多渠道增加科技投入，支持生态文明建设

积极组织争取国家、省科技项目资金，研究解决影响特色产业发展技术瓶颈，推动产业提档升级。通过以会代训的方式，提高创新主体申报项目的知识和技巧；引导企业与大专院校、科研院所开展协同创新；州县（市）科技管理部门加强指导、服务，筛选项目，提高项目申报的成功率。2011—2014年，恩施州累计争取国家、省级科技项目资金14360万元，其中国家科技项目资金3360万元。其中，像恩施市巨鑫现代农业开发有限公司的"高山蔬菜高效安全生产关键技术研发"和湖北省思乐牧业集团有限公司的"绿色山猪肉产业化生产技术研究与开发"等生态项目都获得了重大科技项目支持。

2. 组织实施科技攻关，推动生态文明建设

针对该州特色产业发展中资源综合利用率较低、技术储备不足、产业规模小、产品档次不高、品牌竞争力不强等问题。以科技局为核心的政府相关职能部门组织开展科技攻关，选育新品种，开发新产品，研究推广新技术，提高加工水平，推进资源的深度开发、特色产业的发展。2011年以来，该州科技部门在现代农业、生物医药、生物硒产品开发、特色资源开发、特色旅游产品开发、畜牧业和环保节能领域，围绕破解影响产业发展的关键技术难题，组织实施科技攻关，取得了较好效果，为生态文明建设做出了贡献。支持了湖北圣峰药业有限公司、恩施市巨鑫现代农业开发

[①] 于立：《"生态文明"与新型城镇化的思考和理论探索》，《乡村建设与城镇化》2016年第1期。

[②] 于莲：《科技创新与新型城镇化的关联度》，《重庆社会科学》2016年第2期。

有限公司、湖北长友现代农业股份有限公司、湖北宝石花工艺品有限公司、湖北省八峰药化股份有限公司、恩施市齐进节能建材工程有限公司等一批创新型企业的发展。

一是以恩施州农科院、省农科院中药材研究所、农产品加工龙头企业为主体，依托大专院校、科研院所科研力量，实施农作物新品种选育和种植技术及农产品深加工、地道中药材种植及加工技术研究，支撑生态农业（中药材产业）发展。州农科院研究出了一批如魔芋、马铃薯等农作物新品种；一大批企业依托科技，分别走出了一条生态种植、生态加工新路子，企业快速发展，并为环境保护、资源节约做出了重大贡献。如：恩施市巨鑫现代农业开发有限公司坚持在保护生态环境、生态资源前提下发展企业，将生态保护与产业发展有机结合，大力开展科技攻关，研究开发选育蔬菜新品种、种植新模式，有效解决了土质退化、土壤酸化、水土流失等问题，其产品得到州内外市场的广泛认可，2013年企业生产规模超过2亿元；利川市多仁多实业有限公司针对家禽骨肉加工过程中禽类骨料废弃物排放进行废弃物的再生利用研究开发，实施了"多级磨浆、熬煮及发酵联合技术在鸡骨营养增效中的研究""特色禽类骨料综合利用关键技术研究与示范"项目，获得了"国际先进水平"的科技成果；利用现代科学技术、生物发酵技术及现代化先进工艺，有效将禽类骨料废弃资源进行再生产利用，不仅使废弃资源得到了有效的排放，降低了对环境的污染，同时为人类社会做出了新型的健康消费食品，创造了良好的经济、生态和社会效益。

二是恩施州科技部门每年从州级财政科技资金中安排专项支持畜牧业科技攻关，并积极组织争取上级科技项目，研究解决影响畜牧业发展的技术难题。在良种选育、规范化养殖、疫病防治、饲料加工、粪便有效利用等方面的科技攻关，有效推动了畜牧业生态发展。如：利川市五洲牧业有限责任公司，依靠科技，建成集生猪养殖、生物饲料及有机肥生产于一体的大型现代化、生态能源型、循环经济型企业。公司把企业发展与生态文明建设同步推进，在万头猪场建设时同步建设起了厌氧发酵罐和生物有机肥厂，实现了粪污的完全无害化处理和环保达标排放。畜禽粪便经过厌氧生物发酵处理，转化为沼气、沼液、沼渣，沼液与沼渣生产有机肥，形成"饲料加工—畜禽养殖—废弃物资源化"的良性循环系统。公司建成的生物有机肥厂，通过对畜禽粪便的无害化处理、农村废弃烟杆、谷壳等废弃资源的资源化利用，采用生物发酵技术，结合土壤、农作物生长特点、无公害有机食品品质标准要求，进行专用配方设计、专业生产烟叶等专用有机肥产品生产，实现了对固体废物的无害化与肥料化处理，消除了畜禽粪便等废弃资源造成的环境污染，促进了生态环境良性发展。再如：恩施和诺生物有限公司，利用养鸡场的鸡粪、烟叶废料等通过生物发酵，添加硒矿粉，加工生产硒肥，既解决了养鸡场鸡粪对环境的污染问题，又生产出了发展富硒农作物需要的硒肥，实现了生态养殖目标和硒产业发展、经济循环发展的目的。

三是科技部门发挥职能作用，大力支持湖北永恒太阳能有限公司、湖北慧聚太阳能股份有限公司、恩施市圣奥新能源开发有限公司等一批企业开展科技创新，掌握核心自主知识产权，发展新能源产业。湖北永恒太阳能有限公司近几年不断创新，现拥有专利12项，产品销往30多个国家，平稳地渡过了全球金融危机、欧债危机，2012年又成功渡过了欧美对中国太阳能行业实施"反倾销、反补贴"冲击，依然满负荷生产，2013年，完成产值6700万元，缴纳税收400多万元，出口创汇115万美元。湖北慧聚太阳能股份有限公司的产品一直供不应求。湖北永恒太阳能有限公司和恩施市圣奥新能源开发有限公司2013年先后被认定为高新技术企业。

四是科技支撑特色资源进行深度开发，是提升资源开发利用效果，增加开发效益，保护生态资源的有效途径。近几年来，科技部门积极支持相关企业实施科技攻关，攻克技术瓶颈，起到了很好的科技引领和支撑作用。如：湖北圣峰药业有限公司立足硒资源、"华中药库"资源，依托科技创新，开发硒产品，走出了一条特色资源深度开发的成功路子，研发生产的硒虫草市场平均售价达1.2万元/千克，产品附加值相当高，实现了资源高效开发、产品优质高利、企业效益良好的生态发展。

3. 大力发展高新技术产业，推动产业转型升级

近几年来，恩施州科技部门加大创新主体培育，在全州确定了30家州级科技创新型企业和11家成长型后备企业予以重点培育，每年从中优选一批作为高新技术后备企业，在技术上给予指导，在科技项目资金上给予支持，推动其开展科技创新，创造自主知识产权，增强核心竞争力，提升企业品质，促其快生快长，成长为高新技术企业。2010年湖北圣峰药业有限公司通过高新技术企业认定，实现高新技术企业"零"的突破，2013年达到8家，2013年全州实现高新技术产业增加值55870万元，为

2010年的2.83倍，高新技术产业增加值占GDP的比重达到1.03%。

上述案例并不仅仅是恩施州所独有的，而是在整个武陵民族地区普遍展开的，我们在调研中各州县都充分展示了政府在科技创新上所取得的巨大成就。虽然没有具体的数据来显示这些创新给返乡农民工创造了多少就业机会，但很明显的是，依托生态文明理念下科学技术的创新，武陵民族地区在保证生态环境不断优化的前提下，地方经济有了显著提升。这些企业经济实力的增长辐射到了围绕其周边的地方百姓。同时，也增强了地方发展的活力和向心力，对于进一步带动地方其他产业集聚和发展起到了良好的示范带头作用。

二 传统农业仍然具有一定的吸纳能力

从格尔兹的《农业内卷化》（Agricultural Involution）一书出版以来，对于农业"内卷化"的研究受到相当的关注，而当杜赞奇的《文化、权力与国家——1900—1949年的华北》出版后，对内卷化的研究更为盛行。在国内，2000年中华书局出版的黄宗智研究20世纪中国农村社会变迁的著作《长江三角洲小农家庭与乡村发展》更是引起学界的普遍关注。虽然前后几本著作中对内卷化的解读有各自的侧重点，但这一概念或者说理论的内核是清晰的，即经济、文化发展到一定程度时，便停滞不前或没有办法向更高级的形态演进。从黄宗智的研究来看，他以历时性的眼光分析了长三角地区小农家庭经济与乡村社会的发展，考察了农业生产上的过密化现象，认为在很长的时间段内，"庞大的劳动力供应抑制了为节约劳动而资本化的动机，并迫使农业朝劳动过密化方向演变……边际劳动的净收入因此停滞不前，甚至下降"[①]。

这些研究在很长一段时间里被用来反思我们的农业发展，并成为农业劳动力转移政策强有力的支撑理论。在计划经济时期，因为人被束缚在土地上，农业劳动力还没有自由流动的可能性，因此问题还不明显，处于隐性状态。改革开放后，在农村实行"家庭联产承包责任制"后，劳动力过剩的问题显现出来了，人们不再满足于基本的温饱，农业的劳动力投入不需要无限增加，"农村剩余劳动力"概念逐渐被大家所认可。把农村多

---

① [美]黄宗智：《长江三角洲小农家庭与乡村发展》，中华书局2000年版，第316—317页。

余的这些劳动力转移出农村农业，进入工业企业就成了地方推动经济发展、解决民生问题的重要任务。我们回过头来看改革开放的40多年，劳动力的转移为解决"三农"问题，为促进我国经济发展做出了巨大贡献，这是不可否认的。

但是从我们在武陵民族地区的调研来看，内卷化的情况或许并没有我们想象得那么明显。或者说随着时代的变化，农业新技术的利用，以及人们生活标准的提高，以前依靠农药化肥激素等催生的农产品已不被市场所追捧，而绿色有机食品，特别是以传统方式耕种出来的农产品出现了供不应求的局面。这一现象的出现一方面说明农村大量劳动力外出，造成了所谓的农村空心化，农业生产出现了劳动力供不应求的新情况，没有足够的农副产品提供给市场；另一方面也为我们解决农业增收提供了良好的契机，走过了单纯追求产量的时代，我们又可以回归到精耕细作的农业生产状态。打一比喻，人们越来越喜欢纯手工的制品，认为那比工业化模式生产的商品更具有文化的内涵和独特的个性。对应到农副产品上也是一样，人们更愿意接受原汁原味的产品，更希望消费安全健康的食品。那么，这样的产品要求农业生产有一个回归，必须投入更多的劳动力以替代机械和农药化肥。曾经被认为是"剩余"的那部分劳动力，成为绿色农业的必需。因此，我们认为随着社会整体向前发展，农业劳动力转移已经到了一个多元的时代，不能简单地认为农业所能吸纳的劳动力已到极限，必须转移，否则就是内卷化。而是应当科学理性地来看待这个问题。诚然，转移部分劳动力是需要的，但同时也应当以市场需求为导向，适当补充农业生产领域的劳动力，而这个度和量的把握，则需要依据地区实际进行科学的论证。

举一个简单的例子，以湖北省利川市莼菜种植为例，我们可以考察，传统的种植对于劳动力依然有着较大的吸引力，劳动力的投入并没有出现边际效益递减或者效益为负的现象。关键在于其效益产出是否能够满足农民的要求。

莼菜是一种独具特色的农业经济产品，在中国现有四个较大产区中，以湖北利川最为有名，获有"中国莼菜之乡"的嘉誉。在调研中，在农业生产中，土地资源的占有率与劳动力都是重要的生产要素。根据我们发放的180份问卷中，实际收回158份有效问卷的数据统计与分析，我们得到了诸多与生产过程直接联系的内容。选取种植面积与劳动力这两方面的问题，我们得出的结果如图5-1所示。

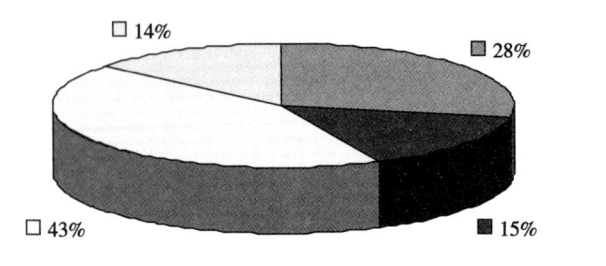

图 5-1　莼菜种植面积比例

图示中我们可以看出，利川市莼菜种植户的家庭种植面积在 2—3 亩的有近半数，其余则较多分布在小于 1 亩、1—2 亩和 3 亩以上。在我们走访的农户中，莼菜种植户一般都不再种植其他农作物或经济作物，即使少量种植也只是为了家庭的日常餐饮需求，种植面积可以忽略不计，因此每家每户的几乎所有土地都放在了莼菜种植上。据 2012 年该市统计资料显示，利川全市共有莼菜面积 3 万余亩，总产量超过 3 万吨。根据莼菜种植户提供数据的不完全统计，每亩莼菜会给农户带来 2000 元以上的收益，由于莼菜是水生植物，一般不采用化肥和农药喷洒，因此农户在每亩莼菜的种植过程中将得到近 2000 元的纯利润，该项收益是种植粮食作物的近 10 倍。

作为农民个人来说，种粮是一种世代的习惯，不管是选择种植更具经济效益的作物，还是选择外出务工，都是为了给家庭带来更高的收入，走向更好的生活。而莼菜的种植，既可以满足农民的高经济收入的需求，又能使农民充分发挥个体优势，如世代种植莼菜所吸取的经验、对于莼菜幼种的保留和适宜莼菜种植的土壤与水质的完善与培养等。由于莼菜种植所带来的优势，我们又得到了如下数据。

表 5-1　　　　　　　　种植莼菜劳动力年龄比例

农村劳动力年龄分布	福宝山莼菜种植基地	凉雾乡陶家沟村
16—24 岁	18.75%	15.5%
24—35 岁	22.5%	23.65%
40—60 岁	43.75%	48.55%
60 岁以上	15%	12.3%

我们选取较为具有代表性的利川市著名莼菜种植产地：福宝山与凉雾

乡陶家沟村，作为农村劳动力分布的数据统计点。从表格中我们可以清楚地看到，在16—24岁和24—35岁两部分人群所构成的青壮年劳动力中，利川市两大莼菜种植基地的比重分别为41.25%，39.15%。在40—60岁阶段的中年劳动力构成中，福宝山和陶家沟村分别占有43.75%和48.55%。相比青壮年和中年劳动力所占比例，60岁以上的老年劳动力分布整体水平较低。对比全国大多是"4050"劳动力占农村劳动力分布的80%，劳动力迅速老龄化的现象，利川市在年轻劳动力吸引上具有明显优势，而这优势就是直接由莼菜种植的高产值带来的。据湖北三峡大学在当地农业部门挂职的科技人员介绍：

> 莼菜的种植过程中不能施加任何的农药化肥，必须在纯天然的状态下生长，这就需要依托人力去完成从种植到收获的全过程。以前，该市劳动力基本都外出，种植发展很缓慢，产量也很低，市场需求一直很旺盛，出口到日本等国家，都是按棵卖，品质好的一棵就能达到五六元人民币，一般的农业种植产出都比不上这个。我来挂职这两年，种植规模才逐渐有所增长，因为对莼菜的照顾必须是人工，得有更多劳动力投入。我们也经常做一些调研，想促成利川市莼菜产业有更大的发展，在我看来，除了解决保鲜、运输等技术上的问题外，更重要的就是劳动力因素。现在从外务工回来的人在增加，大家都看到了种植优势，效益上不比外出务工差多少，还能在家安安心心劳动。（YXT20120719THH）

由此，我们认为，其实在武陵民族地区农业领域还是能够吸纳更多的劳动力的，虽然解决不了人口城镇化的问题，但是农业的产出为农民提供更多的收入是一个可以实现的目标。或者说，我们可以有意识地培训更多的专门从事较高技术含量农业的农民，不一定让农民非得进城，或是从事非农行业的工作，我们可以依托自己的具体国情，走出一条可以称为"职业农民"的道路。职业农民并不等同于西方国家实现农业现代化后的专门从事农业生产的雇佣工人，也不同于传统以土地耕种获取较低收入的农民。而是有这样的人群，他们以务农为主，但是其收入能够与其他工作收入相当甚至更高。也就是说，从事农业生产不再是一种地位低、收入低、保障低的一种职业，而是获得社会普遍认可的一种与其他职业具有同等社会地位的职业。从工作的性质来说，他们在归属自己承包的土地上劳动，不受其他人的雇佣，而是依靠自己的决策来与市场对接。与其他职业相比较，其收入也会受到市场的影响，但是在社会总体需求相对稳定的环境中，他具有与其他行业一样的整体层面的平稳性。或者如同学者所说"应把注意力转向农村，就地实现剩余劳动力的转移，走从农业部门到农村工业部门再到城市工业部门的转移路线，这是中国国民经济结构转换的唯一选择"①，也就是我们把这一个农民职业化的过程当作一个过渡阶段，类似于从农业部门跨入到农村工业部门（虽然不是农村工业部门，但严格来说也直接与工业相关联了）。当然，有学者关注到这样的"职业农民"，并认为目前还是存在诸多问题，② 比如说农村劳动力"低素质化"、农村劳动力"老龄化"、政府投入"低度化"、农村劳动力观念"落后化"、农业生产"兼业化"、法制建设"低全化"等多重困境。解决这些问题，我们相信需要更多的智慧，也需要通过一定时间的发展逐渐去消解。

三 现代农业产业化发展吸纳更多劳动力

传统农业的转型在我们看来是解决三农问题的有效途径之一，同时，更为核心的是这种转型能够吸纳更多的农村劳动力。虽然从城镇化的主要指标之一，即人口城镇化的角度来看，这或许是一个悖论，因为一方面在推动人口从土地上劳作中解放出来，步入城市，另一方面又要吸引劳动力充实农业。其实，这两者在现阶段来讲并不冲突，人口从土地的束缚中脱离出来，应当是一个长期的过程，是随着城镇安置和吸纳能力的不断增长，是在第二、第三产业逐步健全的条件下，农民在城镇中安居乐业。但是正如我们在前面多次所讨论的那样，在这个状态还没有条件得以完美实现的时候，让农村劳动力转换一种角色，以土地为根本，不脱离土地，但是能够依赖土地获取相对较高收入则是一个不错的替代选项。那么，要达成这样的目标，主要的措施是走农业产业化发展的道路。就目前来看，农业产业化发展在武陵民族地区还有很大的提升空间，但是其效益已经逐步

---

① 张文明、腾艳华：《新型城镇化：农村内生发展的理论解读》，《华东师范大学学报》（哲学社会科学版）2013年第6期。

② 参见吴易雄《城镇化进程中新型职业农民培养的困境与突破——基于湖南株洲、湘乡、平江三县市的调查》，《职业技术教育》2014年第28期。

体现出来了，我们可以分为几个部分来看待农业产业化的发展和其功能发挥。

（一）农民专业合作社的基础性功能

农业产业化的发展于 20 世纪 90 年代开始兴起，有专家认为："农业产业化经营高于或优于单项的改革与发展举措之处是在稳定农民家庭经营的基础上，以市场为导向，在龙头企业等有效载体的带动下，组织引导小农户联合进入大市场……这样，自然而然地、有机地将稳定（家庭承包经营）、改革（经营方式和管理体制）和发展（市场经济和现代化农业）融于一个历史进程。农业产业化经营不仅是当代中国农村改革与发展的伟大创举，而且是有中国特色的农业现代化道路和经营制度的整体创新。"[①] 但是，在较长一个时间段内，农业产业化发展的主旋律是"龙头企业+农户"的模式，可这种模式存在着诸多弊端。[②] 在武陵山民族地区这些弊端也多次在实践中显现出来，最后利益受损的以农民为主。可喜的是，现在更多的地方积极建立了各类型的农民专业合作社（常常被称为"某某村某某专业合作社"），农户和农民依靠合作性的集体力量与龙头企业打交道，一方面降低了企业与单个农户、农民交易的成本，另一方面加强了对农民利益的整体性保护，扭转了企业与农户直接对话的简单买卖关系，使农业产业化具有更灵活更能适应市场化需求的基本单位，即形成了"龙头企业+专业合作社+农户"的模式。

从农民专业合作社目前的发展状况来看，虽然还存在不少问题，但是其根本的作用在于，把单个农民的力量集中起来，形成合力，以对抗市场的不确定性。在调查中部分返乡农民工表示：

> 其实从我们内心来说，也不抵触务农，毕竟我们从小是土生土长在这里的，对田土还是比较有感情的，虽然说下一代的孩子好多不会种田，但是现在也是个讲技术的时代了，原来好多比较费力的体力活，现在都有机器替代，务农的技术含量其实是在提高的，但同时来

[①] 牛若峰：《中国农业产业化经营的发展特点与方向》，《中国农村经济》2002 年第 5 期。

[②] 这些弊端主要是龙头企业与农户还是一种简单的农产品买卖关系，二者的权利地位也不对等，企业强于无组织的农户等。参见黄祖辉《发展农民专业合作社，创新农业产业化经营模式》，《湖南农业大学学报》（社会科学版）2013 年第 4 期。

讲，也并不是好难的一个事情。大家不愿意种土耕田的根本原因还是收入少了，村里原来也经常号召我们，甚至是免费提供种苗让我们今年搞这个产业，明年搞那个产业。开始都有账算（有经济效益，有收益的意思），但是你晓得的，种植的东西价格波动太大了，也确实有少部分人赚到钱了，但是更多的人是一年丰收一年歉收，相抵下来，白白累了几年。比如说我们这里种百合，可以食用也可以药用。去年价格好，种了的人收入都还可以。今年一窝蜂都种上了，现在你们看到的，地里全都是的，收都没得人愿意去收，价格不到去年的一半，卖不成钱了。这样的事情不只是一次两次，是经常性的，你说还有谁要依靠务农来生活呢？（PYC20120725THH）

从上述访谈对象的话语中，我们能够感受到一种无奈，甚至是一种对依靠务农来实现生存发展的失望。产生这样的感受，其原因在于市场对于任何一位农民来说都是一个超级庞然大物，个体在其面前显得很微小。个体的力量没有办法去抵御和抗衡市场的波动，特别是对于简单遵循趋利避害原则的农民来说，在没有办法去预测未来市场的走向的情况下，只能依靠当前的信息去判断农产品的市场价格，因而在遭遇到一次次打击后，要么选择脱离市场，只耕种那些虽然附加值低，但市场价格长期稳定的农作物，停留在一个基本自给自足的农业产出供给程度，用农民的话说就是保证自己的基本日常饮食不用额外花钱购买，也不想靠务农挣更多的钱。而额外的生活支出则需要寻求其他途径收入来源，但出现其他收入缩减的情况，家庭整个的经济状况就有可能出现向下较大幅度的波动。除此之外，要么就选择脱离土地，彻底放弃务农，转而以农民工的身份进入城镇，在农业之外去寻求生存发展空间。无论是哪一种情况，结局都是农业没有办法吸引住农民。也就是说"'细碎化'经营导致农户的生产活动被单纯地局限于生产环节，缺乏和市场其他经营主体相竞争的条件，被动地承受着单纯的原料供应者的地位，经常出现农业增产、农产品价格上涨但农民无法增收的局面"[1]。

但是建成了农民专业合作社之后，这样的情形将会大为改变。《中华

---

[1] 周艳华、彭玉旺：《城镇化过程中农村剩余劳动力转移的问题——以河北省廊坊市为例》，《人民论坛》2012年第29期。

人民共和国农民专业合作社法》的第一章总则第二条对农民专业合作社进行了定义：农民专业合作社是在农村家庭承包经营基础上，同类农产品的生产经营者或者同类农业生产经营服务的提供者、利用者，自愿联合、民主管理的互助性经济组织。在此基础上同时强调：农民专业合作社以其成员为主要服务对象，提供农业生产资料的购买，农产品的销售、加工、运输、贮藏以及与农业生产经营有关的技术、信息等服务。因此，有了专业合作社，一方面有更为专业的人来处理农产品种养过程中的技术性问题，也有专业的人来处理农产品经营的商业化问题，有力地促进了农民收入的稳定增长；另一方面吸引了更多的农户加入其中。这与单个的返乡农民工通过创业来创造就业岗位不同，其影响的面更广，同时，还具有一定的可复制性。对于返乡就地就近就业的农民工来说，通过加入这样的互助组织，等于为自己的生活加上了一道保险，也正是因为这样的组织不断发展壮大，吸纳的劳动力也越来越多。这一方式不仅仅是我们必须大力推广的，其实从台湾地区的发展经验来看，早有学者指出类似的组织在农业现代化发展中能够发挥重要作用，认为"台湾当局通过构建合理的农业政策体系，顺利实现了传统农业向现代农业的转型，有利推进了工农城乡协调发展。在此过程中，作为贯彻国家战略而建立起来的综合性的农会系统，在执行政府政策和降低政府与农户之间的交易成本方面，作为重要载体和平台发挥了不可替代的作用"[1]。

（二）龙头企业的整合带动性功能

农业专业合作社完成了个体农户的联结，在产业化链条上的起始端做好了充分的准备。而农业产业化的另一端，即龙头企业也将会发挥自己的功能。主要体现在几个方面：一方面能够创造就业岗位，特别是许多企业就建在村镇或是邻近工业区内，以便于农副产品的及时加工处理，为当地创造了有效的就业岗位；另一方面龙头企业的存在本身也能产生强大的聚合力，催生更多的农户加入有保障的专业合作社中，使产业化的聚焦效果不断增强和扩大。在这个过程中，包括运输、贮藏等产业化链条上必需的组成部分就能以龙头企业为核心整合起来，为整个地区的经济社会发展贡献力量。我们从下面的案例来进一步说明龙头企业的整合带动性功能。

---

[1] 参见杨殿闯、李伟伟《台湾工业化、城镇化加速时期农业政策调整的经验与特点》，《世界农业》2012年第12期。

在湖南省湘西土家族苗族自治州龙县有一家公司名为"恒龙中药业拓展有限公司"。该公司成立于2013年3月,位于该县华塘街道,占地面积3200平方米,投资2000多万元。是一家集特色中药材种植、加工、销售于一体的民营独资企业,有职工65人,技术人员25人。该公司长期与药企合作,成为湘西药材最稳定最大的供应商,是药材类首屈一指的龙头企业。公司成立后的第一年,销售额达5169万元,上缴税金120余万元,实现利润360.2万元,带动农户3600户,人均增收2500元。而经过3年的发展,预计从2016—2020年的4年时间内,该公司将采取"公司+基地+农户""公司+协会+农户""公司+种植大户"的经营模式,在湘西州内发展中药材种植面积达5万亩,其中公司自办示范基地500亩,联合合作社30多个,药村协会30多名资深会员,种植大户50多户联办基地1.5万亩,带动农户创办基地3.5万亩,带动农户2万多户,实现产值5亿元,创利润3000万元,上缴税收1500万元。[①]

还比如说在来凤县百福司镇兴安村,2014年湖北云翔农林开发有限公司在该村发展油茶示范基地及茶油加工项目,走"公司+基地+农户"的生产模式,总投资7500万元,项目通过引进优良无性系列油茶品种,将建设高品质油茶基地4500亩,可年生产精制茶油500吨。到2016年3月,已流转土地2084亩,油茶种苗已全部移栽完成。如果该项目完全建成后,可实现绿化、改造荒山2500亩,同时增加农民土地流转、工资性收入,新增就业岗位200多个,季节性临时用工2万多个。我们在新闻上见到关于该村的报道后,还专门对新闻中出现的农户进行了访谈。

确实是有记者来采访我们的,我们讲的也是实在的,我们两口子算是比较早进行土地流转的,一共10亩。这个流转收入比较稳定,一年有个几千块钱收入。再就是到云翔打工,现在的价格是70块钱一天,有时有做的,有时没得,不固定,不过一个月下来也差不多接近2000块钱,有时还多一些。感觉比原来种田或是到外头打工划算

---

① 资料于2016年5月在该企业进行调研时收集整理。

些，就在家里做事，方便得多，也放心些。(TGF20170109THH)

当然还可以支持和鼓励农业种植大户的发展，依靠有特别突出能力的个人来带动地方发展和农民增收。还可以借助家庭农场来实现农业对劳动力的稳定吸纳。因为"家庭农场是指以家庭成员为主要劳动力，从事农业规模化、集约化、商品化生产经营，并以农业收入为家庭主要收入来源的新型农业经营主体"[①]。其意义和价值可以体现为土地资源的集约利用、农村人口转移和经营模式调整、市场的培育和辐射带动周边、生态保护和环境改善。只是这种模式目前在武陵民族地区发展并不普遍，主要还是因为家庭经营风险性较大，不利于家庭成员分担风险。

四　传统农村社区的重构

新型城镇化建设注重人的发展，而人是社会性动物，基本的精神需求来自群体相互之间的关系和联结，如果缺乏人与人之间和谐的关系，人的生活也将变得不安稳。曾经在很长一段时间内，人们关注到了城镇化发展给农村社区带来的毁灭性冲击。[②] 有不少研究指出农村"空心化"十分严重，并认为这一现象的出现与我国的城乡二元体制密切相关，正是户籍和社会保障都存在着城乡差异，导致农村社会的不断衰落，青壮年劳动力一批批撤离乡村，只有老弱病残还在固守。也就是学者所说的"人口空心化是最明显、最根源的表现。随着市场经济体制的建立与完善，以及户籍制度改革的不断深化，我国工业化、城市化进程不断加快，农村青壮年劳动力大量外出，使农村常住人口呈老龄化、贫困化趋势。"[③] 基于这样的判断，一般认为农村空心化导致了土地资源浪费、宅基地闲置、养老没保障等问题的出现，并提出农村新型社区建设的观点。[④] 而所谓的农村新型社区就是一个把现有农村社区进行集中安置的途径，认为"具有一定血缘、地缘、业缘关系的农村人口群体，为了一个或多个共同关心的诉求，

---

① 许华荣：《民族地区新型城镇化视角下的家庭农场》，《改革与战略》2013 年第 12 期。

② 我们在这里使用农村社区，既表示行政村，也指代自然村，主要特征是基于传统村落布局形成的地域共同体。

③ 刘彦随：《中国乡村发展研究报告——农村空心化及其整治策略》，科学出版社 2011 年版，第 8 页。

④ 参见邵静《空心村、农村新型社区建设与新型城镇化》，《学理论》2014 年第 22 期。

在空间上聚集形成的社会共同体"①。并认为这样一来就会形成一个开放的、功能多样的、建设主体多元的、成员联系密切的新型社区。我们认为这样的操作在部分经济较为发达，地方政府有能力提供更为丰富的社区资源，且在自然环境、基础设施建设等方面都具备较好条件的地区确实可以实现，但在武陵民族地区，目前还不具备这样的可行性。其原因主要有两个方面：一是从外部环境来看，武陵民族地区的农村社区大多分散，承包地以村庄为核心散布，如果集中建设新社区，难以有合适的地点给予安置，即使安置下来，也会造成农民无法及时照顾到土地使得生产生活不便利。二是从各个农村社区内部来看，武陵民族地区多年来所形成的村落分布早已不是地理位置上的自然区隔，更多是基于文化传统或血缘关系的社会区隔，如果强行让大家集中在一起，在各项社会保障还处于低水平层次的现状下，无疑会造成更多的新的社会问题。也就是说，"如果没有合理的过渡设计，来自外部世界的改造压力过强过急，村落共同体的原有组织体系极易崩溃，村民的价值观、宇宙观就容易发生断裂。毋庸讳言，处于转型期的村落社会是脆弱的，积压已久、交织错杂的矛盾一旦触发，就容易产生极端行为，最终将由整个社会付出高额代价"②。

其实，关于农村社区的建设、重构等问题的研究，一直以来都倍受关注。梁漱溟先生早年出于对国家对民族的深切担忧，提倡开展乡村自救运动，寄希望于通过重新构建起由乡村士绅阶层为核心，以传统礼法秩序为规则的乡村社会秩序③就是典型的研究案例。这些研究都怀着对农村发展的深切关怀和忧虑。好在我们观察到这样的一种现象，如同前面第三章讨论个体层面返乡农民工就地就近就业时所举的案例一样，随着农民工返乡人数的增长，农村社区正在经历着传统重构的过程，也许不是那样的显现，但确实正在发生着。我们认为以下几个层面可以更为清晰地呈现这一重构。

（一）传统互动网络的黏合效应

传统互动网络是指农村社区在人口大量急速流动之前就具备的关系网

---

① 张军：《新型农村社区：城镇化的新尝试》，《中国报道》2013年第3期。
② 张士闪：《"顺水推舟"：当代中国新型城镇化建设不应忘却乡本位》，《民俗研究》2014年第1期。
③ 参见梁漱溟《乡村建设理论》，上海人民出版社2011年版。

络，在武陵民族地区，这一网络中最重要的联系就是亲缘、血缘和地缘关系。由于天然地理环境的限制，该区域内很多自然村庄规模都不大，传统的通婚圈范围也比较小，人们关联的人际关系数量大多非常有限。也正是这种有限性使得即使多年的外出务工，依然难以割裂这种强关系，任何一位返乡的农民工，都能清楚地记得亲朋好友，邻里左右，分得清长幼辈分。而且，当地返乡农民工在外出时也多半是依靠亲友的介绍，比如说怀化市的一份调研显示："仅有30%的农民工曾借助过政府组织，20%的农民工通过职业介绍机构，外出务工人员70%以上属于自发外出打工，呈现出明显的地缘性和亲帮邻带关系，转移途径仍然主要是亲朋好友介绍，家庭成员带领，居住地外出人员带动，自行外出'闯世界'。"[①] 在铜仁市的一份调研中也指出："有组织输出的劳动力比例不高。目前由于我市人力资源市场还没有建立，使得我市农村劳动力转移的形式比较单一，通过政府部门、单位有组织输出的比重小，经过亲朋好友介绍或自主转移的外出务工人员占绝大多数，他们大多是自发的、分散转移，由人力资源部门和其他机构组织转移的人员所占比例不高。"[②]

换个角度来看，虽然返乡农民工的身份是从外地返回，但在这个转移过程中，他们始终与原来的农村社区保持着关联。一旦返乡，他们能够很容易地重新搭建起原有的网络，这就是我们所说的传统互动网络的黏合效应，虽然有时候不是那么紧密，但始终是存在并传递着有效信息的，如果有需要，很容易恢复其积极的功能。有学者说"细细体味，'三四亩地一头牛，老婆孩子热炕头'，无非是体现了农民对其生活家园的归属感、幸福感，代表了乡土文化主体的一种自足感和对和谐乡土社区的追求"[③]。这种自足感、这种追求都有一个潜在的根基，就是传统人际互动网络给大家创造的那种共享的生活世界，使每个人都能在其中寻找到自我社会定位，而不至于完全溃散。

（二）民族传统文化的凝聚功能

民族传统文化的凝聚功能体现在返乡农民工回村后的社会融入上，曾

---

① 资源来源于怀化市就业局，2013年6月获取。
② 资料来源于铜仁市就业局，2013年12月获取。
③ 张士闪：《"顺水推舟"：当代中国新型城镇化建设不应忘却乡土本位》，《民俗研究》2014年第1期。

有学者通过对国际移民回迁的研究，认为"那些因战争和贫穷因素迁移的居民，在回迁后依然面对诸多难题。创伤心理、消极情绪、缺乏技能与对生活前景的失望，导致大多数回迁移民在返回后难以感受到家的温暖。一旦出现这样的情况，那么这些回迁的移民会感知到社会嵌入的失败，就可能促使他们选择再次外迁"[①]。但是，我们认为武陵民族地区的返乡农民工返乡行为不能简单地这样来理解，原因在于他们的外出虽然有生存压力的推动，但更多的是一种理性的主动选择，在这个过程中他们在外迁或是回迁上具有相当的灵活性。再者，他们的回乡除了部分是因为务工的收益下降而被迫之外，还有其他更多的因素，比如说回乡照顾亲人孩子，比如说回乡创业获取更大成就，比如说主动回归农业以求安稳度日，等等。

不过，对于他们回乡后能否真正地稳定下来，确实需要给予关注，因而"嵌入"的理论同样具有适用性。正如我们观察到的那样，返乡农民工回乡后重新回归传统村落社区的嵌入是有保障的，不存在强烈的排斥。其实嵌入的概念本身也就很好地诠释了这其中的原因，因为最早提出嵌入概念的是波兰尼，他主要是对人们的经济行为进行了分析，随后的格兰诺维特是把"嵌入"概念进一步拓展的重要人物，他认为人们的经济行为无论在任何社会形态下都是嵌入于社会网络中的，而"嵌入"也不仅仅再限于经济行为的研究，可以推导至人类的所有行为之中。我们认为，返乡农民工返乡行为也具网络嵌入性，上一点所说的传统互动网络的联结是嵌入的重要体现之一，而内化于人们思想观念中的传统民族文化价值观念等则是第二个重要体现。无论农民工外出从事何种职业，身处何地，在其成长过程中所受的传统文化的熏陶是他返乡后与乡村社会融合的重要资源。

那么传统文化如何发挥功能呢？我们认为主要是其凝聚功能，即能把分散的个体聚集起来，虽然表面看来没有形成正式的组织，但诸如共同的宗教信仰（武陵民族地区的民间信仰十分丰富）、共同践行的节庆仪式、同属一族的宗族观念（在武陵民族地区宗族观念同样十分强烈，这种观念无论是如同费孝通先生在《乡土中国》中所论述的差序格局那样，还是钱杭曾说的那样，宗族的生存依据与人们的居住条件、日常生活过程中

---

① 参见边岛《从"嵌入"视角看回迁移民给公共管理带来的冲击与对策》，《经济师》2009年第11期。

的亲属联系、由传统造成的心理习惯以及宗教需要有关,或者是杜赞奇当年曾观察到的那样,无论外部社会如何变迁,无论宗族组织是否完善可见,不可否认的是人们心中强大的同族意识,在现实中对于人群凝聚确有极为强大的功能,这也或许是几千年来中国文化传统中内含的坚韧特性之一。)及伴随日常生活的各种文化事项,都会对一个群体内不同个体之间的同质性认同产生影响,进而上升为以地域、亲缘、血缘、民族为媒介的群体性认同。呈现出来的就是一种外在松散,而内部有较为紧密关联的团体。因大量农民脱离农村农业而呈现衰败面貌的农村社区,会因为人的回归,且是具有高度同质性的亲友们的回归而再度重构其内在血肉骨架,不至于崩溃。

(三) 精英人物的组织功能

关于农村社区内精英人物的研究有着很长的学术传统,[①] 在武陵民族地区的农村社区中哪些是精英人物呢?对于这个问题的回答,借用贺雪峰教授在一篇书评中所说的那样"在农村较有影响力、威信较高,可超乎私人利益,为公共利益、共同目标发挥带动能力的个人或是在必要时能发挥这种潜在力的'个人'称作农村精英。依据权力是否主要来自'公',而将农村精英区分为正式精英和非正式精英,正式精英相当于基层干部,非正式精英则范围广泛"[②]。贺雪峰教授是对日本学者田原史起的著作进行上述解读的,他用自己的术语把精英人物称为体制精英和非体制精英,表达不同,但内涵一致。我们认为武陵民族地区农村社区精英人物同样可以进行这样的分类,以村支两委为代表的是体制精英,发挥着与国家行政权力进行直接对接的作用,是国家政权在基层的执行者和推动者,他们掌握着从正式政治体制内分配下来的各种资源,对社区中公共资源的调配有着较高的发言权。以知识分子、经济地位高、声望高的村民为代表的非体制精英则是农村社区中最活跃的力量,他们的力量和影响渗透到社区事务的方方面面,许多社区事务的决策离不开他们的支持,包括公共资源的分配也是一样。

---

① 参见杨善华《家族政治与农村基层政治精英的选拔、角色定位和精英更替——一个分析框架》,《社会学研究》2000年第3期。

② 贺雪峰:《农村精英与中国乡村治理——评田原史起著〈日本视野中的中国农村精英:关系、团结、三农政治〉》,《学术前沿》2012年第12期。

上述乡村精英的分类并不是新的观点,我们在这里为什么会说精英人物的组织功能呢?因为,在不少的研究中都认为,"村治精英服务意识淡薄、服务能力缺乏的现状,无法顺利完成职责转变、增强自治组织的公共服务。尤其在农业税取消后,村治组织资金短缺,几乎完全依靠乡镇政府的财政投入,维持组织运转尚显不足,更难以支付公共服务的巨额费用。村治精英公共服务职能的低水平履行降低了农民对其认同度,农民普遍认为村委会换届选举后村庄没有任何改变,由此造成了村治精英和农民关系的进一步疏远"[①]。由此导致的后果就是农村社区内的组织与管理几乎处于荒废状态,体制精英不能够有效地进行村庄组织,成为乡镇政府的附庸,失去了促进农村社区积极发展的内在动力。我们认为这种情况确实存在,但应当全面发展地来看待问题,因为在现有的村民选举制度日益完善的大背景下,基于个人能力和村内权威而且是正常选举而产生的村庄体制精英,其主体能动性我们不能忽略。一方面,他们正在当前的政策环境中积极寻求个体的发展与集体发展最好的契合点,主要通过发展经济为纽带加强对村民的组织和领导;另一方面,如果说农村社区内体制精英与非体制精英能够相互配合,甚至把两种资源集于一身,既具有一定的政治身份,同时也享有较高的社会声望,对于乡村社区来说,会产生更好的组织功能,这种情况也越来越多地出现。比如说有的地方政府在村两委换届选举时,明确提出了村支书必须是"发展经济的能手、群众致富的帮手、处理问题的高手"的"三手"原则,并主动劝导和动员有能力的人积极参与其中。[②]

综上所述,我们认为武陵民族地区乡村精英的两大组成群体,越来越多地出现了合作的倾向。因为,随着农村社区精英人物们自身的素质见识的不断提升,特别是一些返乡农民工回村创业,带来新的发展思路的变化,让他们越来越重视集体力量的优势,越来越重视建立在传统乡邻认同基础上的规范化组织的重要性。因此,他们也正在把一度松散的农村社区组织结构朝着更为合理,更为高效的方向引导。

(四)新型城镇化建设的互构功能

所谓互构,一般会想到"社会互构论"这一新的具有中国特色的社

[①] 刘彤、杨郁:《城镇化进程中村治精英的蜕变风险与防治对策》,《理论探讨》2014年第2期。

[②] 第三章我们已经列举了邓国海这一典型案例。

会学理论，在社会学的本土化研究中，是由郑杭生教授在其主持的国家社会科学基金"十五"重点项目"中国社会转型期个人与社会关系研究"的成果中提出的。他的研究主要探讨了我国社会转型加速期人们的生活方式、社会关系结构和组织模式的转换与变迁，揭示和阐述了这一总体过程和重大现象的本质。在我们的理解来看，新型城镇化建设与农村社区重构之间的互构就是指社会中有关联的双方，在互动中相互影响，从而造成对方结构发生变化。当然，在这里我们主要关注的是因新型城镇化建设而对农村社区发展产生的影响。

具体来看，新型城镇化的发展如我们多次强调的那样，注重人的发展，不再单纯追求经济指标的增长。2012年11月，党的十八大强调要"促进工业化、信息化、城镇化、农业现代化同步发展""城乡发展一体化是解决'三农'问题的根本途径"。① 在这些政策的影响下，城乡二元结构正在破解，以工促农、以城带乡、工农互惠、城乡一体的新型工农、城乡关系正在形成。可以说新型城镇化的发展带动更多的资源向农村社区倾斜，缩小着城乡之间的差距。城乡关系走向紧密联结，人们在城乡之间的流动不再如同往日那样有着强烈的反差。特别是城市对农村社区在物质生活、思想观念方面的影响，推动了农村社区向着更为现代化的方向发展。而这些改变不断吸引着外出人员返乡，以避开城市激烈的竞争而在家乡开创属于自己的事业，同时享受着乡村独有的环境良好、生活节奏适度、亲友照顾等诸多优势。也正是人的回归，农村社区中出现了新型的多种经济组织形式，还有公益组织以及其他类型的社会组织进入农村，以寻求对农民的帮助或是组织自身的发展。这些都与农村社区传统的组织模式相异，社区内的农民在不断与这些新的组织打交道，不断熟悉新的交往互动规则。传统依然在延续，但新的东西也渐渐在融入，给农村社区带来了新的气象，新的未来。

因此，我们从调查的情况可以看到，武陵民族地区的农村社区虽然存在着部分的衰落，但也有不少在经历着新的变化，我们应当关注的是这些村庄如何向更好的方向发展，而不必为村庄是否会最终消亡而担忧。正如学者所说："经历了工业化和城市化冲击的中国农村，虽然在结构和形态上有了较大变迁，但大量的村庄以多样性的形式依然存续并发展着。这表

---

① 《十八大以来重要文献选编》（上），中央文献出版社2014年版，第16—18页。

明村庄与城市化并非此消彼长的关系,城市化不会导致中国的村庄走向终结,也不会使小农走向终结。"①

(五) 国家和地方政策的吸引功能

政策的号召功能还体现在人的回归上,一方面是外出务工的农民不断返乡,另一方面是外来人口在乡村寻求发展。从国家层面的宏观政策来看,我们在前面论述较多,主要是工业反哺农业,城乡一体化建设政策指导下的农村基础设施建设、产业化发展等吸引了不少人返回和进入农村社区,在这一个具有独特时代特征的时期去获取财富。使农村社区与更为广阔的市场有了更多的联结,也导致了社区内人群的不断分化。这对于武陵民族地区许多农村社区来说,有着颠覆性的意义,在集体经济成为空壳后的多年,村庄一度只是城市里工业化与经济发展的点缀,外出务工人员在城市中能够参与其中,但乡村依然如世外桃源般,极小受到影响。而现在,人们在村庄中就能够感受到如同城市中的现代化发展氛围并能参与其中。

从地方政府的各种政策来看,主要是通过各种优惠照顾,寄希望于外来力量的参与而促进农村社区的发展。武陵民族地区很多乡村意识到农村组织的困境,在乡镇党委政府的支持下,以土地优惠、税收优惠、劳动力支持等各种方式吸引企业落户,加强村集体经济的发展,然后再由集体收入为村民谋取更多福利,以此来凝聚人心,走上良性循环的道路。还比如很多农村社区在政府的支持下建立了人才档案,给予相关人员一定的补助,让农村适用性人才队伍不断扩大,带动农村社区发展。类似的激励政策在各地不断出台,吸引和号召越来越多的人才、资金和技术从外界流入。由此一来,同样是改变了农村社区原有的格局,不仅仅是本地人的返乡,还有外来人口的加入,新的情况也在不断改造着传统的农村社区。

目前来看,对武陵民族地区影响最为深刻的政策就是当下正在执行的精准扶贫。可以说历史上从来没有出现过这样从国家到地方全社会力量被集中动员的情况。我们有一章节专门讨论了国家部委、民委所属高校在精准扶贫上所下的功夫,有大量数据表明了在人才、资金、技术、政策等各

---

① 陆益龙:《村庄会终结吗?——城镇化与中国村庄的现状及未来》,《学习与探索》2013年第10期。

方面的支持如同一股巨大力量，深刻影响着农村社区的发展。而省、市、县、乡镇也都各有各自的扶贫计划和实践，工矿企业、行政事业单位、社会组织，甚至还有不少的个体都参与其中，各帮扶单位有具体的帮扶指标，制订了具体的帮扶计划，有针对性地解决农村社区一个个贫困问题。在这样的政策影响下，农村社区也将迎来新的发展机遇，重构也正悄然发生。

上面我们列举了五个方面的因素来讨论农村社区的重构，并没有深入研究重构的过程，是因为从目前来看，武陵民族地区各农村社区的重构存在着许多差异性，而且这个过程正在因新型城镇化建设、新农村建设和返乡农民工的增加而处于变化的初期，并没有形成固定走向。如同上面所说，从重构的主体来看，既有村庄中的精英力量，也有外来人口的参与；从重构的契机来看，既有国家和地方政策的影响，也有返乡农民工的推动；从重构的内核来看，既有以发展集体经济为主导的，也有以带动村民参与经济活动的。因此，对农村社区的重构我们需要更长时间的观察。

但是，不可否认的事实就是，农村社区确实是在变化，而且朝向着更好的方向在发展。我们并不固守着每一个村庄都要保护完好的意图，那只能是一种空想，因为城镇化进程中部分村庄的消失具有历史的必然性。只是说在一些条件允许的农村社区中，正在通过传统的重构来接纳和吸引外出人群的回归，在不脱离家乡的基础上共创一个更为美好的农村。我们认为这也是真正能够实现城乡一体化发展的必然选择。特别需要认识到"中国的村庄承载着自然、历史、社会经济与文化的厚重内涵，也是丰富多彩的人类文明形式，仅仅凭借城市化的力量，难以终结其未来发展。恰恰相反，很多村庄则是在城市化进程中获得了发展的新动力。即便现代技术的日新月异推动着社会转型的加速，也难以终结中国的小农，因为有些村庄的存在为小农生产提供天然条件"。[①]

"乡土社会"是费孝通先生对我国传统乡村社会最为精辟的论述，一直以来"乡土性"都是我们理解和分析中国传统社会最为有效的概念。随着时代的发展，乡村社会结构也无时无刻不处于变动之中，为了更好地

[①] 陆益龙：《村庄会终结吗？——城镇化与中国村庄的现状及未来》，《学习与探索》2013年第10期。

呈现出这些变动的真实面貌，学者们从不同的角度对乡土社会的变迁提出了自己的见解。我们的观点是应当把乡土社会变迁作为既存事实，但摒弃乡村社会结构是受现代化影响而被动变迁的观点，以武陵民族地区为例，从返乡农民工群体的角度来审视他们参与当前乡土社会结构重构的过程，把变迁与重构融为一体，变被动为主动，为我们更好地理解农村社会，特别是民族地区农村社会发展提供新的理论参考。

也就是说虽然"融不了大城，回不了村"一度是对农民工尴尬处境的描述，我们也认可农民工回流会面临诸多不适应，可农民工群体与乡土社会有着天然的不可割裂的联系。返乡之后，在新的社会环境下，回流农民工秉持新的价值观念，依借新的政治经济资源构建了新的人际关系网络，他们正以自身的力量积极主动地在重构着传统的乡土社会。由此，他们在回流后不断地寻求着适应与发展，并从深层次带动了农村社会结构的变迁，把握好这一核心问题，有利于结合新农村建设和新型城镇化建设的要求解决好当前农村社会所面临的一系列问题，对于解决我们所关注的返乡农民工就地就近就业来说无疑也具有正面积极的作用。

五 民族关系的互嵌式发展与精神家园驻守

武陵山区是一个多民族地区，境内世居民族就有土家族、苗族、侗族、白族、回族和仡佬族等9个。各民族在长期的生产生活中，形成了大杂居小聚居的分布状况。近年来，各地政府主导下，各民族成员主动实践的民族关系互嵌式发展，使得该区域内的民族关系朝着更和谐的方向发展，也给各族成员营造了良好的家园氛围，在物质生活条件不断改善的同时，精神家园的构建也取得了成功，使得身处现代化变迁的各族人民能够获得心灵慰藉。

在我们看来，"相互嵌入是民族交融的微观注解，是我国各民族分布上交错杂居、文化上兼收并蓄、经济上相互依存、情感上相互亲近的直观体现"[①]。这样的嵌入式发展主要涉及四个方面，即结构互嵌、文化互嵌、制度互嵌和经济互嵌。互嵌的内容具体可从表5-2中得知。

[①] 裴圣愚、唐胡浩：《武陵山片区民族社区互嵌式建设研究——以湖南省靖州苗族侗族自治县为例》，《中南民族大学学报》（人文社会科学版）2015年第2期。

表 5-2　　　　　　　　相互嵌入的社区环境的内容分析

要素	地域空间	人口	制度结构	情感观念
维度	硬环境		软环境	
内部环境	社区的基础设施建设	各民族成员的分布	不同群体和组织的相互关系	归属感和凝聚力的形成
外部环境	社区所处的地理位置	各民族成员的流动	社区与其他主体的互动关系	民族和社区文化的认同

我们曾在一篇文章中以湖南省靖州苗族侗族自治县为例讨论过相互嵌入发展所带来的变化,在总结中说道:"从民族社区软环境建设来看,各民族社区形成了共有共享的文化内核,形成了相互协调的治理模式,形成了相互依存的经济产业,从而增强了社区认同、民族认同、家乡认同,构筑了共同的精神家园,实现了民族社区的文化互嵌、制度互嵌和经济互嵌。"[①] 其实,互嵌的目的是民族团结,为了共同的进步和发展。换句话说,从现阶段来看,各民族之间的差异还是实际存在的,我们不要盲目地推动所谓的民族融合,而应当着眼于现实基础,通过互嵌式的发展,倡导民族团结进步,有效地促进各民族成员之间的深入了解,就会有更多的合作与互动,为整体性的发展提供良好外部环境。

我们再从另一个案例来看,在实际的互嵌式发展中,武陵民族地区正在以民族团结进步为导向创建多民族和谐互动、相互嵌入的新型社区。我们调研的这个社区位于神农架林区下谷坪土家族乡,名叫板桥河村。

(一) 村庄经济社会发展简况

板桥河村是有1257人、9个村民小组的大村,也是2014年全省民族团结进步示范村。近年来,该村围绕旅游谋发展,鼓励村民进景区务工、依托景区优势发展个体经营,目前在景区务工人员达70余人,围绕旅游设置接待农家乐3家、开设旅游文化服务及商品店1家;同时,以景区旅游发展为优势,积极发展地方特色产业,形成了黄连、魔芋、优质核桃、金银花种植、生猪养殖、土鸡养殖等项目,支柱产业已初步形成,结构合理、优化,大有发展前景。目前,该村以资源和资金入股的方式投入资金

---

① 裴圣愚、唐胡浩:《武陵山片区民族社区互嵌式建设研究——以湖南省靖州苗族侗族自治县为例》,《中南民族大学学报》(人文社会科学版) 2015年第2期。

近 30 万元到板桥河电站，每年可获利润 5 万元，集体经济有了稳定的基础，并能逐年增加。

该村是一个汉、土家结合的村庄，这给乡风文明建设提出了新的要求。为实现民主团结、社会和谐，该村特成立了民族宗教工作领导小组，由村支部书记任组长，并将全体村干部列入领导小组成员，共同负责民族宗教事务，并切实将民族团结内容纳入了该村村规民约，建立了宣传专栏，着重于树立新风尚、繁荣新文化、创造新村容三个重点，创新形式、创新内容、创新载体，积极探索乡风文明建设的有效途径，通过开展"全村文明示范户"创评、"和谐家庭"创评等经常性的宣传活动促进民族团结进步，探索出了乡风文明建设的有效途径并取得了明显成效。在各方面的大力支持下，该村的乡风文明建设的工作体系更加健全，工作措施更加具体，农村文明程度正在逐步提升，长期以来，无因民族宗教因素引起的突发事件和民族纠纷，无邪教传播，无刑事案件和治安案件发生，无集访事件，无重大安全事故。

（二）以"民族团结进步示范村"创建为契机的精神家园建设

自 2013 年板桥河村经神农架林区区委区政府、民宗局推荐为"民族团结进步示范村"以来，该村村两委始终坚持群众工作方法，以及掌握民情、了解民意、集中民智，充分尊重和发挥人民群众的首创精神，并探索出组织发动群众的两种方法，即用共同梦想凝聚人心、用榜样的力量营造民风。以此凝聚人心，共同促进村庄发展。

1. 用共同梦想凝聚人心

为了有效争取和组织群众，准确寻找到群众对美好家园的共同梦想，以此来集中意志、统一思想、达成共识、凝聚人心共建"民族团结进步示范村"。采取以下两个主要的方法。

一是用讲故事的方式，唤醒共同的美好回忆。通过重温过去整洁优美的环境，唤起群众共同缔造的美好回忆，进而找到联系群众的有效方法，并与群众建立起相互信任、相互寄托的关系，借此形成区域性的集体自信，最终成为促进工作、攻坚克难的有利条件。比如，在推进集镇综合环境整治之前，河道内淤泥堆积、污水横溢、臭气冲天、垃圾遍地，群众一直想改变生活环境，但由于未能有效组织各家农户，群众渴求改变现状而又不愿意积极参与的情绪交织在一起。为此，村两委多次考察，仔细研究，切实将综合环境整治提上重要议事日程，组织召开群众会，讲述我村曾经山清水秀、是1949年前后几届乡政府所在地，又是游客进出大九湖、神农顶，到宜巴高速必经之地，是下谷土家族乡的脸面，更是政府计划花重资打造的特色村寨对象，由此激发了群众改变面貌的激情，自觉参与到河道整治工程中，干部群众主动参与到清除河道垃圾的活动中，并多次自发组织清理街道污水，垃圾，河道淤泥，仅用三天时间，就将板桥集镇清理得干干净净。

二是用画蓝图的方式，勾画清晰具体的共同梦想。该村两委把创建全国"民族团结进步示范村"的奋斗目标转化为科学的产业规划、新农村建设蓝图，通过生动的宣传方式公之于众，并通过组织群众代表到周边县乡新农村建设现场和"美丽乡村"示范点参观、外出学习等方式，让群众看到美好愿景，借以点燃群众的希望，积极主动参与改造提升。村两委结合本村实际和产业发展现状编制村庄发展规划，已编制了发水洞、石门洞、天鹅池户外旅游线路开发建设规划，发展魔芋、传统生猪、山羊、蜜蜂、小杂粮等产业规划，并在村内设置固定宣传栏，向群众宣传展示建设规划图，给广大群众勾勒出一个"看得见、算得拢、数得来"的发展梦想，从而调动了群众发展产业，建设美丽乡村的积极性。

2. 用榜样的力量营造民风

在"民族团结进步示范村"建设中，注重在群众中广泛地开展各种评比活动，塑造看得见、摸得着、学得会的身边的典型，用榜样的力量教育群众，着力提升群众的清洁意识、责任意识和主人翁意识。

一是发现身边的榜样。着重引导"八类家庭"发挥模范作用，这八类家庭分别是村两委干部家庭，党员家庭，致富能人家庭，在乡镇、城区级工作的干部家属家庭，家有中小学生的家庭，返乡创业带动下的家庭，独生子女家庭以及各类经济组织家庭（合作社）。村两委充分利用这些家庭在农村社会中的榜样示范作用，着重对这几类先进家庭进行宣传教育，让团结进步的理念深入这些家庭，同时进一步将这些家庭培养成为"民族团结进步"宣传工作的主力军，让他们对自己的亲戚、朋友、家庭成员进行充分宣传，从而让这"八类家庭"成为"民族团结进步示范村"的领头羊。再者，通过在村民中开展孝老爱亲、团结友爱、勤劳致富、道德风尚等十星级文明户等评选工作，树立一批积极参与"民族团结进步示范村"创建的先进典型，对他们予以挂牌激励和通报表彰，并在各项惠农政策扶持中倾斜，通过这些荣誉奖励评比机制，以点带面，感染周边群众，在群众中营造"创先争优"和"比学赶帮超"的浓厚氛围，鼓励他们支持并自觉地参与到活动中。

二是让榜样成名。对评选出来的十星级文明户家庭和个人大张旗鼓地进行宣传、表彰、奖励，并在村级宣传栏、简报、村办"春晚"、群众运动会等各项宣传活动中进行大力宣传，同时组织评选出来的先进户和"八类家庭"户现身说法、传经送宝，鼓舞和激励广大群众向先进学习、向典型看齐，最终实现以点带面的示范效应。如一组十星级文明户沈千凡和四组十星级文明户赵远康率先带头当村民"和事佬"并长期坚持，并在邻里亲戚间大力宣传，最后得到了广大村民的支持和参与。

经过求真务实地为民办实事、办好事，板桥河村的基础设施建设越来越好了，人民的生活也越过越富裕了，村级领导班子也得到了群众的大力拥护，2014年经省民委评估验收，成功达标，荣获"湖北省民族团结进步示范村"的光荣称号。同时，也吸引了更多的人返乡就业创业，表5-3为2016年劳动力转移情况，表明返乡回来就业的人数有了新的变化和突破。

表5-3　　　板桥河村劳动力转移情况统计表（2016年）　　（单位：人）

单位	村总人口	实际从业人员	在本乡镇从业人员	外出从业人员	返乡再就业情况	
					在家务农	从事第二、第三产业
板桥河村	1258	730	285	445	18	71

武陵民族地区本身就是一个各民族团结和谐共存的典范型区域，民族之间的矛盾与冲突都只是偶然性的事件，主流是和谐共生。在这样的大背景下，通过上述所说的"民族团结进步示范村"的创建，进一步凝聚了各族群众人心，正如我们在有的研究中所说："民族社区是少数民族生产生活的基本空间，是传承民族文化的有效载体，是少数民族和民族地区加快发展的重要资源，具有'地域社会'和'精神共同体'的双重意义，社区的建设发展能够为其成员提供一个财富充足的物质家园和精神家园。"[①]

[①] 裴圣愚、唐胡浩：《武陵山片区民族社区互嵌式建设研究——以湖南省靖州苗族侗族自治县为例》，《中南民族大学学报》（人文社会科学版）2015年第2期。

六 新生代农民工创业意识不断增长

根据最新公布的数据来看,我国1980年及以后出生的新生代农民工已逐渐成为农民工的主体,占全国农民工总数的49.7%。[1] 而我们前面也介绍了的很多量化研究表明,新生代农民工有较强烈的创业意愿,如"当前很大比例的农民工具有较强的创业意愿,其中80%的受访者表示只要条件成熟就会返乡创业,潜在创业农民工的62%年龄集中于30岁以下"。[2] 这些研究都表明,新生代农民工在逐渐成为农民工群体的主体,他们和老一辈在未来发展的取向上可能会有着较大的差异,我们常把这一代农民工称为"三高一低",即受教育程度高、职业期望高、物质和精神享受要求高但工作耐受能力低。我们不否认这样的判断,但是应当全面地来看待这一现象,所谓的"三高"也正是我们国家经济社会发展所追求的目标,我们所推动的社会改革、经济发展正是要让更多的人享受更高程度的教育,获得更稳定更好的职业发展,以享受更高标准的物质和精神生活。至于新生代农民工的"一低",这当然是一个问题,我们必须予以正确引导,只要不与"三高"有太大距离的分裂,问题依然能够得到解决。因此,我们在这里更为关注的是新生代农民工这个群体,在实际发展中他们是否能够得到更好的成长空间,获取更大的成就,从我们的调研情况来看,武陵民族地区新生代农民工与全国其他地区一样,具有较父辈们更为强烈的创业意愿,而且他们有着自己特有的优势,这也是他们可能成功的基本保障,具体则体现在如下方面。

(一) 具有商品经济意识

与父辈相比较而言,许多新生代农民工成长的背景大不相同。父辈们多是在长期从事农业生产后,通过跳出农业来获取更高收益,他们对农村农业较为熟悉,有着较为深厚的传统思想束缚,对市场经济的认识不够深刻,在城市生活主要是以勤劳和汗水换取经济利益。而新生代农民工从小接受稳定的正规化教育,基本处于脱离农村农业的状态,他们务工的出发

---

[1] 《2016年农民工监测调查报告》,2017年5月9日,国家统计局(http://www.stats.gov.cn/tjsj/zxfb/201604/t20160428_1349713.html)。

[2] 袁云:《新生代农民工返乡创业的新特点及金融支持研究》,《理论与现代化》2014年第6期。

点，基本是从学校到社会，而没有经历过农业生产的中间环节。所以他们较早地接触到城市现代的商业活动且较为熟悉，对现代社会的发展理念，对企业的经营理念等都较为熟悉并认可。这对于返乡创业来说，就有了基本的内在动力。

（二）具有较为明确的职业规划

虽然说新生代农民工整体受教育程度不是很高，但是绝大部分人所受的教育足够支撑他们去了解新事物，所以说他们对外界知识的吸收和转换能力并不弱，各种各样新媒体也让他们时刻都能接受到新的观点。与父辈只能通过体力在城市谋生不同，新生代农民工大多从事第二、第三产业，总体数据可以支持这一观点。《2016 年农民工监测调查报告》数据显示：从事第三产业的农民工比重为 46.7%，比上年提高 2.2 个百分点。其中，从事批发和零售业的农民工比重为 12.3%，比上年提高 0.4 个百分点；从事居民服务、修理和其他服务业的农民工比重为 11.1%，比上年提高 0.5 个百分点。[1] 很多新生代农民工受访者都表示，他们在外务工时比较留意创业信息，会找机会提升自己的创业能力，为自己创业积累资源。正如一位返乡农民工所说：

> 我高中毕业外出，在外闯荡了这么些年，虽然说做了很多工作，在一般人看来我吃不得苦，是个不安稳的人。其实，我从打工开始就意识到，真正要挣大钱，只有自己给自己打工才行，所以创业一直是我的理想。换工作的目的也是找合适的项目，我家家庭条件一般，如果创业的话就不能乱折腾，至少要在家庭经济承受的范围内，不然很容易夭折。你看那些一天喊着创业的人，真正有几个人能创业呢。所以说要有计划，有打算才行。（GZH20130522THH）

（三）具有政策支持优势

相对于父辈来说，新生代农民工面临的一个极具时代特征的发展机遇就是从中央到地方，都在积极支持创新创业。特别是 2015 年李克强总理提出把"大众创业、万众创新"作为我国经济发展双引擎之一后，全社

---

[1] 《2016 年农民工监测调查报告》，2017 年 5 月 9 日，国家统计局（http://www.stats.gov.cn/tjsj/zxfb/201604/t20160428_ 1349713. html）。

会更是掀起了创新创业的高潮。为此，各地政府也积极行动，出台了许多配套措施，为新生代农民工返乡创业提供了绝佳的机遇。作为最富有活力的新生代农民工，他们具备了一定的知识技能，经受了市场经济的熏陶，积攒了一定的社会资源，在明确的自我发展和自我实现意识的指导下，有了政策支持这一强有力的驱动力，他们在创业道路上的选择和优势越来越超过上一辈农民工。

综上所述，从新型城镇化建设层面来看，地方政府只要抓住"以人为本"这一核心理念，及时转变原有的城镇发展模式，把更广泛人群的利益放在首位，把环境保护作为发展根基，不简单寻找那种以牺牲农民工利益为代价的单纯追求 GDP 的增加和财政收入的最大化，真正关注到这些群体的根本利益，新型城镇化就必将会为返乡农民工和所有群众谋取更大更长远的利益。从农民工这个角度来说，应当如研究者们所说那样，"一方面，城镇应侧重发展劳动密集型工业，解决城镇居民和进城务工人员的就业问题；另一方面，要改变地方政府财政支出模式，减少生产性投资，增加消费性投资和公共事业投资，为城市实有人口提供全方位的社会保障和消费支撑。此外，要将城市实有人口的生活满意度作为城市发展好坏的最终评价指标，让 GDP 的发展服务于居民生活的改善"[①]。要把 GDP 的概念放在适应的位置考虑，应当把 CSC（Comprehensive Social Capital）的积累和增长作为行政关键点，以造福地方社会和群众。这一理念同时也应当通过积极引导和倡导，一直延伸到农村社区之中，以夯实农村基层社会的发展根基，营造出既有从上而下的科学指导和实质支持，也有从下而上的密切配合和自我奋发的良性发展态势。那么，返乡农民工无论是就地就业，还是创业都将在其中得到妥善的解决。

第二节 农民工返乡生存与发展面临的挑战

农民工返乡寻求新的发展机遇，或是重返原有的生活轨迹，虽然是个体理性选择的结果，但其背后的影响因素是复杂多变的。可能是诸如地区经济发展程度、国家政策导向等更为广泛的社会环境因素，也可能是地方

[①] 李圣军：《城镇化模式的国际比较及其对应发展阶段》，《改革》2013 年第 3 期。

政府出台的临时性政策、外来资本拓展等随机性因素，还有可能是农民个体素质、农村社会关系网络等更为微观层面的因素。本节拟将从不同的角度对这些影响因素进行讨论，关注的焦点在一般程度上对返乡农民工就地就近就业产生负面影响的因素。

一 城镇融入依然障碍重重

从返乡农民工就地就近就业的宏观层面来说，他们返乡之后能否融入城镇是非常关键的事情。但就我们目前所调查的情况来看，城市融入依然是困难重重。这里主要是针对一般性返乡在家乡城镇就业的农民而言的困境，对于那些返乡创业有所成就，或是自身素质较高、收入较高的返乡农民工来说，这些可能都不是太大的问题。但我们的出发点是关注更为广泛和一般性的返乡农民工群体，而不仅仅是他们中优秀和出色的那一小部分，所以下面问题有必要认真对待。

（一）户籍限制依然存在

城乡二元格局的户籍制度在当下所产生的弊端已无须赘言，很多地区也在逐步调整相关政策，但从武陵民族地区来说，这一制度对人口流动的约束依然存在。从返乡农民工就地就近就业的角度来说，还是存在就业岗位倾向本地城镇户口的现象，或者是本地人不愿意从事的工种交由农民工来做。现在的情况是，对于返乡农民工群体，其实各地政府都较为普遍地把具有一定技能的人才返乡作为关注的重点，因此，我们能够在第三章里看到各地名目繁多的吸引人才工程。但是对于更为普遍的一般的返乡农民工如何安置就业，关注点却不够，或者说仅限于2008年金融风暴后的一段时间内，迫于维稳和中央政策的压力，提供了一些特殊性支持，但随后就又回复到一般性的常态，仅仅是把常规性的拓展就业工作完成，没有专注于持续性地为一般的返乡农民工提供帮助。所以，如果返乡农民工是在本地城镇就业，依然还需要面对在就业、医疗、社保等方面的差异化对待。他们想要在本地城镇就业，这些问题如果没有政府统一协调解决，那么被二元分割排斥的状况就不会消失，哪怕返乡了，农民工依旧是农民工，家乡城镇对他们的接纳程度还是很低。

（二）区域经济发展程度不高

曾有人认为只要农民工取得了城市户口，就会被纳入城市社保体系，从而释放他们的消费潜力。这种以户籍促进城镇化的意见受到一些人的反驳，认为"户籍将人口稳定在某一区域的做法是不现实的，可将福利、医疗等社会保障制度与常住人口挂钩，走'常住化'之路，而不是'户籍城镇化'"①。我们认为这样的认识是正确的。因为从返乡就地就近就业人群的收入来说，大部分人低于外出务工收入，难以满足他们在城镇安身的全部需求，至于在城镇购房，更是遥不可及，这是宏观的区域经济发展现状所造成的。换句话说，农民工外出务工虽然身份是外来人，但收入相对较高，他们还可以存下一笔钱，或直接支援家庭在老家发展。但现在返乡务工，如果低收入不足以维持家庭原有生活水平的话，返乡的人也难以真正扎下根来。这样的现实矛盾并不是人们主观意识造成的，而是武陵民族地区发展的现状这一客观现实所造成的。因此，只有加强当地经济的整体发展，给返乡农民工就业待遇增长一个合理的度，他们才能最终在当地生存与发展。正如学者所说："对中青年农民来说，一份稳定可靠的工作，才是他们最需要的。社会福利只能提供他们最基本的生存保障，不能提供发展的空间。农民们并不想成为由政府救济的城市贫民，永远生活在城市的最底层。"②

在调研中不少政府部门工作人员表示，实际工作中他们也是有家乡情怀的，想为地方发展谋福利的，但是的确是限于现有条件，有些事情有心无力。我们在湖北省来凤县对一位乡镇主要领导进行访谈时，他是这样回应我们的：

> 我去年当的镇长，在地方上来说也算是在正科级年轻干部行列了。就你们今天所想要了解的这些情况（我们在访谈时主要涉及返乡农民工社会保障和地方提供就业支持等方面的情况），我可以大致给你们分析一下。我一直在本地工作，只是在不同乡镇，所以说外出打工的不断回来的情况我基本上还是比较了解的。这其中的原因估计你们也都很清楚，我就不详细谈了。主要是说他们回来之后安置的事吧，从大的方面来说，现在的发展势头还是不错的，国家和省州对我们都比较照顾，相应地出台了许多照顾性政策。而解决就业问题也一

---

① 前者的观点可参见刘传江、徐建玲《中国农民工市居化进程研究》，人民出版社 2008 年版。后者可参见张翼《农民工"进城落户"意愿与中国近期城镇化道路的选择》，《中国人口科学》2011 年第 2 期。

② 唐宗力：《城镇化与农民工进城——皖南农民工调查提供的启示》，《安徽大学学报》（哲学社会科学版）2013 年第 6 期。

直是乡镇工作的核心内容之一，所以每年我们都会在这上面下不少功夫，至少得把失业率控制好，不然会有大问题的。比如说开展就业技能培训、返乡农民工小额信贷、涉农企业要拿出部分用工指标分配给合作村组等，想尽了办法。但是实际点来说，我们现在有很大的精力放在了精准扶贫上，这当然也是解决返乡农民工问题的途径之一，但不具备专门性。在你们想了解的这一块，确实难有新的举措和突破，为什么呢？地方现有条件摆在这的，我们这里没有什么特别的自然资源，大的工矿企业不会来，说是承接转型的企业，地理位置和交通条件也受限，全县人口才30来万人，经济问题一直上不去。近几年搞旅游开发，景点不断升级革新，但是太过于分散，影响力大的景区基本没有，正在打造的也还没有完全成型，至少目前还不具备吸引大规模旅游人群的条件。其他还包括文化产业，也多半是口号上的。所以综合起来看，当地经济发展其实乏力，财政资金特别紧张，短时间内难以取得突破，只能慢慢打基础。基于这样的情况，你要政府拿出多的资金来关注农民工的社会保障问题就很难。同样，要解决好返乡农民工就地就业问题，我们也只能走常规化的路子，无力拓宽，地方经济发展的实力就这么点，你要增加工资，要企业提供更多岗位，他们也难，我们也不能把企业逼急了。回来创业的我们也十分欢迎，能做的尽量做，能支持的尽量支持，但不能依靠政府能为你创业买单或是帮你打开市场什么的，我们只能做基础性工作，为地区发展做一些长远性的准备工作就相当不容易了。（TMY20161001THH）

（三）闲散进城务工者尴尬处境

为了更好地帮助返乡农民工在家乡的生存与发展，我们曾有过这样的设计，即返乡农民工回迁后继续过那种候鸟式的生活，只是把迁移的距离由原来的相隔千里缩短为乡村与邻近城镇的短距离，甚至是可以早出晚归。也就是我们标题所说的，返乡农民工可以在闲散时节进城务工，使家庭的收入结构变成"农业收入+务工收入"，不改变原有外出务工的收入状况，而又能兼顾家庭。在我们看来，这样的一种方式，对返乡农民工来说应当是一条可行之策。为此，我们专门进行了一次调研，调研地点在湖南省永顺县，以滚雪球的方式在县城中对63位务工者进行了访谈，收集了相应的资料，在这里进行较为详细的描述，以论证本小节的主题。

1. 闲散务工者定义

如前面所说，农民工在城市中的就业稳定性很差，城乡分割的劳动力市场制度使得他们只能通过次属的劳动力市场寻找那些工作稳定性差、收入低、劳动强度大、无福利、无保障、无晋升机会等市民看不上眼的边缘性职业和岗位。在农民工集中的劳动力密集型行业和建筑业，很多就业岗位随着产业更替和市场周期而频繁流动和变化，需求大时农民工迅速增加，需求急剧下降时他们又不得不返乡，依靠农村的土地保障，这使得他们像"候鸟"和"钟摆"一样在城乡之间流动，难以割断与承包土地的"脐带"关系。他们不能完全抛弃与农村的土地关系。所以在一些小城镇中便出现了农民工的一个特殊群体——闲散进城务工者，他们没有成为完全意义上的进城"农民工"，又不是远出外省打工的农民工大军的一员。实际上他们不需要摆脱乡村的土地束缚，在一定程度上还必须依靠农业产出来维持家庭支出。

2. 闲散务工者概况

调查的63人中，54%是30岁以上的成年人，属于"80后"一代。其中小学文化水平的有50人，所占的百分比是79.4%。初中文化水平的有10人，所占的百分比是15.9%。高中文化水平的有2人，所占的百分比是2.3%。大专以及大学文化的人是0人，他们连基本的认字能力都很差。总体上看，他们的文化技术水平和能力素质不高，转移能力弱。仅仅靠从家里拿来的背篓、锄头、铁铲等一些只能算是农具的工具在路边等待雇主来请他们去做活。他们只能靠力气从事一些清洁、搬运、泥瓦、砌墙等体力劳动，没有能力做一些相对有技术要求的劳动。可从事劳动范围狭小，可选劳动范围狭窄。有的活可以干个三天到一个星期，报酬相对较多，有的只是报酬较低的搬运劳动，一两个小时就可以干完，接活频率、工时也有很大的浮动和不确定。

3. 闲散务工者劳动状况

（1）务工收入水平

我们通过对63位务工者收入水平进行了统计，大致如表5-4所示。

表5-4　　　　　　　　务工月收入状况统计表

月收入（元）	人数（人）	百分比（%）
3000及以上	1	1.6

续表

月收入（元）	人数（人）	百分比（%）
2000—3000	4	6.3
1500—2000	8	12.7
800—1500	16	25.4
800 以下	34	54.0
合计	63	100.0

（2）劳动时间长，务工环境差

调查数据显示，58%的务工者表示有活干的时候一天的务工时间高达12个小时以上，中间只有15分钟到半个小时的吃饭休息时间，只有42%的务工者的务工时间小于或等于8个小时。超长劳动时间的人占了大多数。不仅务工时间长，务工环境还不好。96.4%的务工者表示自己的务工环境大都是烟尘较大的工地，夏季高温作业，冬天也没有较好的保暖措施，饮食方面也很差。

（3）住宿条件差，娱乐活动单调乏陈

据统计，37.6%的务工者有自己的出租屋，但是出租屋没有配备独立的卫生间和厨房，大多是在房间内拉上电就随便做饭，解决吃饭问题；22.4%的务工者选择住一些小旅社提供的大通铺，只有一张床，使用公共浴室和洗澡间，环境实在是很差；20%的务工者住在包工头或工程主提供的简易工棚（大部分是由集装箱改装），夏季室内气温高达40℃，冬天室内也没有提供取暖措施。另外20%的人则选择其他的居住方式。

（4）维权意识低

一方面，一些企业主或包工头为了降低人工成本，恶意逃避责任，滥用试工期，特别是针对这些短期临时工，不愿意与他们签订劳动合同，而他们同时担心这份活被别人抢走，只能无奈接下无合同的活；另一方面，这些闲散的务工者的落后思想观念中也没有维权意识，只知道有活就干，出了事找不到人负责，只能自己掏腰包解决问题。数据显示调查85.7%的人没有劳动合同，只有14.3%签有劳动合同，并且这一部分人是在有过工伤或事故后尝到苦头、得到教训后，才萌发了维权意识。

从上面的资料来看，我们认为这种生计方式对少部分返乡农民工来说具有可行性，可是对大部分返乡农民工来说，只能在农闲时贴补一下家庭开支。因为月收入在800元以下的就占到半数之多，而月收入在2000元以下的达到了92.1%，除去他们在城镇务工所必要的开支，能够反馈给家庭的部分其实很少。但是从调研中这些农民工的反馈来说，他们认为聊胜于无，有额外的收入总比没有好，只是达不到更理想的收入水平罢了。回到本小节的主题，这种半工半农的方式对于返乡农民工家庭的整体发展来说，所能发挥的作用也非常有限，凭借这条途径融入城镇也是非常困难的。

二　农村社区有机整合任重道远

在上一节中，我们曾讨论了农村社区的重构问题，指出在多种因素的影响下，随着返乡农民工人数的增加和外来人口的进入，一度空心化的村庄再次出现繁荣的迹象。而且，因社会整体变迁导致原来村庄传统的变迁，现在的村庄发展轨迹不再是以遵循传统路径为主，而是在多种力量多种发展方向上的一种重构，其内部人员关系是基于传统血缘、地缘等关系为基础的新型人际关系网络，这都蕴含在重构的主题之中。这种重构朝着好的方向在不断发展，但并不是一帆风顺的，也会存在许多问题。如果从社会有机体这个角度来看，我们把农村社区当成相对独立的有机体，其健康发展的首要基础必然要求有机体是一个整合的集体，而不是一盘散沙的状态。从目前农村社区的发展来看，通过重构和不同群体的努力，农村社区的有机性、整体性在不断加强，但远远达不到理想程度，因为这里面还有许多的不安定因素存在。比如说对于资源的分配问题，就可能造成新一轮的竞争与争夺，并引起了一定范围内的冲突与矛盾。所以说，我们认为农村社区松散的结构是返乡农民工在家乡生存与发展中面临的重要难题之一，如何把农村社区进行有机整合，我们可以从下面的一些因素中寻求答案。

（一）不同利益主体的不同诉求

不同利益主体在农村社区中可以分为这样的几类：专门从事农业生产的人、返乡后继续务工的人、自己创业经商的人、村庄管理者、外来投资者等。这些群体大部分是围绕农村产业发展、土地资源、国家和地方政府帮扶项目资金等产生竞争。具体来看，对于专门从事农业生产的人来说，他们的诉求很简单，在保证土地资源掌握在自己手中的基础上，能够获得更大产出就行了，一般没有太多其他的长远考虑，或许就是常说的典型小农思想。返乡后继续务工的人对村庄事务不太关心，土地产出在他们心中的分量也不大，处于可有可无的状态。自己创业经商的人群，如果其经济活动是围绕农业的，那么他们对于当地各种资源是最为关心者之一。村庄管理者如村两委委员，他们在保证自己家庭收入增长的基础上，主要关心从各种途径进入村庄内的资源分配问题。外来投资者主要是指围绕农业产业发展、农产品开发等涉农企业，他们的根基在于农村劳动力和农村土地，因而对当地各种资源也十分关心。但在实际中并不是这些利益主体之间都有矛盾与冲突，很多时候他们的利益恰好是一致的。如果有竞争，那么这样的竞争会在什么样的层面上发生呢？其根本性的原因在哪里呢？我们认为具体情况和原因如下。

1. 福利资源分配过程中的纷争

在全面开展精准扶贫的情况下，各级各类的帮扶资源不断涌入农村，对于农民脱贫致富起到了关键性的作用。但是在实施过程中，这些帮扶资源如何在村庄中进行分配是一个较为复杂的问题。常见的情况是返乡农民工的权利意识比较强，容易在分配中表现出强势的一面，甚至经常与资源分配的主要责任人村主任发生面对面的冲突。一旦冲突发生，也就破坏了原有的和谐关系，而要修复这种关系又很困难。当然，在资源分配中，其他村民也会与主导分配的村两委委员发生纠纷。这些情况都导致村内关系的破裂，至少在潜在层面，人们相互之间会有隔膜，不利于社区的整合。

> 精准扶贫政策非常好，按现在的进度，我们村里的贫困户三年之内完全可以脱贫，老百姓对各级领导的帮助还是很感谢的。但是这个过程，说实话我们的责任和工作也很复杂，一些人跟我们村委会的有些冲突，特别是跟我这个当主任书记的。实话实说，现在的精准扶贫制度比原来要好多了，主要是有章可循，对于贫困户的确认减少了我们的工作难度，但也不完全是和和气气的。[①] 不然的话，为争这个贫困的名额，好多村民找我们闹，给这个人不行给那个人也不行。我们现在最怕的就是各个单位来搞临时性的帮扶，有的带一些物品，有的

---

① 现在一般的地方在贫困户识别上都有标准化的程序。即通过有效、合规的程序，把谁是贫困居民识别出来。总的原则是包括诸如"县为单位、规模控制、分级负责、精准识别、动态管理"等。开展到村到户的贫困状况调查和建档立卡工作，包括群众评议、入户调查、公示公告、抽查检验、信息录入等内容。

带一些慰问金，你说这些东西如何分配。我们不能拒绝，怎么说别人也是好意，部分群众也能得一些实惠。难就难在分配给谁的问题上，分得不均匀，就有人在背后说来说去，搞得好像我们在暗中操作一样。也不可能每次都是民主大会，那样大家也累死，还不一定把事情解决好。特别是一些人不理解村里的工作，遇到什么好处都想分一点，这其中有些确实是生活困难，我们村支两委的人也都心里清楚，一般都会考虑照顾。但有些就不是，比如说低保认定、贫困户认定、村内公路修建，还有些公共事业占地补偿，还有什么残疾认定，等等，只要有利益，就会有矛盾，很多老百姓又不懂政策，你费了半天劲解释，他们也不听，最后矛头都指向我们，确实是难。（PYZ20161003THH）

上面这位村主任的困惑在我们的调研中很普遍，作为基层社会与国家行政体制的连接者，他们的管理根基在于村民们的信任与支持，而类似的情况一再发生，最终会削弱他们在村民心中的地位，而导致的最终结果是看似一团和气的农村社区，内部却是愤愤不平，各有怨言。这里我们暂且不管村内的体制精英在实际工作中是否存在徇私舞弊的行为，就从他们的工作性质来看，他们不仅要执行乡镇领导的直接行政命令，贯彻落实国家针对农村的各项政策，同时又要面对以自我利益为中心的村民，正如已有研究所说："村委会在这种上传下达中不可避免地具有一定的行政性，导致村干部对行政命令方式有依赖心理，习惯在政府的招牌下过日子。但我国的民主建设与村民自治实践的发展，推动了村民民主法制意识的提高，再不愿接受村干部居高临下的管理而渴望自己当家作主，由此而形成农村基层治理中的干群关系紧张及若干冲突。"[1] 要依靠这些体制内精英人物去完成农村社区的有机整合，类似的紧张关系必须被抹平，否则在不信任的两个主体之间去构建稳定的关系，其牢固程度可想而知。

另外值得注意的是，在大量资源向农村汇聚的时候，农村体制精英本身是否具有较高的思想政治觉悟也很关键，在面对利益诱惑时能不能做到洁身自好也直接影响着村庄的团结与稳定。因为从目前农村地区的发展来

---

[1] 杨沛艳：《城镇化进程中的农村基层治理格局重构——基于村委会与宗族关系的探讨》，《贵州社会科学》2011年第7期。

看，越来越多的土地正在被征用，大量的补偿款流入村庄，还有诸如上面所说的各种政策性优惠和农村社会保障名额的分配与落实，虽然有一定的制度设置，但更多的时候相对于一般村民，体制精英掌握的信息是最全最新的，他们占据最有利的地位。并且，在具体执行过程中，他们通常担任细则制定的角色。所以有人认为村民在信息闭塞、村组织工作不透明的现实面前，往往处于被分配、相对剥夺的弱势。如果不能恪守原则，发生腐败的可能性会很大，严重地损害村民利益，破坏农村社区的整合。正如有研究表明"村民自治、村务（财务）公开已实行多年，但实际上制度尚不完善，民主管理重形式、轻内容，流于浮面，没有发挥出其应有作用；农民参与决策不够，未真正享有知情权、参与权、管理权、监督权等，加之诸多农民对公共事务不感兴趣，不能主动地行使、维护自身权利"[①]。

2. 发展机遇的竞争

应当说，目前的农村发展处于飞速向前的跨越期，给有头脑且愿意承担风险的人提供了许多机遇。在这样的背景下，为了发展的机会，为了获取更大的利益，冲突与竞争不可避免。而这样的事情多半是发生在部分返乡创业的农民工和一些留在农村且有一定经商头脑的农民，与外来较为强势的经济组织之间。一般看来，竞争会催生出更好的结果，如市场经济中不同企业之间的竞争，会促使竞争的各方努力改变自己，提升自己产品的质量，或是改变自己组织的效能，同时还使消费者可以获得更多的实惠。但是，我们观察到在武陵民族地区，这样的竞争经常发生在力量不对等的主体之间，造成弱势一方丧失了继续参与的能力和信心。原因在于，面对农村农业发展这一大块蛋糕，越来越多的资本在靠拢，凭着资本的优势、技术的优势和市场网络的优势，正在逐渐垄断许多行业，形成一家或几家独大的局面。我们也曾讨论过农业产业化给农村带来的发展机遇，但这里我们想强调的是，许多外来的企业和公司正凭着自己的各种优势有意地排挤当地创业者，甚至是通过不正当手段恶意地挤压这些创业者的生存空间，导致创业者最终放弃。我们认为，大公司大企业在市场竞争中有着天然的优势，如果是在公平公正的竞争中获利，其行为无可厚非。但如果是凭借不正规手段，恶意竞争，其负面效果影响很大，会极度破坏一般创业

[①] 赵桂英、陈丽娜：《城镇化进程中农民价值观重塑的路径选择》，《党史博采》（理论版）2012年第8期。

者的创业激情和动力，最终使得当地失去发展活力，因为市场活动的参与主体在不断衰减。

如上文所说，武陵民族地区的农村处于前所未有的高速发展阶段，可开发利用的空间还很大，我们不否认龙头企业公司巨大的带动作用，他们的存在是必要的。只是当地还远远没有到优胜劣汰的激烈竞争程度，一些资本弱势的创业群体正是需要这样的机会来培植自己的力量，如果这些人的创业能得到合理的成长空间，无疑将会把目前的大好机会转变成未来可持续发展的强劲动力，产生更大的社会效益。正如一位返乡创业者所说：

> 我原来是在浙江打工，2011年回来的，回来就办了这个茶叶加工厂，主要是生产红茶，销往周边县市，效益以前还不错，有一些固定的客户。我们这茶叶质量很好，政府通过招商引资，引进来一家比较有实力的企业，主要是加工生产绿茶。本来对当地来说也是个好事，种茶的人不担心销售，基本有人上门收茶，价格也还算可以。但是有一点，对我们来说就是个极大的不利。为什么这么说呢？最开始我认为越大的公司来，表示我们这的东西越好，名气大，我们这些小买卖也可以顺便沾沾光。但是公司在当地办起来后，他们与有的村签了协议，保证了部分原料供应。但是，现在这个企业甚至借镇政府的名义强行把质量最好的村的茶叶全部都收购了，为了打击我们，收购价格一涨再涨，我这小厂都没办法生产了。感觉上就是，政府也在支持他们，让我们这个镇以后就只有一家厂，要保证品牌效应。说实在的，像我们这样的小厂根本对他们不构成威胁，你比如说明前茶，我根本就不会收，价格高，也不适合我。你做你的高端产品，我们都是低端用户。我们做的红茶其实是他们这种厂的一个补充，而且主要是较小范围内的销售，我们也不会打他的牌子卖。但是看现在这个发展情况，感觉上是不好生存了。不就近收茶，我们的成本在涨，而且质量也没办法保证，只能走一步看一步了。（LYH20130512THH）

（二）"无公德个人"使乡村治理和以社区为行动单位的集体行动难以形成

阎云翔教授的《私人生活的变革》一书，早已成为在研究中国社会转型时期中国社会中个体道德观和价值行为等方面逐渐变化的经典著作。

在书中，他以历时性的视角分析了中国社会在集体化终结之后，国家淡出社会生活，在这样的转型时期，一方面原来用以整合社会而被全面推崇的社会主义道德观崩溃，另一方面农民又卷入商品经济浪潮之中，接受和认可了以全球消费主义为特征的晚期资本主义道德观。传统的不断瓦解，新的道德价值观没有顺利建立，使非集体化之后的农村呈现出道德与意识形态的真空。由此，导致个人过度地追求对自己权利的关注，而缺少对权利与义务的同等重视，私人生活的充分自由与公共生活的严格限制，最终会导致"无公德个人"的出现。[①]

他这一观点的提出，引起了广泛的关注，人们开始从有关中国社会转型的政治、经济、市场等宏大叙事中转而从社会角度关注人的发展与转型。从我们的调查来看，农村社会中用"无公德个人"确实可以标签化一部分人。这部分人不同于前面所说的对福利资源的争夺者，不同于对发展机遇的竞争者，他们最典型的特征是道德价值观的扭曲。这种扭曲体现在从这些人身上既看不到传统伦理道德观念的继承，也看不到现代社会文明理念的言行，他们的心中自己的利益是至上的，而责任和义务则是他人的。我们经常在农村社会可以看到这样的情况，即出于小农意识的限制，农民一般会较为保守，在公共事务的参与上不太积极主动，力求确保自己的利益不受损。但是他们是通情达理的，许多人身上保持着传统文化习俗中的礼义廉耻观念，能够被动员，被组织起来，特别是当有人发挥模范带头作用时，他们不仅会支持农村社区公共事务的顺利完成，还能成为农村社区集体行动的中坚力量。

可是，那一小部分"无公德个人"却常常成为农村社区建设中的最大阻力，在他们的眼中只有短视的利益，没有长远的考虑，一般的思想工作和动员，无法改变他们极度的功利思想。他们是农村社区中最棘手的人，是治理中最爱无理取闹的人，是集体行动的破坏者。下面以研究者自身的经历为例来印证这样的说法。

我们课题组成员中有一位参与了组织部门挂职锻炼活动，来到乡镇开展为期一年的服务工作。在其到岗后第一天入村，被村民宋某强行拖拽，原因是该村民认为政府在修建乡村公路时占用了他们家土地，补偿不到位，要求这位挂职锻炼的"领导"立即掏钱补偿，否则不让人出村。场

---

① 参见阎云翔《私人生活的变革》，龚小夏译，上海人民出版社2017年版。

面一度失控，在随行村干部的劝说和解释下，宋某才悻悻离去。课题组成员最初认为可能村干部存在强行征地或是私自扣压补偿款的行为。但后面的一席谈话和周边其他村民的解释才让人知晓真情①。

> 这个人就是村里的无赖，好事不做，专门搞破坏，每个组都有这么几个人，不仅仅是我们村干部被他们搞得烦，就是周围老百姓也都看不习惯。这次的土地补偿是这么一个情况，我们从乡里主公路上修了一条通村的小岔路，方便山里面两个小组村民出行，前期征用时都挨家挨户说明过，也取得了大家同意，如何补偿也都有签字。因为前期设计有点小问题，修好后有一段路，5米左右，靠近小河沟边，下雨天容易塌方，因为是河道边上，如果加修堡坎资金就要花费不少，所以向路的里面占用了大概50厘米，恰好就是从他的一块土地边上过，我们又按照规矩给予了补偿。但是他一而再、再而三地提出新的标准，出于息事宁人的想法，村里想办法超标补偿了一些，他还是不依不饶，有事无事就拿这个事向村里提要求，甚至还把路给挖开，让车不能通行，所以这条路还中断过好几次，出不得走不进去。（SSB20121105THH）

在村干部介绍上面情况的时候，边上村民也纷纷表示此人在村里经常会做一些干扰到大家的事情。

> 虽然我们这有小河沟，但是用水很不方便，因为都是住在坡上的。去年林业局下来搞扶贫，专门给我们小组修了蓄水池，然后购买了一些水管用来引水，他一家不仅强行多要了一些水管，一到用水紧张的时候，他把别人的水管拔掉，只管自己用，跟他讲道理也讲不清楚。几家人都跟他吵过架。（SSF20121105THH）

在武陵民族地区各地调研时，我们听到过农村社区中很多类似的案例，在村干部的眼里，他们是不服从村里大局需要，难以管理的人，在村

---

① 下面两段内容是课题组成员后来根据回忆整理的，主要事实清楚，表述上可能略有差异。

民眼中,他们是自私自利、蛮横不讲理的人。一般他们较少出现触犯法律的行为,多是做一些村里所说的"缺德"的事情,很难用强制的手段去约束他们。但是,因为他们的不合理行为,常使惠及大众的公共性事务无法开展,类似的村庄建设遭遇破坏,还造成了村里人际关系的紧张。有学者通过对安徽省颍上县 188 名户籍转入城镇街道的青年农民和 188 名户籍仍在乡村的青年农民的跨群体比较研究,似乎也印证了我们的观察,在其研究中学者认为"当前未城镇化的青年农民公共道德意识以消极道德意识为主,消极公共道德意识显著高于积极公共道德意识。已城镇化的青年农民的消极公共道德意识高于积极公共道德意识,但是积极公共道德意识与消极道德意识差异不显著"[①]。

三 回迁子女学习生活适应性问题

伴随着返乡农民工一起回家的还有他们的孩子(当然,只有一部分农民工外出是把孩子带在身边的),由于部分人没有最近外出的打算,留在原来务工城市的孩子一般也会随父母回迁。由于他们普遍年龄偏小,正处在与外界建立社会交往的关键时期。因此,这些儿童的返乡面临比较急切的适应问题,如果能尽快适应,那么儿童在学业上、心理上都不会出现很大的问题。反之,则会给返乡农民工家庭造成新的困惑。一般来说,随父母外出的子女在城市中生活,接触到的信息要远远超过家乡,哪怕多年来一直存在流动儿童城市教育问题,但有研究表明"与农村留守儿童相比,城乡流动儿童具有更多的积极情绪体验、总体幸福感和生活满意度,但其外部问题行为也相对较高。留守和流动儿童在自尊、消极情绪体验、个体歧视知觉、群体歧视知觉、公平感等方面不存在显著性差异"[②]。即这一群体在外的生活体验还是较为幸福的,一旦返乡,情况则发生了显著的变化,这些回迁的儿童会存在两种适应困难:一是因生活环境的突然变化,面对差异无法适应,怀念过去便利的学习生活条件;二是部分回迁儿童存在自我优越感,一改过去城市生活中较为边缘化的角色,转而成为回迁学校中的"霸王"。

---

① 滕瀚、黄洪雷:《城镇化进程中青年农民道德意识的变化——以安徽省颍上县为例》,《城市问题》2013 年第 12 期。

② 申继亮、刘霞等:《城镇化进程中农民工子女心理发展研究》,《心理发展与教育》2015 年第 1 期。

(一) 环境差异引起的不适应现象

就第一种情况来看，不适应主要是体现在回乡后外部的软硬环境上，主要包括以下几个方面。

一是学校教学模式。大城市集中了许多优质的教学资源，在教学过程中比较注重学生整体素质的全面发展。即使现在还是一个以分数论成败的教育体系，但至少城市学校在基础教育方面所运用的灵活多样的教育模式还是强于一般城镇，学生在学习过程中享有较大的自主权和选择权。而返乡后的许多学校，传统的教学模式下，学生的个性难以得到张扬，在学业上感受到压力（有的回迁儿童会发现自己现在的教科书与原来的都不是一个系列）。而且学校基础性的教学环境也大不如从前，这让很多儿童十分不适应。

二是生活习惯。部分儿童从小远离乡村和家乡，随父母在外生长生活，很多都不会家乡话，在回迁后的很长一段时间存在语言沟通上的障碍，影响儿童同辈群体的形成和融入其中。还有就是在日常饮食上，部分儿童因城市生活的影响，不太接受家乡地方食物的口味，影响身体成长和学习状态。当然，这种情况主要是出现在那些基本没有家乡生活经历的儿童中，他们从小生长的环境迥异于家乡，所以这方面的不适应特别强烈。

三是外部环境。主要是回迁后很难有城市中便捷发达的休闲娱乐设施，很多儿童都表示回家后居住的条件有很大的改善，舒适性提高了，但是其他方面的环境却是直线下降。比如没有好的公园，假期没有娱乐项目，没有电影院，没有城市中丰富的小吃零食等。除却学校生活外，日常生活中的这些不便利，使得儿童也较为怀念过去城市中的生活，从而排斥现有生活。

四是心理排斥。这应当是由前面的多种原因导致的儿童在心理方面的综合性反应，即对现有生活学习环境的全盘否定，从而既觉得自己受到环境排斥，也主动排斥现有环境，显得格格不入。这样的情况导致儿童学业必然的倒退，心理压力激增。

> 我们两口子算是从小就把孩子带在身边的，刚出生在家待了几年，后面基本就是一年回来一次两次，免得在家老年人带不好。前年我们回来做点事，想就在老家安身下来，不出去了，所以把孩子也转学回来了。现在转学还是比较方便，学籍这些东西处理好，这边接收

不存在多大的问题。问题主要是出在我们孩子自己身上，他跟我们在外一共有近8年的时间，3岁出去的，11岁回来的。我们是在昆山打工，那边都是发达地区。转学回来，没得好久他就说不想上学了，说老师管得严，厉害得很，在学校也没得玩伴，要我们送他回去（昆山）上学。还狠闹了段时间，我们又找熟人给老师打招呼，请帮着多照顾下，又是想办法劝孩子，折腾得厉害。反正是把我们两口子搞烦躁了，这不行那不行的，一下说是吃东西吃不习惯，一下说老家无聊。反正各种理由都有。（TES20150621THH）

我们这里讨论的是适应问题，如果说个体原有生活的环境与流动后的环境差异不大，那么适应问题就比较小，特别是处于成长期的儿童，他们一般会较快融入新的环境中。但是，在差异性较大的环境中流动，适应问题就比较突出，特别是从相对较好的条件进入到相对较差的环境中。还有就是个体所受到的文化熏陶影响也比较大，不同的文化背景对人的价值观念、行为方式等都有着潜移默化的影响。从调研的情况来看，有家乡生活经历的回迁儿童相对更能适应目前的学习生活状况，原因就在于他们对家乡较为熟悉，心里的预期比较符合现实，没有太大的落差。

（二）优越感蛊惑下的校园过度适应现象

这里我们对过度适应首先做一个说明，所谓的过度适应是指儿童在回迁后，进入当地学校，不仅不存在个体自我感觉的不适应性，反倒是积极主动借助现有的条件融入学校生活，甚至有一种完全掌控着这种校园生活的满足感。这种情况的出现，从表面上看是很好地完成了从城市到家乡的过渡，但实质上儿童自身并没有完全认清和了解现在生活的环境，只是浮在现实的上空，并没有真正地融入，只是个体主观意识上的融入。如果儿童以这样的方式处理回迁后的学校生活，则同样可能出现两种情况：一种具有积极导向，主观上表现出积极态度，对现实的接纳程度很高，那么在学业上，在交友上只要家长稍加提醒和帮助，就能找准自己的定位，顺利完成真正的适应。另一种则是会带来诸多问题，负面效应更多。即部分儿童以具有大城市生活经历为荣，产生类似于衣锦还乡式的优越感，而把这种优越感带入与同辈群体的交往之中，要么是受到别人的反感与排斥，要么在同学的簇拥下放大了这种优越感而出现学业下降，甚至成为校园小霸王。"个人的城市文化属性与同学的积极亲近强化了返乡儿童的优越感，使他们在心理上主动与新同辈群体划清了界限。"①

在调研中,我们遇到这样一位初三的学生,刚随父母回迁半年,学习成绩直线下降,即将面临中考却感觉困难重重。在与其交流中,他谈道:

> 我原来跟爸妈一起,在武汉上学,就在洪山区那边一所学校读书,去年才转学回来。本来是可以不用回来的,父母亲怕他们不在我身边,我不努力学习。我原来的学习不好也不差,中等左右,反正也不是武汉人,有几个朋友,但不多。回来后,我觉得小县城里的教学肯定是比不上武汉的,最好的学生比我强,但一般的学生应当好不过我。所以,学习上也比较放松,但这边抓得太紧了,早晚自习累得很,几次考试我的成绩也只是中上等,没有太突出,自己感觉到老师和同学也没把我当回事。偶然机会碰到几个慢班(虽然教育部门禁止学校分班,但学校一般为了升学率,会有意识地集中优势师资在某些班级,因而没进入这些班级的学生通常把自己分类成习惯上的慢班学生)的同学,在他们的眼中,我是见过世面的人,虽然父母亲不是什么有钱人,但花钱上还是很舍得的,所以面子上大家都觉得我很了不起。就这样,慢慢大家就玩到一块了,但是越玩成绩越差,也越不想学习了,反倒是一天在学校里晃荡,有机会就往外跑,连以前不敢想的打架也参与了。现在想来也可能是虚荣心作怪吧。
> (LJL20160113THH)

这样的情况到底有多普遍,我们没有仔细地统计,但是与部分学校老师交流时,大多反映他们学校都有类似的学生存在。其实,这样的儿童关键是没有把自己的角色定位找准,这也不难理解,因为他们本身就还处在社会化的过程中,在流动过程中出现这样的情况也算正常。只是他们没有考虑到,从城市到家乡,他们依然是学生,学业才是他们最重要的事情,这种流动不会使个体身份角色发生质的转变,他们必须去完成学生这一角色所应当履行的职责。当然,家长和学校也应当积极给予他们相应的关爱,特别是家长,要主动关怀,帮助他们去适应新的环境,不能因为觉得

---

① 杨磊:《返乡流动儿童社会适应研究——基于对河南省 S 县的实证调查》,硕士学位论文,华东理工大学,2016 年。

回到家乡，子女不会像在外面借读那样有可能受到排挤而放松关注。应当认识到孩子与大人不同，大人会因为对家乡的熟悉而不存在疏离感，儿童却可能因为对家乡的了解不深而有陌生感。对于心智健康的儿童来说，对新的环境新的事物接纳程度较高，应当较为容易地杜绝类似的不良情况出现。

第三节 返乡农民工对新型城镇化建设的潜在影响

上述两节分别讨论了新型城镇化建设背景下，对于返乡农民工就地就近就业所产生的正负影响。回过头来，我们在本节将讨论返乡农民工对新型城镇化产生的影响。不言而喻的是，因为人的留守，武陵山民族地区的城镇化建设除了制度性障碍需要各级政府积极协调外，来自民间的力量必将使城镇化建设更容易取得突破。人的集聚使农业产业化发展，使地区经济的总量提升，使得新农村建设等都将更具活力。以城乡统筹、城乡一体、产业互动、节约集约、生态宜居、和谐发展为基本特征的城镇化，使大中小城市、小城镇、新型农村社区协调发展、互促共进的城镇化也有了更快实现的根基。所以我们将集中讨论返乡农民工对新型城镇化产生的负面影响，之所以用"潜在"一词来形容这种负面影响，是因为返乡农民工无论是个体还是集体，在现阶段来说都不具备直接影响城镇化建设进程的能量，除非是这一群体的人数达到一定的量级。再者，返乡农民工对新型城镇化的影响不是即时性的，它会有一个延迟，处于一种累加的状态，即所谓的有一个从量变到质变的过程。

一 农村人才资源开发缺失造成新型城镇化建设人力资源匮乏

根据《中共中央办公厅国务院办公厅关于加强农村实用人才队伍建设和农村人力资源开发的意见》（中办法〔2007〕24号）的解释，农村实用人才是指具有一定的知识或技能，为农村经济、科技、教育、卫生、文化等社会事业发展提供服务、作出贡献、起到示范带动作用的农村劳动者，是广大农民的优秀代表，是社会主义新农村建设的生力军，是我国人才队伍的重要组成部分。

农村实用人才（农村人才资源）主要分为三种类型，即生产能手

(如种植、养殖、捕捞和加工能手等)、经营能人(如企业经营人才、农村经纪人和农民合作经济组织带头人等)和能工巧匠(如技能带动型和文体艺术类人才等)。积极做好农村实用人才的开发、管理和使用是实现农业增效和农民增收,实现全面建设农村小康社会目标的重要保障。考虑到民族地区农村情况的特殊性——农村数量多、经济形态具有民族特色,在人才资源开发方面需要具体对待。目前,学术界在浩繁的人才资源开发以及人才强国战略研究中,对民族地区农村人才资源开发问题的研究还很薄弱,既有的研究成果主要是对西部地区人才存在的问题进行了理论探讨,而对于民族地区农村人才资源的开发培养方面具有广泛意义的研究还不够。但这个问题又是非常重要的一个现实问题,农村人才资源拥有量直接决定当地农业发展的质量,而且他们是农村发展的重要引擎,有着较为明显的帮带作用。因此我们以利川市谋道镇、融水县大年乡为个案进行调查分析,以求发现民族地区农村人才资源开发普遍存在的问题,并提出一些建议。

(一) 农村人才资源开发现状

从我们调研点的情况来看,当地人才资源开发取得了一些成绩。

1. 人才总量不断增加

近年来,通过不断加大农村实用人才队伍的培养、开发和引进力度,完善人才工作机制,积极优化人才成长环境,大年乡与谋道镇实用人才队伍总量不断增长,各类优秀人才脱颖而出。例如,在人才工作机制方面,谋道镇成立了镇人才工作领导小组,从党政协、人社中心等部门着手,整合力量,推进人才工作。在优化人才成长环境方面,谋道镇通过建设村图书室、阅览室、活动室等场所,加大对实用人才"四个尊重"的宣传力度,并表彰有杰出贡献的农村人才。以下是大年乡的人才数据资料。

表5-5　　　　大年乡2011—2014年认定人才数量统计表

年份	认定实用人才数(人)
2011	15
2012	21
2013	25
2014	30

说明:资料显示,大年乡实用人才队伍总量不断增长,2011年认定在案的实用人才数量只有15人,到了2014年,认定在案的实用人才数量达30人,足足增长了1倍。

2. 综合素质不断提高

大年乡、谋道镇党委、政府和农业部门（站）重视农村实用人才队伍素质建设，在采取一系列政策措施和有效方法后，实用人才队伍的综合素质明显增强。一方面，农业产业化、现代化进程的推进，促使大批具有一定农业专业技能的农村实用人才走上了农业生产经营的一线岗位，成为带动农业农村经济发展的有生力量。例如，谋道镇香菇种植户黄成发先生大规模种植食用菌，目前种植筒数已达5万多筒，而且每年都会扩大将近一亩地的种植面积，增加筒数达1万筒，年纯收入可达到投入资金的40%，有力地促进了当地的经济发展。另一方面，通过农民科技培训，农村实用人才的素质进一步提高，获得农民技术人员职称的大部分人员已成为致富带头人。例如，大年乡高马村土猪养殖专业户代阳光通过自学以及参与政府举办的科技培训，掌握了养猪技术，如今已办起了存栏量为200头猪的猪场，猪场年纯收入10万元，成为村里的致富带头人。

3. 人才队伍结构明显优化

大年乡与谋道镇实用人才队伍在数量不断增加、素质不断提高的同时，人才队伍结构也在不断优化。目前在大年乡、谋道镇的实用人才中，学历等级有所上升，这有利于实用人才的对外交流能力，而且农村实用人才从事职业也向多样化发展，有效地满足了适应现代农业发展的要求。

（二）农村人才资源开发存在的问题

尽管大年乡与谋道镇实用人才队伍建设取得了一定成就，但从总体上看，基础还比较薄弱，存在着很大不足，突出表现在以下几方面。

1. 人才总量不足，整体素质偏低

大年乡与谋道镇处在偏远地区，劳动力受教育程度较低，人才素质较低，总量不足。据介绍，目前大年乡与谋道镇实用人才占全乡（镇）劳动力比例偏低。队伍中很多人低学历、无职称，高学历、有职称人员相对匮乏。农业经营管理人才严重缺乏，远低于全国的平均水平。绝大多数实用人才仍然思想观念陈旧，小农意识浓厚，综合素质比较低下。

2. 结构不尽合理，地域分布不均

大年乡与谋道镇现有农村专业技术人员中大多数只掌握传统农业技术，只有少部分人掌握现代农业生物技术、信息技术。且学历水平低，知识结构单一，缺乏市场经济、法律等方面的知识，也是现有农村专业技术人员的通病。农业生产第一线严重缺乏高级专业技术人才，造成了农业科

技推广缓慢、科技成果转化效率低。农村专业技术人员在地域分布上也不尽合理。农村专业技术人员多分布在产业化较高的乡镇，而产业不发达、偏远的乡镇周边地区实用人才很少。

3. 重视劳动力输出，忽视人才培养与吸纳

大年乡与谋道镇山高坡陡，农业效益低下，农民看不到农业的希望，不愿学农、务农，青壮年农民大多走上了外出打工之路。为了提高农民收入，政府也大力鼓励农民外出打工，农村的劳动力大量转移，许多偏远的村镇已经成为"老人村"和"无人村"。在人才培养方面，政府重视不够，定期组织的科技培训较少，大多数农民没有接受过正规的培训，而少数能参与培训的农民因培训周期短、培训的形式性强于实用性而在技术上的进步不大。再者地区经济发展缓慢，政府财政收入少，政府在吸纳外来人才方面没有多少预算。大年乡与谋道镇都是少数民族聚居地，民间传承着独特的民族技艺，例如银饰制作、绣花、织锦、吊脚楼建造等。如果将这些技艺产业化，那将是一笔巨大的财富。然而当下这些技艺面临着失传的危机，劳动力的大量转移以及缺乏引导学习导致这些技艺后继无人。

4. 男女人才比例严重失调

在大年乡与谋道镇的实用人才队伍中，都存在这样一个问题——男女人才比例严重失调，男性人才数量远超于女性人才数量。详见表5-6、表5-7。

表5-6　　大年乡2011—2014年录入档案男女实用人才数量统计表　　（单位：人）

年份	实用人才总数	男性	女性
2011	15	12	3
2012	21	16	5
2013	25	18	7
2014	30	20	10

表5-7　　　　　　　谋道镇录入档案男女实用人才名单

姓名	学历	性别	从事职业
黄纯成	初中	男	种植中药材
李林	初中	男	种植食用菌
戴兰	高中	女	种植中药材
陈德树	初中	男	兽医

(三) 农村人才资源开发的反思

基于上述材料，其实我们从中可以看到目前在农村人才资源开发利用上存在着一些普遍性的问题，除了利川市这两个乡镇的对比资料外，我们在武陵民族地区各地所了解的情况也大同小异，归结起来，实用人才队伍建设中存在以下一系列问题。

1. 认识模糊，观念陈旧

目前，对农村实用人才认识模糊，观念存旧是大多数人存在的问题，他们认为只有高学历才是人才，把主要精力放在学生的教育上，忽视了农村实用人才建设，开发和使用缺乏力度。在农民方面，小农意识浓厚，对传统技艺缺乏继承的动力，对农业生产缺乏信心，外出务工收入的稳定性与快速性更能吸引农民，且大多数农民仍然存在"重男轻女"的思想，人为忽视妇女的人才开发价值，因此农村人才资源开发举步维艰。素质不高、能力低下是当前人们对农村实用人才的评价，不管不问是人们在对待农村实用人才时的态度。在民族地区，由于种种原因农民受教育程度更加低，因而更加不能引起人们开发此地区实用人才资源的兴趣，农村实用人才资源十分匮乏。农村实用人才是农村经济的中枢神经，在发展农村经济中起到示范带头作用。

2. 政策措施滞后，培养机制不完善

政策措施没有得到充分的贯彻落实，且具有滞后性，是阻碍农村实用人才开发的一大因素。大年乡与谋道镇出台了一些定向定点培训农村实用人才的政策，但这些措施在实施上出现了断片。在农民就业方面，政府提倡外出务工，虽然暂时解决了农民的就业问题，但不能从根本上解决农民的贫困问题，更不能有效长期促进当地经济发展，在政策引导方面有失前瞻性。绝大多数农村实用人才都是靠自己多年的劳动经验或者通过自学掌握一些农业专业技术，而且这些技术远远不够，在运用和传播途中问题突出。虽说政府组织一些培训，但培训对象辐射范围小[①]，培训内容具有笼统性，缺乏针对性，例如，在进行农业技术培训时，也应给实用人才普及市场经济、法律等方面的知识，制约了农村人才整体素质的提高。

基于这些原因，我们认为一是要营造尊重、爱护、帮助、学习农村实用人才的良好氛围。各地方基层政府针对农村实用人才的开发要提高紧迫

---

① 以乡镇居民为主，偏远村民对培训兴趣不大。

感,增强责任感与主动性,把农村实用人才队伍建设工作摆上重要议事日程,对农业和农村人才工作要反被动为主动,提高认识、思考的深度与广度,主动探索研究队伍建设中存在的新情况、新问题。

二是要改善舆论环境,提升农村实用人才社会地位。乡镇党委、政府要成立农村实用人才监督小组,负责引导发展农村实用人才,并时刻关注农村实用人才的成就以及贡献,鼓励农村实用人才带领村民发家致富,在众多农村实用人才中选出优秀者加以褒奖,并借助媒体的力量将优秀农村实用人才作为新农村典型人物进行大力宣传。在舆论的正确引导下,让农村实用人才的社会地位不断提升,促使越来越多的实用人才致力于新农村建设的良好局面的形成。

三是优化政策环境。有利于农村实用人才开发和成长的政策的制定是农村人才资源开发的一大助力,因此,基层政府要以当前农村发展的情况为依据,认真制定政策,努力创造良好的政策环境。例如,政府鼓励外出务工的农民返乡创业,在经济上给予返乡创业农民一定的扶持资金;优秀农村实用人才优先选任村干部或纳入村级后备干部,并给予相应的精神奖励以及物质奖励等。政府要为有先进技术的返乡农民提供方便,为他们创建实体经济排忧解难,例如帮忙筹资,提供政策指导,让农村实用人才在农村经济发展中发挥更加重要的作用。

四是加强管理,合理使用。比如说建立农村实用人才的培养选拔机制,促进人才成长。可把文化素质较高、农作经验丰富、党性觉悟较高、带领一方居民发家致富的农村优秀青年安排到农村基层工作,使其充分发挥先锋模范作用。还可以组织农业科技推广队伍,并将高素质、高技术的农村实用人才吸纳进去,充分发挥农村实用人才在科技示范推广中的作用。也可以通过各种方式加强对农村实用人才的指导。乡(镇)委政府应多组织培训活动对农村实用人才进行科学指导,提高他们的科学水平,并开设专题讲座提供致富信息。

五是加大资金投入,加强人才引进。根据农村社会经济发展的需要,搭建工作平台,有计划地引进外地高层次的专业技术人才、企业经营管理人才,吸引和鼓励各类优秀人才以多种形式为农村发展服务,比如邀请高校和科研院所的专家、学者前来开展讲学、合作研究、技术攻关、项目指导、创办企业等活动。另外,要拓宽就业渠道,最大限度地吸引大中专毕业生回乡创业,引导大中专毕业生转变就业观念,到广阔的农村去创业,通过不同的形式为家乡建设服务。除此之外,加大科技投入,有目的有规划地运用现代科技进行远程教育,引进新技术、新人才,根据当地情况在原有的基础上进行新农村建设和改革。

总之,农村实用人才队伍的建设工作是一项涉及面广、基础性强的系统工作,并无现成的模式可以借鉴。要在新型城镇化建设的大背景下,以社会主义新农村建设为主旨,以实现全面建设农村小康社会为目标,立足当前、着眼长远,积极探索、科学规划、稳步推进,建设一支具有高素质、高技能和留得住、用得上的农村实用人才队伍,为农业和农村经济发展提供强有力的人才保障。作为新型城镇化建设正处于发展关键期的武陵民族地区来说,无论是城市还是农村,人才队伍建设都将是一个长期的课题,城乡一体化发展,城乡统筹发展,其落脚点都在人身上,这将是比所有自然资源更为关键的因素。

二 返乡人员增长造成新型城镇化建设和谐社会环境受损

返乡农民工的增多,同时也使得摩擦与碰撞增多,在一段时间内曾经较少出现的社会事件有上升的趋势。这里主要是因为人员的扎堆竞争、互相之间的攀比,甚至有的是把外出务工时期因各种原因积累的新仇旧怨转移到返乡后的日常交往中。武陵民族地区在传统社会中特别讲究家族内部的团结与和谐,一村一寨内往往是同族而居,其内部的结合具有高度的紧密性,因自然资源和生存发展空间的竞争往往是在不同的家族之间发生,也就是常说的不同的村寨之间发生。一个人在此环境中成长,往往能轻易地区别"我们"和"你们",这种群体间的分界不仅仅是体现在村寨聚落的地域上,更是烙印在每个村民的心理认同上。

传统社会中这种以家族为单位的群体分界导致矛盾与冲突也大多是发生在不同的村寨之间,而同一家族同一村寨之间人与人的对立往往是以长辈的教导与劝阻最终息事宁人,正如费孝通先生所说,在传统社会中的长老统治情况下,如果村民之间有了矛盾,一般会寻求村中德高望重的长辈来判断是非,而往往就是各打五十大板,加上一通说教而解决问题。① 而且,由于农业社会人口的低流动性和资源竞争的渐进性,村寨之间冲突的频率不高,而且冲突对社会危害的程度大多都被控制在一个有限的范围

---

① 费孝通:《乡土中国》,中华书局2013年版,第75—78页。

内。但是如今看来,这种状况正在发生变化,由于传统社会的封闭性被打破,人们交流交往的圈子在不断扩大,家族和村寨内部的一致性也遇到挑战,传统的紧密联结正在被消解,不同村寨之间的冲突与摩擦更多是发生在较为正式的场合,最终的解决也大多依靠乡镇一级的行政力量。而村寨内部的冲突则呈现增长的趋势,人与人之间有合作,也时常发生竞争,冲突也因而发生在经济、生活等各种领域,而且难以得到及时有效的阻止。

虽然现代法治观点逐渐深入人心,遵法守法成为传统村民向现代公民转变的核心要义,但关键点在于法律法规更多是针对超出一般社会规范的对人们社会生活各方面产生较大影响的失范行为。而日常生活中有许多的矛盾和冲突并不在法律法规的约束范围之内。许多问题还是得交由地方社会所形成的一般社会道德价值观念予以评判并由"熟人"群体以各种途径解决(比如熟悉的人群对某人某事私下的口头评价、公开的质疑,或是借助亲属关系的联结提出强制性的要求等)。由于以往传统的邻里和谐根基基本不复存在,所以导致人们在处理一些纷争时,缺乏有效的依赖机制,最终就演变成以个体与个体之间针锋相对,从一个地区的整体状况来看,就转变成弥散状态的个体与个体的冲突与摩擦的不断增长。

我们进一步分析来看,即使在新农村建设的推动下,为了重新凝聚人心和团结村民,树立良好的社会风尚,村规民约普遍得以建立。以期用可见的条款来延续传统民风民俗对人的社会约束,也就是说为了解决"法律管不上、道德管不住"的现实问题,希望在充分尊重村民的主体地位基础上,建立起依村民共同协商得出的自治条例,从而提供给乡村社会的管理者,作为其处理问题的理论依据,达到凭借村委的力量来推动乡村社会和谐发展的目标。但据我们的调查发现,这些村规民约所发挥的功能其实效果并不好,其约束力量太小,很多仅仅是停留在一般性法律法规的层面,没有实质性的震慑力。如常见的条款经常包含:"提倡村民参加有益的文体活动,反对封建迷信活动""建立正常的人际关系,不搞宗派活动,反对家族主义"。涉及处理意见时往往比较模糊,当然面对日常生活中的千万种可能,也不可能有万全之策。也就是说,要让"村规民约"内化于心、外化于形,逐渐成为村民自觉遵守的准则,其实也同类于传统习俗对人的约束一样,需要一个过程,必须借助时间的力量积淀在乡土社会的土壤之中。

三 创业失败造成新型城镇化发展动力损耗

虽然创业是实现个体价值和获取更多财富的有效途径，但是任何创业都是风险与收益共存的，极少有一帆风顺的创业之路。因此，在主张和支持返乡农民工创业时，必须要有风险意识，不能简单地实行收益的加减法。在综述中我们列举了部分对创业成功具有负面影响的因素，包括地方政策支持、金融政策、市场环境、家庭状况等诸多方面。如果在这些约束条件显著存在的情况下，没有较为科学合理的创业规划，贸然付诸行动，则很有可能让创业者陷入困境。

一般来看，返乡农民工如果选择创业，那么将面临来自宏观制度环境、中观创业具体社区环境、微观家庭情景三个层面的风险。如表5-8所示。

表5-8　　　　　　　　　　不同层面的生计风险

层面	生计风险	具体体现
宏观制度环境层面	政府政策支持和宏观引导缺位	缺乏税收优惠政策、无息或者低息贷款途径；政策信息不通等
中观社区背景层面	社区禀赋的差异；气候变化的影响；市场竞争的过滤；创业发展的压力	封闭社区还是开放社区；淡季与旺季；物价上涨；如何经营
微观家庭情景层面	经济资本方面的风险；人力资本方面的风险；社会关系方面的风险	投资的安全、成本的回收、资金的运转；个体身体和技术状况、社会关系与支持、家庭关系维护

资料来源：郑永君：《计风险约束下的返乡农民工创业实践——基于川北返乡农民工创业案例的比较》，《南京农业大学学报》（社会科学版）2016年第3期。

从上表可以比较清晰地看到，这三个层面的风险其实伴随着创业的始终，无论哪一个层面出现了问题，都会严重影响创业情况。我们在调研中，遇到不少创业失败的人，除了部分人在亲友的支持下能够重新开始创业外，大多数选择了外出务工，以维持家庭生计运转。我们在湖南龙山县对一对曾经返乡创业的农民工夫妻进行了访谈，男主人说：

> 我们两口子是2010年回来创业的，说是创业其实也就是回来开了个小餐馆，也没请人，就是夫妻店，主要是早餐和中午的快餐。当时的主要原因是儿子到县城来读书来了，上高中。我们就从打工的地方回来，一边做事一边照顾他上学。我们在外面主要是做流水线上的

工作，也没有格外的技术，搞了这么多年，存的钱也不多，坐吃山空肯定是不行的，所以想回来开店，最容易上手的就是餐饮。没得大厨的手艺，家常菜还是没得问题。因为我们这边的人在外面吃早餐的还是比较多的，我们打工的时候看到快餐也还卖得不错，所以就选择这样的经营模式。10年上半年回来，9月份就开业了。开了半年我们就关门了，一分钱没赚到，本钱投入虽然不大，但还是亏，还不如找点事做。一个是我们租的门面位置不好，虽然在街面上，但这边人气不是很旺，而且租金也不便宜。另一个我们没搞出特色，早餐一般还是比较赚钱的，你看岳麓大道那边那家店，只卖早餐，屋都买了几套了。快餐生意也不行，我们本来是想针对做功夫（打工）的人，搞个物美价廉，哪晓得做功夫的没来几个，一般的又觉得做得不好。中途我们也调整了两次，可能是开业没处理好，来的人还是不多，各种费用加在一起，还不如两口子随便找点事做划算，最后干脆关门了，她在超市上班，我就找熟人介绍进了个小厂。（LJP20150725XD）

这个个案中的夫妻在创业失败后不能迅速转换生计模式，能够实现返乡的初衷目的。但还有不少怀揣致富梦的人，在前期投入较大，通常还有民间高息借贷，创业失败后不仅仅是致富梦的破灭，更是牵扯整个家庭，面临着积蓄耗尽，家庭生计难以维持，同时还得还贷的困境。我们认为创业失败对于返乡农民工来说会产生以下几个方面的影响，而这也是我们必须予以重点关注的方面。

一是如上文所说的，对创业者个人、家庭创造负面影响。创业失败意味着以前的积蓄浪费掉，对于没有长期可靠社会保障的返乡农民工来说，意味着必须尽快找到一条维持个人和家庭生存发展的路。否则会陷入一个恶性循环，即因发展动力和能力的损耗而无法致富，甚至返贫。

二是打击其他有意愿返乡创业农民工的创业积极性。因为对于武陵民族地区来说，因同乡同村农民工之间一般存在着相互的联系，一旦有人返乡创业失败，这个信息很容易扩散。这样的负面影响会传染给那些原来打算返乡的农民工，使得他们会增加心理负担，暂停或者放弃返乡创业的计划。

三是不利于农村社会发展。返乡创业失败意味着原本从农业转移出去的人口可能得重新回到农业，或是选择再次外出。那么整体来看，对于当地农村经济结构的调整是不利的,因为非农业产业比例会受到影响,相对有比较优势的人才可能依然选择外流。对于就地就近就业也不利,原本的回归有可能变成再次外出,回流带来的系列优势将消失。

因此,我们认为,除了外界条件对返乡农民工创业会产生重要影响外,对于该群体来说,我们必须重视返乡农民工的综合自我评估。这种评估类似于职业规划,必须全面结合个人所拥有的创业资源和市场发展规律进行,不能有所偏颇,只看重某一方面。具体来说,一是要综合衡量个体及家庭现有经济状况、资金积累状况、身体状况、家庭成员构成结构、能够动员的资源状况、技术水平状况等。二是要综合评估当地政策及经济环境。包括政府发展规划、政策支持状况、银行信贷政策状况、市场销售状况、地方特色产业等。三是要综合评估个人及家庭经济承受能力,充分评估创业失败后的发展出路。总之,就是必须在有创业失败的预估下进行创业,要充分考虑到未来可能发生一些不可预知的阻碍,不能盲目认为创业等于致富,只按照最理想的状态去规划创业,否则面临困难时就会因准备不足而导致创业失败。

综上所述,我们在本章讨论了有关新型城镇化建设背景下返乡农民工就地就近就业所面临的大好机遇,以及他们可能会面临的一些困境,虽然总结与归纳不是很全面,但我们基本涉及宏观、中观和微观各个层面的一些主要现状。在前面各章节中,我们也根据论述的需要,涉及和分析了一些现有的机遇与挑战,应当说,结合各章的讨论,我们的分析将会更全面。通过对一个个案例的分析,我们能够发现,返乡农民工无论是就近在城镇中寻找新的工作,还是自己主动创业,都是他们自己在综合内外因素的基础上进行的理性化选择。但是这种选择,有时候是能获得成功的,有时候却又难以立足。正如托达罗模型基本思想所反映的那样,劳动者跳出农村进入城镇,主要的还是人们对城乡预期收入差异的分析,而不是对实际收入差异作出的反应。这种城乡预期收入差异越大,流入城市的人口就会越多。决定城乡人口迁移的不仅仅是实际收入水平,而是以实际收入乘以就业概率的预期收入水平。只有当城市实际工资少于农村实际收入时,人们才有可能选择回到农村。[①] 借用上面讨论生计风险的表述,返乡农民

---

① 张永利、阮文彪:《城镇化背景下的农村"空心化"问题》,《赤峰学院学报》(汉文哲学社会科学版) 2012 年第 9 期。

工的就业或是创业，都是基于其生计风险考量后的理性行动。也就是说，农民工其实是一个能动主体，在有限的条件下，他们会选择规避风险的策略，他们的行为都可以理解为贫困风险约束下的经济理性。①

同时，返乡农民工群体的增加，必然会推动新型城镇化的快速发展，对地方经济社会产生更大的影响。但是我们不得不考虑到返乡农民的增加，无论个体层面还是群体层面都会存在一些问题，这些问题极有可能会影响到新型城镇化建设，也许是破坏了和谐的发展环境，也许是造成了人力资源的损耗，更有可能对其他有意愿返乡的农民工传递一种负面影响，从而无形之中延缓了更多农民工返乡的步伐。

余 论

一 深度个案的心路历程：成功与失败的纠结

返乡农民工再就业并不是一帆风顺的，他们经历过失败的纠结，也有过成功的喜悦，他们都有着属于自己的心路历程。这段历程和他们的打工经历一样，是他们生命周期中不可或缺的重要的组成部分。笔者在本节试图通过深度个案的呈现来变现返乡农民工的心路历程，也便于读者对返乡农民工的心路历程能有一个具体的、可感知的认识。

案例一：

SZH，男，1971年9月生，黔江区邻鄂镇沙子场人。1989年从濯水高中毕业后，成绩优异的他却因家庭经济困难主动放弃继续学习。家庭的贫困不仅没能消减他的斗志，反而让他下定决心，一定要通过自己的奋斗和拼搏去改变困境。

1990年，SZH被聘为邻鄂镇人民政府广播员，在这个临时的岗位上，SZH干得兢兢业业，受到了广大政府职工的一致好评。此后，为了带领家乡的父老乡亲早日脱贫致富，SZH担任了邻鄂镇沙子场村党总支书记，村里的工作他一干就是5年，5年的时间让沙子场的

---

① 张大维、郑永君：《贫困风险约束：返乡农民工创业的发生机制——基于三个川北返乡农民工家庭的生计选择分析》，《河南大学学报》（社会科学版）2014年第5期。

老百姓对这个书记特别赞赏。

2004年,改革的春风吹遍了武陵山边区,SZH和很多人一样,鼓起勇气告别了生活了30多年的家乡,南下深圳打工。可因为既不懂技术也缺乏管理经验,SZH失败了。回到家后,SZH经过反复考量,决定又去重庆找寻机会。此时重庆正处于城市建设的快速期,各种建设工程如火如荼,SZH决定从一名建筑工人干起。不像一般的工人只顾"低头干活",SZH还时常"抬头看天",积极学习建筑施工知识,不断总结施工经验。在重庆菜园坝立交桥的施工中,就是SZH的一个中肯建议,让工程施工单位节省了100多个劳动力。这次事件让当时的施工经理对SZH这个普通的施工工人刮目相看,并将SZH升为班长。这次的成功让SZH认识到,只要认真干、灵活干,即使在平凡的岗位上也能发光发热。升为施工班长的SZH带领工人们在干中学,在学中干,圆满超前完成施工任务,SZH也赚到了人生的第一桶金,也让SZH坚定了在建筑行业大展宏图的决心和信心。

2007年,已经事业有成的SZH惦记家乡的父老乡亲,于是带领着十几个同乡单干。凭着在建筑行业积累的丰富经验,SZH承接到了很多施工项目。而这次,SZH不仅要做个施工员,更重要的是作为管理者,必须处理好与工人和建设单位的关系,SZH又一次成功地挑战了自己。此后,创业成功的SZH在建筑行业越来越得心应手。

虽然SZH通过奋斗变成了"S老板""S总",可他对手下工人却如同朋友,每当有工人生日时,不管有多忙,SZH总会放下手中的活,与工人一起庆祝,并为工人送上一份特别的礼物,工人们都亲切称他为"S哥"。几年来,他的工程从未拖欠过工人一分工资,从未发生一起施工事故和纠纷。如今,常年随SZH从事建筑的同乡就有四五十人,SZH成为名副其实的致富带头人。

案例中的SZH通过打工赚得了第一桶金而开始返乡创业,并创业成功,深入分析其成功的原因可以了解到,SZH的成功在于他打工期间的不凡见识,这种见识是其不断学习努力提升自己的结果,从而为返乡创业提供了资金支持。在具体的创业过程中,其在建筑行业的丰富经验和人脉关系等关系网络的资源占有促进了其创业的顺利实现,并且日益形成规模,慢慢具有了组织性。

案例二：

与SZH不同的是，LZY的创业过程可谓是异常艰辛的。LZY现龄32岁，湖北恩施人，是当兵转业的军人出身，转业回来后就又直接外出务工了，打了有5年的工，主要是在浙江工厂流水线生产模具，刚开始工厂效益挺好的，后来受金融危机的影响，工厂运营不下去了，LZY就只好又回家了。

回家后的LZY因为经历过被辞退下岗就不太愿意再去给别人打工了，于是就开始琢磨着做点生意什么的，也不知道具体做些什么。后来听父亲说有个自家亲戚在养兔子，效益还不错。于是LZY就开始筹划起来，也去了解过相关情况，没多久就开始创业养殖兔子，技术方面因为有亲戚指导也就不成问题，本希望第一年将投入的成本钱拿回来的，也不知道什么原因第一年的收支勉强维持平稳。

LZY于是第二年盲目扩大养殖规模，因为他认为靠扩大规模，按第一年的市场行情肯定会赚钱，谁知人算不如天算，第二年行情让人大跌眼镜，兔子的销路不行，还好他的返乡创业得到过团省委青年创业项目的支持，整体来说只是小亏。可是到了第三年，由于养殖的缺位，LZY养的兔子全部都病死了，这次真的是彻底地赔光了。

之后，LZY决定东山再起。因为家里亲戚有个哥哥在武汉，混得也不错，资助了他一笔资金。于是，LZY拿着这笔钱还是选择进行养殖，不过这次没养兔子，而是换成养山羊了。LZY每次好像都不受老天爷待见似的，这次也不例外，总到了一定时期就会亏本，他自己都不知道是什么原因，尽管屡战屡败，他仍然坚持在自己的创业道路上。

LZY与SZH在资源的占有来说，即其所拥有的资金、人脉关系等是差不多的，但是创业的结果却有如此大的反差。并且实地访谈了解到的类似LZY的个案其实有很多，他们不断地徘徊在失败的边缘，每次都离成功咫尺之遥。这种失败的原因，我们也许会因为是个人行为而归因于返乡创业者的个人素质、能力等因素，但是当这种失败的结果呈现出一种群体普遍性时，我们更应该反思其他诸如环境、制度、社会结构等方面的原因，毕竟创业是需要一个比较全面的资源协调和整合的环境的。

案例三：

WYJ，男，45岁，出生在重庆市酉阳县桃花源镇青山村8组，高中文化，现系黔江仁华机械厂厂长。

1988年，高中毕业后，WYJ拿着从别人那借来的20元钱来到黔江，开始在人生地不熟的陌生小城里拜师学艺，从事电动机维修和工程类建筑机械修理。拜师学艺期间，他时时不忘父母、老师和前辈们的谆谆教诲：怎样做人做事，怎样待人接物，知恩图报、敢于面对、敢于担当……在朋友的帮助下，他于1990年回到家乡开了间不到30平方米的机电维修小店铺，秉着真诚的服务和认真负责的工作态度，赢得了认可。在不断的发展过程中得到了社会各界人士的大力支持与帮助，在激烈的商海竞争中，始终坚持"修理一样产品，展现一种形象，结交一批朋友，积累一点财富"。

后来，在政府有关部门的支持下，WYJ进入华光学校学习水电安装和电气焊作业技术，提升自己的专业技能，后来参加SYB创业培训。特别是创业培训，给他的发展目标指明了方向，坚定了把原先小店做大做强的决心和信心。在沟通能力、表达能力、组织能力、协调能力、提出合理化建议和意见的能力方面得到了升华，思路更加清晰，视野更加开阔。在微笑服务、与人友善、质量保障、收费合理等方面更加完善。这一转变使小店的收入与日俱增，朋友圈也越来越广，同时他也在其中找到无穷的乐趣！

WYJ坚信"磨难是财富"，"财富上的差距其实就是意识上的差距"，机会始终光顾那些有准备的人。结合自己多年来的探索发现：制造简单盘式搅拌机在渝东南还是一片空白，它有着巨大的发展空间，而且有制造简单、操作方便、利润价值高、维修方便等特点。于是着手创建了仁华机械厂，专业从事牙包式搅拌机生产。七年来生意长盛不衰，畅销于渝东南各县，为广大农村富余劳动力提供了更多的就业机会。

目前，公司下辖交通西路型材批发门市部、二毛机电修理部、二毛机电仁华经营部、黔江职教中心319旁太华机械总汇和仁华机械厂，有固定员工23人。从当初的几间小作坊写出了大文章，走过了辛酸和曲折的过程。公司上下员工常怀感恩心，积极参加社会各种捐助活动，以关注空巢老人和留守儿童为己任，把公司打造成奉献与责任、感恩加爱心的民营企业。本着忠诚、责任、感恩的精神，对客户负责，不断改良产品，以"客来千里寻信誉，货到万家保质量"为宗旨，在2012年实现产值800万，利润100万的目标。

WYJ的发展轨迹走过了辛酸的过程，同时也享受了成功的喜悦。从当初的多元化发展到创业培训后抱团发展，着力把仁华公司建设成为集产、供、销、学为一体的一条龙服务的民营企业和爱心企业。

WYJ的情况就明显不同于LZY与SZH，除关系网络等社会资源的条件外，WYJ的成功离不开社会各界人士的大力支持与帮助以及政府部门对他的学习和培训的支持，这种大的环境提供的帮助对其创业成功是起很大作用的。

案例四：

OYF，男，土家族，40岁，黔江蓬东乡人，1990年在蓬东电厂上班，1993年在浙江温州乐清市清江镇棉花塘村务工。当时棉花塘村有一个葡萄园，深深地吸引了欧云峰，对葡萄产生了浓厚的兴趣，梦想创造一个葡萄园。于是设法到该葡萄园工作，认真学习葡萄种植等有关技术，工资从一开始的每月600元涨到年薪10万元。由于掌握了过硬的葡萄种植技术，他曾先后到云南、安徽做技术指导。

OYF发现黔江区黎水镇气候、土壤、空气、水源等各种自然条件都很适合种植葡萄，于是辞去高薪的工作，毅然决定到黎水镇发展葡萄产业，建立了黔黎葡萄园。

2010年，通过镇政府协调，流转100亩良田，OYF开始了属于自己的葡萄园建设工作。到2012年，葡萄园建设完成，总投资近200万元，且全部实现投产。

葡萄园现常年雇用20余人，有品种12个，以浙江联宇葡萄研究所培育出的"宇选一号"和"宇选四号"为主打品种，2012年全面挂果投产，产量60吨，产值180万元。

在取得初步成功之后，OYF牵头成立了黔黎专业合作社，促进葡萄产业的发展。新建一个保鲜库，配备了一台保鲜运输车，并在黔江城区设立销售点，开展直销工作。

该葡萄园计划启动500亩二期葡萄园建设，最终发展目标达到

2000亩。在发展方式上，通过成立的黔黎葡萄专业合作社，以土地入股、保底收购等方式带动周边农户种植，最终将建成核心示范基地1000亩、带动周边农户种植1000亩的优质葡萄基地。待大规模种植投产后，再进入大型超市销售，并开展葡萄深加工等相关业务。

同WYJ情况类似，OYF的成功一方面在于自己的努力学习所积累到的包括种植技术、相关人脉等资源，另一方面还在于政府部门对其创业的支持，种植的土地对其发展葡萄产业来说是必不可少的。

案例五：

XDQ出生在恩施巴东县一个普通的农民家庭里，小学毕业后，由于家庭困难，他便辍学在家务农。从那时起他就有一个梦想，希望有朝一日通过自己的努力能办起一个大规模的养殖场。为了实现自己的梦想，向道全16岁那年就到浙江打工，可既无文凭又无技能的他最初只能跟随木匠师父学做风车。1年后，他又回到了巴东县，在家待了一段时间后，他又从巴东县辗转到黔江做木匠活。当初木工生意一直不错，也赚了不少钱。1994年，生意越来越不景气，赚来的钱只能让一家人勉强糊口，因此，他便开始思考其他门路。

1994年，在经过诸多考察后，他瞄准了朝鲜泡菜。为此，他专门到湖北宜昌参加了两个月的技术培训。学成归来后，他在黔城开始做朝鲜泡菜，生意非常红火，在几大农贸市场里都开起了朝鲜泡菜的连锁店，而且后来还进驻了新大兴、万家福等大超市。1996年，XDQ将泡菜生意转让后，投入16万元和朋友在湖北省合伙开了一家雪糕厂。可事与愿违，那一年夏天频频降雨，天气凉爽，XDQ的雪糕厂历时半年就倒闭了。为了开雪糕厂，他不仅血本无归，反而欠下了五六万元外债。为了还债，1997—2005年，XDQ和妻子PCY辗转昆明等地，重操旧业做起了朝鲜泡菜生意。2005年10月，XDQ与姐夫合伙在黔江做起了煤炭生意。由于是合伙，他主要负责经营管理，姐夫则负责煤炭的运输管理，本来以为能稳赚钱的生意，没想到在1个月后就出事了——姐夫遇车祸去世，而XDQ完全不懂煤炭生意的运作，这一次又亏了近30万元。

2008年春节期间，他在电视《致富经》栏目中看到一位农民靠养野鸡发家致富的故事后深受启发。"野鸡抗病能力强,繁殖快,容易饲养,属于绿色食品,符合现在人们追求的方向。而且养殖业一直是我最想干的行业,何不试一试呢!"XDQ通过调查,他发现在成都和重庆范围内,无论是野鸡还是野鸡蛋,市场上都供不应求。2008年6月,XDQ在黔江舟白街道湾塘陈家营租了一个养殖场地,购买了500多只野鸡仔,添置了孵化机、粮食粉碎机等设备,投入4万多元办起了一个养殖场。

只有小学文化的XDQ,如今的养殖场已初具规模,面临着经营与管理,野鸡的防疫、饲养、孵化等一些技术上的问题,他找到了政府相关部门,得到了政策支持,在区供销社的指导下,成立了野鸡驯化专业合作社。在2012年的阳光工程农民专业合社经营管理人员培训中,他积极参加学习,刻苦钻研,认真梳理在经营中出现的问题,主动向老师请教,特别是针对农产品市场营销方面的技术问题,得到了老师指点。在2012年的重庆市农交会上,外地客商纷至沓来,找他供货,目前货源供不应求。

经历过失败的XDQ和妻子已全身心地投入到了野鸡养殖上。为了提高质量,XDQ对野鸡的饲料配方要求非常"苛刻"。他坚持不喂饲料,不用抗生素等药物,主要用水稻、小麦、玉米、高粱、芝麻等杂粮来喂养野鸡。为了提高野鸡的免疫力,有时他还要在食物中加入大蒜、生姜和辣椒,尤其是母鸡,因为要保证营养,还要给它们喂食中药,让无公害绿色食品走向餐桌。

与LZY不同的是,尽管XDQ同样经历过几次失败的创业经历,但是他能够反思自我,并且积极利用政策资源参加考察、培训,从泡菜店、雪糕厂到煤炭最后到野鸡养殖,历经数次的失败才获得来之不易的成功。在某种程度上来说,XDQ的成功离不开其失败的创业经历,更离不开政府有关部门的宣传以及政策支持,还离不开XDQ个人的坚强品质。

同时值得指出的是,以咸丰为例,根据调查结果显示,截至2015年5月30日,笔者在此以2008年5月30日为返乡开始点,共7年累计,可以算出:咸丰县每年转移就业人数约为2849人,自主创业人数约为973人,返乡务农人数约为4004人,由此可知平均每年共返乡约为7826人。从各项占比可以看出,咸丰县返乡农民工就业形式按累计、平均水平衡量都以务农为主,其他形式的就业其次,自主创业占比最少。这一统计结果似乎和一般认为返乡农民工由于外出务工的影响返乡后倾向于"回乡不回土"的观点相去甚远。但是考虑到返乡人数实际上可能呈现出逐年递增趋势,以及返乡人员在本地务农实际上呈递减趋势,可以粗略地了解到,返乡人员再就业的构成情况将会逐渐印证"回乡不回土"的说法,即返乡务农人数会不断减少,相对的其他形式的就业转移以及自主创业人数将占主导。同时,按再就业的成功率来看,相较于创业来说,其他形式的就业更具稳定性,成功率也明显高于创业。

表 5-9　　　　　　　　　截至 2015 年返乡人数

	平均人数（人）	累计人数（人）	占比（%）
转换就业人数	2849	19941	36.40
自主创业人数	973	6814	12.44
务农人数	4004	28030	51.16
总计	7826	54785	100

总之,成功也好,失败也罢。返乡农民工作为一个群体,在社会转型时期进行自身的优化和发展,他们有着城市人不可比拟的乡土情怀,也有着土生土长的农民不具备的开阔眼界,他们凭借自己的力量在奋斗着,建设着自己的家乡。但是,仅仅依靠这种热情以及打工积累的有限的相关资源是远远不够的,在某种程度上,他们作为转型期的弱势群体,还需要社会的关怀,需要政府将其有序地组织起来,充分地发挥其自身独特的优势,一方面加强其他形式就业的主导地位,另一方面对条件成熟的返乡创业行为要给予大力的支持,实现再就业的成功。

二　返乡农民工的决策机制构建

返乡农民工群体就业创业无疑具有现实意义。有学者认为,返乡农民工在挣脱土地的束缚、超越村庄的人际网络、冲击传统思想观念和伦理价值及渗入村庄权力结构中心等经济、社会、精神、治理四个层面对村庄社会产生剧烈的影响和冲击。他们正在挣脱村庄社会的束缚,以现代社会的行为规范引领村庄,形成没有城市化的市民化的"在地市民化"局面。然而在实际的返乡过程中,返乡农民工在冲击旧有的结构时,又面临来自各方的就业创业方面的困境,这些困境显然对他们来说是不利的。而化解这些困境的关键在于从源头上去减少，因为再就业的失败和困境的出现，很大一部分是由于再就业选择的不合理。所以，其间的关键就在于理性决策机制的构建，即从个体的有限理性向群体的理性决策转变。为此我们粗略勾画出了如下自认为理想的决策机制流程：

图 5-2 返乡决策机制的构建

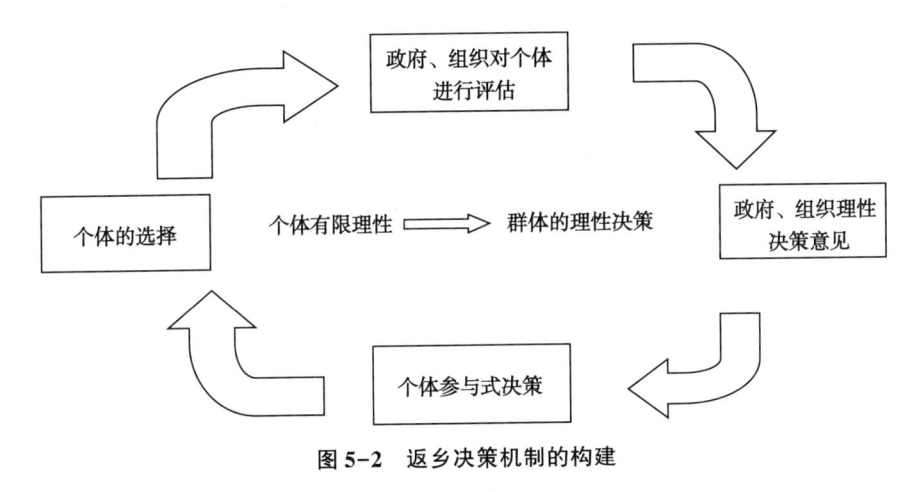

图 5-2 为决策机制简图，这一机制主要包括以下环节：首先，返乡农民工就返乡后再就业的倾向进行选择；然后，政府或者相关组织针对个体的就业倾向进行评估，这种评估主要是对其相关能力、资源、关系网络等的评估；其次，基于评估结果会形成对个体再就业的意见；而后，会就此意见跟个体进行讨论协商，并在此基础上确定最终选择。如此环节的设计考虑，完全是基于个体的有限理性和对再就业的预期考量，也有可能这只是笔者所期望达致的一个理想的过程，真正的实施还有待仔细斟酌。如果能够成功地构建起这样的决策机制，那么将会有更多农民工能够安心返乡并就业，为当地新型城镇化建设注入新的活力。而且这股力量有着其特殊的意义，从他们身上能够产生出较强的示范效应，并能形成一股利于社会稳定和谐的力量，对于新型城镇化建设来说有百利而无一害。

但是不管怎样，大的制度环境确实还需要进一步去完善。笔者调研对比了解到，贵州铜仁市是做得比较好的：当地人力资源部门立足铜仁实际和返乡人员创业就业的现实需求，整合了包括工商准入、税收优惠减免、创业用地、住房保障、金融扶持、人才奖励补助、创业用水用电、产业扶持、创业补贴、技能培训、社会保险和医疗保障、户籍管理、子女入学以及合法权益维护在内的 14 项政策，建立引导和扶持铜仁籍在外人员回铜创业就业的政策体系。同时，强化各项政策的兑现和落实。市财政每年预算安排 500 万元、县财政每年预算安排不得少于 300 万元，建立专项资金，用于保障各项扶持补贴政策和激励补助措施的落实。并且针对每一项优惠政策明确了牵头单位和责任部门，并将各项政策落实情况列入年度绩效考核内容，这一模式也确实取得了实质性的效果。铜仁的经验无疑是可贵的，是需要学习和借鉴的，其他地方应在结合自身发展现实的基础上进行内化和吸收，形成具有特色的政策合力。如此才能真正地优化返乡农民工再就业的质量，实现长期稳定的发展。

第六章

对策与建议

以人为核心是新型城镇化的基本理念，即注重人的城镇化和人在城镇化过程中的升华。新型城镇化的根基则是以产业为支撑，并在此基础上形成产业集聚，最终促进人口集中，返乡农民工就地就近就业是促进这一过程完成的本质因素，是推进城镇化建设的有效载体。因此，从农民转换为市民，成为影响城镇化发展速度和质量的关键所在。因此，为促进和协调新型城镇化建设与农民工返乡就地就近就业的良好互动，促进地区经济建设和社会发展的协调持续发展，我们必须从多方面入手，解决好二者之间有效衔接的阻碍因素。根据我们在前面各章节的论述和分析，我们看到无论是地方政府，还是具体的就业个体，都需要从自身的角色定位出发，理性思考，为构建武陵山民族地区和谐发展局面贡献力量。为此，我们在本章提出如下几个方面的对策与建议，以期有所助益。

一 提高认识，清醒把握两者协调发展基本原则[1]

所谓基本原则，是指看待新型城镇化建设与返乡农民工就地就近就业二者协调发展这一事件的基本态度和观点，是根本性的指导思想。我们认为简单一点来说，两者之间是具有内在一致性的，形成了一种互相依赖和互相促进的关系。新型城镇化建设为地方带来了新的发展动力，提供了更为便利的基础设施，更为高效的公共服务，为返乡农民工提供了就业岗位，提供了展现自己的平台，提供了获取更大经济利益的机遇。同时，农民工的返乡为新型城镇化建设提供了人力资源，为产业发展、人口集聚、产业升级提供了基本保障。

---

[1] 本小节主要内容参见《国务院办公厅关于支持农民工等人员返乡创业的意见》，2015年6月21日，国务院办公厅（http://www.gov.cn/zhengce/content/2015-06/21/content_9960.htm）。

（一）坚持普惠性与扶持性政策相结合的原则

这一原则的重点是既要保证返乡农民工平等享受普惠性政策，又要根据其抗风险能力弱等特点，落实完善差别化的扶持性政策，努力促进他们成功就业和创业。坚持普惠性原则应该成为武陵民族地区推动长久可持续发展的重要原则，这也是武陵民族地区政府坚持以民为本思路的重要体现。坚持普惠性的原则有利于促进返乡农民工的获得感和平等感，提高农民的劳动积极性。武陵民族地区可以对返乡农民工在初期实行普惠性的交通补贴和技能培训方面的全面优惠性补贴。普惠性原则的落实宜早宜速，使得农民在返乡初期更易安心、放心，更早地进入创业、就业的氛围之中。

促进农民工返乡就近就业还应该坚持落实差异化的扶持政策。从产业布局上看，武陵民族地区可以结合当地人文与自然地理优势，重点扶持旅游业等产业，大力发展乡土旅游、民族风情旅游等项目。同时考虑到武陵民族地区的丰富绿色资源，当地政府应该重点扶持一批立足本土资源的绿色食品品牌。随着都市生活的发展，对绿色有机食品的需要逐年增加，武陵民族地区可以在此"风口"期通过对本土家禽、鱼、蛋、主粮采取深加工和品牌化运作的措施，打响名声，促进返乡农民增收。从资金倾斜上看，政府可以通过直接的财政拨款、税费减免、协调金融服务等方式使得返乡农民工向重点布局的产业流动，进而改进产业布局的重点，促进经济发展和农民增收。

总而言之，普惠性原则主要关注的点在于大多数人或者说所有符合政策条件的人都能够获得相关利益，是一种无差别的对待。一般体现在基本的保障性供给、公共服务供给、发展平台供给等方面。而差异化的扶持政策主要关注点在于对具有代表性、典型性的问题和群体给予优先考虑，或者通过类别化来实现有针对性的政策扶持，其主要功能是采取各个突破，最终实现整体发展。因此，这两个原则的结合，既强调基本性的保障，又强调个性化的突出。各地政府应当充分结合本地实际情况，在这方面多做调查研究，多下功夫，走出各具特色的发展道路。

（二）坚持创新思路与分类指导并举的原则

因村、因户、因人分类指导、分类施策，积极探索公共创业就业服务的新方法、新路径，对症下药。根据返乡创业人员需求变化，及时调整管理办法和运行机制，提高政策、资金和项目的针对性、灵活性与实效性。

市场内资源配置的过程是流动的，市场本身的发展趋势也是变动的，只有我们坚持不断创新，紧跟市场的步伐，才能有所收获。政府对于市场要有清醒的认识，在此基础上，才能不断提高自身的指导和服务水平，为返乡农民提供更好的帮助。为了更好地对症下药，促进经济创新和发展，一方面，政府工作人员自身要加强理论学习和实际经济工作经验。我们认为，当前世界的国际化趋势越来越普及，武陵民族地区与国际国内市场接轨也越来越频繁，一个地区的发展离不开更为广阔市场的支撑，所以政府相关部门的工作人员必须提高自身的业务能力，不断吸收新的理论知识，了解新的市场动态和社会发展趋势。只有这样，才能在实际服务工作中跟上社会整体发展的脚步，不会囿于一方，错失良机。另一方面，政府要极力探索新型公共管理服务的新模式。当今信息技术的发展和大数据的出现成为政府依据科学数据，不断掌握经济市场动态方向和进行科学合理决策的重要助手。因地制宜、因人制宜、因时制宜的灵活原则在流动的市场和掌握了时间、空间、人三者基本动态的政府公共服务部门手中能够共同地为及时调整发展方式、创新发展提供助力。我们建议应当借助精准扶贫的强势推动，做好分类指导，把工作做扎实、做牢固。

(三) 坚持政府引导与市场主导协同的原则

要加强政府引导，按照绿色、集约、实用的原则，创造良好的创业环境，更要充分发挥市场的决定性作用，支持返乡创业企业与龙头企业、市场中介服务机构等共同打造充满活力的创业生态系统。

习近平同志在党的十八届三中全会上指出，要使市场在资源配置中起决定性作用，并要更好发挥政府作用。武陵民族地区在自身的经济发展和促进返乡农民就业创业过程中要坚持政府引导和市场主导协同一致的原则。政府方面要加强引导，使得返乡农民进入更有利于当地经济发展和自身增收的有朝气、有前途的产业和岗位环境之中。同时，政府应该从城乡道路、水电等基础设施建设、就业与创业信息宣传、返乡农民医疗与劳动合同保障等方面着手，创造出良好的就业创业环境。在新产业布局的地理规划上看，也应该做好集约、科学、可持续发展的规划，使得返乡农民能在合理、舒适的空间内进行工作和生活。

同时市场的决定性作用也不能被忽视，农民返乡就业创业能否顺利实现，重要的在于武陵民族地区是否能够有效建立起一套完善的、容量巨大的市场体系，有效地吸纳农民进入这套体系中实现自我价值。从就业的角度看，龙头性企业担负着通过市场吸纳劳动力的巨大任务，支持龙头企业在市场经济活动中的盈利和健康扩张，有利于吸引就业。同时优质的实体和网络中介平台的发展，无疑是连接市场普通劳动者和企业两大主体，促进市场人力资源有效配置的重要媒介。发挥市场的决定性作用，离不开龙头企业和优质中介的市场参与。从创业的角度看，武陵民族地区政府发挥市场决策性作用，不断完善市场规则，增加新"入场"角逐的"弄潮儿"，在已有的产业竞争中发挥"鲶鱼效应"，特别是应该注重引导其在市场中参与本地重点发展的产业布局，有利于发挥后发优势，促进更好的整体和高起点布局。

总之，要坚持分清政府与市场两者之间的关系，特别是政府部门不能越俎代庖，否则就会破坏市场本身运行规律，适得其反。要把握好这一原则，政府部门主要是要放松心态，不能对地方经济社会发展操之过急，要以平和的心态面对发展，充分考虑到武陵民族地区的后发优势，要以夯实发展基础为要务，以服务者、引导者的身份介入其中。市场的转型与接轨是需要时间来磨合和整合的，如果想凭借行政的力量强行推动，可能在短时间内能起强化效果，但从长期来看，无异于自毁前程。

(四) 坚持输入地与输出地发展联动的原则

要推进创新创业资源跨地区整合，促进输入地与输出地在政策、服务、市场等方面的联动对接，扩大返乡农民工创业市场空间，延长返乡创业产业链条。

坚持输入地与输出地的互补联动已经成为促进中国城乡经济互补、沿海与内地经济互补的重要方式。武陵民族地区地处湘、鄂、黔、渝交界处，前往长沙、武汉、贵阳、重庆大城市工作的农民为数不少，当然还有部分人去往沿海。其中部分人士不仅离乡进城学得了技术，而且成了"老板"。引导这批人回乡办企业，能够带回外部世界先进的理念、信息、资金、技术等。由于这部分人在乡村农民中广泛的影响力，一方面能够通过他们带动外出打工的农民返乡共同建设家乡，另一方面也有利于带动原本在家的农民共同参与乡村农业合作社、微小企业的发展。从市场信息的角度看，外出返乡者所具备的人脉资源、经济眼光使得其能迅速地捕捉到武陵民族地区与外部世界经济互补联动的有效结合点，促进本地产业合理、精准布局，引导内部市场的产品和外部世界的资金、市场需要相结合。

另外，武陵民族地区各级政府要主动走出去，不能把返乡农民工就业创业的任务完全压在自己的身上，这是不经济的行为。要有区域协作理念，要通过联运机制，与经济发达的地区取得关联，以获得来自区域外部的发展动力和发展机遇。返乡农民工本身就以民间自由劳动力的身份在输入地与输出地之间架起了沟通的桥梁，但是这些桥梁还很脆弱，没有形成合力。仅凭返乡农民工个体的努力远远达不到理想的状态，必须要政府站在区域协作的高度，主动向外拓展。我们曾说过，武陵民族地区各级政府应当转变以 GDP 为核心的发展观，努力实现 CSC（综合社会资本）的积累和增长，那么加强与输入地的联运正是拓展和综合社会资本、优化资本结构的有效途径。一旦建立，不仅仅使承接产业转移、获取支援等显现利益增长，更有利于当地经济发展最为薄弱的市场空间、产业链条取得拓展和延长，其经济效益和社会效益就会成倍地展现出来。最终缩小各地发展差距，为返乡农民工就业创业提供更为广大的空间和平台。

（五）坚持自力更生与外力帮扶的原则

教育引导干部和返乡农民工克服"等、靠、要"依赖思想，充分发挥返乡农民工的主动性和创造性，引导处理好政府扶持、社会扶持与自力更生的关系，充分调动社会各界参与精准帮扶的积极性，拓宽帮扶领域，提高帮扶水平。

自力更生与外力帮扶，两厢共同用力，是促进武陵地区返乡农民工改善经济条件的重要方式。首先返乡农民工从思想根子上要克服依赖思想，提高自信心，坚定地相信在个人努力和外界帮扶的作用下，一定可以脱贫的思想。其次，外界的帮扶一定要注意到精准帮扶的重要性。农民工返乡创业就业的一个重要方式是发展特色的农副产品种植，政府不仅应对其采取资金上的帮扶，更特别要注意到市场的波动性和敏感性，避免出现产品丰收而销路难开的局面，帮扶不仅是要帮扶资金，政府应在市场信息的精准捕捉和持续关注方面下大力气，并将信息及时提供给农民，以免造成产品无法在市场有效实现价值的问题。从技术上看，政府帮扶应该注重持续为农民的农产品生产和机械设备、电子设备提供有效的技术人员支持，注意尽量往基层输送有学历、有知识的大学生村官等帮扶人员，发挥其知识信息优势。另外对农民工返乡人士，应该除了经济帮助之外，尽量拓宽帮扶领域，帮助其有效解决家庭成员的教育、医疗、养老等基本问题，使其能更加有效地投入到工作中。在这里把自力更生与外力帮扶相结合作为一条基本原则提出，更是希望能够出现一种内外结合、打破武陵民族地区多年来发展的瓶颈的新局面。从经济学中均衡与优化的角度来看，仅凭武陵民族地区各级干部和返乡农民工自身的努力，最佳的效果是达到内部的一种均衡状态，也就是说内部资源利用与经济产出出现一种平衡，内部缺乏向更高级状态进化的推动力，所以就需要外力的介入。通过自力更生，最大限度地挖掘自身潜力，发挥自己的优势，在外力的推动下，不断向着更为优化的状态发展。

二 科学规划，因地制宜进一步推进新型城镇化建设

我们在前面的论述中多次提及新型城镇化建设的特征，指出必须要基于集约、智能、低碳的发展方式，高度关注农民工返乡就地就近就业进而实现市民化，着力解决长期以来城镇内部存在的二元结构问题，使城乡均等化得以真正落实，提升群众普遍的幸福感。

（一）加强政策引导，提高产业集聚和人口吸纳能力

改革开放以来，乡镇企业异军突起，迅猛发展，已成为我国农村经济的主要支柱和国民经济的重要组成部分。据调查，农民收入的1/3都来自乡镇企业。乡镇企业是社会主义市场经济条件下我国农村经济以至整个国民经济新的增长点已成为铁的事实。到如今，乡镇企业已由迅猛发展转入发展与提高并重的新阶段。往日的粗放经营已不能适应新形势的需要。实行集约化经营才是乡镇企业新的发展和提高方向。从武陵山区来看，区域内的小城镇就是辖区内的政治、经济、文化、教育、科技和社会服务中心，在缺乏大中城市强有力的引领辐射作用的现实境况下，它们对区域经济的发展起着重要作用。大力推进小城镇建设与乡镇企业发展相结合，有利于引导和扶持农村劳动力自主创业，形成新的经济增长点。总体来说，一方面要进行政策上的革新，进一步删减那些阻碍企业、个人进入城镇创新创业的束缚性条款，变约束为激励，形成多点开花的局面；另一方面，要通过政策设计，从长远发展的高度，从区域联动的层面入手，推动各城镇走差异化发展的道路，凸显各地自身的特色和优势，形成武陵山区区域内的协调与协作，推动整体发展。

（二）确保农民工返乡安居乐业

早在2008年12月，国务院办公厅下发的《关于切实做好当前农民工工作的通知》中，就明确提出地方政府要认真做好返乡农民工的社会保

障和公共服务。而社会保障和公共服务其实是具有较为明确指向的概念，旨在解决涉及个人生产生活中所面临的各种困难状况，以协助个人能够获得持续改变自身困境的能力。要安居乐业，涉及的面其实非常广泛，从个人到家庭，日常生活所见都包含在其中，主要还是涉及就业、医疗、住房、子女上学、社会保险等方面。武陵山区应当在完成国家强制性规定的各项基本保障政策措施基础上，基于稳定社会、吸纳人才、聚集劳动力、吸引资金等考虑，进一步为农民工提供更为完善的支持。从现实情况来看，武陵山区由于经济发展相对滞后，地方政府在上述各方面的扶持力度上略显不足，但应当把解决这些问题作为政府工作的重心之一，制定中长期规划，在条件允许的情况下，逐项落实到位。比如说尽量扩大社会保险覆盖范围，推进城乡居民社会养老保险全覆盖工作，并在此基础上构建城乡一体化社会保障体系。当然，重中之重是应当关注到农民工流动性这一根本性特征，要做好诸如医疗、社保等各项保障措施的转接工作，确保返乡农民工受益的连续性。

（三）推动产业发展，提升新型城镇就业安置能力

1. 共建特色产业园区，提升产业集聚力和竞争力

产业向园区集中是现代产业发展的基本趋势，也是山区现代工业和服务业发展的现实需要。武陵山区数十个县（市、区）虽有为数不少的工业园区，但园区级别不高、规模不大、集聚力不强、就业容量有限、知名度不高、竞争力不强，对区域的带动效应十分有限。我们认为武陵山区产业化发展路径有两个层面：其一打造国家级产业园区，提升园区的集聚力和竞争力。如武陵山片区（张家界）国际旅游集散中心，旨在借助张家界的知名度集聚旅游产业发展的高端资源，辐射和带动整个武陵山民族地区生态文化旅游产业的发展；铜吉怀国家山地特色工业园区，旨在借助铜仁、吉首和怀化三市相对较好的发展基础、彼此毗邻和位居中心的区位优势，在国家和各省市的投资推动下发展成为武陵山片区的物流中心、民族文化产业中心、制造业中心和现代服务业中心；黔恩龙国家山地特色农业产业园区，主要定位为武陵山民族地区绿色食品、特色农产品、生物制药和北部物流中心，充分挖掘黔江、恩施、龙山、来凤的资源优势和政策优势。其二，对处于国家产业园区范围之外的县级、镇级产业园区进行迁并整合，减少产业园区数量、扩大产业园区规模、提升产业园区质量。

2. 积极培育发展乡村特色产业，拓宽返乡农民就业渠道

一方面，实施生态修复、生态保护、生态建设工程。编制乡村旅游发展规划，制定乡村旅游特色产业实施方案，属于历史文化名村、传统村落的，加大保护力度，改善生态环境、改善环境景观面貌、改善乡村旅游基础设施条件。大力推动返乡农民工立足于农村农业和良好生态环境进行旅游创业就业。另一方面，鼓励因地制宜发展特色产业。如根据典型的山地特征，武陵山区可以把具有山地特色的矿产开发业、农副土特产品加工业作为乡镇重点发展项目，由点及面，增强地方对返乡农民工的吸纳能力。

综上所述，农民工返乡后面临的是一个相对狭小的市场和相对落后的社会环境。中国农业科学院农业经济与发展研究所黄德林博士指出："我国农民创业环境包括人文环境和政策环境。在人文环境上的落后我们可以通过政策环境的改良来弥补，这种改善也必将影响返乡农民工的成功创业。"社会各界对贫困地区返乡农民工自主创业行为的关注，政府的鼓励和适度帮扶，都将有利于推动贫困地区区域经济发展，缩小东西部贫富差距，从而促进整体社会的健康和谐发展。

三 转变职能，切实履行为民服务的政府责任

在我国，农民工返乡就地就近就业创业进而实现市民化已成为社会发展的必然趋势，它能否顺利进行，直接影响着整个社会经济发展的全局。如何解决农民工返乡就地就近就业创业进而实现市民化进程中出现的种种问题，使农民工平稳地融入城市，顺利就地就近就业创业进而实现市民化，这都需要政府承担主导责任，正确定位。为此，政府必须切实转变职能，不能只做锦上添花的事，而应当把雪中送炭当作基本工作。力争成为农民工返乡就地就近就业创业进而实现市民化政策的推动者，更好更快地转变为担负和落实公共资源公平提供者的角色，成为农民工返乡就地就近就业创业进而实现市民化政策的服务者。简单举一个例子，比如说通过加强网格化管理，让平常难以进入政府工作人员视野的一般返乡劳动者能够及时获取有效信息，全力推进互联网与人力资源社会保障公共服务体系深度融合。以"互联网+"为契机，以实现"人本人社""智慧人社""透明人社"为创新目标，推动管理方式从封闭走向开放和包容，从分散走向整合和协同，为广大人民群众提供更高质量、更便捷的服务。一是国家层面：建立全国统一的农民工基础信息登记网络平台，节约资源和成本，

方便信息资源共享、维护及安全。并首先与人社系统的各个信息平台实现数据对接与共享，逐步推进人社信息平台与其他部门实现数据对接与共享。二是省级层面：整合资源，建立全省统一规范的基础信息网络平台，涵盖就业、社会保障、人事人才、劳动维权等方面，节约资源和成本，方便信息资源共享、维护及安全。逐步推进人社信息平台与我省其他部门、外省人社部门等实现数据对接与共享。三是县级层面：建立和完善各县市统一规范的人力资源基础信息采集和登记平台，准确掌握农民工创业就业情况。这样一来，政府部门就能充分掌握返乡农民工就业动态，从而能够进行及时有效的支持。

四 培育力量，充分发挥社会组织的作用

（一）NGO 和公益性社会组织的支援

NGO 作为一个广泛的社会自治与合作网络，通过工会、商会、业主委员会等自治性组织，把每个人、每个企业组织起来，或者扶危济贫、互相救助，或者自我管理、自我约束，或者伸张权利、维护利益，构成了"和谐社会"的血脉、根基。因此，很有必要构建"市场—政府—NGO"的三维协调机制。

"公益性社会组织，一般是指那些非政府的，不把利润最大化作为首要目标，而以社会公益事业为主要追求目标的民间的、公益性的、志愿性的社会组织。"[①] 它们的主要活动领域是社会公益事业或公共事务，它们是社会稳定的维护者、社会经济的促进者、社会文化的倡导者、社会建设的创新者、国际社会的交流者。它们的核心属性是社会性，注重人道主义与社会关怀，具有强烈的社会责任感和使命感，具备组织性、非政府性、非营利性、自治性和志愿性等特征。它们通过向社会和民众提供无偿服务或优惠服务来达到使服务对象受益的共同目标。因此，它们有利于缓解社会矛盾、维护社会稳定、促进社会和谐。武陵山少数民族地区的新型城镇化建设与返乡农民工的就地就近就业需要充分发挥 NGO 和公益性社会组织的社会力量，积极参与到民族地区的社会经济发展事业中来。具体而言，我们可以采取以下措施。

第一，使 NGO 与公益性社会组织成为武陵山区各族群众与当地政府

---

① 杨道波、王旭芳：《公益性社会组织的法律定位思考》，《理论探索》2009 年第 3 期。

之间的桥梁，积极促进该区域的社会主义新农村建设和乡村振兴建设。NGO 与公益性社会组织可以向当地政府提出各族群众的利益诉求并要求得到满足，这就起到了中介的作用。同时，NGO 与公益性社会组织可以增加就业渠道，缓解就业压力。它们作为正式的社会组织机构，需要专业人员进行运营管理，也需要大量的志愿者参与其各项活动，这就使它们具有一定的就业吸纳能力。除此之外，它们还积极投身于扶贫开发项目，开展慈善救助，这就有助于使少数民族摆脱贫困，改善民生。

第二，处理好 NGO 和公益性社会组织与当地政府之间的关系。NGO 被誉为"比肩政府和企业的第三种力量"。因此，社会的全面持续发展离不开 NGO 和公益性社会组织发挥自身的优势。NGO 和公益性社会组织能够创新社会管理，推动和加快政府职能的转变，培育扶持公益性社会组织是加强社会管理创新的重要内容。因为政府对有些社会问题无能为力或不能取得很好的效果，所以这时就需要 NGO 和公益性社会组织的介入，动员社会各界的社会力量和社会资源参与解决，提高办事效率。

第三，NGO 和公益性社会组织可以推进社区服务，不断满足社区居民的多元化需求。它们为社会大众提供社会公共产品和公共服务，满足社区居民的基本服务需求。我们知道，市场是趋利的，不会主动救济弱者。那么就需要 NGO 和公益性社会组织关注弱势群体，调动民间力量为社会服务，化解社会矛盾，不断创造出和谐、稳定、充满活力的社会环境，增进社会和谐，这有利于建设中国特色社会主义和谐社会。更为重要的是，NGO 和公益性社会组织能够倡导社会风尚、引领精神文明。

总之，NGO 和公益性社会组织是促进社会管理、社会服务和社会建设的重要社会力量，可以对政府的职能起到很好的补充作用，是维系社会团结与稳定的强有力的纽带。只有充分发挥民族地区 NGO 和公益性社会组织的灵活性、高效性的优势，才能有力促进武陵山少数民族地区的新型城镇化建设与返乡农民工的就地就近就业。

（二）社会工作在武陵山区的社会服务与管理

社会工作就是回应人类在日常生活中没有被满足的需要，社会工作者的工作对象就是那些生活在社会中面临生活危机的人，在武陵山区推动社会工作参与社会服务与管理，其价值和意义体现为以下几方面。

第一，社会工作能够在该地区开展社会工作的过程中保持文化敏感性，关注族群性，体现历史感，关注日常生活，维护良性互动。我国学者王思斌认为："民族社会工作像其他领域的社会工作那样，指的是以少数民族群体（族群）为服务对象的社会工作，是社会工作的一个分支或专业领域。"① 因此，在武陵山区开展社会工作时通过保持历史感，把视野转向该区域内各族群众的现实生活世界中，关注他们的日常生活，运用社会工作的方法和技巧解决他们在现实生活中遇到的困境，维护良性互动。

第二，社会工作既可以从微观、个体的层面介入地区的事务，也可以从宏观、整体的视角切入，同时又能保持经济发展与文化持守的双向平衡。一方面，"目前民族地区（少数民族群体）面临的首要问题是促进经济发展，解决经济贫困或相对贫困的问题。经济发展是考虑了发展的社会效果、考虑了对人的影响的经济增长，也可以说是与社会发展、人的发展相一致的经济增长"②。另一方面，要积极保护民族文化，包括保护少数民族基本的生活方式，保护少数民族的信仰，以及保护那些有积极意义、适应人类进步要求的生产方式和文化教育。

第三，社会工作注重各族群众自身能力的培养与提升。社会工作认为人是有极大潜能的，通过发挥自身的潜能能够解决自己面临的挑战与难题。因此，虽然武陵山区各族群众面临着经济发展的难题，但是社会工作相信他们具有摆脱贫困的潜能，而社会工作所要做的就是要善于发现他们的潜能，并促进其能力获得提升，使他们能够通过发挥自身的潜能和力量去摆脱贫困。

第四，社会工作价值理念在该地区社会管理中发挥价值导向作用。社会工作的基本价值理念主要包括：提供服务，尊重个人与生俱来的尊严和价值，维护社会公平公正，尊重并理解多元文化。在地区的社会管理中，只有遵循这些基本的价值理念才能取得社会管理成效。社会工作注重公平公正的社会价值的弘扬和传播，凸显个人的主体性价值，因此，将社会工作的价值理念融入地区的社会管理中就是实现社会建设与社会和谐的有效途径。

总之，社会工作有利于缓解武陵山区经济发展的滞后性，使当地经济发展迈向更高的台阶；有利于克服民政工作的局限性，使民政系统更加完善；有利于处理民族地区民族问题的复杂性，使当地社会呈现出稳定与和

---

① 王思斌：《民族社会工作：发展与文化的视角》，《民族研究》2012 年第 4 期。
② 同上。

谐的局面。因此，认识和发挥社会工作在当地社会经济发展中的优势，成为当地社会全面发展的重要一环，社会工作能有效地促进武陵山区的新型城镇化建设与返乡农民工的就地就近就业，维护社会的稳定与和谐，提高他们的生活质量和幸福感。

（三）利用"学术效应"[①] 的推动和号召力，引起社会关注

利用"学术效应"主要是将地方发展过程中诸多社会劣象[②]诉诸社会，接受社会舆论文化、大众团体及各阶层，尤其是社会精英阶层、权威专家学者共同监督和帮扶。比如恩施州中营乡三家台村，作为土家族苗族自治州下辖的一个蒙古族人聚居的村子，因为2008年一位来自中南民族大学教师的一次社会实地调查研究，该村由一个名不见经传的贫困山村变为重要的人文社科研究基地。调研成果的发表使越来越多的专家学者了解到这个山村的存在，相继有不少学者对该村进行了一系列的专题研究，于是这个村落逐渐进入公众视野。近年来，该村也相继接受了各党政机关、事业单位的帮扶，公共基础设施、道路硬化等不断完善，村民生活水平也日益提高。如果说社会舆论压力是发自社会普通大众正义之声和对某种文化的一致认同，那么"学术效应"则是发自专家学者内心深处的对社会规范和发展的最为响亮的呼声。借鉴该村经验，希望更多关于武陵山民族地区各地区的实地调研报告、学术成果引起学术界的重视，从而利用学术研究的影响力，引起关注，惠及该地区，帮扶当地农民。

五 借助外力，依托精准扶贫快速发展

精准扶贫是武陵山民族地区目前最直接可以依赖的外部力量，该地区各市县应当牢牢抓住这一机遇，通过与外部参与扶贫的企事业单位建立有效联结，助推地区经济社会快速发展。

在精准扶贫的互构域中，各参与主体相互协作。图6-1展示了精准扶贫中各参与主体的互构域和高校与地方社会的互构域，在该互构域中，帮扶主体和被帮扶主体组成的情境不是由单极支配的、单向度的过

---

① 学术效应：指以学术研究为方式，借助学术研究过程、学术研究主体，以及学术研究成果发挥的影响力，使包括政府机关在内的各社会组织关注研究主体，从而达到某方面的政策改进并促进研究主体发展的目的。

② 社会劣象：主要指阻碍社会发展进步的不良官僚不作为、腐化、经济因素以及倒退的社会文化因素等。

程，而是多向的、同时共变性的行动关联过程。比如高校和地方社会的互构域中，高校和地方社会既是供给主体也是接受主体，高校向地方社会提供资金、人才、科技、教育、信息等，地方社会则向高校提供实习实践机会、科学研究机会等，二者通过主体的协调均衡实现共同发展目标。

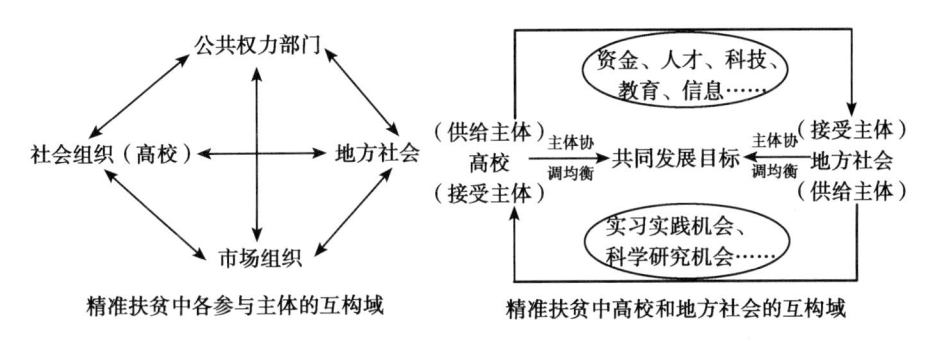

图 6-1　精准扶贫中各参与主体的互构域和高校与地方社会的互构域

（一）从单维瞄准向多维瞄准转变

虽然以县域范围为扶贫对象的扶贫措施难以保证扶贫的精准性，但精准扶贫是对制度变革型扶贫、基础型扶贫等普惠型扶贫的一种补充，不能替代。要实施点面结合、动态的精准扶贫瞄准方式，使精准扶贫范围从单维瞄准向多维瞄准转变。一是适当将扶贫瞄准对象下移，针对贫困村和贫困农户制定精准扶贫对策，提高绝对贫困人口的生活水平。如云南弥渡县苴力镇，将五保户和孤寡老人集中起来，成立养老院，办成"养老院+花园+果园+乐园"的模式，这些老人们自己种花，自己种菜，以院养院，实现自力更生；二是适当调整扶贫瞄准到州市级的比例，尽管县域范围内的瞄准可以发挥委属院校参与精准扶贫的优势，但是目前高校的科技优势还没有对接到地方对科技的强烈需求，这说明在县级瞄准中，科技工作没有合适的对接平台，因此要在更大范围内进行宏观规划，适当将扶贫瞄准对象调整到州市级。

（二）提高科研成果转化率

要进一步加强官产学研合作。官产学研结合是指政府、企业、高校、科研在科技创新、新产品研发以及科学人才培养等方面，分工协作，充分发挥各自优势，实现优势互补，共同促进科技进步与创新发展。要在进行实地充分调研的基础上，更深入了解武陵山地区的需求，进行有针对性的研究，避免一些科研成果流于形式，增强科研成果的可操作性；地方政府可支持高校在当地企业建立多种形式的产学研结合的研究开发机构，作为当地企业的科研基地和智力库；地方政府与高校共建大学科技园，强化其孵化科技成果、转移先进技术的功能。在地方制定区域发展和扶贫攻坚规划时，让高校参与到规划的制定中，使高校的大量科研成果能在地方规划当中进行实践。

（三）加强文化扶贫

正如马戎用赫克托"扩散模式"来分析中央与西藏地区政治经济关系的过程时所总结的那样，中央动用大量财力物力来推动西藏经济现代化，并没有形成"扩散—工业化"模式，而是形成了"扩散—供给"模式，也就是说，如果历史上核心地区与边远地区在社会经济体制和文化宗教传统上有着非常大的差距，采取把核心地区的政治经济体制"扩散"到边远地区的做法，至少作为一个短期的社会转型战略是过于简单化了。[①] 参与扶贫的企事业单位同样要注意这一点。一个地区除了政治和经济体制上的诸项根本改革之外，其他许多因素如宗教文化传统、现代教育和生产知识对社会发展的影响等，都需要给予足够的重视。《中国农村扶贫开发纲要（2011—2020）》明确指出，要充分发挥大专院校、科研院所等社会各界在扶贫开发中的重要作用；要坚持综合开发全面发展，要重视科技、教育、卫生、文化事业的发展。高校作为文化的聚集地，肩负着传承文明、服务社会的责任与使命。但是，文化扶贫绝不是基于少数民族落后因此实行少数民族文化扶贫的假设而提出的。"处在贫困文化中的人具有强烈的边缘感、无助感和附属感，他们似乎是自己国家中的局外人，并确信那些现有的制度不会为他们的利益和需要服务。"[②] "文化扶贫则是要强化乡村治理理念，彻底改变当地贫困人口的文化观念，构筑适合当地文化需求和适应经济发展需要的文化基础体系，并充分结合其时代性、民族性和地域性的特点，不断培育与启发农民的现代文化自觉，激发他们的潜

[①] 马戎：《民族社会学——社会学的族群关系研究》，北京大学出版社2012年版，第192—195页。

[②] 郑杭生、李棉管：《中国扶贫历程中的个人与社会——社会互构论的诠释理路》，载《教学与研究》2009年第6期。

在开拓精神，逐渐打破贫困文化桎梏与固化体系。"[1] 作为少数民族聚居区，武陵山区的文化扶贫工作尤为重要，要深入挖掘当地的特色民族文化资源，关注当地少数民族自身传统生计方式鲜明的民族和地域特点，充分考虑少数民族的文化价值，基于本民族文化意义体系和情感模式，而非对少数民族文化符号进行肆意篡改或采用后现代艺术中时尚的杂糅和拼图式手段，通过助推民族文化旅游和特色产业发展，增强民族文化旅游项目的独特性和内在魅力，丰富当地少数民族群体的精神文化生活，充分利用当地丰富的民族文化资源，积极促进民族文化的资本化进程，发展民族文化产业，推进区域产业结构优化升级。在具体的操作层面上，一是对武陵山片区旅游资源进行深入而全面的了解和评估，制定文化旅游扶贫的可行性方案，研究多种类型的民族地区旅游扶贫新模式；二是扩大民族干部培训的范围，开展乡村旅游经营户、文化传承人、能工巧匠、乡村旅游导游、乡土文化讲解等实用人才的培训；三是鼓励学校毕业生投身民族地区旅游发展，通过一系列的创意研发、产品开发、宣传推广推动民族地区旅游实现转型提升、创新发展。

（四）准确定位，助力精准扶贫

首先是精准识别，目前贫困户的建档立卡工作一般是由基层民主评议完成的，而国家确定的收入标准与基层民主评议的综合标准差别较大，因此区域外部参与方可以利用各自的优势对建档立卡的标准进行深入调研和精确评估，以此来确定一种统一的贫困户建档立卡的综合评定指标，同时贫困户的致贫原因是多样的，因此脱贫需求也各不相同，除了多样化的产业发展和创收方面的需求外，贫困户在儿童教育和营养、住房、小型基础设施、培训、医疗服务等方面都存在需求，这就要求通过多方面深入的调研，基于贫困家庭的具体个案，以参与观察以及深度访谈来认识和分析贫困问题，深入研究这些个案表现出的贫困的实在原因，了解不同贫困户的需求；其次是精确帮扶，国家的一些扶贫到户的帮扶项目因为贫困户负担不起配套资金而无法参与其中，这就需要区域外部社会力量进行一定经济上的扶持，帮助提供配套资金，同时，一些需要贫困户配套资金的项目，即使贫困户可以负担，但是由于目前基层政府公信力、贫困户的思想观念

---

[1] 赖佩媛、唐天勇：《高校实施农村文化扶贫的路径创新探析》，《西安文理学院学报》2013年第3期。

等问题制约，不愿意配合政府实施扶贫项目，区域外部参与方则可以作为无直接利益关系的第三方介入到贫困户和政府中进行协调，通过进村对政府扶贫政策的讲解和宣传，改变贫困户思想观念，积极配合到政府扶贫项目中来；最后在精准评估上，高校可以通过追踪调查对政府的精准扶贫政策进行评估，不断改进精准扶贫政策。

（五）实现参与式开发

对于农村开发式扶贫，参与式开发的理念具有重要意义。参与具有四方面的重要作用："利益表达、积极性调动、人力资本提升、社会融合。"[①] 在长期的生活实践中，贫困者群体也有关于自身利益的诉求，只有当该群体能够参与到项目的决策和选择中，他们才能获得利益表达的机会。所以在扶贫实践过程中，既要在事前倾听贫困群体的需求，了解不同的致贫原因，也要在实施扶贫项目时，让贫困群体参与到其中，赋予贫困农户知情权和监督权。如可以提供适当的培训、技术信息和技术服务，帮助农民从中获得信息和新思路，提高其分析、辨别、实施项目的能力。又如在制定一些精准扶贫实施方案时，可以邀请当地村干部、农民代表，倾听他们的具体需求，使他们参与到实施方案的具体决策中。或者借助民族干部培训的契机，广泛搜集贫困村、贫困县对于扶贫开发的意见和建议，为更好地实施精准扶贫项目提供参考。

综上所述，我们认为精准扶贫是联结新型城镇化建设与返乡农民工就地就近就业的一种关联性制度，也可以说是一种补充性制度。这一制度的存在，能够促进二者之间最终形成一个制度环，相互之间有了更高的契合度，并且能够相互促进。也就是说除了新型城镇化建设本身宏观制度的保证与设置，能够推动返乡农民工就地就近就业，同时，类似于精准扶贫（包括高等院校的支持、国家民委等相关部委的特殊政策帮扶）的一些制度化政策能够弥补和解决新型城镇化宏观政策所关注不到，或是被宏观政策边缘化的问题，这对于促进二者的协调发展起着非常关键的作用。

---

① 郑杭生、李棉管：《中国扶贫历程中的个人与社会——社会互构论的诠释理路》，《教学与研究》2009 年第 6 期。

六 注重传承，加强民族传统文化的保护与开发①

武陵民族地区传统文化底蕴深厚，是维系各族人民共同生产生活的重要纽带，在新型城镇化建设进程中，需要依借民族传统文化所具有的整合、协调功能促进地区和谐，需要其润滑功能的发挥来化解矛盾。

我们知道，城镇的形成是人的特定活动的产物，无论其历史是否久远，但在其形成过程中，附着于建设者身上的文化因子或多或少会随着城镇的形成而融入其中。特别是其中的优秀文化传统通过不断的积累和沉淀，最终会形成一套属于自己的文化价值体系，成为城镇自身的文化根脉。文化的价值体系"不仅为当地提供生活规范、德行操守，支撑起社会的伦理关系，而且深刻影响着当地政治、经济制度和政策的施行，成为连接城市过去、现在和未来的精神纽带，是城市发展活力的源泉"②。换个角度来看，新型城镇化的核心是人的城镇化，使城镇成为人们真正安居乐业的地理空间，除了便利的交通设施、坚实的经济基础外，更需要与人们精神安宁需求相协调的人文环境。而"人文环境是一定社会系统内外文化变量的函数，文化变量包括共同体的态度、观念、信仰系统、认知环境等，它是社会本体中隐藏的无形环境，是一种潜移默化的民族灵魂。它不仅体现于城市的人造景观，体现于城市的社会管理和行为规范，还体现于城市的精神气质和市民的价值观念，是城市居民良好人文素质的外在表现"③。因此，文化的功能还在于形塑良好的人居环境，推进城镇健康发展。具体来说，加强民族传统文化的保护与开发体现在如下方面。

（一）增强民族自豪感

政府部门不遗余力地通过各类媒体和多种方式，在人们日常生活中展演当地优秀传统文化，让大家体验和感悟无时不在、无处不在的民族传统文化，在潜移默化中提升了干群对文化的了解，营造出了人人谈文化、人人爱文化的氛围，建立起人们对当地传统文化的认同意识，从而极大地提升了市场、社会、民众参与文化共建的意识和行动。如湖北省来凤县电视

---

① 本小节内容来自课题组成员所发表文章，详见《新型城镇化推进进程中民族传统文化功能探析——基于湖北省来凤县的田野调查》，《中南民族大学学报》（人文社会科学版）2015年第6期。

② 向友桃、吴述裕：《新型城镇化进程中的文化考量》，《理论研究》2010年第5期。

③ 同上。

台开设了民俗文化专题栏目《凤城讲坛》，专职宣传推介来凤民族文化。在专注于经济发展多年后，那些淡出人们视野的民族传统文化事项再次轰轰烈烈被展现出来，藏于干部群众内心深处对民族传统文化的热爱被激发，民族自豪感不断增强，提升了城镇居民的精气神，由内而外地展现出一种独特的精神风貌。

（二）激发建设家乡热情

有序做好基础的传统文化发掘和保护工作，进而加快地区范围内优秀传统文化的传承和推广，并不断推送优秀传统文化走出大山进行宣传和展演，能够激发干群建设家乡的热情。如湖北省来凤县2014年9月2日在北京华贸城新光天地上演了韵味古朴的摆手舞"快闪"秀，其视频点击率突破600万人次，让无数土家儿女为之自豪。由此，在坚持先进文化为导向的前提下，优秀的民族文化成为公共文化的灵魂和源泉，促进了干部群众对公共文化服务建设高度一致的认同意识，并激发出各部门参与建设的热情。这种激情由文化建设过渡到社会全面建设，形成了良好的共同奋进的局面。

（三）重构传统社会伦理

"半城市化"现象的普遍存在，很容易导致干群关系紧张、聚众赌博、酗酒闹事等社会问题。因为在新型城镇化建设中群众由农村生活向城镇生活过渡，乡土文化的教化作用越来越被弱化，他们又无法完全摆脱农耕文化的生活方式。同时，他们刚刚接受城镇化新型文化生活，还需有一段时期的适应过程，他们无法快速融入城镇的文化生活方式，他们又得不到丰富的现代文化生活的满足，群众迷失了精神家园。民族传统文化的精髓包含劝人为善、助人为乐、邻里和谐相处等内容，通过民族传统文化的传习，不仅传播了知识和文明、丰富了群众的精神生活，而且以其积极向上的价值观、道德观，对周围群众的思想行为产生潜移默化的教育作用，营造了和谐文明的社会风尚，提升了人民群众的文化品位，在现代社会环境下重构了传统社会中值得我们传承的伦理价值观念，成为推进新型城镇化建设的强大动力。

（四）树城市形象吸引外力

从经济发展的角度来看，除了我们前述精准扶贫外，外部力量的进入主要还包括两个方面，一是外商直接投资，二是增强旅游吸引力。为了借助这些外部力量，武陵山民族地区必须借助优秀传统文化来吸引人，不但可以促进旅游业的发展，还可以借此来发展文化产业，增强地区经济实力，助推城镇化建设与返乡农民工就地就近就业双赢局面的形成。还是用来凤县的案例来说明，该县在公共文化服务体系建设过程中专门成立了"艺术土家"建设指挥部，用以协调全县力量打造民族文化，树立城市形象，建设城市名片。如将特色的土家文化与发展旅游业有机融合，让文化在旅游载体上落地生根，让观光游客可随时随地说土家语、唱土家歌、跳土家舞、看土家戏、住土家屋、穿土家衣、购土家物、吃土家饭。又如扶持民间文艺人才进入文化市场，发展文化产业，一批与土家女儿绣、西兰卡普织锦、满妹工艺等土家文化息息相关的企业迅速成长起来，身价倍增。又比如2014年经过协调，在14个部门和8个乡镇党委政府的协同努力下，举办了以"文化力量、民间精彩"为主题的新一届土家摆手舞大赛，共有216支队伍、15000余人参与，形成了全县人民齐参与、共享文化赛事的宏伟场面。通过对民族传统文化的有意识经营，一个充满活力的独具民族特色的城镇渐渐被外界所了解和熟悉，随之而来的是招商引资额度和游客数量的明显增加。这也证明了"文化是城镇化进程的重要资源，文化不仅能够为新型城镇化提供精神动力和智力支持，而且能够为城镇化发展提供经济空间，转化为助推城市发展的产业力量"[①]。

现代城市文化的内核是民族传统文化，它融思想观念、理想信仰、社会风尚、行为规范、价值取向为一体，在社会群体间起着重要的黏合与协调作用，形成凝聚力、感召力和一体感，有助于调整利益关系，化解社会矛盾，使民众把自己的切身利益与组织的生存发展紧密相连，把个人理想和集体目标相统一，将个人价值追求建立在社会归属感、社会政策的认同度、社会包容度、信任以及社会的公平公正等多维基础之上。随着城镇化步伐的加快，在利益格局的调整、价值主体多元化、价值选择多样化的背景下，这种文化所激发的社会凝聚力产生的作用日益凸显，它有助于实现城乡聚落体系的统一和谐，城镇化与新农村建设的相互协调，推进城镇各群体的公共生活和社会认同感，平等共享城镇发展成果，实现社会各阶层、各群体和谐共处基础上的包容性增长，降低由复合型风险所导致

---

① 巩慧：《打造"有韵味"的城市》，《求知》2013年第8期。

"社会分化"的可能。①

总而言之,如学者所总结,从"城市文化动力因"②到"城市文化资本"③再生产,既是城市文明现代性与民族文化独特性融合的过程,也是城市可持续发展力的有机互动过程。第一,将少数民族特色文化作为"城市文化资本"再生产的核心要素会极大反哺少数民族自身的文化保存和创新发展。第二,以"本地化、符号化、原生态化、民俗化和唯一性"为关键词的特色城市文化动力体系,可以更好地整合城市的其他要素,形成一种地方性的文化生产场域。第三,打造独特的"城市文化资本"能够使得处于"后发位置"的中国少数民族城市,在全球性竞争与新型城镇化的双重语境下,形成典型的差异化定位和后发优势,发挥自身独有的优质文化资源,实现跨越式发展。④

七 加强引导,促进返乡农民工自主创业健康持续发展

改革开放以来,中国农村大量富余劳动力开始了进城谋生的生涯。然而,近年来各种媒体相继报道了东部沿海经济发达地区频频出现"民工荒"现象。经济发达地区出现的农民工短缺,从一个侧面反映了农民工的返乡回流。众多农民工由进城打工到回乡自主创业,其共同的内在因素是农民工在外务工时开阔了眼界、学到了本领、积累了资金等,有助于农民工自主创业的基础。农民工返乡自主创业,对促进当地经济发展、推动新农村建设、化解农村富余劳动力转移等诸多难题具有非常重要的现实意义。因此,必须积极引导,深入研究农民工返乡自主创业中存在的问题,采取切实可行的措施,积极扶持农民工返乡自主创业,促进返乡农民工自主创业健康持续发展。

(一) 倡导农民工回乡后进行合作组织创业

返乡农民工群体合作组织创业是指按照农民工自愿合作的原则组建一

---

① 李萍、田坤明:《新型城镇化:文化资本理论视域下的一种诠释》,《学术月刊》2014年第3期。

② 张鸿雁:《论特色文化城市理论体系建构研究与实践创新——中国本土化特色文化核心价值的理论体系与范式建构》,《南京社会科学》2012年第8期。

③ 张鸿雁:《城市文化资本论》,东南大学出版社2010年版,第5页。

④ 张鸿雁、房冠辛:《新型城镇化视野下的少数民族特色文化城市建设》,《民族研究》2014年第1期。

个合作社，合资共同进行大规模的农业生产、农产品加工、销售等的集体行为，即有原则的集体合资创业。合作创业可以汇集资金，做大规模，同时抵抗风险。如江口县是一个较偏远、交通闭塞的国家级贫困县，集体合资组织创业无疑是资金不足但经验丰富，敢想敢做但无力冒大风险的返乡农民工群体的最佳选择。江口县兄弟合资创业比较常见，以杨氏兄弟、伍冲兄弟这两例的创业最为成功。杨氏兄弟二人合资养羊，规模已达400多头，在无天灾人祸的情况下，年净收入可达10万元左右；河坝村，伍冲兄弟二人合资养猪、养鸡，猪300多头、鸡3000多只，年净收入约30万元。地方可以鼓励扩大合作规模，由一两位带头人发动集资合办农业，从而在更大程度上带动乡村经济发展，使农民富裕，共享发展成果。

（二）适当地进行创业前风险管理规划

返乡创业的农民工应掌握一定的风险管理技术，及早在经济能力允许的情况下购买保险，防范风险。江口县主要属亚热带季风性湿润气候，4—9月雨热同期，洪涝灾害频发；创业中面临市场的变幻莫测、信息的缺失等，都可能对成功创业造成极大的打击。针对这些风险，有经济能力的农民应尝试为自己的创业购买商业保险，以保障创业的顺利进行。政府也可以在地区金融产业发展的基础上，鼓励支持商业保险业的发展，资助有一定基础的信用合作社或银行开展农业保险业务。政府还可以设立专项资金作为对创业群体遭受天灾人祸后提供的补偿，并出面制定一套灾前预防—灾后补助，防补结合的保护机制，切实保证农民工创业者的利益和积极性。

此外，实干精神固然是成功创业不可或缺的，但创业者还需要以良好的心理素质去面对资金、市场、舆论等各方面的压力。传统中国农民"愚、贫、弱、私"的特点，将会使创业初期的农民工经受许多的非议。家人、邻居、亲戚朋友的不理解将在很大程度上阻碍农民工回乡的创业。资金短缺和市场局限都是创业者需要及时解决的问题，如果创业者没有坚定的信念是很容易放弃的。

（三）鼓励把握机遇、准确定位、科学创业

受生活环境、受教育程度和经验积累的限制，许多期待返乡创业的农民工还存在找不到门路、难以定位创业方向、缺乏专业技术等方面的问题。在受访的成员中，就有一个规模较大的养羊农户和一个养蛇农户因经验技术不足而创业失败。为此，自主创业的农民工可以借助农业技术专业指导团队的帮助，寻求其全过程的跟踪指导。创业之初，指导者可根据创业者的技术、经验、资金等具体条件，对创业者的创业规模大小、条件优良等进行分析，争取小投入大收益；待创业进入正轨以及创业者的技术、经验以及资金积累日益丰厚以后，指导其适度进行规模扩置；最后还可以根据农产品类型和市场需求适当发展初级农产品粗加工，使创业者随着创业时间的延长而不断获得越加丰厚的经济效益。当然，专业技术指导团队的建立需要一个过程，更需要政府的号召带动以及一些拥有较高技术的农业专家的倾力相助。

(四) 充分利用地方稀缺性资源，发展特色农业

善于发现地区特有的资源优势，建立一定规模的特色农业。农民工创业有难度，特别是从事投入较大的、有一定技术含量的行业时，由于自身资本实力有限，因而难以应对瞬息万变的市场，一旦整个业务流程中的某个资金链断裂，想要抽身出来另找门路就几乎不太可能。但是，如果当地的某种特色农业能够形成规模效应，则市场风险就可以大大降低。产销链的形成也能够帮助减少创业的风险。优秀的农民工外出务工收获的不仅是金钱，更是借机增长了见识，开阔了视野，拥有了更准确的判断力，积累了人力资本。他们见识了家乡的"无"和务工所在地的"有"，见识了中国发展中的巨大不平衡，更渴望有所改变。新时代新环境更激发了一部分外出务工农民创新性的思维能力，能够识别资源的稀缺性并对之加以利用。

(五) 突出维权保障，为创业就业保驾护航

搭建诉讼绿色通道，提高解决劳资纠纷的效率。开通涉农民工工资诉讼绿色通道，对涉及拖欠农民工工资类案件坚持优先立案、优先审理、优先执行。深入开展农民工工资支付专项检查，清理拖欠农民工工资和工程款案件，开展清理整顿人力资源市场秩序专项行动、打击非法用工专项行动、用人单位劳动用工专项检查。加强农民工权益维护，为其提供人文关怀。进一步加大《劳动合同法》《劳动法》的贯彻力度，推动劳动保障监察"两网化"本地化建设，加强职业中介机构中介活动的管理，严厉打击并及时纠正招聘活动中的歧视、限制和欺诈等行为，为广大劳动者特别是农民工创造公平有序的创业就业环境。清理影响公平创业就业相关政策文件，逐步消除城乡、行业、身份等影响平等创业就业的制度障碍。

八 加强培训，进一步完善多层级教育模式和机制

武陵山经济协作区建设的成功必须依靠开创具有特色的人才培养和引进"多层级教育发展模式"。所谓多层级即这一模式从幼教、义务教育、中职教育、高等教育、劳动力培训到先进人才引进形成一个各具功能而又服从于地区整体发展需要的完整结构。

（一）注重幼儿教育

农村地区以行政乡为单位建立中心幼儿园，实行全托制教育，家庭承担幼儿饮食费用（特别困难家庭免收费用），其余办学经费由财政支付。就目前的学前教育来看，矛盾最突出的是农村地区，大多数幼儿无法接受正规的学前教育。部分送子女就读于城市幼儿园的家庭，也承担着较重的经济压力，学前教育的普惠性和公益性无法体现。究其原因，是因为该地区农村人口居住分散，如果单个行政村设立幼儿园的话，其入园人数较少，缺乏规模效应。从政府层面来看，如果每村兴建幼儿园必然会造成公共资源浪费。从私人办学的角度来看，也无法找到赢利点。所以可行之策便是在乡镇由国家投资兴建中心幼儿园，吸纳辖区内幼儿入园，这样可以大幅度提升农村幼儿接受学前教育比例，同时农村居民的学前教育支出可以相较之前明显降低。

（二）合理布局中小学

合理调整中小学校布局，进一步提升教学质量，并注重加强寄宿制学校建设。中小学教育目前取得了显著成效，下一步发展的关键是在巩固入学率的基础上持续提高教学质量和进一步降低家庭教育支出。教学质量的提高可以采取两种途径：一是走出去，即教师轮训，教育部门拨付专项资金组织教学骨干利用寒暑假外出进修学习；二是请进来，以县为单位，分学科设立类似大学客座教授岗位，每年定期邀请各地名师对教师进行集中培训。除此之外，对于寄宿制学校的建设也应当继续加大投入，免除寄宿生的各项费用，教育部门结合当地经济发展水平，按照招收寄宿生的人数对学校进行补贴，使家庭承担的义务教育和高中教育相关费用支出降至最低。

必须关注随农民工返乡的子女教育问题，这涉及农民工返乡后能否安心就业创业的根本，中国人一直以来以子女的发展为奋斗的动力和追求的目标，所以必须提供无差别政府支持，具体到学校甚至应当对刚回迁子女

设置适应的过渡期和给予特殊的关爱。因为有研究表明农民工返乡子女难于入乡随俗，在很大程度上与农民工返乡子女就学政策执行低效有密切关系。体现在农民工返乡子女就学政策周期衰减过快、就学政策目标执行表浅、就学政策执行动力不足等方面。[①] 因此，必须要求当地教育部门在执行政策过程中不能出现偏差。

(三) 发展中职教育

中等职业技术教育实行区域内就读学费全免，逐步完善区域内教育资源的整合，为当地储备各类型中级人才。免费制度的推行有利于扩大中职教育的覆盖面，提升区域内人口整体受教育程度。同时，需攻克的难题是必须改变中等职业技术教育大而杂的局面，建议在武陵山经济协作区内进行一次全面的专业调整，具体做法是各中等职业技术院校保留本校优势专业，同时根据当地特色产业发展的需要投入专项资金进行特色专业建设，为以后的产业发展提供人才保障。这既利于地方经济发展，也能有效解决毕业学生就业问题。

(四) 鼓励多部门合作

鼓励企业与劳动部门联动，使城乡劳动力技能培训与就业实现无缝对接。以往的劳动力技能培训大多是粗放式的，与市场需求联结不紧密，因而培训的针对性不强。建议设立企业用工激励制度，即无论是协作区内外的任何企业，只要与当地劳动部门联系，便可按企业需求进行针对性的劳动技能培训，使企业能够招收合格工人。同时，对于这些企业按实际招收工人人数进行资金补偿。这样不仅可以调动企业用工积极性，也能缩短劳动力求职周期，使各方同时受益。

(五) 提倡地区协作

设立武陵山经济协作区建设专项研究资金，促进区域内高校和科研机构间的合作。目前区域内为数不多的高等院校和科研机构分布不集中，如湖北民族学院、吉首大学、铜仁学院、怀化学院等都是当地唯一的本科院校。因而这种现状使得这些高校和科研机构如同处于科学研究孤岛之中，与同行们的交流合作受到极大的限制。客观来看，区域内的高等院校和科

[①] 参见张烨、叶翔《消除农民工返乡子女就学的文化及政策障碍》，《中国教育学刊》2016年第5期。

研机构聚焦了一批对该地区深有研究的学者，目前所欠缺的是一个激发这些智力资源形成合力的机制。因此，我们建议国家设立武陵山经济协作区建设专项研究资金，侧重于资助区域内高等院校和科研机构的合作研究，切实解决区域经济社会发展的重点、难点问题。

(六) 健全人力资源开发和引进机制

区域内经济发展中存在注重资金、项目的引进，忽视人才的培养和智力的引进；重视生产经营投资，忽略人力资源的投资；强调资源的开发而忽视人力资源的开发的现象。对于人力资源开发的投入仅限于国家规定的教育投入，而特色人力资源开发的引导和投入机制并没有建立起来。建议在区域内的几个中等城市（如恩施、张家界、铜仁、怀化等城市）建立信息完全共享的中介机构，统一协调区域内高端人才的培养、引进和流动。

(七) 突出培训支撑，提升创业就业能力

一是强化能力培训，提高农民工全方位素质。"授人以鱼"不如"授人以渔"。加强农民工培训，是解决农民工就业的治本之策，也是提升全民素质的有效举措。不仅要将农民工职业教育培训作为促进农民工创业就业的举措，更要站在提升农民工乃至农村人口整体素质的高度，立足长远，在更高层次上抓好农民工职业技能培训工作。二是加强创业培训服务，提高农民工创业能力。紧密结合返乡农民工等人员创业特点、需求和地域经济特色，编制实施专项培训计划，整合现有培训资源，开发有针对性的培训项目，加强创业师资队伍建设，采取培训机构面授、远程网络互动等方式有效开展创业培训，扩大培训覆盖范围，提高培训的可获得性，并按规定给予创业培训补贴。建立健全创业辅导制度，加强创业导师队伍建设，从有经验和行业资源的成功企业家、职业经理人、电商辅导员、天使投资人、返乡创业带头人当中选拔一批创业导师，为返乡创业农民工等人员提供创业辅导。支持返乡创业培训实习基地建设，动员知名乡镇企业、农产品加工企业、休闲农业企业和专业市场等为返乡创业人员提供创业见习、实习和实训服务，加强输出地与东部地区对口协作，组织返乡创业农民工等人员定期到东部企业实习，为其学习和增强管理经验提供支持。发挥好驻贫困村"第一书记"和驻村工作队作用，帮助开展返乡农民工教育培训，做好贫困乡村创业致富带头人培训。三是深入实施"春潮行动""雨露计划""阳光工程"，推进农民工职业技能培训和农村青壮年职业技能培训，围绕重点产业建设和园区用工需求开展培训，根据沿海发达地区企业用工需求积极推行"订单式"培训。要以促进农民工高质量的就业为目标，以"80后"新生农民工为主要培训对象，以培养市场急需人才（如中高级技工）和新型市民为方向，统筹做好农民工职业技能培训工作。要扩大培训范围、突出培训重点、提高培训实效，有针对、有计划开展职业技能培训，做好劳动力资源储备，促进农村劳动力就地就近转移就业。四是大力发展现代职业教育，进一步优化技工院校基础设施，促进农民工整体素质的提升，夯实创业就业能力。

参考文献

一 期刊类

安培培:《劳动就业政策对我国人口城镇化障碍性影响研究》,《经济问题》2011年第10期。

拜琦瑞、马文静:《生态移民与西北地区城镇化的经济学分析》,《西北人口》2004年第1期。

保继刚、孙九霞:《社区参与旅游发展的中西差异》,《地理学报》2006年第4期。

曹钢:《中国城镇化模式举证及其本质差异》,《改革》2010年第4期。

曹广忠、袁飞、陶然:《土地财政、产业结构演变与税收超常规增长:中国"税收增长之谜"的一个分析视角》,《中国工业经济》2007年第12期。

曹咏萍:《中国传统文化引导下的农民工返乡问题》,《社会科学家》2014年第4期。

曹宗平:《我国城镇化过程中第三产业的作用及发展路径》,《华南师范大学学报》2009年第4期。

陈彬文:《论城市化进程中失地农民权益的保障》,《深圳大学学报:人文社会科学版》2005年第6期。

陈波、何子顺:《第三条路径——"去乡村化"——以甘肃省为例》,《见解》2011年第11期。

陈春:《健康城镇化发展研究》,《国土与自然资源研究》2008年第4期。

陈斐、陈秀山:《促进区域协调发展的两大重点——明确不同区域功能定位和健全区域协调互动机制》,《生产力研究》2007年第23期。

陈锋、徐娜:《新生代农民工的返乡动因及其社会适应》,《中国青年研究》2015年第2期。

陈凤桂、张虹鸥、吴旗韬:《我国人口城镇化与土地城镇化协调发展研究》,《人文地理》2010年第5期。

陈鸿彬:《蜂窝原理对提高农村城镇化质量的启示》,《农业经济问题》2006年第2期。

陈江龙、曲福田、陈雯:《农地非农化效率的空间差异及其对土地利用政策调整的启示》,《管理世界》2004年第8期。

陈明、黎东丽、戴力勇:《金融危机下农民工返乡原因实证分析》,《广东农业科学》2009年第8期。

陈明星、陆大道、张华:《中国城市化水平的综合测度及其动力因子分析》,《地理学报》2009年第4期。

陈世伟:《社会建设视域下农民工的城市社会适应》,《求实》2008年第2期。

陈宣、魏媛、吴长勇:《武陵山区贫困现状、成因及其发展对策——以贵州石阡县为例》,《贵州农业科学》2013年第1期。

陈映:《中国农村城镇化的发展历程及现状分析》,《西南民族大学学报》(人文社科版)2005年第6期。

陈正林:《企业物流成本生成机理及其控制途径》,《会计研究》2011年第2期。

陈志强、李国群:《广西民族贫困山区农民工返乡创业行为影响因素分析》,《广西财经学院学报》2014年第3期。

Chiotti Q:《多伦多的环境:探讨城市蔓延对大气的影响》,秦波译,《国外城市规划》2005年第2期。

"城镇化进程中农村劳动力转移问题研究"课题组:《城镇化进程中农村劳动力转移:战略抉择和政策思路》,《中国农村经济》2011年第6期。

D. Bengston、刘丽:《美国城市增长管理和开敞空间保护的国家政策:美国的政策手段及经验教训》,《国土资源情报》2004年第4期。

邓俊淼:《供应链视角下农民工返乡绿色创业模式探讨》,《农业经济》2014年第3期。

邓秋香:《新农村建设中的农民工问题研究》,《湖南社会科学》2007

年第 5 期。

邓正琦：《武陵山民族地区城镇化特征及发展趋势探讨》，《湖北社会科学》2009 年第 3 期。

董文军：《城镇化与区域教育的梯度开发战略》，《教育研究与实验》2009 年第 3 期。

董延芳、刘传江：《新生代农民工市民化与城镇化发展》，《人口研究》2011 年第 1 期。

段超：《关于湖北武陵山片区创建"全国民族团结进步模范区"的思考》，《中南民族大学学报》（人文社会科学版）2013 年第 1 期。

段学慧、侯为波：《不能照搬"诺瑟姆曲线"来研究中国的城镇化问题》，《河北经贸大学学报》2012 年第 4 期。

樊杰：《中国农村工业发展在城镇化过程中的作用——对我国 7 个建制镇的实证研究》，《地理科学》1998 年第 2 期。

范均：《区域软环境对中小企业竞争优势的要素作用机制》，《经济管理》2008 年第 13 期。

范雨轩：《农民工返乡现象学浅析》，《山西青年》2016 年第 8 期。

冯健、刘玉：《多层次城镇化：城乡发展的综合视角及实证分析》，《地理研究》2007 年第 6 期。

冯尚春：《中国特色城镇化道路与产业结构升级》，《吉林大学社会科学学报》2005 年第 5 期。

冯尚春、丁晓春：《中国特色城镇化道路与城乡社会保障制度的链接》，《思想理论教育导刊》2009 年第 2 期。

甘宇：《农民工家庭的返乡定居意愿——来自 574 个家庭的经验证据》，《人口与经济》2015 年第 3 期。

高德胜、金哈斯：《西部少数民族地区人口城镇化的现实分析及其出路》，《学理论》2011 年第 33 期。

高梦滔、姚洋：《农户收入差距的微观基础：物质资本还是人力资本？》，《经济研究》2006 年第 12 期。

高永久、朱军：《试析民族社区的内涵》，《北方民族大学学报》（哲学社会科学版）2010 年第 1 期。

辜胜阻：《中国特色城镇化道路研究》，《中国人口·资源与环境》2009 年第 1 期。

辜胜阻、李华:《城镇化是扩大内需实现经济可持续发展的引擎》,《中国人口科学》2010 年第 3 期。

辜胜阻、李华:《均衡城镇化：大都市与中小城市协调共进》,《人口研究》2010 年第 5 期。

辜胜阻、刘传江:《中国自下而上的城镇化发展研究》,《中国人口科学》1998 年第 3 期。

辜胜阻、徐进:《美国西部开发中的人口迁移与城镇化及其借鉴》,《中国人口科学》2002 年第 1 期。

辜胜阻、易善策:《城镇化进程中农村留守儿童问题及对策》,《教育研究》2011 年第 9 期。

辜胜阻、易善策、李华:《中国特色城镇化道路研究》,《中国人口·资源与环境》2009 年第 19 期。

辜胜阻、郑凌云:《新时期城镇化进程中的农民工问题与对策》,《中国人口·资源与环境》2007 年第 1 期。

顾朝林:《北京土地利用/覆盖变化机制研究》,《自然资源学报》1999 年第 4 期。

顾文选:《中国城镇化发展 30 年》,《城市》2008 年第 11 期。

关树华:《浅析武陵山区城镇化之路——以湖北省恩施州为例》,《小城镇建设》2005 年第 10 期。

官翃:《返乡农民工：农村老年服务事业发展的契机》,《湘潮月刊》2009 年第 5 期。

广忠、刘涛:《中国城镇化地区贡献的内陆化演变与解释——基于 1982—2008 年省区数据的分析》,《地理学报》2011 年第 12 期。

郭彩霞:《我国第三产业发展与城镇化建设的实证研究》,《特区经济》2009 年第 12 期。

郭荣朝:《城镇化研究综述》,《绥化师专学报》2004 年第 1 期。

郭鑫、胡刃锋:《农民工返乡创业中的政府责任研究》,《价值工程》2016 年第 12 期。

国家发展和改革委员会国土开发与地区经济研究所课题组撰写的文章:《改革开放以来中国特色城镇化的发展路径》,《改革》2008 年第 7 期。

韩江风:《治理理论视角下的返乡农民工就业问题——以信阳市为

例》,《管理工程师》2016 年第 2 期。

韩俊:《如何解决失地农民问题:失地农民问题的根源是土地征用制度存在重大缺陷》,《科学决策》2005 年第 7 期。

韩文丽:《返乡农民工结构、回流动因及其政策影响》,《观察思考》2016 年第 1 期。

韩兆洲、孔丽娜:《城镇化内涵及影响因素分析》,《南方农村》2005 年第 1 期。

何建林、李慢:《城镇化扩大内需的机理分析》,《理论与改革》2009 年第 5 期。

何燕子:《湖南湘西城镇化发展研究》,《株洲工学院学报》2002 年第 16 期。

何英彬、陈佑启、姚艳敏:《区域耕地非农化与粮食产量关系空间特征研究:以东北三省为例》,《自然资源学报》2009 年第 3 期。

何宇鹏、张同升:《人口流动和中国城镇化的空间分布》,《中国劳动经济学》2007 年第 2 期。

贺雪峰:《金融危机与农民工返乡》,《东岳论丛》2009 年第 7 期。

贺雪峰:《农民工返乡的逻辑》,《中国老区建设》2009 年第 3 期。

贺雪峰:《慎言"全民创业"》,《决策》2013 年第 2 期。

侯定琴:《铜仁地区推进城镇化带动战略的思考》,《中共铜仁地委党校学报》2011 年第 2 期。

胡春晓:《新形势下农民工返乡回流问题研究》,《求知导刊》2015 年第 23 期。

胡俊波:《职业经历、区域环境与农民工返乡创业意愿——基于四川省的混合横截面数据》,《农村经济》2015 年第 7 期。

胡俊生:《农村教育城镇化:动因、目标及策略探讨》,《教育研究》2010 年第 2 期。

胡小武:《人口"就近城镇化":人口迁移新方向》,《西北人口》2011 年第 1 期。

胡晓登、王冠男:《金融危机影响下贵州农民工返乡的影响及对策研究》,《理论与当代》2009 年第 1 期。

胡重庆:《金融危机背景下返乡农民工再就业的有效需求与培训策略》,《农业考古》2009 年第 3 期。

黄爱东：《分税制改革引发的土地财政与土地城市化之反思》，《湖南行政学院学报》2011年第3期。

黄爱东：《中国特色城镇化与农民工的终结》，《学习论坛》2009年第8期。

黄丹、徐邓耀：《基于SPSS的人口增长与土地城市化关系分析研究：以南充市为例》，《重庆与世界》2011年第1期。

黄璜：《农民工返乡创业助力新农村建设的积极意义探析》，《城乡建设》2016年第19期。

黄季焜、朱莉芬、邓祥征：《中国建设用地扩张的区域差异及其影响因素》，《中国科学：D辑》2007年第9期。

黄建新：《城镇化进程中的农村劳动力职业流动分析》，《厦门理工学院学报》2009年第1期。

黄建新：《农民工返乡创业行动研究——结构化理论的视角》，《华中农业大学学报》（社会科学版）2008年第5期。

黄勤、杨爽：《通过产业转型升级加快推进新开型城镇化建设》，《经济纵横》2014年第2期。

黄亚平、陈瞻：《新型城镇化背景下异地城镇化的特征及趋势》，《城镇化》2011年第8期。

黄延信：《县城镇：实施小城镇大战略的重点》，《财经界》2000年第5期。

霍明贤：《以人口迁移视角看待农民工返乡潮》，《知识经济》2015年第19期。

贾静：《借鉴美国、日本经验完善中国城镇化进程中农地制度》，《世界农业》2009年第12期。

贾绍风：《人口城镇化不是农村工业化、乡村城镇化》，《人文地理》1998年第2期。

贾玉娥：《湘西民族地区农业产业化与农村城镇化的协调发展研究》，《经济研究导刊》2009年第24期。

简新华、黄锟：《中国城镇化水平和速度的实证分析与前景预测》，《经济研究》2010年第3期。

江立华：《城市性与农民工的城市适应》，《社会科学研究》2003年第5期。

江立华、陈文超：《返乡农民工创业的实践与追求——基于六省经验资料的分析》，《社会科学研究》2011 年第 3 期。

江立华、卢飞：《农民工返乡消费与乡村社会关系再嵌入》，《学术研究》2015 年第 3 期。

江苏省妇联宣传部、江苏省妇女研究所：《发挥返乡妇女独特作用，引领农村妇女全面发展》，《中国妇运》2009 年第 11 期。

姜爱林：《近年来中国城镇化研究的回顾与展望》，《攀登》2002 年第 3 期。

姜爱琳：《中国城镇化理论研究述评》，《哈尔滨市委党校学报》2002 年第 5 期。

姜长云：《发展农村第三产业的几项建议》，《宏观经济管理》2007 年第 6 期。

蒋芳、刘盛和、袁弘：《北京城市蔓延的测度与分析》，《地理学报》2007 年第 6 期。

蒋南平、朱琛：《中国城镇化与农村消费启动——基于 1978—2009 年数据的实证检验》，《消费经济》2011 年第 1 期。

经宏伟：《隐性收支视角下的农民工返乡务农原因解读》，《赤峰学院学报》2015 年第 4 期。

康就升：《集约型城镇化道路：中国农村城镇化的内涵选择》，《生产力研究》2004 年第 1 期。

柯健：《返乡农民工创业就业的现状及对策研究》，《求实》2009 年第 6 期。

孔祥智、郑力文、何安华：《城乡统筹下的小城镇公共产品供给问题与对策探讨》，《林业经济》2012 年第 1 期。

蓝万炼：《农村小城镇化战略的六大误区》，《湖南农业大学学报》（社会科学版）2001 年第 1 期。

雷育胜、王坤钟：《关于返乡农民工创业问题的实证研究》，《广东农业科学》2009 年第 10 期。

黎明：《城镇化：西部民族地区农村经济发展的战略选择》，《农村经济》2004 年第 9 期。

黎夏、叶嘉安：《利用遥感监测和分析珠江三角洲的城市扩张过程：以东莞市为例》，《地理研究》1997 年第 4 期。

黎夏、叶嘉安:《利用主成分分析改善土地利用变化的遥感监测精度:以珠江三角洲城市用地扩张为例》,《遥感学报》1997年第4期。

李保江:《中国城镇化的制度变迁模式及绩效分析》,《山东社会科学》2000年第2期。

李炳坤:《关于加快推进城镇化的几个问题》,《中国工业经济》2002年第8期。

李国庆:《关于中国村落共同体的论战——以"戒能—平野论战"为核心》,《社会学研究》2005年第6期。

李晖、胡舜:《金融危机背景下返乡农民工就业机制的思考——基于湖南返乡农民工的调查》,《湖南农业大学学报》(社会科学版)2009年第3期。

李辉:《论我国城市化进程中的"泛小城镇化"现象、问题及其对策》,《人口学刊》2002年第132期。

李加林、许继琴、李伟芳:《长江三角洲地区城市用地增长的时空特征分析》,《地理学报》2007年第4期。

李靖:《农民收入与城镇化水平的相关性研究》,《印度洋经济体研究》2003年第1期。

李丽、迟耀斌、王智勇:《改革开放30年来中国主要城市扩展时空动态变化研究》,《自然资源学报》2009年第11期。

李玫:《民族地区返乡女性农民工的创业态度及心理预期分析》,《山东女子学院学报》2014年第2期。

李萌:《我国新型城镇化建设的文化动力机制研究》,《改革与战略》2014年第11期。

李明洙:《武陵山片区经济发展研究》,《市场论坛》2017年第2期。

李培祥:《广东人口城市化与土地城市化关系研究》,《安徽农业科学》2008年第29期。

李萍、田坤明:《新型城镇化:文化资本理论视域下的一种诠释》,《学术月刊》2014年第3期。

李期、吕达:《关于农村教育城镇化的可行性探讨》,《延安大学学报》(社会科学版)2010年第1期。

李强、龙文进:《农民工留城与返乡意愿的影响因素分析》,《中国农村经济》2009年第2期。

李然:《多民族联合自治地方民族团结进步创建工作探析——以湖南省湘西土家族苗族自治州为例》,《中南民族大学》(人文社会科学版) 2013 年第 4 期。

李若建:《大跃进时期的城镇化高潮与衰退》,《人口与经济》1999 年第 5 期。

李小:《从人口迁移理论看"农民工返乡潮"成因》,《法制与社会》2009 年第 10 期。

李秀彬:《中国近 20 年来耕地面积的变化及其政策启示》,《自然资源学报》1999 年第 4 期。

李永周:《农村城镇化与城乡居民消费启动》,《消费经济》2004 年第 1 期。

梁德阔:《内生型农村城镇化的运行机制分析》,《安徽大学学报》(哲学社会科学版) 2006 年第 3 期。

梁栋、常桂祥:《社会资本与柔性社会稳定机制的构建》,《当代世界与社会主义》2013 年第 3 期。

梁欣:《返乡创业——农民工的理性选择》,《凯里学院学报》2009 年第 2 期。

廖进中、韩峰:《湖南农村消费启动与城镇化关系的实证研究》,《消费经济》2009 年第 1 期。

林翰雄:《返乡农民工创业政策研究》,《农业经济》2014 年第 12 期。

林坚、汤晓旭、黄斐玫等:《城乡结合部的地域识别与土地利用研究:以北京中心城地区为例》,《规划研究》2007 年第 8 期。

刘传江、程建林:《第二代农民工市民化现状分析与进程测度》,《人口研究》2008 年第 5 期。

刘传江、周玲:《社会资本与农民工的城市融合》,《人口研究》2004 年第 5 期。

刘纯玺:《永顺:民族贫困山区城镇化建设应突出三个重点》,《民族论坛》2006 年第 2 期。

刘定胜:《关于结合生态移民促进西部城镇化的思考》,《甘肃农业》2006 年第 8 期。

刘纪远、王新生、庄大方:《凸壳原理用于城市用地空间扩展类型识别》,《地理学报》2003 年第 6 期。

刘佳：《新生代农民工返乡后的社会适应研究》,《北京农业职业学院学报》2015 年第 1 期。

刘丽军、宋敏、屈宝香：《中国耕地非农化的区域差异及其收敛性》,《资源科学》2009 年第 1 期。

刘柃妤：《渝东南民族地区城镇化存在的问题及对策研究》,《世纪桥》2007 年第 9 期。

刘庆、冯兰：《留城，还是返乡——武汉市农民工随迁子女留城意愿实证分析》,《青年研究》2014 年第 2 期。

刘瑞波、李琳：《返乡农民工职业技能培训论析》,《继续教育研究》2016 年第 3 期。

刘生龙：《教育和经验对中国居民收入的影响——基于分位数回归和审查分位数回归的实证研究》,《数量经济技术经济研究》2008 年第 4 期。

刘守英：《集体土地资本化与农村城市化》,《北京大学学报》（哲学社会科学版）2008 年第 6 期。

刘霞：《选择与规制之间：新生代女性农民工的返乡调查》,《青年探索》2014 年第 2 期。

刘晓鹰、杨建翠：《欠发达地区旅游推进型城镇化对增长极理论的贡献——民族地区候鸟型"飞地"性旅游推进型城镇化模式探索》,《西南民族大学学报》（人文社科版）2005 年第 4 期。

刘学敏：《对中国城镇化道路的理论探讨》,《财经问题研究》2000 年第 12 期。

刘学敏、陈静：《生态移民、城镇化与产业发展——对西北地区城镇化的调查与思考》,《中国特色社会主义研究》2002 年第 2 期。

刘艳军、李诚固、孙迪：《城市区域空间结构系统演化及驱动机制》,《城市规划学刊》2006 年第 6 期。

刘艳军、李诚固、孙迪：《区域中心城市城市化综合水平评价研究：以 15 个副省级市为例》,《经济地理》2006 年第 2 期。

刘永生、代洪宝：《内生式农村发展模式中农民工返乡原因分析》,《新西部：理论版》2015 年第 10 期。

刘铮：《城镇化障碍因素及路径选择》,《经济学动态》2003 年第 8 期。

刘铮：《劳动力无限供给的现实悖论——"农民工回流"的成因及效应分析》，《清华大学学报》（哲学社会科学版）2006 年第 3 期。

刘志彪、于明超：《从 GVC 走向 NVC 长三角一体化与产业升级》，《学海》2009 年第 5 期。

刘志斌、周月书：《基于路径分析法的江苏省返乡农民工创业性借贷需求及其影响因素分析》，《江苏农业学报》2015 年第 1 期。

刘仲文：《以生产者剩余为基础的人力资源价值会计模式》，《财务与会计》1999 年第 6 期。

龙兴昌：《湘西自治州新型城镇化建设的问题与对策思考》，《三峡论坛》2011 年第 4 期。

卢斌莹、陈正江、侯春：《基于 GIS 的西安市南郊土地城市化空间发展研究》，《人文地理》2010 年第 1 期。

卢海燕：《试论我国城镇化的内涵》，《辽宁教育行政学院学报》2005 年第 9 期。

卢嘉瑞：《应着力提高农民消费率》，《当代经济研究》2008 年第 4 期。

卢云龙子、张世勇：《毕生发展视角下的返乡农民工社会适应》，《当代青年研究》2006 年第 3 期。

卢云龙子、张世勇：《返乡农民工社会适应困境及其社会工作介入初探》，《社会工作与管理》2016 年第 1 期。

鲁德银：《土地城镇化的中国模式剖析》，《商业时代》2010 年第 33 期。

陆大道、姚士谋等：《基于我国国情的城镇化过程综合分析》，《经济地理》2007 年第 6 期。

陆益龙：《多元城镇化道路与中国农村发展》，《创新》2010 年第 1 期。

罗党论、刘晓龙：《行业壁垒、政治关系与企业绩效》，《管理世界》2009 年第 5 期。

罗罡辉、吴次芳：《城市用地效益的比较研究》，《经济地理》2003 年第 3 期。

罗兴奇：《农民工返乡的代际差异及生成机制研究——基于江苏省 N 村的实证分析》，《北京社会科学》2016 年第 7 期。

骆祚炎：《城镇化进程中的人口流动与城镇新增贫困人口问题分析》，《人口与经济》2007年第4期。

麻金权、唐锋：《城镇化背后的缺失——以铜仁地区为视角》，《中共铜仁地委党校学报》2010年第3期。

马芒、徐欣欣、林学翔：《返乡农民工再就业的影响因素分析——基于安徽省的调查》，《中国人口科学》2012年第2期。

马男、魏凤：《多元支持网络对返乡农民工再就业的影响》，《中国农业大学学报》2014年第6期。

马男、魏凤：《返乡农民工就业质量及其影响因素分析：以陕西省3市6县为例》，《贵州农业科学》2014年第1期。

买忆媛、姚芳：《创业者先前技术经验对创业企业创新活动的影响》，《科学与科学技术管理》2011年第9期。

孟菊香、向定杰：《新生代农民工返乡参与农村建设的动力初探》，《湖北经济学院学报》（人文社会科学版）2015年第3期。

孟祥林：《农村城镇化：国外实践与我国新型城乡形态发展设想》，《广州大学学报》（社会科学版）2011年第10期。

苗培周、赵冬云：《城镇化背景下我国农村成人教育：问题与对策》，《继续教育研究》2010年第3期。

穆建亚：《返乡农民工子女农村社会融入问题研究》，《农业经济》2015年第8期。

潘泽泉：《社会学的研究范式：解释社会的可能性及其效度》，《学习与实践》2009年第5期。

彭文慧：《返乡农民工就业的制度设计与政策建议》，《改革》2010年第2期。

皮广洲：《24万农民工返乡创业带动城乡165万人就业》，《专家声音》2016年第1期。

秦建：《城镇化进程中的社会稳定问题探析》，《湖北工业大学学报》2009年第6期。

青觉、孔晗：《武陵山片区扶贫开发问题与对策研究》，《中央民族大学学报》（哲学社会科学版）2014年第2期。

仇保兴：《中国特色的城镇化模式之辨——"C模式"：超越"A模式"的诱惑和"B模式"的泥淖》，《城市发展研究》2009年第1期。

仇晓洁、温振华：《我国农村社会保障水平与工业化、城镇化水平关系的研究——基于中国 23 个省份面板数据的实证研究》，《经济问题》2009 年第 8 期。

曲福田、陈江龙、陈雯：《农地非农化经济驱动机制的理论分析与实证研究》，《自然资源学报》2005 年第 2 期。

曲福田、冯淑怡、俞红：《土地价格及分配关系与农地非农化经济机制研究：以经济发达地区为例》，《中国农村经济》2001 年第 12 期。

全国妇联儿童工作部：《部分省份农民工返乡对农村留守流动儿童的影响及对策研究》，《中国妇运》2009 年第 6 期。

任荣亮：《"互联网+"背景下我国返乡农民工创业可行性研究》，《商》2016 年第 9 期。

任洲、刘爱军：《外出农民工返乡创业现状及政策建议——以安徽省蚌埠市为例》，《湖南农业科学》2015 年第 3 期。

申明锐：《城乡二元住房制度：透视中国城镇化健康发展的困局》，《城市规划》2011 年第 11 期。

申鹏、李明昊：《社会资本对返乡农民工稳定就近就业的作用机制与对策建议》，《广东农业科学》2015 年第 23 期。

沈新坤、张必春：《农民工"返乡潮"背景下的农村基层治理困境及其对策》，《安徽农业科学》2009 年第 28 期。

盛亦男、孙猛：《农民工返乡的经济学分析——以托达罗模型为视角》，《人口研究》2009 年第 11 期。

石涛：《影响返乡农民工创业融资渠道选择的金融供给因素分析——基于中部地区 782 户返乡农民工的调查数据》，《金融理论与实践》2016 年第 3 期。

石忆邵、王云才：《异地城镇化：新时期中国城镇化的主旋律》，《同济大学学报》（社会科学版）2006 年第 4 期。

史桂芬、刘欢：《以财税政策助推农民工返乡创业》，《税务研究》2015 年第 10 期。

史培军、陈晋、潘耀忠：《深圳市土地利用变化机制分析》，《地理学报》2000 年第 2 期。

史育龙：《中国特色城镇化道路的内涵和发展模式》，《贵州社会科学》2008 年第 10 期。

宋广涛:《返乡农民工"四个意识"的强化对新农村建设的贡献》,《山东省农业管理干部学院学报》2007年第5期。

宋小冬、柳朴、周一星:《上海市城乡实体地域的划分》,《地理学报》2006年第8期。

苏姝燕:《初探农民工返乡热潮构建再就业县域中心模式——基于对长阳土家族自治县返乡农民工情况的调查》,《企业导报》2009年第8期。

孙爱军、张飞:《耕地非农化的经济效应分析》,《经济问题》2010年第10期。

孙海荣、李智水:《新农村建设背景下返乡农民工创业的思考》,《产业与科技论坛》2015年第4期。

孙海燕:《区域协调发展机制构建》,《经济地理》2007年第3期。

孙鸿志:《拉美城镇化及其对我国的启示》,《财贸经济》2007年第12期。

孙丽丽、李富忠:《基于FAB模型的农民工返乡创业分析》,《科技信息》2009年第21期。

孙良媛、李琴等:《城镇化进程中失地农村妇女就业及其影响因素——以广东省为基础的研究》,《管理世界》2007年第1期。

孙小龙:《农民工返乡定居意愿及其影响因素分析——基于上海、南京、苏州等地农民工的调研数据》,《农村经济》2015年第10期。

孙雅静:《"城镇化"与中国特色的"城市化"道路》,《中共中央党校学报》2004年第2期。

孙远太:《回归与发展:农民工返乡创业的双向建构》,《前沿》2009年第5期。

谈明洪、李秀彬、吕昌河:《20世纪90年代中国大中城市建设用地扩张及其对耕地的占用》,《中国科学:D辑》2004年第12期。

谭千保、张英等:《返乡农民工子女同伴依恋和学校适应行为研究——基于2625份调查问卷》,《湖南农业大学学报》(社会科学版)2014年第1期。

谭荣、曲福田、郭忠兴:《中国耕地非农化对经济增长贡献的地区差异分析》,《长江流域资源与环境》2005年第3期。

谭永忠、吴次芳、王庆日:《"耕地总量动态平衡"政策驱动下中国的耕地变化及其生态环境效应》,《自然资源学报》2005年第5期。

谭玉林、青觉：《民族团结进步创建的内涵、特点与模式》，《中国民族报》2011年第6期。

唐胡浩：《农民工流动原因探析及对流出地的影响——对坪坝营村农民工外出务工状况的调查报告》，《湖北民族学院学报》（哲学社会科学版）2006年第6期。

唐明刚：《关于返乡农民工创业典型金融需求情况的调查——南充市60户返乡农民工创业典型问卷》，《西南金融》2009年第8期。

陶然、曹广忠：《"空间城镇化""人口城镇化"的不匹配与政策组合应对》，《改革》2008年第10期。

陶然、陆曦、苏福兵等：《地区竞争格局演变下的中国转轨：财政激励和发展模式反思》，《经济研究》2009年第7期。

陶欣、庄晋财：《农民工群体特征对其返乡创业过程影响的实证研究——基于安徽省安庆市的调查数据》，《农业技术经济》2012年第6期。

田凯：《农民工城市适应性的调查分析与思考》，《社会科学研究》1995年第5期。

田莉：《我国城镇化进程中喜忧参半的土地城市化》，《城市规划》2011年第2期。

田书芹：《新生代农民工返乡创业能力的多中心治理模式研究》，《济南大学学报》（社会科学版）2014年第2期。

田先红：《返乡农民工村庄适应的代际差异》，《东岳论丛》2009年第7期。

田先红：《在地市民化：农民工返乡的村庄社会后果》，《华南农业大学学报》（社会科学版）2012年第2期。

万广华：《2030年：中国城镇化率达到80%》，《国际经济评论》2011年第6期。

汪三贵、郭子豪：《论中国的精准扶贫》，《贵州社会科学》2015年第5期。

汪洋：《返乡农民工是新农村建设的积极力量》，《乡镇论坛》2009年第4期。

王承才：《创建城市民族团结进步示范社区的几点思考》，《今日民族》2010年第5期。

王春光：《新生代农村流动人口的社会认同与城乡融合的关系》，《社会学研究》2001年第3期。

王东、秦伟:《农民工代际差异研究——成都市在城农民工分层比较》,《成都人口研究》2002年第9期。

王东强、田书芹等:《新生代农民工返乡创业能力提升探析》,《重庆第二师范学院学报》2014年第2期。

王桂新、陈冠春、魏星:《城市农民工市民化意愿影响因素考察——以上海市为例》,《人口与发展》2010年第2期。

王静爱、何春阳、董艳春等:《北京城乡过渡区土地利用变化驱动力分析》,《地球科学进展》2002年第4期。

王凯:《以生态文明理念走新型城镇化道路》,《建设科技》2013年第16期。

王明杰、戴锦枝:《农民工返乡带来的社会治安问题剖析》,《社会科学家》2009年第5期。

王世昌:《突出特色 创新载体——湖北宜昌兴山县扎实推进民族团结进步创建活动》,《交流》2014年第5期。

王守智:《国内外城镇化发展路径及启示》,《城市观察》2013年第6期。

王思思:《新生代农民工返乡创业调研报告》,《农业经济与科技》2015年第8期。

王素斋:《新型城镇化科学发展的内涵、目标与路径》,《理论月刊》2013年第4期。

王维博:《农民工返乡潮下的基层治理困境》,《中国新闻周刊》2008年第38期。

王小刚、王建平:《走新型城镇化道路我党社会主义建设理论的重大创新和发展》,《社会科学研究》2011年第5期。

王小舟、夏小林:《优化城市规模推动经济增长》,《经济研究》1999年第9期。

王兴周、张文宏:《城市性:农民工市民化的新方向》,《社会科学战线》2008年第12期。

王艳成:《论城镇化进程中乡镇政府职能的重构》,《河南社会科学》2009年第4期。

王展祥:《金融危机背景下农民工返乡创业与中国城镇化发展研究》,

《现代经济探讨》2009年第9期。

王占庆：《论企业人力资源成本的控制》，《中国管理信息化》2011年第1期。

王竹林：《"飞地"型城镇建设与西部地区农村城镇化的跨越式发展》，《甘肃社会科学》2005年第5期。

卫龙宝：《城镇化过程中相关行为主体迁移意愿的分析》，《中国社会科学》2003年第5期。

魏凤、薛会会：《返乡农民工再就业状态选择及影响因素分析》，《人口与经济》2013年第4期。

魏钰烨：《新形势下农民工返乡创业支持体系的构建研究——基于海南省的实证分析》，《学术论坛》2016年第3期。

温敏：《新形势下农民工返乡创业的意义、问题及对策探析》，《农业考古》2014年第1期。

温铁军、温厉：《中国的"城镇化"与发展中国家城市化的教训》，《中国软科学》2007年第7期。

温铁军：《城乡二元体制矛盾的形成与城镇化发展战略探讨》，《山东省农业管理干部学院学报》2001年第10期。

温铁军：《农村城镇化进程中的陷阱》，《战略与管理》1998年第6期。

温铁军、朱守银：《土地资本的增值收益及其分配：县以下地方政府资本原始积累与农村小城镇建设中的土地问题》，《中国土地》1996年第4期。

温铁军、朱守银：《政府资本原始积累与土地"农转非"》，《管理世界》1996年第5期。

吴昊：《返乡农民工家庭的贫困风险与策略应对——基于"脆弱性—生计资本"框架的分析》，《湖北师范学院学报》（哲学社会科学版）2016年第1期。

吴孔军、疏仁华：《返乡农民工的角色认知选择与生存走向》，《南通大学学报》（社会科学版）2015年第3期。

吴业苗：《农村城镇化、农民居住集中化与农民非农化——居村农民市民化路径探析》，《中州学刊》2010年第4期。

夏碧芳：《坚持"四个着力"推动民族团结进步》，《发展论坛》2015年第1期。

向丽：《基于新型农业经营主体培育的广西农民工返乡创业思路》，《对外经贸》2015年第4期。

项继权：《城镇化的"中国问题"及其解决之道》，《华中师范大学学报》（人文社会科学版）2011年第1期。

肖金成：《改革开放以来中国特色城镇化的发展路径（上）》，《改革》2008年第7期。

谢恒：《欠发达地区农民工返乡创业问题思考》，《中国市场》2014年第51期。

谢京辉：《中国城镇化的区域差距：新制度分析框架和政策含义》，《社会科学》2009年第6期。

谢勇才、张雅燕：《新生代农民工返乡创业的战略设计：动力、制约因素与发展策略》，《江西农业大学学报》（社会科学版）2013年第6期。

谢正发：《民族文化资源开发与城镇化建设协调发展研究——以武陵山片区为例》，《贵州民族研究》2014年第6期。

邢春冰：《分位回归、教育回报率与收入差距》，《统计研究》2008年第5期。

熊吉峰：《我国农村城镇化实现策略研究观点综述》，《经济纵横》2007年第3期。

徐家鹏：《新生代农民工返乡务农意愿及其影响因素分析——基于陕西389位新生代农民工的调查》，《广东农业科学》2014年第22期。

徐绍文：《创建民族团结进步示范社区的思考——以贵州省铜仁市碧江区为例》，《中共铜仁市委党校学报》2013年第5期。

徐维祥、唐根年等：《产业集群与工业化、城镇化互动发展模式研究》，《经济地理》2005年第6期。

徐晓军、孙奥：《论返乡青年农民工的乡村"灰恶化"风险》，《人文杂志》2009年第3期。

徐选国、阮海燕：《试论我国适度普惠社会福利与社会工作的互构性发展》，《天府新论》2013年第1期。

徐莺：《农民工融入城市之难的思考》，《东北大学学报》（社会科学版）2006年第4期。

徐勇：《现代国家的建构与村民自治的成长——对中国村民自治发生与发展的一种阐释》，《学习与探索》2006年第6期。

薛欧、赵凯、陈艳蕊：《陕西省土地城市化水平评价分析》，《山东农业大学学报》（自然科学版）2011年第3期。

颜廷平：《近十年来我国农村城镇化若干问题研究综述》，《理论与当代》2011年第1期。

阳立高、廖进中、张文婧、李伟舵：《农民工返乡创业问题研究——基于湖南省的实证分析》，《经济问题》2008年第4期。

杨华、刘芝艳：《农村吸纳金融危机负面影响的机制——对返乡农民工的一项调查》，《东岳论丛》2009年第7期。

杨瑾：《和谐社会建构中的农民工社会融入问题与幸福指数研究》，《福建省社会主义学院学报》2008年第4期。

杨群红：《新农村建设背景下农民工返乡创业问题研究》，《南都学坛》2008年第6期。

杨仁德、向华等：《返乡农民工就业与新农村建设：贵州返乡农民工就业的思考》，《贵州农业科学》2009年第3期。

杨世松：《农村就地城市化：中国特色城镇化道路的创新》，《经济师》2008年第5期。

杨术：《农村稳定视域下的农民工返乡问题研究》，《山西农业大学学报》（社会科学版）2014年第7期。

杨万江、蔡红辉：《近十年来国内城镇化动力机制研究述评》，《经济论坛》2010年第6期。

杨勇：《西部地区应大力推进异国城镇化战略》，《财经科学》2004年第4期。

杨志荣、吴次芳：《制度收益与发展收益对农地非农化进程的影响差异及其对政策调整的启示》，《中国土地科学》2008年第2期。

姚士谋、陆大道：《中国城镇化需要综合性的科学思维——探索适应中国国情的城镇化方式》，《地理研究》2011年第11期。

姚士谋、陆大道、王聪、段进军、武清华：《中国城镇化需要综合性的科学思维：探索适应中国国情的城镇化方式》，《地理研究》2011年第11期。

叶耀先：《新中国城镇化的回顾和启示》，《中国人口·资源与环境》2006年第2期。

叶耀先：《新中国的城镇化历程和经验教训》，《小城镇建设》2005

易善策:《当前城镇化过程中农民工融入城镇的障碍分析》,《经济问题探索》2007年第2期。

阴海燕、韩利君:《关于新时期民族团结进步创建的理论思考》,《广西民族研究》2015年第1期。

游俊:《创建武陵山片区民族团结示范区的优势条件探析》,《中南民族大学》(人文社会科学版)2013年第5期。

游俊、廖胜刚:《武陵山片区创建民族团结进步示范区路径探讨》,《贵州民族研究》2013年第1期。

游涛:《浅谈西部民族地区城镇化》,《贵州民族研究》2008年第9期。

袁华萍:《网络嵌入视角下农民工返乡创业支持研究》,《政策研究》2015年第8期。

袁明达、朱敏:《民族地区返乡农民工创业意愿影响因素分析——基于湖南西部的调查数据》,《劳动经济》2015年第12期。

袁云:《新生代农民工返乡创业的新特点及金融支持研究》,《理论与现代化》2014年第6期。

曾志伟:《新型城镇化与城市规划思变》,《中外建筑》2011年第4期。

张大维:《集中连片少数民族困难社区的灾害与贫困关联研究——基于渝鄂湘交界处149个村的调查》,《内蒙古社会科学》(汉文版)2011年第5期。

张贡生:《学界关于城镇化问题研究的综述》,《兰州商学院学报》2003年第2期。

张贡生:《中国特色的城镇化:文献综述》,《兰州商学院学报》2004年第6期。

张广海、赵金金:《我国文通基础设施对区域旅游经济发展影响的空间计量研究》,《经济管理》2015年第7期。

张宏斌、贾生华:《土地非农化调控机制分析》,《经济研究》2001年第12期。

张鸿雁:《论特色文化城市理论体系建构研究与实践创新——中国本土化特色文化核心价值的理论体系与范式建构》,《南京社会科学》2012

年第 8 期。

张鸿雁、房冠辛：《新型城镇化视野下的少数民族特色文化城市建设》，《民族研究》2014 年第 1 期。

张杰、胡同娟：《从陌生人到返乡者——女性新生代农民工择偶过程中的生活世界重构》，《中国青年研究》2013 年第 5 期。

张康之：《"熟人"与"陌生人"的人际关系比较》，《江苏行政学院学报》2008 年第 2 期。

张克荣：《安徽省农民工返乡创业能力影响因素探析》，《吉林省教育学院学报》2016 年第 1 期。

张明林、喻林、傅春：《金融危机和产业转移背景下农民工返乡创业对策研究》，《求实》2009 年第 5 期。

张强：《略论城郊乡村城市化过程中对农民利益的保护》，《中国特色社会主义研究》1998 年第 6 期。

张强：《论发达地区农村工业化模式转型及其引起的集体建设用地流转问题》，《农村经济》2007 年第 3 期。

张强：《试论我国发达地区的城乡产业一体发展》，《学习与研究》2009 年第 1 期。

张强：《土地流转视野的农村租赁经济发育：自北京郊区观察》，《改革》2009 年第 5 期。

张献奇：《农民工返乡创业意向实证研究》，《改革与战略》2015 年第 8 期。

张晓忠：《"逆城市化"对新型城镇化建设的影响及对策》，《中共福建省委党校学报》2014 年第 2 期。

张孝德：《城乡两元文明共生的中国特色城镇化模式》，《国家行政学院学报》2012 年第 5 期。

张秀娥、孙中博：《返乡创业对新生代农民工市民化的推进作用》，《东北师大学报》（哲学社会科学版）2014 年第 2 期。

张秀娥、张梦琪：《新型城镇化与新生代农民工返乡创业互动机制探析》，《内蒙古大学学报》（哲学社会科学版）2015 年第 1 期。

张烨、叶翔：《消除农民工返乡子女就学的文化及政策障碍》，《中国教育学刊》2016 年第 5 期。

张永利、阮文彪：《城镇化背景下的农村"空心化"问题》，《赤峰学院学报》（汉文哲学社会科学版）2012年第9期。

张玉洁、唐震：《个人迁移和家庭迁移——城镇化进程中农民迁移模式的比较分析》，《农村经济》2006年第10期。

张占仓、王学峰：《从皮克迪新论看我国新型城镇化的政策走向》，《河南科学》2014年第6期。

赵莉、鲁文静：《新型城镇化背景下返乡女性青年农民工小城镇迁移状况研究》，《中国青年研究》2014年第7期。

赵奇钊、郑玲：《武陵山区农民工返乡创业信息服务对策研究》，《高校图书馆工作》2015年第2期。

赵巧峰、申鹏：《代际差异视角下资本禀赋对返乡农民工就业满意度的影响研究》，《新疆农垦经济》2015年第7期。

赵涛：《我国新时期农村城镇化研究的回顾与前瞻》，《中州学刊》2001年第4期。

赵翌：《农民工返乡意愿影响因素分析——基于代际的视角》，《兰州学刊》2015年第10期。

甄月桥、朱茹华等：《返乡农民工就业的社会支持》，《浙江经济》2015年第7期。

郑杭生、李棉管：《中国扶贫历程中的个人与社会——社会互构论的诠释理路》，《教学与研究》2009年第6期。

郑文杰、李忠旭：《大城市新生代农民工返乡意愿更强烈吗？——基于北京市的实证分析》，《农业经济》2015年第7期。

郑永君：《生计风险约束下的返乡农民工创业实践——基于川北返乡农民工创业案例的比较》，《南京农业大学学报》（社会科学版）2016年第3期。

中国土地政策改革课题组：《土地解密》，《财经》2006年第4期。

钟水映、李魁：《农民工市民化过程中的现代式社会资本构建》，《东北大学学报》（社会科学版）2007年第6期。

周民良：《城镇化、农民工就业与经济政策选择》，《创新》2009年第5期。

周全德、齐建英：《对农村"留守儿童"问题的理性思考》，《中州学刊》2006年第1期。

周晓农：《以生态城镇为目标，推进小城镇建设》，《贵阳学院学报》

2008年第4期。

周一星:《土地失控谁之过》,《城市规划》2006年第11期。

周一星、曹广忠:《改革开放20年来的中国城市化进程》,《城市规划》1999年第12期。

周一星、史育龙:《建立中国城市的实体地域概念》,《地理学报》1995年第1期。

朱华晟、丁玥:《我国农民工返乡创业关注度的空间格局——基于2011—2014年百度指数的分析》,《改革与战略》2016年第4期。

朱力:《论农民工阶层的城市适应》,《江海学刊》2002年第6期。

朱守银:《中国农村城镇化进程中的改革问题研究》,《中国农村观察》2000年第6期。

朱小蔓、郭静:《城镇化背景下我国农村劳动力转移培训的经验与挑战》,《教育与职业》2010年第30期。

朱宇:《51.27%的城镇化率是否高估了中国城镇化水平:国际背景下的思考》,《人口研究》2012年第3期。

朱宇:《城镇化的新形式与中国的人口城镇化政策》,《人文地理》2006年第2期。

祝怀刚:《农村城镇化研究述评》,《山地农业生物学报》2005年第5期。

二 著作类

[美]爱德华·W.萨义德:《东方学》,王宇根译,生活·读书·新知三联书店1999年版。

[法]爱弥尔·涂尔干、马塞尔·莫斯:《原始分类》,汲喆译,上海人民出版社1999年版。

[法]爱弥尔·涂尔干:《社会分工论》,渠东译,生活·读书·新知三联书店2000年版。

柏贵喜:《转型与发展——当代土家族社会文化变迁研究》,民族出版社2001年版。

[美]保罗·诺克斯、琳达·迈克卡西:《城市化》,顾朝林等译,科学出版社2009年版。

[美]本尼迪克特·安德森:《想象的共同体——民族主义的起源与

散布》，吴叡人译，上海人民出版社 2008 年版。

［英］布朗：《社会人类学方法》，夏建中译，华夏出版社 2001 年版。

车文博：《弗洛伊德主义原著选辑》，辽宁人民出版社 1988 年版。

陈东有：《农民工就业波动分析及对策研究》，人民出版社 2015 年版。

陈文魁：《城镇化建设与可持续发展》，国家行政学院出版社 2013 年版。

陈秀山、张可云：《区域经济理论》，商务印书馆 2003 年版。

陈祖新：《推进以人为核心的新型城镇化》，中国言实出版社 2014 年版。

程必定：《从区域视角重思城市》，经济科学出版社 2011 年版。

［英］C.W. 沃特森：《多元文化主义》，叶兴艺译，吉林人民出版社 2005 年版。

［英］大卫·哈维：《资本的空间》，王志弘、王玥民译，群学出版有限公司 2010 年版。

邓先播：《农民工进城就业指南》，成都时代出版社 2007 年版。

［美］杜磊：《中国的族群认同——一个穆斯林少数民族的制造》，马海云、周传斌译，王建民校，中央民族大学出版社 1999 年版。

段超：《土家族文化史》，民族出版社 2000 年版。

［法］E. 杜尔干：《宗教生活的初级形式》，林守锦等译，中央民族大学出版社 1999 年版。

方创琳：《中国新型城镇化发展报告》，科学出版社 2016 年版。

费孝通：《乡土中国》，江苏文艺出版社 2007 年版。

费孝通：《乡土中国 生育制度》，北京大学出版社 1998 年版。

费孝通：《中国城镇化道路》，内蒙古人民出版社 2010 年版。

冯虹：《中国城镇化进程中农民工的就业歧视及其社会风险》，社会科学文献出版社 2016 年版。

冯尚春：《中国农村城镇化动力研究》，经济科学出版社 2004 年版。

冯士超：《市区农村城市化：理论·实践·案例》，中国工商出版社 2006 年版。

［美］盖尔·约翰逊：《经济发展中的农业、农村、农民问题》，林毅夫译，商务印书馆 2004 年版。

高珮义:《中外城市化比较研究》,南开大学出版社1992年版。

耿明斋:《人口流动、制度壁垒与新型城镇化——基于实地调查的报告》,社会科学文献出版社2013年版。

关凤利、孟宪生:《农民工就业转型研究》,人民出版社2016年版。

郭书田、刘纯彬:《失衡的中国(第一部):农村城市化的过去、现在与未来》,河北人民出版社1990年版。

国务院发展研究中心课题组:《中国城镇化:前景、战略与政策》,中国发展出版社2010年版。

国务院发展研究中心课题组:《主体功能区形成机制和分类管理政策研究》,中国发展出版社2008年版。

韩俊:《城镇化与农民工市民化:顶层制度设计与地方实践创新》,工人出版社2014年版。

韩俊:《中国农民工战略问题研究》,上海远东出版社2009年版。

贺雪峰:《农民工返乡研究》,山东人民出版社2010年版。

侯为民:《城镇化进程中农民工的劳动报酬与就业保障》,经济科学出版社2015年版。

胡锦涛:《坚定不移沿着中国特色社会主义道路前进 为全面建成小康社会而奋斗——在中国共产党第十八次全国代表大会上的报告》,人民出版社2012年版。

胡小武:《中国方向:新型城镇化战略新论》,光明日报出版社2016年版。

黄新建:《统筹城乡发展与城镇化建设》,社会科学文献出版社2015年版。

黄玉捷:《内生性制度的演进逻辑——理论框架及农民工就业制度研究》,上海社会科学院出版社2004年版。

惠宁、霍丽:《中国农村劳动力转移研究》,中国经济出版社2007年版。

江易华:《人口迁移与县域城镇化研究》,经济科学出版社2016年版。

[美]克拉克·威斯勒:《人与文化》,钱岗南、傅志强译,商务印书馆2004年版。

[美]克利福德·格尔兹:《地方性知识》,王海龙等译,中央编译出

版社 2000 年版。

［美］克利福德·格尔兹：《文化的解释》，韩莉译，译林出版社 2008 年版。

［法］克洛德·莱维·斯特劳斯：《结构人类学》（第二卷），俞宣孟等译，上海译文出版社 1999 年版。

李培林：《村落的终结——羊城村的故事》，商务印书馆 2004 年版。

李强、杨开忠：《城市蔓延》，机械工业出版社 2006 年版。

李强：《农民工与中国社会分层》，社会科学文献出版社 2004 年版。

李善同：《农民工在城市的就业、收入与公共服务——城市贫困的视角》，经济科学出版社 2010 年版。

李铁：《新型城镇化路径选择》，中国发展出版社 2016 年版。

李文忠：《城镇化背景下农民工就业问题研究》，化学工业出版社 2015 年版。

厉以宁：《中国道路与新城镇化》，商务印书馆 2012 年版。

林坚：《中国城乡建设用地增长研究》，商务印书馆 2009 年版。

刘晓春：《一个人的民间视野》，湖北人民出版社 2006 年版。

［德］卢曼：《信任》，瞿铁鹏、李强译，上海世纪出版集团 2005 年版。

陆大道、姚士谋、刘慧：《2006 年中国区域发展报告：城镇化进程及空间扩张》，商务印书馆 2007 年版。

陆学艺：《当代中国社会流动》，社会科学文献出版社 2004 年版。

吕萍：《土地城市化与价格机制研究》，中国人民大学出版社 2008 年版。

罗高波：《中国城镇化——历史借鉴、国际融合与本土实践》，中国建筑工业出版社 2017 年版。

罗剑朝：《返乡农民工创业与就业指导》，经济管理出版社 2009 年版。

罗康隆：《族际关系论》，贵州民族出版社 1998 年版。

［美］马丁·N. 麦格：《族群社会学》，祖力亚提·司马义译，华夏出版社 2007 年版。

［澳］马尔科姆·沃特斯：《现代社会学理论》，杨善华等译，华夏出版社 2000 年版。

［英］马林诺夫斯基：《文化论》，费孝通等译，中国民间文艺出版社1987年版。

马戎：《民族社会学——社会学的族群关系研究》，北京大学出版社2004年版。

［法］马塞尔·莫斯：《礼物》，汲喆译，上海人民出版社2002年版。

［美］玛格丽特·米德：《三个原始部落的性别与气质》，宋践等译，浙江人民出版社1988年版。

［美］曼纽尔·卡斯特：《认同的力量》，夏铸九、王志宏等译，社会科学文献出版社2003年版。

［法］莫里斯·哈布瓦赫：《论集体记忆》，毕然、郭金华译，上海人民出版社2002年版。

［美］莫里斯·弗里德曼：《中国东南的宗族组织》，刘晓春译，上海人民出版社2000年版。

纳日碧力戈：《现代背景下的族群建构》，云南教育出版社2000年版。

倪鹏飞：《中国新型城镇化：理论与政策框架》，广东经济出版社有限公司2014年版。

牛文元、刘怡君：《中国新型城市化报告（2009）》，科学出版社2009年版。

牛文元：《"五大发展理念"与新型城镇化之路研究报告》，科学出版社2016年版。

潘家华、魏后凯：《中国城市发展报告No.6：农业转移人口的市民化》，社会科学文献出版社2013年版。

潘乃穆、张海涛：《寻求中国人位育之道》（下），国际文化出版公司1997年版。

裴长洪、万广华：《中国城镇化：路径、驱动力与作用》，社会科学文献出版社2016年版。

彭英明：《土家族文化通志新编》，民族出版社2001年版。

［法］皮埃尔·布迪厄：《实践感》，蒋梓骅译，南京译林出版社2003年版。

乔健、李沛良：《文化、族群与社会的反思》，北京大学出版社2005年版。

[美] 乔纳森·H. 特纳：《社会学理论的结构》（第七版），邱泽奇等译，华夏出版社2006年版。

[美] 乔纳森·弗里德曼、周宪、许钧：《文化认同与全球性过程》，郭建中译，高丙中校，商务印书馆2003年版。

[美] 乔治·E. 马尔库斯、米开尔·M. J. 费彻尔：《作为文化批评的人类学》，王铭铭等译，生活·读书·新知三联书店1998年版。

仇保兴：《城镇化与城乡统筹发展》，中国城市出版社2013年版。

曲福田、陈江龙、陈会广：《经济发展与中国土地非农化》，商务印书馆2007年版。

[爱尔兰] 瑞雪·墨菲：《农民工改变中国农村》，黄涛、黄静译，浙江人民出版社2009年版。

申鹏：《基于禀赋的新生代农民工就业行为研究》，中国社会科学出版社2016年版。

[美] 施坚雅：《中国农村的市场和社会结构》，史建云、徐秀丽译，中国社会科学出版社1998年版。

[美] 史蒂文·瓦戈：《社会变迁》，王晓黎等译，北京大学出版社2007年版。

[美] 斯蒂文·郝瑞：《田野中的族群关系与民族认同——中国西南彝族社区考察研究》，巴莫阿依等译，广西人民出版社2000年版。

[英] 斯图尔特·霍尔编：《表征——文化表象与意指实践》，徐亮、陆兴华译，商务印书馆2005年版。

宋林飞：《西方社会学理论》，南京大学出版社1997年版。

孙秋云：《社区历史与乡政村治》，民族出版社2001年版。

田莉、李永浮、沈洁：《城镇化与城乡发展》，中国建筑工业出版社2016年版。

田明：《农村转移人口的流动和融合——新型城镇化的核心问题》，科学出版社2016年版。

王凤科、温芳芳：《城镇化过程中社会融合问题研究》，科学出版社2017年版。

王明珂：《华夏边缘：历史记忆与族群认同》，社会科学文献出版社2006年版。

王生荣、李巍：《西北高寒民族地区新型城镇化建设研究》，中国经济出版社 2015 年版。

王伟光：《城镇化中的城乡发展一体化》，工人出版社 2014 年版。

王艳成：《城镇化进程中乡镇政府职能研究》，人民出版社 2010 年版。

王振中：《中国的城镇化道路》，社会科学文献出版社 2012 年版。

魏国学：《城镇化进程中的三大问题：就业、土地和公共服务》，人民日报出版社 2015 年版。

吴缚龙、马润潮、张京祥：《转型与重构：中国城市发展多维透视》，东南大学出版社 2007 年版。

吴晓：《我国大城市流动人口就业空间解析：面向农民工的实证研究》，东南大学出版社 2016 年版。

奚洁人：《科学发展观百科辞典》，上海辞书出版社 2007 年版。

夏建中：《文化人类学理论学派》，中国人民大学出版社 1997 年版。

向春玲：《社会治理创新与新型城镇化建设》，中国人事出版社 2014 年版。

新玉言：《新型城镇化——理论发展与前景透析》，国家行政学院出版社 2013 年版。

徐建玲：《中国农民工就业问题——基于农民工市民化视角研究》，中国农业出版社 2007 年版。

姚士谋、冯长春、王成新：《中国城镇化及其资源环境基础》，科学出版社 2009 年版。

叶嘉安、徐江：《二元化土地制度下的多样化土地交易与中国城市空间结构》，东南大学出版社 2007 年版。

叶奇茂：《发达国家郊区建设案例与政策研究》，中国建筑工业出版社 2010 年版。

詹武：《中国城郊经济结构与发展战略》，武汉大学出版社 1984 年版。

张红宇：《新型城镇化与农地制度改革》，工人出版社 2014 年版。

张鸿雁：《城市文化资本论》，东南大学出版社 2010 年版。

张京祥、吴缚龙：《从区域兼并到区域管治：转型期中国地方政府角色与关系》，东南大学出版社 2007 年版。

张沛、董欣、侯远志：《中国城镇化的理论与实践》，东南大学出版社 2009 年版。

张沛:《中国城镇化的理论与实践:西部地区发展研究与探索》,东南大学出版社 2009 年版。

张强:《乡村与城市融合发展的选择——北京市城乡一体化发展研究》,中国农业出版社 2006 年版。

张五常:《中国的经济制度》,中信出版社 2008 年版。

张小林:《城乡统筹:挑战与抉择》,南京师范大学出版社 2009 年版。

张一名、梁栩凌:《青年农民:流动与就业》,经济科学出版社 2014 年版。

张占斌、张孝德、樊继达:《中国新型城镇化建设研究》,河北人民出版社 2013 年版。

赵晏、刘鑫宏:《农民工就业与社会保障研究》,中国劳动社会保障出版社 2010 年版。

甄月桥:《农民工就业心理透视》,科学出版社 2009 年版。

中国社会科学院:《城市蓝皮书:中国城市发展报告 NO.3》,中国社科院城市发展与环境研究所和社会科学文献出版社 2010 年版。

中国指数研究院:《中国新型城镇化发展理论与实践》,经济管理出版社 2014 年版。

周长城:《经济社会学》,中国人民大学出版社 2015 年版。

周佳:《教育政策执行研究:以进城就业农民工子女义务教育政策执行为例》,教育科学出版社 2007 年版。

邹经宇:《绿色—低碳:新型城镇化下的可持续人居环境建设》,中国建筑工业出版社 2015 年版。

三 其他

苏建忠:《广州城市蔓延机理与调控措施研究》,博士学位论文,中山大学,2006 年。

宋志攀:《湖北省武陵山区消除贫困研究》,硕士学位论文,华中师范大学,2012 年。

胡际权:《中国新型城镇化发展研究》,博士学位论文,西南农业大学,2005 年。

刘晓霞：《我国城镇化进程中的失地农民问题研究》，博士学位论文，东北师范大学，2009年。

赵蓓：《武陵山区生态文明建设的基本思路研究》，硕士学位论文，吉首大学，2015年。

陈春：《城镇化内涵探讨》，《中国人口报》2009年2月2日。

罗宏斌：《"新型城镇化"的内涵与意义》，《湖南日报》2010年2月19日。

苗光新：《城镇化进程中出现的问题与对策》，《中国改革报》2011年4月15日。

杨佩卿：《新型城镇化的内涵与发展路径》，《光明日报》2015年8月19日。

迟福林：《城市化与城乡一体化》（2010-07-13）http：//theory.people.com.cn/GB/12125783.html。

发改委：《中国城镇化存在四大问题》（2010-03-30）http：//finance.peop-le.com.cn/GB/11254478.html。

国家人口和计划生育委员会：《全国"十一五"人口和计划生育事业发展规划》，国家人口和计划生育委员会网站（www.chinapop.gov.cn），2008年10月31日。

国家统计局：《2016年农民工监测调查报告》（2017-04-28）http：//www.stats.gov.cn/tjsj/zxfb/201604/t20160428_1349713.html。

胡祥华：《湖北省少数民族特色村寨保护与发展工作实践与思考》（2011-04-29）http：//www.hbmzw.gov.cn/structure/zwdt/ldhd/zw_15610_1.html。

《习近平的"扶贫观"：因地制宜"真扶贫，扶真贫"》，人民网（2014-10-17）http：//theory.people.com.cn/n/2015/1021/c40531-27723431.html。

《在转变经济发展方式中转出我国城镇化发展的新路子》，http：//bbs.rednet.cn/forum.php?mod=viewthread&tid=24857707&page=1&authorid=552029，2011-03-06。

段超、陈全功：《武陵山片区精准扶贫报告（2015）》，《中国武陵山减贫与发展研究院内部资料》，2015年。

张强、刘守英：《集体土地长出的城市——郑各庄现象研究（内部报告）》，《国务院发展研究中心农村部研究员刘守英代表课题组报告》，2008年。

张强：《率先迎接工业化后的挑战——首都城市化进程中的城乡一体化研究》，《北京市哲学社会科学规划重大项目成果（内部报告）》，2011年。

《国家民委办公厅财政部办公厅关于做好少数民族特色村寨保护与发展试点工作的指导意见》，民办（经济）发［2009］315号。

《国家新型城镇化规划（2014—2020年）》，人民出版社2014年版。

李克强：《政府工作报告（2015）》，第十二届全国人民代表大会第三次会议，2015年3月5日。

《武陵山片区区域发展与扶贫攻坚规划（2011—2020）》。

Benjamin K. Combating urban sprawl in Massachusetts: Reforming the zoning act through legal challenges. Boston College Environmental Affairs Law Review, 2003, 30 (3): 605-632.

Camagni R, Gibelli M C, Rigamonti P. Urban mobilityand urban form: The social and environmental costs ofdifferent patterns of urban expansion. Ecological Eco-nomics, 2002, 40 (2): 199-216.

Davis K. World urbanization: 1950 - 70.//Bourne I S, Si - mons J. W. Systems of Cities . New York: Oxford University Press, 1978: 92-100.

Deng X Z, Huang J K, Rozelle S, et al. Cultivated landconversion and potential agricultural productivity in China. Land Use Policy, 2006, 23 (4): 372-384.

Lin G C S. Reproducing spaces of Chinese urbanization: New city-based and land - centred urban transformation. Urban Studies, 2007, 44 (9): 1827-1855.

Lin J, Huang F M, Zhang S H, et al. Discussion of Identi - fying urbanized area basing on the method of "three-fac-tor analysis": A case study on Chaoyang District of Bei-jing//Ju W M, Zhao S H. Geoinformatics 2007: RemotelySensed Data and Information. Proc. SPIE Vol. 6752, 67522R, 2007.

Ma L J C, Fan M. Urbanization from below: The growth of towns in Jiangsu, China. Urban Studies, 1994, 31 (10): 1625-1645.

Mills E S. Book review of urban sprawl causes, conse-quences and policy responses. Regional Science and Ur - ban Economics, 2003, 33 (2): 251-252.

Mullinsp. Tourism Urbanization [J]. International Journal of Urban and Regional Research, 1991, 15 (3).

Wasilewski A, Krukowski K. Land conversion for subur-ban housing: A study of urbanization around Warsaw andOlsztyn, Poland. Environmental Management, 2004, 34 (2): 291-303.

Zhang T W. Community features and urban sprawl: the case of the Chicago metropolitan region. Land Use Poli-cy, 2001, 18 (3): 221-232.

后 记

本书是国家社会科学基金项目"民族地区城镇化建设与农民工就地就近就业问题研究——以武陵民族地区为例"的结项成果。

从读硕士研究生开始，我就在导师的指导下进入武陵民族地区开展田野调查，最初对于民族认同相关研究很感兴趣，在文献阅读的基础上进行了较为深入的调研，并完成了硕博学位论文的写作。在上述针对性较强的调查过程中，接触最多的是村落中的农民，其中最为活跃的无疑是那些常常外出务工的人。由于经常性地接触，他们的思想观念、生存逻辑、行动实践渐渐引起我的关注。2011—2012年我参加了"湖北省首届博士服务团"，赴神农架林区挂职一年。由于工作上的便利，期间我对农民工群体有了更为深入的了解，进一步确定了开展新型镇化建设背景下农民工返乡就业问题的研究，调查区域也就选定较为熟悉的武陵山区。

在国家社会科学基金项目的资助下，我和课题组成员胡晓、陈俊秀等利用节假日先后在湖北省恩施土家族苗族自治州、贵州省铜仁市、重庆市黔江区、湖南省湘西土家族苗族自治州和吉首市等多地开展调查，许多县市更是多次到访。为了更为全面地收集资料，我的研究生高纯、李青青、冯家银、韩鸽、史晓静、符慧云、耿婉璐等十多人分成不同的小组多次参与调查。中南民族大学民族学与社会学学院本科生刘邦、李崑崙、焦国威、向东、吴贵琴、张舒雯、段彦铭，以及民族研究会的同学也协助我进行资料收集与整理，最终成果的形成有他们的贡献。

在整个研究期间，中南民族大学在武陵山区各县市的校友、挂职服务的领导、地方政府部门的干部和工作人员给予了大力支持。接受我们访谈和问卷调查的大量农民工给我们提供了宝贵的研究资料，他们鲜活个体生活经历的分享，使我们得以更为透彻地理解这个群体，在此一并表示感谢！也诚挚感谢中国社会科学出版社宫京蕾编辑的辛勤付出！

作者谨记

2020年6月14日